| 전영우 |
| 이야기 |

화법에 대하여

전영우(全英雨, Jeon Yeong-Woo)
서울 출생, 경복고교 및 서울대학교 사범대학 국어교육과 졸업, 문학박사, 경기고 교사, KBS 아나운
서실장, 수원대학교 인문대학장, 국립국어원 국어문화학교 강사를 지냈고, 최근까지 서울신학대학
교 신학대학원 초빙교수를 지냈다.
저서로『스피치개론』(1964),『화법원리』(1967),『국어화법론』(1987),『표준 한국어발음사전』(2001),
『회의를 잘하는 법』(2010),『바른 예절 좋은 화법』(2015) 등 다수가 있으며, 동랑연극상(1968), 서울특
별시 문화상(언론부문, 1971), 외솔상(실천부문, 1977), 한국언론학회 언론상(방송부문, 1991), 천원교
육상(학술연구부문, 2007) 등을 받았고, 국민훈장 목련장(1982), 대통령 표창(1994) 등을 수상했다.

전영우 이야기
화법에 대하여

초판인쇄 2017년 3월 30일 **초판발행** 2017년 4월 10일
지은이 전영우 **펴낸이** 박성모 **펴낸곳** 소명출판 **출판등록** 제13-522호
주소 서울시 서초구 서초중앙로6길 15, 1층
전화 02-585-7840 **팩스** 02-585-7848
전자우편 somyungbooks@daum.net **홈페이지** www.somyong.co.kr

값 38,000원 ⓒ 전영우, 2017
ISBN 979-11-5905-145-6 03070

여의도 KBS 본관 앞에서

京畿高 정문 앞에서

아침 운동은 거북이처럼 하라는 말이 있다. 뛰는 것보단 가볍게 걸으며 산책을 하는 것이 건강에 더 좋다는 말이다. 젊은 시절 쉼없이 달려왔으니 이젠 천천히 주변을 둘러볼 때다.

동아일보 사옥 앞

경복고 피꼬리 동산에서

수원대학교 중앙도서관 앞.
수원대 국어국문학과 교수로 재직하며
화법에 관한 다양한 이론서를 집필하고 출간했다.

수원대
뜰에서

전영우
이야기

화법에 대하여

전영우 지음

소명출판

머리말

저자 나이 올해 83세, 돌이켜 보면 20세 때 KBS방송 아나운서로 사회에
첫 발을 내딛고, 30년 아나운서 생활을 마감하였다. 그 후 뜻한 대로 대학교
수직을 선택, 30년 교수생활도 이제 마무리 단계이다. 남처럼 저자 감회 역시
뿌듯하게 밀려온다. 이에 123가지 토막 이야기를 가지고 회고담을 엮어 세상
에 내놓게 되니 아무래도 부끄러움이 앞선다.

어떻든 늦게 대학교수로 새 직업을 가진 탓에 남과 차별되는 분야를 찾는
일이 시급하였다. 대학전공 '국어교육'에서 일찍 탐색을 거듭하여 말하기,
듣기의 화법語法을 선택, 연구 분야를 결정하게 되었다.

이미 대학원 석사 및 박사과정에서 수학했으므로, 화법을 대학 강단에서
정식 수업授業하기로 계획을 잡았다. 83학년도 수원대水原大 국어국문학과
'국어화법론'을 전공과목으로 확정하고 학생의 수강신청을 받아보니 의외
로 다수 학생이 수강을 신청해 왔다.

기억이 분명하지만, 대학원에 진학할 때의 계획은 장차 대학 교수직을 기대
하고 있었으므로 이에 대비하여 남들이 안 하는 분야인 '스피치Speech'에 관심
을 쏟았다. 그리고 겸하여 방송 아나운서 경험이 화법연구의 실제 기초가 될
수 있다는 판단도 하게 되었다.

한편, 학문의 출발은 역사적 연구요, 학문의 종결은 철학적 연구일 것이라고 추정推定하며, 석사 및 박사논문을 모두 스피치의 역사적 연구로 매듭지었다. 그리고 고대古代 그리스와 고대 로마의 스피치 관련 철학서를 우리말로 옮기고 나니 이제는 산을 내려오는 등산인처럼 기분이 매우 삽상颯爽하다.

일단 스피치를 우리말 '화법話法'으로 옮기고, 고등학교 『화법』(교학사, 1996) 교재와 대학교재 『화법개설話法槪說』(역락, 2003)을 출판했다. 한편, 학술논문집의 필요성을 깨닫고 난 후에는 『신국어화법론』(태학사, 1998)을 저술하여 국어교육계에 내놓았다. 다행히 『화법개설』은 학술원學術院 추천 우수학술도서로, 『신국어화법론』은 문화부 추천 우수학술도서로 각각 선정되었다.

또한, 방송 및 대학 경험의 융합融合이 실제 이루어져 우리나라에서 처음 저자가 『표준 한국어 발음 사전』(민지사, 2001)을 편찬編纂 발간하자, 이 사전 역시 문화부 추천 우수학술도서의 영예를 안았다. 매우 기쁘다. 최근 인터넷 검색을 통하여 찾아보니 하버드대학 도서관 서고書庫에 저자의 저서 『표준한국어발음사전』과 학술논문집 『신국어화법론』 등 모두 6권의 저서가 수장收藏되어 있음을 알게 되어 더욱 기쁘다.

이 책은 저자 생애生涯를 돌아보는 회상기回想記의 성격을 띤다. 이 방면 동학 또는 후학들에게 무엇인가 시사示唆하는 바 있다고 하면 저자로서 큰 수확이 될 것이다.

80여 평생 살아오면서 저자는 동서고금東西古今 많은 학자, 교육자, 철인, 시인 작가 및 저술가들의 가르침을 크게 받았다. 그리고 직접 저자를 가르쳐 주신 초·중·고등학교 은사와 대학 대학원 은사님들께 고마운 뜻을 표한다.

초등학교 시절 일인日人 교사 쓰치야 도오루土屋亨 선생, 대학원 조윤제 박사, 정인섭 박사, 중앙대 임영신 전 총장, 문공부 오재경 전 장관, 동아일보사 전 회장 김상만 선생, 김상기 선생, 수원대 전 총장 이종욱 박사, 국어학계 최현배 박사, 이희승 박사, 이숭녕 박사, 김형규 박사, 이응백 박사, 허웅 박사, 남광우 박사 등, 이 책에서 언급된 모든 은인恩人에게 뜨거운 감사의 뜻을 표한다.

2017년 따뜻한 봄볕 아래

전영우全英雨 씀

차례

1
물레방아 바퀴에
추억을 걸면

사대 부고 교생 실습

서울대학교 사범대학 국어교육과 졸업을 1년 앞둔 1956년, 저자는 부속 고등학교에서 교생 실습을 하게 되어, 학급 경영을 김성배金聖培 교사에게 지도 받았다. 당시 2학년 4반 여학생반을 맡고 좋은 사례 연구로 전봉실全鳳實 학생을 배정 받기도 하였다.

고등학교 교사로 부임하면 장차 학급을 경영하게 될 것이므로 교생 실습에서 교과목 수업과 함께 학급 경영은 교생이 수행해야 할 매우 중요한 핵심 과제다.

기간은 한 학기인데 교과서 수업도 하고 매일 하는 학급 종례도 맡아 하였다. 그리고 학급 일지를 작성해 담임 교사에게 제출하면 이튿날 돌려받게 된다. 대학에서 교과목 내용은 대체로 배운 것이기에 무난한 편이지만 학급 경영은 처음 경험하는 일이라 새롭고 신기하게 느껴졌다.

학급 수업 참관이 많았지만 첫날부터 학급 경영 일지를 꼭 써야 한다. 첫

날 종례 마치자 일지를 대학노트 한 쪽 분량을 적고, 겉표지에 사대 부속고등학교 2학년 4반 '학급경영' 일지라 쓴 뒤, 바로 아랫줄에 2학년 4반 담임 교사 김성배 선생이라 썼다. 이튿날 일지를 돌려받았을 때 저자는 순간 아연실색啞然失色했다. 바로 김성배 선생 옆에 빨간 글씨로 '님'자가 덧붙여 있었기 때문이다.

이후 오늘까지 저자는 '님'자의 교훈을 잊지 못한다. 저자의 불찰이 원인이고, 겸손하지 못한 데서 일어난 실수이지만 실수 치고 큰 실수였다. 그야말로 내 탓이다.

이때 고2 여학생들에게 송강松江 정철鄭澈의 '속미인곡續美人曲'을 가르치며 겪은 일화가 생각난다. 그것은 송강 정철이 관직에서 물러나 고양高陽과 창평昌平에서 나랏일과 임금의 은혜를 생각하며 지은 가사다.

사미인곡思美人曲과 마찬가지로 임금을 그리워하는 신하가 이른 바 연군戀君의 충정忠情을 읊은 내용인데 교생 처지라 약간 긴장된 가운데 수업을 진행하는 과정, 뜬금없이 한 여학생이 질문을 던졌다.

"선생님, '원앙鴛鴦 금침衾枕이 차기도 차구나' 하였는데 왜 이부자리가 차다고 하였나요? 설명 좀 해 주세요!"('독수공방獨守空房'인 까닭에)

아마 그때 저자는 얼굴이 발갛게 달아올랐을 것이다. 같은 반 여학생들은 일제히 숨을 죽이며 조용한 가운데 저자가 뭐라고 대답할 것이냐에 호기심을 집중시켰다. 시간은 지나고 당황한 저자는 말문을 열지 못한 채 얼마간 머뭇거리다가 한 마디를 하였다.

"다 알면서 뭘 그래요!"

그러자 기다렸다는 듯 교실 안에서 폭소가 터졌다. 교실 안은 다시 잠잠해지고 저자는 교생敎生으로서의 발걸음을 조심스럽게 옮겨 나갔다. 솔직히 말하면 방송국 스튜디오 생방송 못지않은 긴장이 온몸을 감싸고 있었다 해도 지나치지 않다. 지금에 와서 돌이켜 보면 당시 한 학급당 학생 수는 아마 60명쯤 되었을 것이다.

당시 사대師大부고 교장 김영훈金泳薰 님과 교사 김상준金商俊 님이 모두 서울특별시 교육감을 지냈다. 김상준 님 수업 시간을 저자가 참관하고 놀랐다. 완벽한 준비와 수업 실시로 빈틈없이 진행된 국어과國語科 수업 전개에 저자는 다만 혀를 내둘렀을 뿐이다.

이 분 말고도 사대 국어과 다른 선배 박붕배朴鵬培, 송재주宋在周, 마종진馬鍾震 선생 등의 수업을 참관했지만 그들도 수업 실시에 모범을 보인 것은 말할 나위가 없다. 교생은 부속 중학교와 부속 고등학교로 나뉘어 교육 실습을 하게 되지만 저자는 부고를 택해서 하게 된 것이다. 취득 학점은 6학점인데 졸업 이수 학점 180학점에 포함되지 않았다. 대학 2학년부터 서울중앙방송국 방송과 아나운서로 근무한 까닭에 학교 수업과 함께 이중으로 포개져 당시 저자의 생활은 조금도 한가할 겨를이 없었다.

이하윤 선생 '현대문학' 강의

「물레방아」 시인 연포蓮圃 이하윤異河潤, 1906~1974 선생이 담당한 '현대 문학' 강의 때 조지훈趙芝薰이 지은 『시의 원리』를 교재로 채택, 이 책을 읽어가며 수업이 진행되었을 때 방송국에 근무한 이력이 있는 연포 선생이 저자에게 책을 읽게 하여 한 학기 동안 열심히 읽었다. 문장 내용 구성에 어려운 한자어가 많이 포함되어 한자 옥편을 찾아 뜻을 익히느라 공부를 많이 했다.

저자는 연포 선생의 각별한 사랑을 받은 제자라고 기억한다. 선생이 외국에서 열리는 유네스코 국제회의에 자주 참석하여 휴강이 잦았으므로 수업이 아쉬웠지만 그래도 문단文壇에서 지명도가 높은 스승이었으므로 그분을 우러르고 자랑스럽게 생각했다. 특히 선생은 당시 이화여대 교수 이헌구李軒求 선생과 교유가 각별했던 것으로 안다.

선생은 일본에 유학, 호세이法政 대학에서 문과를 졸업하고 귀국하여 신문 방송 등 언론계와 문단 그리고 교육계에서 활약하고, 해외 문학파 시인으로 알려졌으며 『물레방아』와 『향기 잃은 화원』이라는 시집과 『프랑스 시 선집』, 『영국 애란 시 선집』 등의 저서 및 역서를 남겼다. 그의 물레방아 시비詩碑가 현재, 신갈新葛 민속촌 한쪽에 세워져 있다.

시내 소공동 서울대학교 치과대학 그릴에서 『영국 애란 시 선집』 출판 기념회가 있을 때 정경이 떠오른다. 문단 인사와 대학교수 등 여러분이 참석한 자리, 조용하고 고즈넉한 분위기 속에서 모임이 시작되자 먼저 출판 경위에 앞서 선생이 역자이므로 역자 소개가 간단히 있은 뒤 경과보고와 함께 축사로 들어가 〈가고파〉를 작곡한 경희대 김동진金東振 교수 축사가 엄숙한 가운데 진행되고, 바로 이어 『순애보殉愛譜』 소설 작가 박계주朴啓周가 축사의 바통을 이어받았다.

6·25 때, 그가 문인들에 섞여 서울에서 북한으로 이송될 때, 강원도 철원 시골 초등학교에서 마침 어느 청년 하나가 앞에 오더니, "선생님! 이하윤 교수가 저의 아버지십니다" 하고 반갑게 인사한다.

이에 바로 앞서 북한 군인 하나가 "소설 『순애보殉愛譜』를 쓰신 박계주 선생이시죠? 저도 그 소설을 읽은 사람입니다" 하며 반갑게 인사하고, 신문지에 싼 삶은 쇠고기를 한 덩이 건네주어 손에 들고 있던 참이다.

급하게 한 귀퉁이 떼어 내 주고 먹으라 하니, 핏기 없는 허기진 얼굴에 냉큼 받아 가지고 남이 볼세라 뒤도 돌아보지 않고 달려가더니 무리 속으로 사라져 버리더라는 연포 선생 큰자제 얘기를 꺼내자 축하 일색으로 들뜨던 분위기가 삽시간에 얼어버리고 출판기념회 주인공은 금세 얼굴이 사색으로 바뀌면서 포켓 손수건을 꺼내 연신 눈물을 닦기 바쁘다.

참석자 한 사람인 저자 역시 순간 슬픈 감정에 휩싸이지 않을 수 없었다. 선생의 자제는 그때 서울 모신문사 문화부 기자라는 사실을 나중에 알았다.

분위기 반전이 연출된 장면 속에서 저자는 소설가 박계주의 작가적 역량을 새삼 엿보게 된다.

이에 앞서 김동진이 축사할 때 처음 지명된 터라 약간 긴장한 탓인지 자리에서 일어나며 더블 재킷의 단추를 채울 때 위 단추를 아래 단추 구멍에 끼워 언밸런스를 이루자 참석자 사이에 웃음이 일렁인 터여서 어찌 보면 박계주 축사의 한 토막은 그야말로 분위기에 극적인 전환을 가져온 셈이다.

어느 정도 세월이 지나간 뒤 선생이 서울대에서 정년하고 시내 덕성여대 교양학부 학부장으로 교수직을 이어 갈 때 저자에게 전화를 주고 월간 『세대世代』 잡지에서 취재 온다는데, '스승과 제자' 코너에 게재될 사진을 찍힐 터이니 곧 만나자는 분부 말씀이다. 당일 약속이라도 선생님 말씀이라 바삐 돌아가는 방송국 일 다 옆으로 미루고 급히 달려갔다.

사진기자가 이렇게 저렇게 포즈를 지시하더니 연방 셔터를 눌러댄다. 한동안 찍어 대던 기자가 그만하면 되겠다고 하더니 손수건을 꺼내 이마의 식은땀을 닦으며 사진 설명을 이하윤 교수에게 부탁하니까 지체할 겨를 없이 사진 설명을 저자가 쓰도록 선생이 진지하게 당부한다.

사진 설명에 쓴 당시 저자의 글을 옮긴다.

연포 이하윤 교수님이 지금은 덕성여대 교양학부 학부장으로 계시지만 그전엔 서울대학교 사범대학에서 다년간 강단을 지키셨다. 저자는 이때의 문하생이다.

언제인가 저자의 재학시절 선생님이 『영국 애란 시선』을 냈고, 그 출판 기념모임이 있던 자리에서 어느 작가 한 분이 축사하는 중 선생 함자를 풀이해 이르기를, '이국 산천의 윤택함을 노래한 외국의 시 작품을 우리말로 옮기기가 그리

수월한 일이 아닌데 연포 선생은 이름 글자 뜻대로 그 일을 하신 겁니다' 하던 말소리가 지금 새롭게 귓전을 때린다.

　　끝없이 돌아가는 물레방아 바퀴에
　　한 잎씩 한 잎씩 이내 추억을 걸면

　　선생의 시, 「물레방아」 첫머리가 우리나라 산하의 산수화라면 분명 선생은 이 강산의 아름다움을 먼저 노래한 셈이다.
　　오뉴월 복중의 무더위인데 선생은 정장을 하고 나는 버릇없는 옷차림이다. 선생의 제자 아끼는 마음을 굳게 마음에 새기고 선생이 연년익수延年益壽 하시기를 빈다. 덕성여대 캠퍼스에서 스승과 제자의 망중한忙中閑.

　　그 후 서울대 명예교수 이하윤異河潤 선생은 1974년 작고하셨다. 선생을 따르던 문학 전공 제자 중 하나인 국어과 9회 최성민崔性珉 교수가 프랑스 유학 후, 이화여대 불문과에서 교편을 잡았다. 삽화가요 영화인인 석영夕影 안석주安碩柱가 그의 빙장이요, 〈우리의 소원은 통일〉 노래를 작곡한 음악가 안병원安炳元이 그의 처남이다. 이하윤 선생 「물레방아」를 여기 붙인다.

　　물레방아

　　　　　　　　　　　　　　　　　　　　　　　　　　이하윤

　　끝없이 돌아가는 물레방아 바퀴에
　　한 잎씩 한 잎씩 이내 추억을 걸면

물 속에 잠겼다 나왔다 돌 때
한없는 뭇 기억이 잎잎이 나붙네.

바퀴는 돌고 돌며 소리치는데
마음 속은 지나간 옛날을 찾아가
눈물과 한숨만을 자아내 주나니
……….

나이 많은 방아지기 하얀 머리에
힘없는 시선은 무엇을 찾는지
확 속이다! 공이 소리 찧을 적마다
강물은 쉬지 않고 흘러 내리네.

이탁 선생 '한문 강독'

저자가 가르침을 받은 또 한 분은 명재命齋 이탁李鐸, 1898~1967 선생이다.

국어학자인 선생은 경기도 양평 출생으로 일찍이 한문을 수학하고 상경, 경신儆新학교에서 고등보통학교 과정을 이수하고, 이때 '조선 말본'을 배운 것이 계기가 되어 본격적으로 우리말 연구에 뜻을 두게 된다.

하지만, 1919년 3·1운동이 일어나자 선생은 만주로 가서 독립군(사령관 김좌진金佐鎭 장군)에 가세하였다. 그리고 만주 신흥군관학교(교관 이범석李範奭 장군)를 졸업하고 특무반장으로 있던 중, 1920년 청산리靑山里 전투에 참전한다.

독립군으로 활동한 행적 때문에 선생은 일경에게 체포되어 일제 법정에서 재판을 받고 3년 징역형을 언도 받았다. 그 후 1923년 만주 화림樺林 학교에서 1년간 교편을 잡는다. 5년 뒤 유명한 정주 오산五山학교에서 8년간 우리말 문법 교사로 근무하는데, 이때 등사본으로 『우리 어음학語音學』을 발간·배포하고 수업을 진행한다. 후에 선생은 '조선어학회' 회원이 되고 동 학회

철자법(맞춤법) 제정위원으로 위촉된다.

1945년 9월부터 1961년 9월 30일까지 선생은 서울대학교 사범대학 국어과에서 국어학 강독, 국문학 강독, 한문 강독 등을 담당하여 강의하였다. 이때 저자는『십팔사략十八史略』중국 역사를 한문 강독 시간에 배우고, '향가鄕歌' 해독을 국어학 강독 시간에 수강하였다.

한문과 언어학이 국어과 교육에서 기본 소양일 것이라는 저자의 관점에서 선택한 과목이다. 한문 강독이 고학년 수강 과목이므로 강의실에 들어가면 온통 상급반 선배들이 대부분이므로 기분이 약간 위축될 경우가 없지 않다. 하지만 이에 구애 받지 않고 수업에 집중하였다. 1학년생이 혼자 고학년 반에 들어가 수강하는 것이니 자연 저자는 선생님 시선을 끌 수밖에 없었다.

한번은 한문장漢文章에 '입사立死'라는 말이 나오자, 선생이 저자에게 "전군! 입사의 뜻을 말해 봐" 하시기에 저자는 망설임 없이 "선 채 죽었다는 뜻일 거 같습니다" 하자, "그게 아니고, 즉사했다는 뜻이야" 하고는 빙긋이 웃는다. 그러나 1학년 신입생이 당신 강의를 수강하고 있음에 대견해 하는 낯빛이 역력하다.

선생 연구 업적은 모두 16편의 논문과 몇 가지 글이 있다. 저서인『국어학논고國語學論考』를 정음사正音社(1958)에서 출판했다. 책에 실린 내용은 다음과 같다.

언어의 발달 단계상으로 본 한국어의 지위
언어상으로 고찰한 선사 시대 '환하桓夏' 문화의 관계.
한국어와 중국어의 공통한 계통적 음운법칙音韻法則.
향가鄕歌 신新 해독解讀.

추상어抽象語 발달의 원칙과 이에 의거한 연구의 일단

우리 어음학語音學.

이 논저는『한글』등 잡지에 이미 발표한 논문과 미발표 논문들을 한 책으로 묶어 만든 선생 환갑기념 논문집論文集이다. 국어학에 관한 선생의 독특한 견해로 국어의 역사적 고찰을 시도한 내용이다.

댁에서 환갑잔치가 있을 때 저자는 당시 신당동 선생 댁으로 선생을 찾아 뵌 적이 있지만 그 후 개별적으로 찾아 뵌 적은 없다. 무척 아쉽게 생각한다.

명재命齊 이탁李鐸 선생은 1967년 4월 24일 별세하고, 제자들과 학계 인사, 친지들이 유해를 서울 망우리에 안장한 뒤, 2주기 때 서울대 사범대학 문하생이 묘비를 세워 드렸으며, 매년 기일에 성묘를 했다. 그 뒤 나라에서 선생을 독립유공자로 추서, 1994년 대전 현충원에 옮겨 모셨다.

이탁 선생이 남긴 한시漢詩가 여러 수 있는데, 그 중「술회述懷」를 옮겨 붙인다.

술회述懷

이탁

나라 안 진악鎭岳 용문산龍門山 아래

천명天命 받아 태어나니

거짓이 바로 잡혀

글이며 역사 기록이 묻힌 대도 남으리

온갖 마魔가 침범한들 뜻이야 옮길 리야

만겁萬劫이 지난 대도 넋인들 가실 리야

한 조각 붉은 마음은

변할 줄이 있으랴

004

한상갑 선생 『맹자』 강독

한문 공부가 더 목마르던 때 저자는 한상갑韓相甲, 1914~2002선생을 알게 되어 그분 수업을 듣기로 하는데 마침 한문 강독으로 『맹자孟子』를 가르쳤다. 두 학기인가 들었는데 이때 한문장漢文章 해석을 어찌나 자세히 해 주는지 한 문 공부에 저자로서 또 다른 새 길을 찾게 되었다.

우리말 약 삼분의 이가 한자어인데 한자의 튼실한 기초 없이, 어찌 저자 가 국어과교육을 장차 잘 담당할 수 있겠느냐는 소견을 가지고 있던 터라, 마침 매우 잘된 일이 아닐 수 없었다. 이제 생각하면 논어論語를 이보다 먼저 배운 것으로 기억한다.

논어와 맹자에 앞서 중국역사 『십팔사략十八史略』을 이미 배웠으니 급한 대로 한문의 기초가 어느 정도 다져진 것 같지만 아직 멀게만 느껴진다. 지금 돌이켜 보면 한시漢詩를 이때 배웠어야 했는데 그러지 못한 점이 이제 와 후 회되기도 한다. 앞으로 기회가 오겠지 하였지만 그 후 한 번 놓친 기회는 저자에게 영영 돌아오지 않았다.

그때 한시漢詩를 배웠다면 노후에 동호인들과 함께 한층 더 깊은 정서 속에 우정을 다지며 유유자적悠悠自適할 수 있었을 것을 하는 아쉬움이 남는다. 한상갑 선생은 일찍 일본에 유학, 그곳 동양대학東洋大學에서 동양철학과를 나왔다. 당시 선생은 성대成大 동철과東哲科 교수로 사대師大는 겸임이다.

큰자제가 문희文熙 씨로 사대 동기요, 생물교육과를 나와 대전 유성에서 유전공학연구소장을 지냈고, 둘째 자제 무희武熙 씨는 단국대 한문교육과 교수를 지냈다.

005

'말본'과 '문법' 수업

---　❀　---

저자가 문법文法을 한문 다음으로 중요시한 까닭에 '국어학' 강독으로 일석一石 이희승李熙昇, 1896~1989 선생 문법과 심악心岳 이숭녕李崇寧, 1908~1994 선생 문법 그리고 외솔 최현배崔鉉培, 1894~1970 선생 말본을 배울 수 있던 일은 저자에게 더없이 좋은 기회가 아니었을까?

국어국문학회 '문법'과 한글학회 '말본'이 우리말 문법의 양대 산맥을 이루니 마침 저자는 문법을 배울 매우 좋은 기회를 잡은 것이다. 이 절호의 기회를 놓칠세라 온 정력을 기울여 문법과 말본을 학습하는 데 그야말로 최선을 다했다. 외솔 선생은 그의 저서『우리 말본』을 교재로 삼고『한글갈』을 부교재로 삼았다.

『한글갈』머리말에서 외솔 선생이 그 책을 쓸 때 간송 전형필의『훈민정음訓民正音』원본(희방사 본)을 빌려 보고 썼다는 내용을 읽고 저자가, "바로 그분이 저의 아저씨에요"(삼종숙) 하고 말씀 드리니, "그래?" 하고, 빙그레 웃는다.

간송澗松 전형필全鎣弼, 1906~1962은 교육사업가요, 문화재 수집가다. 1929년 일본 와세다早稻田 대학 법문학부를 졸업하고 문화재 수집을 시작했으며, 한남서림翰南書林을 경영하고, 문화재 대일對日 유출을 저지하는 데 공로가 크다.

선생은 1940년 보성고보普成高普를 인수 운영하였고, 선생의 문화재 수집품 가운데 『훈민정음訓民正音』 원본 등 10여 점이 국보로 지정되었다. 선생은 1954년 문화재 보존위원을 지내고, 상훈으로 교육공로표창과 문화포장, 국민훈장 동백장, 금관 문화훈장 등을 받았다.

한글학자 최현배崔鉉培, 1894~1970는 1925년 일본 교토京都 대학을 졸업하고 1926년 동 대학원을 졸업한다. 연희전문학교 교수, 군정청 문교부 편수국장, 한글학회 이사장, 1954년 연세대 교수 부총장을 거쳐 1961년 연세대 명예교수, 1964년 동아대 교수 등을 지냈다.

저서에 『우리말본』, 『한글갈』, 『글자의 혁명』, 『조선민족 갱생의 도』, 『나라 사랑의 길』 등이 있고, 상훈은 건국 공로훈장이 있다.

국어과 동기 박능제朴能濟가 수업시간에 말본 문제를 선생에게 질문했을 때, 선생이 그 말소리를 듣고, "자네 고향이 경남 함안이지?" 하자, 대뜸 "예! 그렇습니다" 하고 대답한 적이 있다. 이때 일이 지금도 생생하게 되살아난다. 말소리를 듣고 경상도 방언은 누구나 쉽게 알 수 있어도 군 단위까지 내려갈 수야 없지 않은가?

수업 듣던 저자를 포함 모든 학우가 순간 놀라고 말았다. 앞으로 말본을 열심히 공부하면 말소리만 듣고도 남의 고향을 족집게처럼 알아 맞힐 수 있을까? 그 후 저자 역시 여러 차례 시도해 봤으나 들쭉날쭉하였다. 글말도 중요하지만 소리말도 중요함을 새삼스럽게 인식하게 된 순간이다.

말본 시간에 선생 강의를 열심히 들은 까닭에 두 학기 모두 시험 본 성적이 좋아 가능하다면 선생 학문을 계승 발전시키는 방향으로 향후 진로를 잡아 보는 것이 좋지 않을까 하는 생각이 들어, 대학 졸업 후 연세대 대학원 석사 과정 '국어학' 전공 시험에 응시하였으나 곧 낙방落榜했다.

저자가 너무 무모한 까닭이다. 우선 시험에 응시하기 앞서 외솔 선생과 상의한 뒤 결정하는 절차를 밟지 않은 결과다. 시험 첫 시간이 전공 필답고사인데 출제된 문제를 보니 도무지 문제 자체를 이해할 수 없다.

이때 저자 평생 처음으로 시험 보며 백지를 낸 첫 기록을 남겼다. 시험장을 빠져나오자마자 대학원 교학과에 알아보니 이번 출제는 외솔 선생이 아니고 한결 김윤경金允經 선생이 낸 것이라 하여 이때 저자는 머리 뒤통수만 긁고 말았다.

한결 선생의 『한국 문자 및 어학사』 책을 저자도 가지고 있어 미리 한두 차례 곰곰이 읽고 갔어도 결과는 달랐을 것이다. 그러나 함께 시험 본 사대 국어과 동기 이재철李載喆 박사는 대학원 도서관학과에 합격, 후에 우리나라 문헌정보 학계를 선두에서 이끌었다. 그는 학교 보직으로 연세대학교 중앙도서관장도 지냈다.

2
사랑하였으므로
행복하였네라

006

이응백 선생 '국어교수법'

저자는 '국어교육'이 전공이므로 국어학 고전은 강독으로 해암海巖 김형규金亨奎 선생의 지도를 받고, 국문학은 구자균具滋均 교수를 통해 배우고, 민속학은 '신라 오기五伎'를 양재연梁在淵 선생에게 수업 받았다.

언어학개론은 한교석韓喬石 선생과 이을환李乙煥 선생이 맡아 가르쳐 주고, 문체론은 김덕환金悳煥 선생이, 한국 신극사新劇史는 이두현李杜鉉 선생이, 현대 시는 김남조金南祚 선생이 수업을 담당했다. 국어과교육에서 무엇보다 관심을 끄는 분야가 '국어교수법'과 '국어교재연구법'이다.

이 분야를 맡아 정성껏 가르쳐 준 분이 바로 난대蘭臺 이응백李應百 선생이다.

선생은 경기도 파주 출생으로 당시 들어가기 힘들다는 경성사범학교를 수료하고, 곧 서울대 사대에 들어가 국어교육과를 졸업한 후, 서울고등학교 등에서 교편을 잡아 국어를 가르치다가 이화여대를 거쳐 모교로 전근, 국어교육과에서 정년을 맞이했지만 후에도 몇몇 대학의 초빙으로 교수생활을 이어간 뒤 독자적으로 '국어교육연구소'를 차려 연구를 지속적으로 해 왔다.

뿐만 아니라, 선생은 서울고교에서 동시 근무한 난정蘭汀 남광우南廣祐 선생과 함께 한글은 물론 한자도 같이 써야 한다는 이른바 '국한國漢 병용倂用 문자운동'을 꾸준히 전개했다. 한편, 우리나라 수필문학에도 많은 관심을 보여 후에 '한국수필문학진흥회'를 조직, 회장 중책을 맡기도 했다.

이 밖에 각종 문화사업에도 많이 참여하여 평소 영일이 없을 정도다. 선생은 인품이 훌륭하여 각계각층 인사와도 교분을 쌓아 주위에서 찬사가 자자하다. 많은 후학들이 선생의 따뜻한 가르침과 지도에 머리를 조아리지 않는 이가 없다. 참으로 훌륭한 스승이다.

이응백李應百, 1923~2010선생은 1955년부터 '한국어교육학회'를 발기 창립하여 1993년까지 38년간 학회장으로 동 학회의 기반을 확고하게 다졌을 뿐 아니라 우리나라 국어교육 체계를 공고히 확립하는 데 중추적 역할을 다했다.

초기 학회 때 저자 역시 연구이사로 옆에서나마 난대 선생을 조금 도와드린 일을 아직껏 보람으로 여기고 있다. 이 학회가 사대 국어교육과의 학술적 모태가 되어 왔음을 우리나라 국어교육계에서 아무도 부정하지 못할 것이다.

한편, 선생은 난정 남광우 선생과 함께 펼쳐 오던 국한國漢 병용 문자운동이 조직적이고 체계적으로 전개되어야 할 것이라는 취지에서 발족한 '한국어문회韓國語文會'에 동참하고, 1997년 남광우 선생에 이어 한 때 이사장을 맡기도 하였다.

선생은 저서가 많지만 추려 보면 『국어교육사연구』, 『자료를 통해 본 한자 및 한자어의 실태와 그 교육』,『초등학교 학습용 기본 어휘 연구』,『방송과 언어』, 수필집으로『기다림』,『고향 길』, 그리고 시조집으로『인연』,『제비』등이 있다. 국어교육과 출신으로 국어교육의 이론적 체계를 처음 세운 분이다. 이 점 존경스럽다. 서울대 문학박사, 명예 교수다.

1999년 미리내 출판사에서 낸 이응백 수필집『우리가 사는 길』에 실린 부인 민영원閔瑛媛 선생의 시 한 수와 부군 이응백李應百 선생 헌시 한 수를 각각 옮겨 붙인다.

혼자 가는 길

민영원

안개 먼지 피어나는 달구지 길
아카시아 꽃 향의 파란 길도
추심秋心의 달맞이꽃 길에서랴
나
혼자 가야만 하는 길

영롱한 법어法語구슬을
소중히 꿰어 담더라도
앙금처럼 가라앉은
환幻의 환幻이
발길을 멎게 한다

이 작은 호리병 마음엔

차마 못 담겠기에

혼자 가는 길에

그저

내 벗이 되리니

어서

지선상의 아리아마저도 멈추게 하라

뒤돌아보지 말지니

아들아

내 손을 잡고

저기 마로니에 벤치에서

타고르의 시구라도 읊어 주지 않으련

| 헌시 |

영원한 꽃의 향기

이응백

도솔천서 인연 따라 잠시 머문 이승에서

무주상無住相 보시의 참모습을 보이고는

홀연히 선녀와 같이 그곳으로 갔소 그려

가족이며 이웃에게 최선을 다하면서
옳고 그름 대쪽같이 쪽 갈라 처리하곤
그 언제 그랬더냐는 듯 밝고 따슴 보이었죠

바느질과 수繡며 시문詩文 글씨 공예工藝 온갖 음식
몸에 고루 익히고 특별히 절검節儉으로
일관一貫한 삶의 자취를 향기롭게 남겼지요

김형규 선생 '국어학' 강독

앞에 잠깐 언급했지만, 해암海巖 김형규金亨奎, 1911~1996 교수는 비록 일제 치하이지만 당시 일제의 우리 문화 말살 정책에 분개하여 선인들의 문화 전통을 전승해야 한다는 애국정신을 일념으로 관학官學이기는 하나 일제가 세운 경성제국대학에 입학하고 조선어 및 조선문학학과에서 우리 어문학을 전공한다.

선생은 졸업 후 전주사범학교 교유教諭를 거쳐 광복이 되자 원산元山중학교 교장, 이어 고려대 교수, 그리고 1952년부터 24년간 서울대 사대에서 교수생활을 했다. 따뜻한 미소가 인상적인 해암 선생은 전공 학생들로부터 많은 존경을 받았다. 저서에 『국어사연구』, 『국어학개론』『고가古歌 주석』 등이 있다.

선생은 국어학회 학회장, 학술원 회원(국어학)이 됨으로써 우리나라 국어학자로 최고의 영예를 누렸다. 수상은 '학술원 저작상', '3·1 문화상', 그리고 정부로부터 국민훈장 '동백장'을 받았다. 선생은 1962년 서울대에서 문학박사학위를 받았다. 이 무렵 저자가 KBS-TV 방송관보, 교양 프로그램 제작 책임자로 있을 때다. 당시는 박사학위가 드물 때라 선생의 학위 취득은 학계 뉴스다.

저자는 곧 담당 피디에게 지시, 명사를 모시는 인물 코너를 제작하게 했다. 한때나마 TV 녹화장은 선생 왕국이었다. 남긴 저서에, 앞서 말한 3가지 외에 수필집으로『계절의 향기』등이 있다. 학계에서 많은 경외敬畏를 받는 해암 김형규 선생은 마침내 초대 국립국어원장이 된다. 존경스러운 학자요 스승이다.

선생 수업 중 자주 들었던 언어학 용어에 '히아투스hiatus' 현상이 있다. 당시 어떤 학술 용어보다 신선감을 준 용어인데, 최근에 저자가 읽은 그리스 철학서인 플라톤 저서『파이드로스Phaedrus』주석 가운데서 같은 용어를 발견하고는 새롭게 놀라지 않을 수 없었다.

이 현상을 '모음母音 충돌 회피'라고 배운 바 있다. 한편 "플라톤은 문체상으로 이소크라테스socrates, 기원전, 436~338의 영향을 매우 강하게 받았다. 이른바 모음母音 중복(히아투스)이란 현상 부분도 그 하나다". 이 인용구는 후대 번역자가 플라톤 문체文體가 이소크라테스의 영향 받은 사실을 입증한 한 증거로 내세운 것이다. 따라서 해암 선생의 학문적 통찰이 얼마나 폭넓은 것인지 새삼 깨닫게 된다.

국립국어원이 초기 서울시내 덕성여대 구내에 있을 때 선생을 그곳에서 뵌 적이 있고, 서울 신촌 로터리 한 음식점에서 사대 국어교육과 10회 동기 모임이 베푼 선생 원장 취임 축하연이 저자가 선생을 만나 뵌 마지막 자리다.

1996년 교음사에서 출판된 김형규 수필집『세월은 가고』에 담긴 선생의 시 한 수를 붙인다.

창공蒼空

김형규

푸른 하늘을 바라본다

온 세상을 품에 안은

네 가슴은 넓기만 하구나!

구천九天 높고 높은 하늘 아래

떠도는 티끌 같은 내 인생아!

나는 오늘도 너를 우러러 본다

밝은 하늘빛 이슬이 되어

내 마음 깊이 고이나니

이 영혼 그를 마시며 살아간다

영원에서 영원으로 이어가는

파란 하늘아!

옛 사람 너를 집(우주)이라 불렀거늘

내 언젠가 이 땅에 묻히는 날

넓은 흰 나래를 달고

너를 향해 끝없이 끝없이 나르리라

이을환 선생 '일반의미론'

이을환李乙煥, 1925~1998 선생은 사대 국어과 1회 졸업생으로 '언어학'과 '의미론' 연구에 남다른 관심을 가지고 묵묵히 학술 업적을 쌓아 왔다. 모교에 출강, 언어학을 담당하며 의미론意味論의 지평地平도 우리에게 처음 열어준 분이다. 언어학과 의미론에 대하여 새롭게 눈을 뜨게 된 것도 전적으로 이 분의 가르침 덕분이다. 이때는 물론 '일반의미론'이다.

선생은 숙명여대에서 국어국문학과 강사로 시작하여 교수가 되고, 보직은 교양학부장, 도서관장, 문과대학장, 대한원장까지 오르고, 여기서 정년을 맞이한다. 선생 논저로 『언어학개설』, 『국어의 일반의미론적 연구』, 『국어학연구』, 『증보 일반의미론』 등이 있다.

선생은 일본어와 영어에 능통한 어학 실력을 토대로, 해외 최신 정보를 신속히 입수 평가 분석하고, 누구보다 빠르게 우리나라 국어연구에 응용 내지 적용함으로써, 동학 및 후학들에게 많은 아이디어와 함께 여러 가지

시사점示唆點을 제공, 학문 연구에 새로 박차를 가할 수 있게 전기를 마련해 주었다.

일제 말기, 저자가 서울청계초등학교 때 갈현동으로 소개疏開 가서, 서대문구 소재 녹번동 은평초등학교로 전학해 다니는데, 1945년 광복이 되자 새로 부임한 교장 선생이 바로 이을환 선생의 선고장先考丈 이근홍李根弘 선생이다. 온후하고 인자하신 인상이다. 그 무렵 저자는 다시 서울 학교로 복귀하게 되어 교장 선생과 헤어졌다.

이을환 교수가 추천해 준 『언어학 개요』는 일본인 사또 고우佐藤孝의 저서로 내용 편성이 간명하여 언어학 대강을 파악하는 데 매우 긴요할 뿐 아니라, 교단에서 학생들을 가르칠 때도 매우 도움이 컸다.

1960년대 서울 종로에 있던 비어 비beer bar '낭만浪漫'은 학술정보를 획득하는 데 더 없이 좋은 사교 공간이었다. 당시 그곳에 서울과 지방의 대학 교수들이 많이 모여 친교를 도모하는 데 이보다 더 좋은 공간이 없었다.

이 교수도 이곳에 자주 들러 저자와 여러 차례 자리를 함께할 기회가 있었다. 유창돈劉昌惇 님, 조병화趙炳華 님, 남광우南廣祐 님, 김민수金敏洙 님, 박노춘朴魯春 님 등 우리나라 국어국문학계 중진 인사가 이곳에서 회동하는 일이 자주 있었다. 선배인 우인섭禹寅燮 님, 박붕배朴鵬培 님, 구인환丘仁煥 님 등도 이따금 만날 수 있었다.

마침 직장이 세종로에 있었기 때문에 저자 역시 이곳에 자주 들렀다. 좌석에 흥이 오르면 바로 옆에 있던 '향화촌香花村'으로 자리를 옮겨 2차 자리를 가지기도 했다. 종로 삼층 다방 '양지陽地'는 낭만으로 가기 앞서 모이거나 뒤풀이 장소로 많이 이용되었다. 그야말로 우리의 1960년대는 '낭만시대'라 하겠다.

아우님으로 이화여대 교수 규환圭煥 씨와 제주대 교수 성환星煥 씨가 있는데 여기서 만나 처음 인사를 나누었다. 신환으로 학교를 그만두고 서울에 왔을 때 저자가 성환 시인에게 동아방송 라디오 프로그램 〈산곡간에 흐르는 물〉 방송 원고를 부탁해 쓰게 한 바 글이 간결하고 쉽고 문학적이어서 당시 청취자 반응이 매우 좋았다.

그러나 몇 년 가지 않아 집필이 끊기고 얼마 후 성환 시인도 저세상 사람이 되고 만다. 애석한 일이다. 저자는 초등학교 교장 세 아드님과의 만남을 잊기 어렵다. 규환 교수는 서울사대 선배이니 교장 선생 가정은 말하자면 모범적 교육 가정이다.

이성환의 시 한 수를 소개해 본다.

그믐달

이성환

그믐달은
마을에 상여 떠나기를 기다려서
저 혼자 어둠을 기대고 드러누웠다

몸은 비록 멀리 떨어져 있으나
나 어린 상주의 울음 대신
그믐달은 조용히 머리를 풀어 띄웠다

산 설고 낯 설은 바람 잔 뜰 안

허전한 어느 비인 항아리 안에
남 몰래 소나기로 내려왔다가
이윽고 다다른 목숨
재 너머로 조용히 일러 보내고

그믐달은
상주가 잠이 들기를 기다려서
부엉이를 여지없이 성 밖에 두고 싶었다

이두현 선생과 '신극사' 연구

당시 숙명여대 국어국문학과 학과장으로 시인 김남조金南祚 교수가 집무할 때인데 저자에게도 출강 기회를 주어 학생들이 새롭게 관심 갖기 시작한 '스피치' 특강을 담당한 적이 있다. 지금까지도 선생에게 고마운 뜻이 남아 있다.

저자에게 '스피치' 연구 아이디어를 준 분이 바로 이두현李杜鉉, 1924~2013 교수다. 선생은 대학 선배인 동시에 대학 은사의 한 분이다.『한국 신극사新劇史 연구』가 대표 저서이자 박사논문이다.

선생은 1950년 서울대 사대 국어과를 졸업한 후, 1960년 미국 피바디 대학을 수료하고, 1968년 서울대에서 문학박사학위를 받았다. 선생은 1963년 국제극예술협회 한국본부 사무국장, 1966년 동 상임위원, 1968년 서울대 부교수를 거쳐 1971년 문화재위원, 1972년 문화인류학회 이사장, 1975년 연극학회 학회장, 1982년 학술원 회원(민속학 및 문화인류학), 1989년 서울

대 명예교수를 지냈다. 그리고 상훈은, 동랑 유치진 연극상, 한국출판문화
상, 학술원 저작상, 은관 문화훈장, 국민훈장 동백장 등이 있다.

선생 저서는 대표 저서 외에도 『한국가면극』, 『한국 민속학 개설』, 『한국
연극사』, 『한국의 탈춤』, 『한국 민속학 논고』, 『조선 예능사』(일문), 『한국
무속과 연희』, 그리고 주석본註釋本에 『한국 가면극 선選』 등이 있다.

사범대 국어과 출신으로 학술원 회원은 이 분이 처음이다. 참으로 자랑스
러운 선배요 스승이다.

선생은 이 밖에 '스피치' 분야 관심도 매우 진지하고 뜨거웠다. 이두현
교수는 1960년 도미했을 때, 피바디Peabody 대학과 워싱턴 가톨릭 대학에서
연극과 스피치를 연구한 후, 62년 귀국하여 최초로 서울대에 '화법' 강좌를
개설하고 스피치 수업을 시작한다.

1988년 '화법강좌'의 바통을 저자가 이어 받아 3년간 서울대에 출강했다.
이때 이응백 교수와 당시 학과 교수들 뜻이 크게 작용했음은 말할 것도 없다.
모교 서울대 사대에서 본인이 '스피치'를 담당, 수업할 기회를 가지게 된 행운
은 오로지 신의 뜻이다. 저자는 다만 머리 숙여 신에게 감사할 뿐이다.

당시 수강 학생은 사대 학생이 중심이지만 법대 및 인문대 재학생도 일
부 포함되어 있어 강의 준비와 실시에 온 정성을 다한 것으로 기억한다.

'한국스피치학회'가 1963년 정태시鄭泰時, 김갑순金甲順, 이두현李杜鉉, 이근
삼李根三, 전영우全英雨 등이 중심으로 서울에서 창립되었다. 중학교 및 고등학
교 국어과 교과과정에 화법話法을 넣고 학회에서 화법 교과서도 펴내어 검인
정 교과서로 인가 받아 국어과교육에 새 기풍을 진작시키자는 의욕적 출범을
보였다.

화법교육 없이 건강한 민주주의 사회가 뿌리내리지 못하고 그렇게 될 때

민주주의 사회의 정착은 요원할 것이라는 관점에 착안하여 앞으로 국어과교육에 반드시 화법 수업이 포함되어야 한다는 염원이 학회 창립 발기인의 공감대를 이루었다. 이 무렵 정부당국의 치안 유지 조치로 인하여 소기의 뜻을 이루지 못하자 못내 아쉬울 뿐이었다.

학회가 뜻하지 않게 제 자리를 잡지 못하고 일시 중단되니 숙제로 남았다. 저자가 사대 동문 이석주李奭周, 이주행李周行, 박경현朴景賢, 민현식閔賢植, 윤희원尹希苑 교수 등과 힘을 합하여 1998년 9월 26일 중앙대학교 대학원 국제회의장에서 '한국화법학회'라고 명칭을 변경, 새롭게 창립 발족시키니 그 감회를 이루 다 말할 수 없다.

동시에 1960년대 스피치 동인들에게도 미안한 느낌을 덜 수 있어 크게 다행이다. 실로 35년 만의 일이다. 발기인 가운데 네 분은 이미 고인이 되었으니 세월의 무상함을 탓한들 이제 무슨 소용이 있을까? 저자는 1960년대 학회 총무이사를 맡았다.

2016년 현재 한국화법학회는 국제 규모로 크게 발전하여 비약적 성장을 보이고 있다. 학술지『화법연구』도 호를 거듭할수록 내용이 충실해져 마음 든든하다. 본인은 1, 2대 학회장을 역임한 입장에서 동학 후배들 노력에 새삼 고마움을 느낀다.

앞에 나온 동랑東郞 유치진柳致眞 연극상은 한국 민족극의 건전한 육성을 도모하고자 제정된 것이다. 이두현 선생은 1967년 제5회 때 수상한 바 그 배경은 선생이 우리나라 신극 운동의 발자취를 밝혀주고 그 체계를 세운『한국신극사 연구』저술에 기울인 공로를 인정받은 것이다.

저자도 이 상을 받았다. 바로 이듬해 1968년 제6회 때『스피치 개론』과 『화법 원리』등을 저술하여 당시 미개척 분야이던 '화법' 연구에 이바지한 공로를 인정받은 것이다. 그리고 저자에게 이 상은 생애 최초의 영광이 된다. 당시 남산 드라마 센터 소강당에서 수상했을 때 본인의 벅찬 감회를 무어라 말할 수 없었다.

서울대 사대 국어과 동문 유민영柳敏榮, 1937~ 선생도 같은 상을 받았다. 1990년 제14회 때, 우리나라 연극의 발자취를 집대성한『한국 현대 희곡 사』의 저술 등 평생을 한국 연극 연구에 전념한 공로를 인정받은 것이다. 유 선생은 1961년 서울대 국문과를 졸업하고, 1966년 동 대학원을 졸업했으 며, 1973년 오스트리아에 유학, 비엔나대학 연극학과 수학한 후, 1987년 국 민대에서 문학박사학위를 취득했다.

선생은 1970년 한양대 부교수, 1980년 단국대 국문과 교수, 1986~91 년 단국대 예술대학 학장을 역임하였다. 1986년 연극 학회장, 1988년 공연 예술 평론가 협회장, 1989~93년 국립극장 레퍼토리 운영위원, 자문위원 장, 1993년 방송위위원, 1994년 국립국악원 자문위원을 거쳐 1995~98년 예술의전당 이사장, 1997년 정동극장 이사장 등 우리나라 문화예술계 각 분 야에서 괄목할 만한 경력과 공적을 쌓아 온다. 자랑스러운 사대 동문의 한 분이다.

﹟ 010 ﹞

유치진과 유치환

유치진柳致眞, 1905~1974은 극작가다. 호가 동랑東郞이다. 1931년 일본 릿쿄立敎 대학 영문과를 졸업하고 극예술연구회 동인이 된다.

선생은 1942년 현대극장 주재主宰, 1948년 서울시 문화위원, 1949년 중앙국립극장장, 1955년 예술원 회원(희곡), 부회장, 1958년 국제극예술협회 한국본부 이사장, 1959년 동국대 교수, 1962년 예총 회장, 연극연구원 이사장 겸 원장, 1964년 서울연극학교 교장 및 동 교수, 1971년 극작가협회장 등을 지냈다.

선생 작품집은 『유치진 역사극집』, 『유치진 희곡집』, 『소』, 『나도 인간이 되련다』, 『원술랑』 등이 있다. 상훈은 '문화훈장 대통령장'이 있다.

유치진 선생 부름을 받고 저자는 '드라마 센터 아카데미'와 서울연극학교에서 약 7년간 '연기 스피치'를 가르쳤다. 어느 날 남산 아카데미에 나가니 선생 사무실에 웬 노인이 앉아 계셔서 누군지 궁금할 즈음 "전 선생! 청마靑馬

유치환柳致環 시인 몰라요?" 하고 물어 보기에, "너무나 고명하신 시인이신데요, 압니다. 다만 오늘 이 자리에서 처음 뵙는데요" 한 뒤, 곧 청마 시인을 향하여 "선생님, 처음 뵙겠습니다. 선생님 시를 학생들에게 가르치기도 하였습니다. 참 반갑습니다"라고 인사를 건넸다. 청마 시인은 안경을 끼고 있었는데 바닷빛 색안경이다. "유치환입니다" 한 다음 시인은 별 말씀이 없다. 청마는 동랑의 아우님이다.

그리고 몇 해 지나지 않아 저자는 뜻밖에 신문 지상紙上에서 청마 시인의 부음訃音을 접한다. 해 다 저문 어느 날 저녁, 비 오는 항도港都 부산 거리에서 뜻하지 않은 교통사고로 시인이 안타깝게 타계하였다는 비보다. 알려진 바 당시 동래 거주 여류시인 이영도李永道 님을 만나려던 계획이 사정으로 미루어지자, 거나하게 약주를 들고 걷다 당하신 큰 변이다.

시인이 돌아가고 얼마 후 정운丁芸 이영도李永道 시인의 애절한 시조가 실린 편지 모음이 한 묶음 아담한 책으로 엮여 나왔다. 책 이름은 『사랑하였으므로 행복하였네라』다. 이 타이틀은 청마 시인 시구에서 따온 구절이다. 이 편지 모음은 삽시간에 베스트셀러가 되어 시중 화제가 되었다. 청마의 「행복」을 붙인다.

행복

유치환

사랑하는 것은
사랑을 받느니보다 행복하나니라.
오늘도 나는

에메랄드 빛 하늘이 환히 내다 뵈는
우체국 창문 앞에 와서 너에게 편지를 쓴다.

한길을 향한 문으로 숱한 사람들이
제각기 한 가지씩 생각에 족한 얼굴로 와선
총총히 우표를 사고 전보지를 받고
먼 고향으로 또는 그리운 사람께로
슬프고 즐겁고 다정한 사연들을 보내나니.

세상의 고달픈 바람결에 시달리고 나부끼어
더욱 더 의지 삼고 피어 헝클어진
인정의 꽃밭에서
너와 나의 애틋한 연분도
한 방울 연연한 진홍빛 양귀비꽃인지도 모른다.

사랑하는 것은
사랑을 받느니보다 행복하나니라.
오늘도 나는 너에게 편지를 쓰나니
그리운 이여, 그러면 안녕!

설령 이 것이 이 세상 마지막 인사가 될지라도
사랑하였으므로 나는 진정 행복하였네라.

청마 시인 비보를 접한 정운 시인의 슬픔은 어떠하였을까? 시간이 흐른 뒤 슬픔을 추스른 정운 시인은 「탑」이란 제목의 시조를 지어 책머리에 붙였다.

탑塔

이영도

너는 저만치 가고 나는 여기 섰는데
손 한번 흔들지 못한 채 돌아선 하늘과 땅
애모哀慕는 사리舍利로 맺혀 푸른 돌로 굳어라

청마 시인은 일찍 「그리움」이란 제목의 시를 두 편이나 남기고 있다.

그리움

유치환

파도야 어쩌란 말이냐
파도야 어쩌란 말이냐
임은 뭍같이 까딱 않는데
파도야 어쩌란 말이냐
날 어쩌란 말이냐

그리움

유치환

오늘은 바람이 불고

나의 마음은 울고 있다

일찍이 너와 거닐고 바라보던 그 하늘 아래 거리언마는

아무리 찾으려도 없는 얼굴이여

바람 센 오늘은 더욱 더 그리워

진종일 헛되이 나의 마음은

공중의 깃발처럼 울고만 있나니

오오 너는 어디 꽃같이 숨었느냐

청마靑馬 유치환柳致環, 1908~1967은 시인이다. 선생은 1929년 연희전문 문과를 중퇴하고, 1940년 북만주에서 영농에 종사하고, 1945년 귀국 이후 중고 교사에 이어 부산남여상고 교장을 지냈다. 그는 예술원 회원이었다. 시집에 『생명의 서書』 등 다수가 있다. 상훈으로 서울시문화상, 자유문학상, 예술원상 등을 받았다.

3

그대 있음에
내가 있네

김남조 선생 '현대시' 특강

　'나는 너를 좋아해', '나는 너를 사랑해' 평소 우리가 이렇게 말할 때 상대가 갖는 느낌보다 '그대 있음에 내가 있네' 했을 때 상대가 갖는 느낌은 그 차이가 엄청날 것이다. 문학적이고 시적인 감흥이 바로 이런 것이 아닐까?

　김남조金南祚 시인은 일찍 시적 표현으로 그의 가사에 이 말을 담아 선풍적 국민 관심을 끌어 모으고, 마침내 그의 노랫말에 곡이 붙여져 현대 우리나라 가곡의 하나로 널리 애창되고 있음을 아는 사람은 다 안다. 김순애 선생이 곡을 붙였다.

그대 있음에

김남조

그대의 근심 있는 곳에
나를 불러 손잡게 하라
큰 기쁨과 조용한 갈망이
그대 있음에 그대 있음에

내 맘에 자라거늘
오! 그리움이여
그대 있음에 내가 있네
나를 불러 손잡게 해

그대의 사랑 문을 열 때
내가 있어 그 빛에 살게 해
사는 것의 외롭고 고단함
그대 있음에 그대 있음에

사랑의 뜻을 배우니
오! 그리움이여
그대 있음에 내가 있네
나를 불러 그 빛에 살게 해

김희보 편저 『한국의 명시』(종로서적, 1980)에 보면, 김남조 선생은 시집 『목숨』을 1951년 세상에 내며 시단에 등단한 것으로 나와 있다. 초기에 주로 정열을 노래했으나 점차 기독교적 사상과 윤리를 바탕으로 시를 써 온 것으로 알려지고 있다.

선생은 시집으로 『나아드의 향유』를 1955년에 내고, 『나무와 바람』을 1958년, 『정념의 기』를 바로 이듬해 1959년, 『풍림』을 1963년, 그리고 『김남조 시집』을 1967년, 『영혼과 빵』을 1973년에 냈다. 저자의 사대 입학이 1953년인데, 아마 3학년 때 김 선생의 '현대시' 특강을 들었을 것이다. 이때 『나아드의 향유』를 가지고 교재로 배운 것 같다.

선배 강사라서 그랬는지 수강한 우리 호응은 자못 컸다. 이때 동기의 하나인 최화정崔華貞이 현대시 수업에 몰입해 졸업 후 마침내 시 추천을 받아 시단에 등단했으나, 졸업 후 문교부 발령이 충청남도로 나와 대전 모 여고 재직 중 원인 모를 이유로 세상을 떠나, 한 때나마 동기 학우들 마음을 몹시 슬프게 만들었다.

김남조 시인은 1927년 경북 대구 출생으로, 1944년 일본 큐슈九州여고를 졸업한 후, 이어 1951년 서울사대 국어과에서 학업을 마치고, 1991년 서강대에서 명예 문학박사학위를 받았다.

선생은 1955년부터 1993년까지 38년간 숙명여대 국문과 교수로 봉직하는 한편, 우리나라 시단詩壇 중진으로 1984년부터 2년간 시인협회 회장을 지내고, 1986년 여성문학인회장을 거쳐 마침내 1989년 우리나라 시단을 대표하는 예술원 회원이 되었다.

사대 국어과 동문으로 처음 있는 일이다. 존경스러운 선배의 한 분이다. 선생은 '90년 세계시인대회 계관시인桂冠詩人'에 추대되고, 숙명여대 명예교수다.

주요 상훈은 서울시 문화상, 대한민국 문화예술상, 3·1문화상, 국민훈장 모란장, 예술원상 등이 있다.

문학평론가 김봉군金奉郡 교수는 김남조 선생의 주옥같은 명시 가운데 유독 「겨울 바다」를 추천한다.

겨울 바다

김남조

겨울 바다에 가 보았지
미지의 새
보고 싶던 새들은 죽고 없었네.

그대 생각을 했건만도
매운 해풍에
그 진실마저 눈물마저 얼어버리고
허무의 불
물 이랑 위에 붙어 있었네.

나를 가르치는 건
언제나 시간⋯⋯
끄덕이며 끄덕이며 겨울 바다에 섰었네.

남은 날은

적지만

기도를 끝낸 다음
더욱 뜨거운 기도의 문이 열리는 그런 혼령을 갖게 하소서
남은 날은 적지만

겨울 바다에 가 보았지
인고忍苦의 물이
수심水深 속에 기둥을 이루고 있었네.

앞에 소개한 시집 외에도 많은 시집이 있는데 모두『김남조 전작집』전
9권에 수록되어 있다. 김남조 시인의 상훈은 앞에 소개된 바 있지만 2007년
만해萬海 대상 문학부문상을 새로 수상하고, 그 기념으로 시학사에서『귀중
한 오늘』이란 김남조 시집이 나왔다. 이 가운데 한 편의 시를 소개한다.

노약자

김남조

노약자,
이 이름도 나쁘진 않아
그간에 삼만 번 가까이는
해돋이를 보고 해 아래 살아
해의 덕성과 은공을

웬만큼은 일깨웠는지라

사람의 마음도
삼만 번의 열 갑절은
밝기나 흐린 음표들의 악보로써
나의 심연에 흘러 닿아
사람의 노래를 아는 실력의
웬만큼은 되었는지라

노약자,
무저항의 겸손한 이름이여
어스름 해 저물 녘의
초생달빛이여
치수 헐렁하여 편한
오늘의 내 의복이네

❧ 012 ❧
금아 피천득 선생

국문학과 입학하여 한 번쯤 시인이 되었으면 하고, 희망을 가져본 적이 없는 학생은 아마 아무도 없을 것이다. 물론 저자 역시 그 중 하나다. 국문학과에서 잠시 영문학과로 눈을 돌리면 여기 금아琴兒 피천득皮千得 교수가 보인다. 하여 '영시 특강'을 수강하기 위해 수강신청도 하지 않고 강의실에 들어가 맨 뒷자리에 앉았더니 수업도 하기 전에 도강盜講 학생부터 점검한다.

"자네 영문과 학생이 아니지?"

"네, 아닙니다. 저는 국문과 학생입니다."

나가라고 할 줄 알았지만 더는 말씀이 없다.

피천득 교수는 1910년 서울 출생으로, 1940년 상하이 호강滬江대학 영문과를 졸업하고, 1945년 경성대 예과 교수를 거쳐 이듬해 서울대 사대 교수로 부임한다. 외유내강外柔內剛한 인품이다.

수강 소감은 영시를 알기 쉽게 풀이할 뿐 아니라 그 속에 내재된 시사상을 확실하게 짚어 준다. 몇 차례 수강으로 그쳤지만 그때 인상이 아직도 기억에 남아 있다. 번역 시집 『삶의 노래』, 『셰익스피어 소네트』, 시집 『서정시집』, 『금아 시선』, 그밖에 『금아 문선』, 『생명』, 수필집으로 『인연』 등이 있다.

상훈은 은관 문화훈장과 인촌문화상이 있다. 1954년 하버드 대학에서 연구한 뒤 1963년 서울대 대학원 영문과 주임교수를 지냈다.

저자가 세종로 동아방송東亞放送에 근무할 때다. 한낮 정오뉴스를 마치고 현관을 나가 막 거리로 나서는데 마침 금아 선생과 마주칠 즈음 인사를 드리니 저자를 기억하고, "자네 요즈음 『수필문학』지에 쓴 것 사실이야?" 하고, 사실 여부를 캐묻는다.

"그럼요" 하고 대답하니 그래도 믿기지 않는다는 듯 의아해 한다. 오래 지난 이야기지만 당시 박연구朴演求 주간主幹 요청으로 '만년필 이야기'라는 제목으로 쓴 저자의 수필을 『수필문학』에서 읽고 혹여 허구적인 요소를 가미한 게 아닌가 하는 노파심에서 확인해 본 것이리라.

『국어사전』을 새로 내놓은 한 출판사가 사전편찬 감수자監修者들에게 사례하는 뜻으로 '파카 51' 만년필을 하나씩 선물한 바 저자도 여기 포함되어 고급 만년필을 받은 것이다.

저자 역시 글 쓸 때가 더러 있는 사람이니 우선 선물이 마음에 들어 포장을 뜯고 잉크를 넣은 다음 종이에 글씨를 써 보니 글씨가 잘 써진다. 몸통 색깔도 코발트 블루라 더할 나위 없이 좋은데 때마침 내방 손님이 있어 그와 인사하느라 얼떨결에 잠깐 쓰던 만년필을 책상 위에 놓았건만 순간 그것이 굴러 책상 아래로 떨어져 펜촉이 갈라지고 망가졌다.

이때 저자의 상심은 뭐라 말할 수 없다. 고전 수필 「조침문弔針文」이 문득 떠오르기도 한다. 문제 해결 수습에 들어간 저자는 먼저 백화점 만년필부로 전화했다. 있는 그대로 경위를 말하고 저자의 잘못인데 웃돈을 더 낼 터이니 새것으로 바꿔 줄 수 없느냐고 청을 넣었더니, 그러면 일단 만년필을 보내라 하여 인편에 보냈다.

얼마 후에 사환이 돌아와서는 "대개 손님이 망가트리고도 새 만년필로 바꿔달라고 떼쓰는 손님이 많은 터에 이 경우는 달라서 웃돈 안 받고 새 것 줄 테니 가져가요" 하더라는 점장의 이야기를 전한다. 어찌 감동이 없었겠는 가. 이 사실을 소재로 쓴 것인데 선생은 저자에게 이 사실을 확인하고 싶었던 모양이다.

만년필 이야기

전영우, 『수필문학(隨筆文學)』 2호

S출판사에서 선물로 내게 만년필 하나를 보내 왔다. 글 쓸 기회가 많지 않아 도 그런 대로 만년필 선물은 구미를 돋운다. 우선 잉크부터 넣는다. 아직 펜촉이 길들지 않아서인지 종이에 닿는 감촉이 덜 부드럽다.

마침 손님이 찾는다. 쥐고 있던 만년필을 놓은 채 손님과 담화하던 중 무엇이 구르더니 나의 발등 옆으로 떨어진다. 예의 만년필이다. '아까워라' 하는 아쉬움 이 마음에 먹구름을 편다.

기억을 더듬으면 내가 가져본 만년필이 수도 많고 종류도 많다. 나는 실용성 을 앞세우므로 오래 가진 만년필이 많다. 아버지가 물려준 것 중에 옛날 구형 빠이롯드가 있다. 이것은 잉크를 스포이트로 넣어 다시 만년필에 주입하는 복잡 한 과정 때문에 크게 환영 받지 못했다.

뿐 아니리 잉크가 잘 샌다. 그러나 가슴에 꽂고 빼기고 다니다가 어느 날 소매치기 당한 일이 무척이나 서운하다.

해방 후, '쉐파'를 아껴 썼는데 이것은 고무 튜브가 특징이고, 몸체에 한일자로 가느다란 쇠 장식이 붙어 있어 이것을 눌렀다 펴면 잉크가 들어간다. 이것은 새는 일이 거의 없고 튼튼하며 펜촉이 매우 부드러운 감촉을 준다. 이와 비슷한 것이 '이스터브룩', 이것은 학생 실용으로 더 없이 좋다. 값이 싸고 펜촉도 특수 금속제인데 여간 마음에 들지 않았다.

만년필은 잉크가 새지 않을 것이고 글을 쓸 때 잉크 흐름이 자연스러워야 하며 지면에 닿는 펜촉의 감촉이 부드럽고 몸체는 견고해야 한다. 요즈음 볼펜이 흔하고 볼펜을 자주 쓰나 볼펜으로 글 쓰는 맛과 만년필로 글 쓰는 맛은 영 다르다. 나는 원고 쓸 때 볼펜을 별로 써 본 일이 없다.

대개 만년필로 쓴다. 한동안 코발트블루의 '파카21'을 썼는데 이것은 스타일과 만년필 뚜껑, 그리고 펜촉을 감싼 몸체 부분이 모두 신식이고 늘 싱그러운 중에 뚜껑의 애로arrow는 문자대로 화살의 문양이라, 지금 쓰고 있는 글의 독자에게 적중하는 글을 써야 한다는 어떤 방향 지시기처럼 느껴진다.

파카21도 빨강, 파랑, 잿빛, 여럿을 썼지만 그 중에서 기억에 남는 것은 역시 코발트블루이다. 그런데 파카21의 흠은 몸체를 한번 떨구면 곧 금이 가고 깨지는 점이다. 파카51은 이 점을 개선한 것인데, 이것은 견고하기 그지없고 오래 지닐 수 있으며, 그러다 보니 지루한 감을 줄 때가 없지 않다.

파카51, 한 2년쯤 길들이고 정든 잿빛 만년필 하나, 어느 날 글을 쓰다 물론 뚜껑을 따로 벗기고 글을 쓰다 책상 위에 놓아둔 채 방바닥에 누웠다. 얼마 후 다시 깨어나 무심코 방바닥에 누운 채로 책상 위 신문을 잡는 순간, 그 위에 그냥 놓아둔 만년필이 사정없이 방바닥으로 떨어진다.

떨어져도 전투기가 대지 공격하듯 떨어진다. 펜촉의 끝 부분 반은 위로 반은 아래로 휜다. 이때의 상심, 이때의 자책을 어디다 견주겠는가. 잊으려 해도 못 잊을 애착이 이에 더하랴.

그 후 내가 입수한 것이 국산 빠이롯드다. 우선 값싼 점이 마음에 드나, 한편 이제껏 경험한 만년필의 흠을 이것은 어느 정도나 개선했을까 하는 의문이 뒤따른다. 어쨌든 저렴한 값으로 하나를 산 것이다. 한 몇 달쯤 썼을까 예상을 뒤엎고 이내 곧 친구가 되었다. 물론 까끌거리는 맛은 일찍 가셔버리고, 이제는 제법 사각사각한 맛이 한결 마음에 든다. 조강지처에나 비유할까? 가볍고 견고하고 감촉도 좋으려니와 잉크가 자연스럽게 흐른다. 거칠 것이 없는데 값도 싸다. 외국산 만년필은 한낱 사치에 불과하게 느껴진다.

초등학교 시절 동창, 동창을 말하는데 초등학교까지 거슬러 올라가면, 어딘지 동창 기근에 빠진 사람 같으나 이 경우는 좀 다르다 하자. 우선 여성인 점부터 다르다. 거기에 내가 혼자 좋아한 점이 두 번째로 다르다. 초등학교 때 마음에 새긴 그것도 남 몰래 혼자 애태우던 바로 그 사람이니 말이다.

뜻이 있으면 길이 열린다 하지 않던가? 거의 30년 만의 해후가 이루어지고 그에게서 진귀하고 소중한 선물을 받으니 그것이 바로 '파카65'이다. 이것은 나의 애장품 1호가 된다. 이따금 꺼내 낙서를 한다. 그 사람을 생각한다. 그리고 다시 소중히 간직해 둔다. 그가 이 선물을 내게 주기까지의 경위를 나 나름대로 생각하는 뿌듯한 행복.

다시, 먼저 이야기로 돌아가자. 손님과 대화하다 파카51을 떨군 그 이야기다. 케이스에 적힌 S백화점 만년필부로 전화를 걸었다. 이내 바꾸러 보내란다. 사환 편에 시켰더니 웃돈을 더 안 받고 바꿔 준다.

돈을 더 안 받은 사연인즉, 대개 바꾸러 오는 손님의 경우, 사갈 때는 몰랐는데 집에 가보니 흠이 있더라는 것이 예사인데, 나의 경우는, 전화로 미리 내가 잘못 다루다 만년필을 떨어뜨렸는데, 웃돈을 더 낼 테니 바꿔 줄 수 없느냐는 청이라, 그런 사람 가물에 콩 나기 같다는 뜻에서 거저 바꿔 준다고 하더란다.

고맙기도 하지만 한편 진실치 못한 세정에 나 혼자 뒤지기라도 한 듯 느껴지는 것은 또 어인 일일까? 경험처럼 좋은 교과서가 없다는 말을 믿는다면 나에게는 만년필 사용에 따르는 사용 신조가 생겼다. 즉 만년필을 사용할 때, 반드시 뚜껑을 몸체에 끼고 쓴다는 것과, 잠깐 만년필을 책상 위에 놓더라도 반드시 뚜껑을 몸체에 원상으로 끼워 놓아야 한다는 것이다.

비싼 고급 만년필보다 싼 국산 만년필의 고마움이 한층 친밀감을 준다. 그러나 파카65의 의미만은 나의 마음 속 깊이 간직하고 싶다.

선생이 번역한 중국, 두보杜甫, 712~776의 시를 옮긴다.

손님

두보, 피천득 역

우리 집 남쪽, 북쪽
다 봄물이다
갈매기 날마다 떼지어 올 뿐
꽃잎 덮인 길
쓴 적이 없더니
그대를 맞으려 싸리문을 열었네
찬거리 사기에는
장이 너무 멀어

가난한 내 집에는 탁주가 있을 뿐

울타리 너머

옆집 늙은 이도 오라고 할까

도연명陶淵明, 365~427 「귀거래사歸去來辭」도 선생이 옮겼다.

돌아가리라

도연명, 피천득 역

전원은 황폐해 가는데

내 어이 아니 돌아가리

정신을 육체의 노예로 만들고

그 고통을 혼자 슬퍼하고 있겠는가

잘못 들어섰던 길 그리 멀지 않아

지금 고치면 어제의 잘못을 돌이킬 수 있으리다

배는 유유히 흔들거리고

바람은 가볍게 옷자락을 날린다

지나가는 사람에게 길을 묻고

새벽 빛이 희미한 것을 원망하다

나의 작은 집을 보고는

기뻐서 달음질친다

머슴아이가 반갑게 나를 맞이하고

어린 자식은 문 앞에서 기다린다

세 갈래 길에는

소나무와 국화가 아직 살아 있다

아이들 손을 잡고 집 안에 들어서니

병에 술이 채워져 있다

나는 혼자 술을 따라 마신다

뜰의 나무들이 내 얼굴에 화색이 돌게 한다

남창을 내다보고 나는 느낀다

작은 공간으로 쉽게 만족할 수 있음을

매일 나는 정원을 산책한다

사립문이 하나 있지만 언제나 닫혀 있다

지팡이를 끌며 나는 걷다가 쉬고

가끔 머리를 들어 멀리 바라다본다

구름은 무심하게 산을 넘어가고

새는 지쳐 둥지로 돌아온다

고요히 해는 지고

외로이 서 있는 소나무를 어루만지며

나의 마음은 평온으로 돌아오다

돌아가자

사람들과 만남을 끊고

세속과 나는 서로 다르거늘

다시 수레를 타고 무엇을 구할 것인가

고향에서 가족들과 소박한 이야기를 하고

거문고와 책에서 위안을 얻으니
농부들은 지금 봄이 왔다고
서쪽 들판에 할 일이 많다고 한다
나는 어떤 때는 작은 마차를 타고
어떤 때는 외로운 배 한 척을 젓는다
고요한 시냇물을 지나 깊은 계곡으로 가기도 하고
거친 길로 언덕을 넘기도 한다
나무들은 무성한 잎새를 터뜨리고
시냇물은 조금씩 흐르기 시작한다
나는 자연의 질서 있는 절기를 찬양하며
내 생명의 끝을 생각한다

모든 것이 끝난다
우리 인간에게는
그렇게도 적은 시간이 허용되어 있을 뿐
그러나 마음 내키는 대로 살자
애를 써서 어디로 갈 것인가?
나는 재물에 욕심이 없다
천국에 대한 기대도 없다
청명한 날 혼자서 산책을 하고
등나무로 만든 지팡이를 끌며
동산에 올라 오랫동안 휘파람을 불고
맑은 냇가에서 시를 짓고

이렇게 나는 마지막 귀향할 때까지
하늘의 명을 달게 받으며
타고난 복을 누리리라
거기에 무슨 의문이 있겠는가

금아 피천득 선생의 서정시 3편(「생명」, 「비 개고」, 「단풍」)을 소개한다.

생명

억압의 울분을 풀 길이 없거든
드높은 창공을 바라보라던 그대여
나는 보았다
사흘 동안 품겼던 달걀 속에서
티끌 같은 심장이 뛰고 있는 것을

실연을 하였거든
통계학을 공부하라던 그대여
나는 보았다
시계의 초침같이 움직거리는
또렷한 또렷한 생명을

살기에 싫증이 나거든
남대문 시장을 가보라던 그대여

나는 보았다
사흘 동안 품겼던 달걀 속에서
지구의 윤회와 같이 확실한
생의 생의 약동을!

비 개고

햇빛에 물살이
잉어같이 뛴다
"날 들었다!" 부르는 소리
멀리 메아리 친다

단풍

단풍이 지오
단풍이 지오

핏빛 저 산을 보고 살으렸더니
석양에 불붙는 나뭇잎같이 살으렸더니

단풍이 지오

단풍이 지오

바람에 불려서 떨어지오
흐르는 물 위에 떨어지오

2007년 5월 29일, 금아 피천득 선생이 97세로 타계하자, 월간 『샘터』 이사장 김재순 선생이 동년 9월 30일 자, 천원 오천석 기념회 소식지에, 특별 기고문을 게재하였다. 그 전문을 여기 옮겨 붙임과 동시에 금아 선생의 명복을 빈다.

사랑하고 떠나가신 선생님

김재순

금아 피천득 선생님께서 돌아가셨습니다. 향년 97세였습니다. 나신 날이 1910년 5월 29일이었고 돌아가시고 장례한 날도 2007년 같은 날 생일이었습니다. 우연이라면 우연일지 모르지만, 사람이 나서 죽는 날의 조화는 신만의 뜻이겠습니다.

선생님은 5월을 무척이나 찬미했습니다. "신록을 바라다보면 내가 살아있다는 사실이 참으로 즐겁다. 내 나이를 세어 무엇 하리. 나는 지금 5월 속에 있다"라고 읊었습니다.

선생님은 정답고 온화하시며 우아한 성품을 타고나신 분이었습니다. 어린아이처럼 순수하였습니다. 풍경의 아름다움이나 웃는 어린이에게, 또는 고독한 친구에게 다가가는 마음씨였습니다.

선생님 주변에는 예쁘고 머리 좋은 젊은 여성들이 많았습니다. 그리고 릴케 Rilke의 말로 그 이유를 보탰습니다. "여자는 남자보다는 훨씬 인간적이야." 반면 히스테릭한 여성, 자아도취에 빠진 여성을 멀리하였습니다. 선생님 서재에는 '잉글리드 버그만'의 어린 소녀 시절, 배우 전성시대의 스틸 사진이 몇 장 붙어 있습니다.

그 귀엽고 청순한 모습을 바라보면서 계면쩍은 말로 "남자가 여성을 의식하지 못할 때 인생은 끝이야" 또한 "동짓날 기나긴 밤 한 허리를 베어내어 춘풍春風 이불 아래 서리서리 넣었다가 어른님 오신 날 밤이어든 굽이굽이 펴리라."

시간과 공간을 넘나들며 시어詩語를 구사한 황진이—이런 무서운 재주를 구사한 시인은 어느 나라에도 없으리라 하였습니다. 선생님이 서울 태생이어서 찾아가실 고향은 따로 없었으나 중국 도연명의 시를 소리 내어 읊기도 했습니다.

케네디 대통령 취임식 때 자작 축시를 낭독했던 '로버트 프로스트'와는 깊은 친교도 있었습니다. 프로스트의 유명한 말 "시는 기쁨으로 시작하여 예지叡智로 끝난다"에 대해서 "그 예지는 냉철하고 현명한 예지가 아니라 인생의 슬픈 음악을 들어온 인정 있고 이해심 많은 예지"라고 했습니다.

선생님의 글과 시는 바로 선생님의 인격이며 품성이었습니다. 음성은 낭랑했고 그 속에는 언제나 유머와 위트가 있었습니다. 나는 선생님께서 만년에 쓰신 "이 순간"을 즐겨 소리 내어 읊곤 합니다.

"……오래지 않아 내 귀가 흙이 된다 하더라도 이 순간 내가 제9 교향곡을 듣는다는 것은 그 얼마나 찬란한 사실인가……" 선생님을 여의는 영결식은 신수정님의 애수가 감도는 피아노 선율에 이끌려 시종 엄숙하게 슬피 우는 곡성 속에서 끝냈습니다.

선생님은 "사랑하고 떠난 이로 기억되기를 바란다" 하셨습니다.

윤태림 선생 '심리학개론'

윤태림尹泰林, 1908~1991 교수는 1931년 경성제대 철학과를 졸업하고, 1935년 동 대학원 법학과를 졸업, 1965년 서울대에서 철학박사학위를, 1982년 연세대에서 명예 법학박사학위를 취득하였다.

선생은 1952년 서울대 사대 교수가 되고, 1960년 동 사대학장을 지냈는데, 저자는 이 무렵 선생에게 '심리학개론'을 배웠다. 물론 학문 자체가 저자에게 호기심을 안겨 줬지만, 1932년 선생이 이하윤 교수와 함께 당시 경성 방송국에 근무한 일이 있어 방송계 선배로 더 가깝게 느꼈다.

선생은 「의식 구조 상으로 본 한국인의 성격에 관한 연구」라는 제목의 연구논문으로 서울대에서 박사학위를 받았다. 후에 이 논문은 현암사에서 『한국인의 의식구조』라는 제목을 달고 발췌 요약된 개요서로 출판되었다. 물론 저자도 이 책을 사 보았다. 이후 우리나라 사람들 의식에 대한 연구가 아카데미즘은 말할 것 없고 저널리즘에서도 활발하게 논의되기 시작하였다.

일파만파로 영향을 미친 것이다.

저자가 파악해 본 이 논문의 요지는 결국 "그대가 한국인인가, 그대가 한국인이라면 그대 의식 속에 아직도 여전히 '유교儒教 의식'이 연면히 흐를 것이다"고 간추려 볼 수 있다.

이에 앞서 한국인의 의식 구조를 논의한 이들이 여러 분 있는 가운데 누구보다 먼저 육당六堂 최남선崔南善을 꼽지 않을 수 없다. 그가 지은 『조선 상식 문답』과 『속 조선 상식 문답』(삼성문화문고 재출간)을 통하여 그는 '국학', 다시 말하면 '한국학'의 입장에서 우리 민족성을 광범위하게 살피고 비판하였다. 이를테면 핵심적인 것이, 우리나라 사람들은 낙천적이요, 형식을 지나치게 중요시하고, 고식적姑息的인 점이 있는 즉, 임시변통을 잘 하며, 파쟁 열이 강하여 배타적이다. 공공심公共心이 부족하고, 사대주의 정신이 강하다 등으로 설파했다.

연세대 전 총장 백낙준白樂濬 박사도 그의 저서 『나의 종강록終講錄』에서 우리나라 사람 의식 구조를 대체로 최남선 주장과 거의 대동소이하게 말했다.

철학을 전공한 서울대 전 교수 김태길金泰吉 박사는 그의 저서 『한국인의 가치관 연구』에서 부모에게 효도하고 형제 간에 우애 있고 집안이 화평하고 부부 화목하면 배부르게 잘 먹고 잘 사는 길만 남는다고 명쾌하게 우리 가치관價値觀을 제시했다.

국문학자 도남陶南 조윤제趙潤濟 박사는 우리나라 최초로 『국문학개설』과 『국문학사』를 저술한 바, 국문학 연구의 토대 위에서 한국인의 성격과 정서를 6개 고유어로 표현하였다. 첫째, 은근과 끈기, 둘째, 가냘픔과 애처로움, 셋째, 두어라, 노세 등이다. 토박이말로 아주 쉽게 표현한 것이지만 핵심을 꿰고 있음이다.

『조선일보』전 논설위원 이규태李圭泰 님은 그의 칼럼 모음,『한국인의 의식 구조』상, 하권과 속 상, 하권에서, 우리나라 사람의 의식과 성격을 새로운 관점에서 알기 쉽도록 간략하게 소개하고 있다.

저자가 임의로 뽑아보면 다음과 같다. 잘나도 못난 체해야 한다, 본심을 숨길 때가 많다, 공짜를 좋아한다, 한이 많다, 불만 노출을 억제한다, 겉으로 웃고 속으로 운다, 인정이 많고 의리가 강하다, 모난 것을 싫어한다, 남의 탓을 잘한다, 홧김에 탈선한다, 일하며 놀고 놀며 일한다, 조급하다, 소외당하면 못 참는다, 부분으로 전체를 속단한다, 참다가 발끈한다, 우리 것을 얕잡아 본다 등이다.

『한국일보』전 논설위원 박동운朴東雲 님도 샘터에서 낸 저서『민성론民性論』에서 우리나라 사람의 성품을 말한 바 있다.

1966년 홍문사에서 낸 아나운서 에세이 9인집『메아리의 여운』머리말을 쓴 당시 숙명여자대학교 총장 윤태림 박사 글을 소개한다(9인은, 장기범張基範, 강찬선康贊宣, 임택근任宅根, 최계환崔季煥, 강영숙姜英淑, 전영우全英雨, 최세훈崔世勳, 이광재李光宰, 박종세朴鍾世 등이다).

『메아리의 여운』머리말

윤태림

아나운서라는 직업은 남이 써 준 원고를 기계적으로 앵무새처럼 정확하고 고운 목소리로 되풀이하거나 스포츠 방송에 열을 올리는 것으로 생각하는 분이 대부분일지 모르나, 그것은 실정을 모르는 이야기다.

이 직업은 하나의 인생관과 철학이 확립되어 있어야 하고 그 사람의 사회를 내다보는 눈이 있어야 하며 대중을 이끌고 나갈 지성과 교양이 풍부하여야 한다.

이러한 조건을 갖추기는 어렵다고 할지 모르나 현역 아나운서 중진급에서 이러한 분들을 많이 발견할 수 있는 것이 몹시도 흐뭇하다. '재치 문답'을 하거나 혹은 아침에 들려주는 촌구寸句 중에서 사회를 풍자하고 부정의 시정을 촉구하는 한마디 한마디에 우리는 그들의 인품을 넉넉히 짐작할 수 있다. 우리는 그분들의 표현 속에서 발음의 억양과 고저 속에서 그의 밑바탕을 흐르고 있는 인품을 엿볼 수 있다.

방송국 실장급인 여러분이 바쁜 틈을 타서 때때로 생각나는 점을 수필로 적어 여기 한 권의 책을 만들어 내놓았다. 말은 수필이요, 딱딱하지 않은 글이지만 그 속에는 참을 수 없는 부조리, 불합리한 사회에 대한 울분과 조국을 근심하고 대중을 이끄는 우국지사와도 같은 애국의 정열이 숨어 있다. 남보다 눈치가 빠르고 부패에 대한 반응이 예민한 그들에게는 어느 누구에게나 지지 않는 정의감이 숨어 있는 것을 넉넉히 감지할 수 있다.

일시적으로 독자를 이끄는 기교한 문장은 아니지만 두고두고 생각한 끝에 나온 글인 만큼 두고두고 읽을 문학적 작품으로 알고 있다. 글은 그 사람을 나타낸다 하지만 우리는 필자에 따라 그분들의 특유하고도 바람직한 성격을 엿볼 수 있는 것이 지극히 반갑다. 진정으로 대중을 이끌고 나가는 사람이란 몇 사람의 정치가가 아니라 대중 속에서 그들과 같이 숨을 쉬고 같이 생각하고 같이 행동하는 이러한 사람들일 것이다.

현재도 '아나운서실을 빛낸 사람들' 명단이 한국방송공사 아나운서실 벽에 잘 표구되어 걸려 있다. 윤태림 선배님 이름도 여기 포함되어 있다. 뒷날 문교부 차관을 지냈다.

◀ 014 ▶

박종홍 선생 '철학개론'

서울대 사대 10회 동기들은 1953년 입학 당시, 본교가 있던 부산과 분교가 있던 서울에서 각각 대학 수업을 받았다. 저자는 서울에서 한 학기를 배웠다. 이때 '서양 철학'을 강의한 분이 바로 박종홍朴鍾鴻 교수다. 대학에 들어가면 철학을 배울 것이란 기대가 컸던 이유 때문이기도 하지만 1학년 1학기 내내 그야말로 열심히 수업을 들었다.

선생님 첫 강의를 기억한다. 9시 수업시간인데 교수님이 안 오신다. 10분이 지나고 20분이 지나도 안 오신다. '휴강'인 줄 알고 백 명 남짓한 수강생 가운데 대부분이 자리를 비웠다. 30분쯤 지났을 때 선생이 교단에 오르고 교탁 앞에 섰다. 얼마 동안 잠자코 계시더니 드디어 말문을 연다.

"철학이란 뭐이냐? 무엇이 철학이냐? 철학은 영어로 '필로소피Philoso-phy'인데, 독일어로 '필로소피렌Philosophieren' 하면, '철학하다'이니, 철학은 하는 것이지 배우는 것이 아니오. 라틴어로 철학을 '필로소피아Philosophia'라 하는데, '필로Philo'는 사랑하다요, '소피아Sophia'는 지혜이니, 결국 철학은 지혜를 사랑하는 일인 것이오.

나는 누구인가? 나는 어디서 왔는가? 나는 어디로 갈 것인가? 이 몸이 나인가? 아니면 마음이 나인가? 무엇이 나인가? 나는 도대체 무엇인가? 나는 어디 있는가? 이 탐색이 철학하는 길이오."

알 것도 같고 모를 것도 같은 이야기, 그러나 무엇인가 저자에게 긴장감을 주는 강의임이 분명했다. 박종홍 교수는 이 철학 외에도 따로 논리학을 강의했다. 일반 논리학이지만 수업 중 앞으로 시간이 되면 이 밖에 인식논리학, 기호논리학, 역易의 논리학도 준비되어 있다고 수업 예정까지 말씀해 주었다.

그러나 아깝게 한 학기로 두 강좌가 마무리되고 말았다. 비록 한 학기에 멈춘 강의였으나 지금껏 저자의 뇌리에 흔적이 남은 것을 보면 아마 그때 선생 강의가 강한 인상과 함께 감동으로 다가왔던 것이 분명하다.

박종홍朴鍾鴻, 1903~1976 박사는 철학자다. 선생은 1932년 경성제대 철학과 졸업 후 1934년 동 대학원 수료, 서울대에서 1960년 철학박사학위를 받았다.

선생은 이어 1937년 이화여전 교수, 1945년 경성대 교수, 1946~68년 서울대문리대 교수, 1953년 학술원 회원(철학), 1954년 철학회장, 1962년 서울대 대학원장, 1968년 서울대 명예교수, 성균관대 유학儒學대학장을 지내고, 1969년 동 대학원장, 1970년 대통령 교육문화담당 특별보좌관 등을 지냈다.

저서에 『인식논리학』, 『철학적 모색』, 『철학설』, 『현실과 이상』, 『일반논리』 등이 있다. 상훈은 '문화훈장 대통령장'이 있다. 대통령 측의 삼고초려三顧草廬기 있었다는 일화는 유명하다.

서울대 본교가 부산에서 서울로 환도하자 분교가 폐쇄되고 사범대학은
을지로6가의 예전 교사로 복귀하여 새 단장을 하고, 대체로 사범대학 전임
교수만으로 수업을 속개했다.

◀ 015 ▶

김기석 선생 '철학개론'

이때 김기석金基錫 교수를 알게 되고 선생 수업을 받게 되니 또 다른 감동이 다가오는 것이 아닌가. 당시 우리는 180학점을 4년간 이수해야 학부 졸업이 가능했다. 따라서 동일 강좌가 중복되는 경우도 생겼다. 말하자면 철학이 그랬다. 김 교수 강의는 또 다른 분위기를 자아냈다.

박종홍 교수가 예리하고 강한 이미지로 철학 강의를 했는데, 김기석 교수는 부드럽고 서정적인 이미지로 강의를 했다.

"산새들은 이 나무에서 저 나무로, 벌 나비들은 이 꽃에서 저 꽃으로 날아가 앉고, 자연의 삼라만상은 예대로이지만 예대로가 아니고 알게 모르게 바뀌어 가는 것이오."

일찍 정주 오산학교에서 영어를 가르친 것은 선생이 일본에 유학, 와세다早稻田 대학 사범학부 영어교육과를 졸업한 직후다. 그 후 또 일본에 유학, 도호쿠東北 대학 철학과를 졸업했다. 선생은 영어를 전공하고 철학을 한 것이니 미래 지향적인 남다른 감각이 엿보인다.

선생의 저서『현대 정신사』만 보더라도 이 점은 확실하다. 우리 인류 문명은 지중해 문명권 중심에서 발원하여 대서양을 거처 태평양 문명권 중심으로 전개될 것이란 선생 예측은 오늘을 정확하게 내다본 형안이 아닐까.

선생 저서는 이 밖에도『철학개론』,『윤리와 도덕』,『남강南崗 이승훈李昇薰 전기』등이 있다. 저자가 사대 재학 중 방송국 아나운서로 근무할 때 김기석 선생이 아침 7시대〈생활인의 윤리〉생방송을 하러 매일 오셨다.

근무 조건이 좋지 못하여 겨울철이면 방송 스튜디오 안에서 직원들이 침구를 펴 놓고 잘 경우가 있었지만 어느 날 방송 중 선생님이 "냄새 나고 더럽고 남에게 눈살 찌푸리게 하고 깨끗지 못한 짓을 하고도 부끄러워할 줄 모르는 사람이 우리 주위에 얼마나 많습니까?" 하고 말할 때, 바로 그 말이 나를 두고 하신 말씀 같아 순간 나는 몸 둘 바를 몰랐다.

장리욱張利郁 박사 초청으로 사범대학에 오고, 학장을 거치고 정년을 했지만 철학 전공으로 학술원 회원이 되시니 학자로 최고의 자리에 올랐다.

선생님의 큰자제인 김선양金善陽 교수는 저자와 대학 동기요, 공군에도 함께 입대, 공사空士 교관으로 복무했다. 이에 바로 앞서 공군대 '공사교수' 과정 역시 동기생이다. 그것이 경남 진해鎭海 시절이다.

교외에 위치한 공사空士로 가기 앞서 우리가 잠시 진해 시내 '소피아' 다방에 머물러 커피를 마시며 조용히 울려 퍼지는 클래식 음악에 귀 기울이고 있을 때, 갑자기 공군 헌병 둘이 다방 안으로 들어오더니 다짜고짜 "공사로 부임하는 교관님들이시죠?" 하고 묻기가 무섭게 빨리 자리에서 일어나 학교로 가자고 서둘러 댄다.

교장 신상철申尚澈 장군이 즉시 학교에 오도록 조치하라는 지시라고 하며,

그들 지프차에 우리 둘을 태운다.

교장님 앞에 선 저자가 먼저 "부임 신고를 드려야 할 텐데요?" 하자, "생략하고, 빨리 입시 출제관出題官에 합류하도록 하시오!" 이때부터 우리 둘은 공사 교수부 인문학과 교양 담당 학술 교관 임무를 수행하게 된다.

군 전역 후, 김선양 교수는 수도여자사범대학 조교수를 거쳐 성신여자대학교 교수 및 대학원장 그리고 인하대학교 사범대학장 등을 역임하는 한편, 한국교육학회와 평생교육기구에도 깊이 관여했을 뿐 아니라, 천원天園 오천석吳天錫 교육상 심사위원장 등 교육계 구석구석에 그의 영향이 깊이 미치지 않은 데가 없다.

직업상 평소 각계 각층의 인사와 만나 대화할 기회가 많았던 저자가 새삼 놀라는 사실은 김 선생을 만날 때마다 그가 토로하는 다양한 화제에 전문가 못지않은 식견이 있음이다. 김선양 교수가 시인詩人임을 알고 국문학과 졸업의 저자는 한때 몹시 부끄러워했다.

아름다움

김선양

아름다움은
평범한 데 있고
가까이에 있고
낮은 데 있어서
언제나
조용히 문을 열고

누구나

찾아가는 데 있다

1959년 10월 8일, 당시 서울대학교 총장 윤일선尹日善 박사를 주례로 모시고, 신랑 김선양金善陽 교수가 신부 민병순閔丙順 양을 맞아 결혼식을 올릴 때, 저자가 시내 외교회관 예식장에서 사회자로 예식을 진행했다. 저자와 그의 우정은 61년을 지나는 중이다.

저서에 『교육사 강의』, 『신교육사 강의』, 『교육철학』, 『작은 창조』(수필집) 등이 있고, 그는 평생을 교육계에서 헌신했다. 대학교수 정년에 즈음하여 정부로부터 국민훈장 석류장이 수여되었다. 존경스러운 일곡一谷에 대한 나의 우정은 아직 여전하다.

일곡의 자형이 한기언韓基彦 교수다. 선생은 1949년 서울대 사대를 졸업하고, 1952년 동 대학원을 졸업한 후, 도미 유학, 1958년 컬럼비아 대학 대학원 마치고, 1970년 서울대 대학원 졸업 후 문학박사학위를 받았다.

선생은 1952~90년 사대 교육학과 교수를 지냈다. 저서는 『교육학개론』, 『한국교육사』, 『기초주의』, 『한국인의 교육철학』 등 다수가 있다. 상훈은 국민훈장 동백장, 서울시문화상, 천원교육상, 아시아문화상(일본 후꾸오카), 춘강 교육상 등이 있다.

4
햇살이
쏟아지다

016

김계숙 선생 '세계문화사'

철학 교수 두 분이 앞에 소개되었지만 꼭 소개할 분이 또 한 분 있다.

김계숙金桂淑, 1905~1989 교수다. 저자에게 아쉬운 점은 그분한테 철학을 못 배우고 대신 '세계문화사'를 수강한 사실이다. 그 강의가 교양과목이라서 비교적 큰 강의실임에도 불구하고 수강생이 뒤에 서서 듣기까지 하는 형편이라 강의 듣기가 대단히 어려운 상황이었다.

지금 같으면 마이크와 확성장치가 설치 가능하지만 1953년 우리나라는 남북의 휴전조약이 미처 체결되기 전이므로 모든 조건이 열악한 상태다. 악조건에서도 배워야 한다는 일념과 면학 분위기는 상상을 초월하는 수준이었다.

앞에 앉지 못하여 선생님 강의가 들리지 않아 중간 또는 뒤에서 "안 들립니다. 크게 말씀해 주십시오!" 하고 학생들이 외쳐대면 난처한 교수님은 "조용히 해요! 그래도 안 들리면 지금 상황에서 도리가 없지요" 하고 강의를 계속한다. 종전까지는 한국사, 동양사, 서양사를 했지 '세계문화사'라고 하나로 묶어 역사를 배우기는 그때가 처음이다.

흔들림 없는 차분한 자세로 선생은 꼼꼼하게 동서고금을 누비며 세계문화사를 엮어 나간다. 역사 주제를 중심으로 종횡무진 화제가 바뀌지만 겉으로 나타난 역사적 현상은 물론 그 속에 연면히 이어지는 시대 흐름과 문명권의 이동, 이에 담긴 철학적 담론으로 선생 강의는 물 흐르듯 이어져 내려간다. 다투어 수강 학생들은 강의 시간 훨씬 전부터 앞줄 좋은 자리를 차지하려 신경전을 벌이기도 하였다.

정성을 다해 가르쳐 주는 선생 강의에 저자도 정성을 다해 열심히 들었더니 시험 성적도 좋게 나와 선생 강의는 저자에게 좋은 인상으로 남아 있다.

김계숙 교수는 1929년 경성제대 철학과를 졸업한 뒤, 1942년 일본 도쿄東京대학 대학원을 수료하고, 1960년 서울대학교에서 철학박사학위를 받았다.

선생은 또 1955~56년 미국 하버드대학 교환교수를 지내고, 1959~81년 학술원 회원(서양철학), 1966년 철학회장, 1969년 서울대 대학원장, 1970년 서울대 명예교수, 1981년 학술원 원로회원(서양철학)이 되었다. 1946년~70년 사범대학 교수 재직 시 김계숙 교수 강의를 수강한 한 사람으로 저자는 대단히 자랑스럽게 생각한다.

선생 저서에 『서양철학사』, 『헤겔 연구』, 『현대철학사조』, 역서에 『헤겔 논리학』 등이 있다. 그리고 상훈은 학술원 공로상이 있다.

017

김도태 선생 '역사지리'

사학자의 한 분 김도태金道泰, 1891~1967 선생을 말해야 한다. 김기석 교수와 함께 김도태 선생도 KBS방송에 정기적으로 출연 '국사 이야기' 시간에 생방송으로 프로그램을 맡았다. 인기가 좋아 일일 프로그램이지만 상당 기간 지속되었다.

선생은 준비한 대학 노트에 깨알만한 글씨로 원고를 써 오셔서 이를 토대로 탁상 마이크 앞에서 말씀하는데, 준비한 내용을 다하여도 시간이 남는다고 스튜디오 밖에서 신호를 보내오면 머뭇거림 없이 준비한 것 같이 자연스럽게 말씀을 이어간다.

그야 말로 청산유수와 같다. 구수하고 컬컬한 목소리에 흥미 있게 엮어 나가는 선생님 국사이야기는 당시 장안의 화제가 되기에 충분하였다. 1954년경의 일이다.

지지는 한 해 전, 학생 신분으로 서울대 서울부교에서 이미 김도태 선생의 강의 '역사지리'를 배운 바 있다. 역사면 역사지 '역사지리'는 또 뭔가 하고 호기심을 가지고 경청하였다. 기실 학문의 융합 같은 뜻을 새김질해 보았다. 선생님 강의는 중간중간 예화가 많이 나와 듣기에 부담이 가지 않는다.

이를테면, 6·25 때 잠시 제주도에 내려가 계셨는데, 어느 날 밖에 손님이 찾아 와 "있수까?" 하기로, "이숙아! 밖에 누가 와서 너를 찾는 모양인데 나가 봐라!" 하자, 따님 이숙 씨가 밖에 나가 알아보니 내방한 손님은 따님이 아니라 김도태 선생을 찾아온 손님이다.

'있수까?'는 '계십니까?'의 제주도 지역어인 것이다. 지역에 따라 지역어가 있음을 에둘러 설명한 것이다. '유사음어'가 한 가지 유형의 유머이니 강의장에서 한바탕 웃음이 터졌다.

1972년 선생은 을유문화사에서『서재필徐載弼 박사 자서전』을 출간하였다. 이 밖에도『세종대왕世宗大王 전기』,『남강南崗 이승훈李昇薰 전』등을 출간하였다. 선생은 사학자요 지리학자요 교육자다.

선생은 일찍 1891년 평안북도 정주에서 출생, 오산중학교를 졸업하고, 일본에 건너가 정칙영어학교에서 수업 받고, 명신중학교와 휘문중학교에서 각각 교편을 잡는다. 3·1운동 당시 민족대표民族代表 48인의 한 분으로 활약하였다. 광복되던 해 서울여자상업학교 교장에 취임하고, 후에 공군사관학교 교수와 서울대학교 강사를 역임하였다.

018

정범모 선생 '교육과정'

당시 서울대 사대師大에 교육학 전공 교수가 여러 분 있었지만 미국에 유학, 시카고대학에서 박사학위를 취득하고 귀국한 정범모鄭範謨 교수는 혜성 같은 존재다. 담당 과목은 '교과과정'인데, 수강학생들 관심은 선풍적이다. '커리큘럼'이란 말이나 '코어 커리큘럼'이란 말을 우리는 이때 처음 들었다.

강의를 수강한 뒤, '국어과 커리큘럼'을 저자도 처음 작성해보았다. 평가받은 성적은 보통이지만 새 분야를 학습할 수 있다는 점에서 우리 기쁨은 대단히 컸다. 아마 이때 외국 유학을 결심한 학생이 한둘이 아니었을 것이다. 교육과정 강의가 우리에게 미친 영향은 이루 다 말할 수 없다. 대학 선배요 교수인 정범모 교수에 대한 흠모의 정은 불과 같았다. 물론 저자를 중심으로 생각한 느낌이지만 거의 틀림없을 것이다.

진원중陳元重 교수의 '교육사회학', 강길수康吉秀 교수의 '교육행정학' 등도 관심을 끌었다. '문화인류학'까지 범주를 크게 넓혀 간 임석재任晳宰 교수의

'교육심리학'역시 학생들의 관심을 크게 끌었다. 이 분이 '문화인류학회'를 처음 창립하였을 때 저자도 이사를 맡았다.

정범모鄭範謨, 1925~교수는 1952년 서울대 사범대를 졸업, 64년 시카고대학에서 철학박사학위를 받았다.

선생은 1958~65년 서울사대 강사, 조교수, 부교수, 1965~78년 동 교수, 1965년 교육학회장, 1968년 행동과학연구소장, 1973년 서울대 사대학장, 1978~82년 충북대 총장, 1982년 한림대 교수, 1986년 학술원 회원(교육학), 1992~96년 한림대 총장 등을 역임했다.

저서는 『가치관과 교육』, 『교육심리 통계적 방법』, 『교육과정』, 『교육평가』, 『교육과 교육학』, 『미래의 선택』, 『자아실현』 등이 있고, 상훈은 '국민훈장 동백장'과 '국민훈장 무궁화장'이 있다.

정범모 교수는 우리나라 교육계에 새 바람을 일으킨 교육학자임은 말할 것도 없거니와 윤리 도덕 분야에도 새로운 기풍을 진작시킨 선구자임을 알 수 있다. 전 경인교대 총장 정동화鄭東華 박사가 주재한 '의식개혁협의회'에도 적극 참여하여 지원과 후원을 아끼지 않은 것으로 알고 있다.

선생 에세이는 그때마다 겨레와 나라의 앞날을 깊고 넓게 내다보는 형안이 번득인다. '국격國格'이라는 용어를 우리 사회에 처음 내놓아 세인의 관심과 반응을 크게 일으킨 것만 봐도 범상한 일은 아니지 않은가. 저자가 존경하는 선배요 스승이다.

019

국어학자 강윤호 선생

국어학 전공자에게 관심의 대상이 된 분은 이화여대 교수 강윤호康允浩, 1929~? 박사다. 미국 구조주의 언어학계 블룸필드Bloomfield, 1887~1949를 시작으로 촘스키Noam Chomsky, 1928~?까지 현대언어학 대가들의 언어이론을 심도 있게 이해 파악하고, 그 이론을 우리말 연구에 적용하는 시도를 학계에서 처음 실천했다는 점에서 찬사를 받았다.

이뿐 아니라 우리나라 개화기 교과서 총서를 출간하여 학계의 비상한 관심을 모았다. 논문으로 「한국어 방언에 있어서의 모음 음소 배합 유형에 관한 연구」(1974), 「개화기의 교과용 도서」(1973), 「언어, 그 본질과 체계」 (1975) 등이 있다.

강윤호 선배는 서울대 대학원 석사과정, 이화여대 대학원 박사과정 이수 후 문학박사학위를 받았다. 평소 과묵한 성품이지만 테니스 코트에서 스포츠맨십을 유감없이 발휘하였다. 학문 연구의 시대 흐름에 민감하고, 학문 연구의 아이디어 개발에 남다른 특징을 지닌 분이다.

돈암동 선배님 댁을 저자가 방문했을 때, '스피치' 분야를 새롭게 개척해 보고 싶다는 저자의 희망을 듣고, 거실 책꽂이에서 크지 않은 부피의 일본 책(시마가게 아까리島影明, 『언어의 활용 방법』)을 꺼내 주며 내용이 무척 짜임새 있으니 참고하라고 자상하게 일러준다. 저자는 그 후 이 책을 읽고 또 읽어 여기서 많은 아이디어를 얻었고, 이 책은 실제 '스피치 연구'에 큰 디딤돌이 되었다.

강윤호 선배는 저자를 천거하여 1970년도 2학기에 이화여자대학교 교육대학원 강사로 위촉케 하고, '한국어 화법話法 지도론'을 담당하도록 하였다. 선배의 따뜻한 배려를 어찌 잊을 수 있을까?(강사 위촉장은 당시 김옥길金玉吉 총장 명의로 되어 있다.)

국어학자 이희승 선생

일석一石 이희승李熙昇, 1896~1989 박사는 우리나라 대표적인 어문학자다. 선생은 1930년 경성제대 조선어문학과를 졸업하고, 1961년 서울대에서 명예 문학박사학위를 받았다.

선생은 1932년 이화여전 교수와 조선어학회 간사를 지내고, 1942~45년 조선어학회 사건으로 일제치하에서 복역하였다. 선생은 또 1945~61년 경성대 및 서울대 교수, 1949~59년 한글학회 감사, 1952년 서울대 대학원 부원장, 1954년 학술원 종신회원, 1957년 서울대 문리대 학장, 1960년 서울대 명예교수, 1963~65년 동아일보사 사장, 1965년 대구대 대학원장, 1966~69년 성균관대 교수, 대학원장, 1968~81년 학술원 부회장, 1971년 단국대 동양학연구소장, 1981~88년 학술원 원로회원(국어학), 1989년 학술원 회원(국어학) 등을 역임했다.

저서에, 『국어대사전』, 『역대 국문학 정회』, 『국문학 연구 초』, 『구어하 논고」,『한글맞춤법 통일안 강의』,『국어학 개설』등이 있다. 수필집에『벙어리 냉가슴』,『소경의 잠꼬대』,『먹추의 말참견』,『메아리 없는 넋두리』, 시집에 『박꽃』,『심장의 파편』등이 있다.

선생은 서울대 사대師大에 출강해『국어학 개설』을 교재로 국어 문법을 강의했다. 고등학교 교재『국어 문법』을 저자가 고등학교에서 가르칠 때 큰 힘이 되었음은 물론이다. 외솔 선생의 말본과 일석一石 선생의 문법을 고루 학습해 저자의 문법 수업과 현대문 수업이 날개를 달 수밖에 없었다. 이 자리 에서나마 두 분 선생께 고마운 뜻을 드린다.

임기 2년이라는 짧은 기간이지만 동아일보사 사장하실 때 동아방송에도 이따금 들르시어 저자 등 직원들을 따뜻하게 격려해 주었다.

선생님 시집『박꽃』에 수록된「추 삼제秋 三題」,「벽공」,「낙엽」,「남창」을 여기 붙여 본다.

벽공碧空

손톱으로 툭 튀기면
쨍 하고 금이 갈 듯

새파랗게 고인 물이
만지면 출렁일 듯

저렇게 청정무구淸淨無垢를
드리우고 있건만

낙엽落葉

시간에 매달려
사색에 지친 몸이

정적을 타고 내려
대지에 앉아보니

공간을 바꾼 탓인가
방랑길이 멀구나

남창南窓

햇살이 쏟아져서
창에 서려 스며드니

동공이 부시도록
머릿속이 쇄락해라

이렇듯 명창(明窓) 청복(淸福)을
분에 겹게 누림은

021

국어학자 이숭녕 선생

또 한 분, 심악心岳 이숭녕李崇寧, 1908~1994 박사 수업을 받고 저자는 큰 깨달음을 얻었다. 우선 영어는 물론 독일어 프랑스 말을 어느 정도 익혀야 외국 원서를 읽어, 언어학 이론의 기반을 다질 수 있음을 선생이 자주 강조해, 영어와 일본어 정도 해득력解得力 가지고 안 되겠구나 하는 생각을 저자도 하게 되었다.

심악 선생은 국어학자다. 선생은 1933년 경성제대 문학부를 졸업하고, 1956년 서울대에서 문학박사학위를 받았다. 선생은 1945년 경성대 법문학부 조교수, 1946년 서울대 문리대 부교수, 1947~73년 동 교수, 1951~62년 고시위원, 1954년 학술원 회원(국어학), 1954~72년 진단학회 상임이사, 1962년 국어학회 이사장, 1971년 서울대 대학원장, 1973년 방송윤리위원장, 1974년 한양대 문리대 학장, 서울대 명예교수, 1976년 국어학회장, 1980년 정신문화원 부원장, 한국학 대학원장 등을 지냈다.

저서로는『국어음운론 연구』,『국어조어론고』,『국어학논고』,『중세어 문법』,『국어학논총』,『국어학 연구』 등이 있다. 상훈으로는 서울시문화상, 학술원상, 3·1문화상, 화랑무공훈장, 국민훈장 동백장, 모란장 등이 있다.

방송윤리위원장 하실 때 저자에게 1976년 '방송언어 순화'에 대한 공로를 기리는 방송윤리위원회 '공로표창'을 주었다. 선생은 대한산악연맹과 한국산악회 고문을 할 정도로 등산의 베테랑이다. 서울 근교 산은 물론 지방 명산에 오를 때면 이따금씩 전문 등산복 차림의 선생 내외분을 만날 수 있었다. 저자가 수원대 재직 시 학교 행사 있을 때면 학교법인 이사 자격으로 꼭 참석, 교직원들을 격려해 주었다.

5
경인교대
정동화 총장

022

국어교육과 10회 동문 소묘

꧁⚘꧂

　40명의 동기가 부산과 서울에서 입학, 1953~57년까지 재학했다. 이탁, 이하윤, 김형규, 한상갑 교수가 전임이고, 이을환, 김덕환, 이응백, 이두현, 김남조 교수가 시간으로, 최현배, 이희승, 이숭녕, 한교석, 양재연, 원홍균, 최창규 교수 등이 외래교수로 강의를 담당했다.

　정부 환도와 함께 사범대학이 부산에서 서울로 이전, 을지로 6가에서 개교 수업을 하다가 얼마 후 용두동 교사로 이전 수업했다. 입학 후 4년간 180학점을 취득해야 졸업할 수 있었다.

　한편, 6·25 때 입학했다가 군 입대 등으로 후에 복학한 입학 선배도 여럿이다. 동기 중 가장 연장인 학생은 1929년생이 이재철, 정만영, 최명순, 1930년생이 정우상이다. 2009년 현재 작고한 동기는 강수자, 최화정, 성연경, 박능제, 김재인, 류상희, 강원훈, 김우현, 김택영, 노용호, 신경순, 이강석, 이학윤, 이형연, 장지석, 정혜순, 최문봉 제씨이다.

1954년 2학년 재학 중일 때 이미 국립중앙도서관 사서과 동양서적 계장을 지낸 이재철은 졸업 후 연세대 대학원에 진학, 도서관학(후에 문헌정보학)으로 석사학위를 받고 재차 박사학위에 도전, 미국에 유학하여 미시건 대학교에서 수학하고 귀국, 성균관대에서 문학박사학위를 취득, 연세대 문헌정보학과에서 교수 정년을 맞았다. 그의 '도서 분류법'은 특히 학계에서 주목을 받고 크게 영향을 미친 바 있다.

한국한문교육학회를 창립하여 학회장을 지낸 서울교육대학 정우상은 오랜 세월 중고교 국어과 교사를 거친 뒤 연세대 교육대학원에 진학, '한문의 문법적 구조'라는 특이한 분야를 개척하고 건국대 대학원에서 문학박사학위를 취득, 교무처장 및 학생처장 보직을 두루 거친 뒤 서울 교대에서 정년을 맞았다.

그의 한문 교과서 편찬과 교육텔레비전EBS에서 방영한 한문 강의는 사계에 정평이 나있다. 한편, 남광우 교수가 이끌던 한국어문회 부이사장을 맡고 그 밖에 교원대와 삼성그룹 등에 출강하여 좋은 반응을 얻고 있다. 저자보다 4년 연장이지만 노익장의 건강한 그의 모습을 볼 때마다 마음이 든든하다.

사대 체육과가 있음에도 사대 단거리 대표로 서울대 종합 체육대회에 출전, 우승을 차지한 전적과, 충남 일원에서 체육과 강용호와 함께 둘이서 씨름대회를 석권한 일이 있다. 이화여대, 건국대, 단국대에도 출강했다. 한서대 대우교수에 이어 현재, 서울교대 명예교수다.

국어교육과 동기로 처음 대학 총장을 지낸 경인교대 전 총장 정동화는 서울대 교육대학원에서 석사, 명지대에서 문학박사학위를 취득했을 뿐 아니라, 미국에 유학하여 유럽의 민요 연구 동향을 살펴보고 귀국, 『경기도 민요 연구』를 집대성하고 일조각에서 최근 출판하여, 우리나라 민요 연구에 새 이

정표를 세운 뒤 계속 정진 중이다.

우리나라의 앞날은 우리 의식意識이 개혁되지 않고는 국가 발전을 기대할 수 없다는 우국지정憂國之情에서 싹튼 그의 '의식개혁협의회' 발족은 꾸준히 전국 규모로 확장을 거듭한 끝에 10여 년 착실하게 기반 구축에 성공, 이제 번듯하게 우뚝 서서 우리나라 각계각층의 관심을 크게 끌고 있다.

뿐만 아니라, 실험의식의 수필 전문지『수필춘추』명예 발행인으로, 이현복 발행인과 함께 수필 동호인을 규합해 격조 높은 문예지를 이끌고 있다.

제주에 있는 임홍선은 그의 고향에서 제주교대 교수로 발을 딛더니 마침내 제주교대 총장을 지냈다. 동기 중에 교장을 하고 교육장까지 간 사람이 둘인데 하나는 김정완이다. 연세대 교육대학원에서 석사를 받고 교장 초임이 적성종고, 이어 군자종고, 강화 호국護國교육원장을 거쳐 동두천 교육장을 지냈다.

윤의순은 인천 남부교육장을 거쳐 부평고교 교장을 지냈다. 남 다른 통찰력을 가지고 있어 그의 저서 몇 종은 교육계와 학계에 적지 않은 영향을 미치고 있다.

최문봉은 대학 졸업 후 해군 장교로 임관되어 해군사관학교 교관으로 활약하다가 예편 상경, 서울의 몇몇 고교에서 교직을 이어 갔으며 서울북공고 교장까지 올라갔다.

류상희는 일찍 일본으로 건너가 그곳에서 도쿄대 및 조지上智대 대학원 수사修士, 박사를 하고 조지대에서 교편 잡다가 후년에 이송二松학사대학에서 근무하기도 했다. 일본에서 한국어교육학회를 창립하여 많은 교육자들에게 한국어에 대한 인식을 새롭게 심어 나갔다. 동학 오영원이 그의 미망인이다. 2004년 동숭학술상 공로상을 받았다.

김경식은 박창숙과 국어교육과 동기 커플이다. 일찍 결혼하여 슬하에 듬직한 3남을 두었다. 용두동, 돈암동 등 그의 재학시절 거처에 가 보면 방안 벽면에 서가를 세우고 거기 빼곡히 꽂아 놓은 일본 서적이 사람 눈을 황홀하게 만들었다.

전공은 물론 전공 외의 교양서를 그 사람만큼 읽은 학우도 드물 줄 안다. 특히 문학과 연극에 남다른 관심을 보였다. 덕성여고 등에서 교편을 잡다가 뜻한 바 있어 군 제대 후 방송계에 들어가 MBC 예능국장, 대전방송에서 상무 직책까지 맡았다. 바둑에 일가견이 있고 매사 생각이 깊고 넓어 지근거리에 친구가 많다.

선린중학교로 시작하여 중암중학교에서 정년을 맞은 김충기 교장은 한때 일본에 파견되어 재일교포 학교 국어과 교사직에 전심전력을 다한 바 있다. 귀국 후에도 문교부 재외국민 교육원에 얼마 동안 근무한 적이 있다. 교장 재직 시 이념 투쟁에 앞장선 일선교사들을 다독이고 설득하는 데 누구보다 열성을 다할 수 있던 것은 평소 그의 종교적 신앙심과 이 방면 각종 서적의 독파 영향이 컸을 것이다.

기독교 안동교회 원로 장로이기도 한 그는 김경식과 마찬가지로 그의 거실이 서가로 둘러싸여 언제 어느 때라도 마음 내키는 대로 책을 빼내 독서할 수 있는 아늑한 분위기였다.

또 다른 원로 장로는 이현택이다. 김포농고 출신으로 집중력과 목표의식이 뚜렷한 특징을 평소 그의 성품에서 엿볼 수 있다. 교단을 떠나 있으나 교회 사역과 사회봉사로 의미 있는 삶을 살아가고 있다.

학과 커플이 또 있다. 안상윤과 서부원이다. 함께 진주사범을 나와 사범대 국어교육과에 입학했다. 안상윤은 일찍 LG에 입사해 착실히 모든 과정을 거쳐 마침내 대규모 방산업체인 ㈜대한광학 대표이사 자리에 올랐다. 인물이 준수하고 성품이 강직할 뿐만 아니라 매사 신중하면서 동시에 판단이 정확하고 실천 및 행동력이 분명한 특징을 보인다.

순흥 안씨 제3파 종회 수석 부회장에 이어 현재 종중 문화원장으로 일가 종무에 여전히 지도력을 발휘하고 있다. 특히 그는 고려말 문신 근재謹齋 안축安軸의 후예로서 동기 동문 국역國譯위원의 협력을 받아 근재집을 완간해, 중국 베이징대를 위시해 미국 하버드대 도서관, 영국 로열 박물관, 프랑스 소르본느대, 일본 도쿄대 중앙도서관 등에 반포해 안씨 문중은 물론 한국 문화유산을 세계적으로 선양하는 데 남다른 공적을 쌓았다.

이학윤은 진해고를 나와 사범대 입학 초기부터 '고전문학'에 관심을 기울이고 연구에 몰두하더니 교육 행정관의 길을 밟았다. 부산에서 교직에 뿌리를 내리다가 경남고, 부산여고를 거쳐 동래 내성고 교장으로 정년했다. 대학교수의 자질을 충분히 갖춘 사람이지만 교장직에 최선을 다한 사람이다.

이형연은 장성인長城人으로 착실하고 조용한 선비의 기품을 지녔다. 무안 백제여상과 광주 고려중 교장을 지냈다.

거창 출신으로 과묵한 선비 오한식은 누구 못지않게 착실한 성품이다. 군제대 후, 충북 청주고와 보은농고에서 교편을 잡았다. 상경 서울에서 중고교 교감직을 수행하는 한편, 국민대에서 석사학위를 받고 경희대에서 박사과정까지 수료한 수재형이다. 큰자제는 중앙 일간지 국장, 둘째자제는 연대 출신 치과의사로 자부와 함께 치과의원을 운영하고 있다. 잔잔한 미소 차분한 말씨 끈끈한 정을 아는 사람은 안다.

경기도 안성에서 안법安法학교라면 명문 사학私學이다. 박정남은 대학을 나와 그의 모교에서 교육으로 일생을 헌신하다가 후에 그 학교 운영위원장을 지내고 현재 그의 향리에서 한문서당을 운영 중이다. 이따금 정우상 교수와 한문교육을 화제로 대화하는 것을 옆에서 들은 적이 있다.

중·고교에서 교감 직책을 묵묵히 수행하며 남다른 제자 사랑을 실천해 온 김봉곤은 과묵한 성격이지만 일단 우정의 길이 트이면 구수한 인간 교류가 가능한 사람이다.

동기 가운데 기업가로 파나여행사 김우현 회장을 말해야 한다. 그는 기업가이면서 국어교육과 출신으로 수필에 관심이 깊고 당대 수필 명사들과 자주 교류한 것으로 안다.

정만영은 일찍 진주사범을 나와 초등학교에서 몇 년간 교사생활을 하다가 뜻한 바 있어 사범대에 진학, 나이 어린 동학들과 잘 어울리며 특유의 유머도 잘하다가 수필에 뜻을 두고 열심히 이 길에 매진한 바 있다. 월간지『여성동아』등에 그의 초기 작품이 실린 적이 있고 마침내 아담한 그의 수필집이 세상에 나왔다. 교음사 출간『삶의 여울』이다. 어릴 때 고향과 가족 이야기가 무척이나 살갑게 느껴지는 내용을 써 놓은 작품이다. 홍익여고 교장으로 교직을 마무리했다.

김포군 오정면 출신 이강석은 졸업 후 중고교를 옮겨 다니다가 장학행정에 발탁되어 강화 소재 호국교육원 교수부장을 지내기도 했다. 고교 교장직에서 정년했다. 호방한 성격에 폭 넓은 교유 관계를 유지한 것으로 안다.

편입시험을 거쳐 합류한 사람이 몇몇 있는데 서울에서 배재고교를 나와 연세대 이공계를 다니다가 편입해 온 노용호는 역시 배재 출신답게 육상경기에 남다른 기량을 뽐냈다. 서울대 종합체육대회 때 정우상과 함께 육상경기에 출전, 발군의 실력을 발휘하기도 했다. 재학시절 두공부杜工部 시를 좋아한 그는 사학 인창중에서 다년간 근무하고 정년했다.

이원보는 동학이지만 입학이 앞서서 그런지 모르나 동기들과 자주 어울리는 것을 보지 못했고, 언제인가 여의도고에서 원로교사로 재직한 사실을 알고 있을 뿐이다. 그는 문학에 심취해 다독하며 이따금 습작을 하는 것으로 풍문에 듣고 있다.

신판진은 밀양과 창원 등지에서 교감을 지낸 것으로 안다. 후에 상경하는 일도 있었겠으나 오래도록 만나보지 못했다. 오한식이 한 때 가까운 사이이던 것으로 안다.

최돈성은 거의 동학으로 공부했으나 나이가 앞서고 주로 강원도에서 학교에 근무한 까닭에 별로 만날 기회가 없었다. 춘천에서 고교 교장으로 정년했다.

안석로 역시 부임지가 강원도인 까닭에서인지 서울 동학과의 교류가 거의 없다. 다만 삼척대학에서 정년한 사실만 알고 있다.

부산에 오래 머물면서도 서울에서 동기 모임이 있다 하면 빠짐없이 참석해 동문들 분위기를 확 바꿔 놓던 김말주 교장의 요즈음 근황은 어떤지 궁금하다.

최명순 전 화성여상 교장은 대학 재학시절 이미 한 가정의 가장으로 큰 살림을 맡은 처지라 한편 면학勉學하고 한편 생계를 꾸리느라 항상 바쁘게 나날을 보냈다. 생활 근거는 금촌이지만 불광동에 집을 가지고 있었다. 졸업 후 평택과 서울에서 교직을 가졌으나 아우가 화성여상을 세우자 여기에 전력을 기울여 이 학교를 지방 명문 정보고로 육성했다.

교장으로 정년, 유유자적하며 착실하게 삶을 영위하던 중 편편상片片想을 알뜰히 모아 시문집詩文集을 펴냈다. 정우상, 정동화, 저자 등과 두어 번 청계산에 오른 적이 있다.

장지석은 국내에서 교직을 잡다가 뜻한 바 있어 일본에 건너가 파견교사로서 재일 2세 국민교육에 정성을 다 바쳤다. 이필영은 미국에 건너가 뉴욕에서 자리잡고 뉴욕 중고교에서 교사직을 수행한 남다른 이력의 소유자이다. 몇 년 전 그가 귀국했을 때 동기 몇몇이 모여 그의 귀국을 환영하는 오찬 모임을 주선, 화기애애한 분위기 속에서 시간 가는 줄 모르고 환담하던 일이 있다. 이럴 때면 서부원, 설정숙, 박창숙, 이춘수 등이 꼭 참석했다.

우리나라 학원가에 명강사가 많지만 국어과 명강사로 김택영을 빼놓고 생각할 수 없다. 한 때 경기고에서 교편을 잡다가 부업으로 하던 학원 강사를 전업으로 바꿔 활동한 그는 큰 재력가가 되었다는 소문을 남기기도 했다.

입학은 우리보다 몇 년 앞서나 재학시절 우리와 줄곧 함께 공부한 이가 김은전이다. 성품이 온화하고 차분하지만 학구에의 정열은 남 못지않다. 마침내 서울대 국어교육과 교수로 우뚝하게 서서 모교 교수로 후학들을 훈도하다가 정년을 맞았으나 일본 명문대 초빙으로 가끔 외유를 즐긴다.

박능제는 의욕적인 사람으로 시 동인 동아리 활동을 재학 시부터 꾸준히 했다. 서울 금옥여고에서 정년을 맞았고, 그의 문학적 재질이 꽃 피워지지 못한 점 못내 아쉽다.

성연경은 중간 편입해 들어왔으나 동학들과 잘 어울렸고 국어과 교사로 능력을 인정받아 일본 파견 교사로 활약한 뒤 재외 국민 교육원에 근무한 적이 있다.

시를 좋아하고 사랑한 사람에 김재인이 있다. 서울 정신여고에서 교편을 잡은 뒤 일찍 타계했다. 졸업하자마자 청주사범에서 교사로 출발하여 이 학교가 청주교대로 개편될 때 교대교수로 각광을 받던 그 역시 일찍 유명을 달리 했다. 바로 신경순 교수다.

제주 출신 강원훈은 과에서 출석 호명 시 첫째로 불린 사람이다. 애석하게 짧은 생애를 마쳤다. 김종완, 원일현, 이선옥, 정형상, 최병수, 최정애, 홍성학 등 동기의 동정 및 근황은 아직 파악이 안 되고 있다.

이상 사대국어교육과 10회(53~57) 동기들의 인물 스케치를 시도했으나 어디까지나 저자 중심의 소견이라 동문들에게 행여 아쉬운 점을 남기지 않았을까 적이 염려된다. 양해를 바란다. 이 글은 한국문화사 펴낸 『서울대학교 사범대학 국어교육학과 60년사』 중에서 저자가 쓴 부분을 옮긴 내용이다.

수필 두 편

023

저자에게 문재文才는 없다. 다만 아나운서로 근무해 이따금 각종 문예지의 원고 청탁이 있어 더러 글 쓸 기회가 생기고, 염치 없지만 습작하는 심정으로 써 온 글이 없지 않다. 앞에 소개한 「만년필 이야기」 외에도 약간의 글이 있는 중에 「보랏빛 계절」(『수필문학』, 주간 박연구)과 「아카시아 향기 맡으며」(『수필춘추』 여름호, 통권6호, 수필춘추사, 1999)를 소개하며 저자의 민낯을 보인다. 그것이 설령 낯 부끄러운 글이라 해도 읽어주는 독자가 있다면 영광이겠다.

보랏빛 계절

뮤지컬 영화 〈웨스트 사이드 스토리〉에 나오는 '조지 차키리스'는 약간 검은 얼굴에 매혹적인 보랏빛 와이셔츠를 입고 나와 젊은 여성 관객의 인기를 한때나마 독점한 적이 있다.

뮤지컬이기 때문에 그 영화의 의상 담당도 중요한 구실을 했으리란 짐작이 간다. 남성의 와이셔츠 색은 흔히 백색이 바탕이 되고 유행을 만들어 나간다. 최근 줄무늬가 유행이고 끝이 길고 폭 넓은 칼라가, 그리고 거기다 유색의 와이셔츠가 젊은 남성, 아니 이른 바, 점잖은 층에서까지 애용되고 있음을 주위에서 느낀다.

이 같은 취향의 저변에 아마 이성의 관심을 끌려는, 이성의 호감을 사려는 의도가 지배적이리라 짐작하는 것도 무리는 아닐 것이다. 어떻든 이 같은 현상을 살펴보면 사람은 누구나 남의 호감을 사려는 욕구가 강하다는 느낌을 준다.

그것이 색으로 나타난다. 누구나 색맹이 아니면 색을 분간할 수 있으므로 여러 가지 복장이나 화장으로 이성의 눈을 자극하게 되나 보다. 이때 여성이 남성의 관심을 끌기 쉬운 색은 어떤 것일까? 그것은 레드라고 한다. 레드가 남성에게 욕망을 일으키기 쉬운 것은 생리학에서도 증명되고 있다 하지 않던가? 레드는 결국 남성에게 감정의 자극을 주는 데 충분하다는 것이다.

반대로 여성에게 감정의 자극을 주는 색은 어떤 색일까? 그것은 연한 보랏빛이다. 아프리카 제비꽃, 수레국화, 당버들, 부레옥잠, 수국 등이 보랏빛이다. 그래서인지 요즈음 유행되고, 도심에서 볼 수 있는 여성의 애호 색채는 보랏빛이다. 계절이 바뀌며 새롭게 눈에 비치는 의상 색깔이다.

여성이 좋아하는 색을 외국 통계를 예로 보아도 역시 보랏빛이다. 화장품 포장에 보랏빛이 많이 쓰이는 것도 여성 기호색인 때문일까? 한 가지 유념하게 되는 점은 이 보랏빛이 여성 기호색이므로 남성 의상에 적용되어야 함에도 불구하고 직접 여성 의상에 적용되고 있음은 어떤 이유일까?

이야기가 나왔으니 말인데, 보랏빛은 특히 붉은 보랏빛은 고귀한 색으로 꼽

헌다든가? 유럽에서는 법황이나 왕자에게만 허락되고 일반이 사용할 수 없는 금색禁色으로 했던 시대가 있고 이를 위반하면 엄하게 벌했다는 기록이 전하기도 한다. 따라서 보라를 택하면 귀족적일 뿐 아니라, 예술가 기질을 엿보이게 하는 것도 당연하다 할 것인가?

어떻든 보라색은, 생각한 대로 나타내는 꾸밈없는 레드와도 다르고, 편벽하고 비굴한 청색과도 다른 신비한 색채상을 보인다고 하겠다.

민족의 특성으로 색의 기호를 나누면, 보랏빛은 일본 사람이 특히 좋아하고, 영국사람은 청색, 특히 네이비 블루라는 통계가 있다. 미국사람은 흰색을 배경으로 한 색, 즉 원색을 좋아하고, 프랑스 사람은 그레이와 조화되는 정교한 중간색을 살리는 데 민감하다. 분명 색깔에도 민족의 개성이 반영되는 모양이다. 우리 한민족은 어떨까?

육당 최남선의 『조선상식』 풍속편에 보면,

"삼국지에 부여 풍속을 전해 가로되, 의상백이라 하고, 수서에는 신라인이 복색 상소함을 전하고, 송사에는 고려 사신 곽원이가 본국 사녀복이 상소함을 말한 기사가 있고, 명나라 동월의 조선부에도 의개소백의 구절이 있으니, 진인의 백의호상은 거의 시처를 초월한 특별한 속풍"이라 했고, 또 우리나라 사람이 흰옷을 즐겨 입는 내력을 설명해 이르기를,

"대저 백색은 원시인들의 신성색, 종교 가치의 색이라 하는 바로서, 고대 제복 승도복이 대개 흰 색깔을 씀은 세계 공통의 사실이거니와 더욱 진역과 같이 조선관적 태양 숭배가 일체 문화의 핵심이 된 곳에서는 태양 광명 표상인 백색이 절대 신성한 의미를 가졌을 것이니 동인의 의상백은 대개 이러한 종교적 권위에서 유래하는 것임을 우리는 생각한다"고 해, 우리나라 사람이 좋아하는 흰색을 신성시했다.

색에는 나이도 관계가 있는 듯하다. 어린이는 선명한 원색에 끌리고, 어른이 되면 엷은 색, 우아한 색이 좋은 것으로 아는 그 차이는 그대로 비문명인과 문명인의 감각 차이와 같다는 사실이 매우 흥미 있다. 어린이가 그린 그림을 보고, 아버지 어머니 사이가 좋은지 나쁜지를 알아낸 어느 교사의 연구는 색채가 그대로 사람 성정을 나타낸다는 사실을 추론케 한다.

백과 흑의 접촉에서 색이 발생한다고 한 괴테의 말을 그대로 믿는다면, 흰색을 좋아한 우리 민족은 색에 대한 감각이 매우 원시적인 것을 알 수 있고, 또 어린 아이들이 명절이면 즐겨 입는 노랑 저고리 다홍 치마 그리고 색동 저고리의 원색에서는 아직도 우리는 색에 대한 감각이 어느 정도 무딘 형편임을 알게 된다.

나폴레옹의 총애를 받는 것으로 눈에 띄게 거드름을 핀 그의 둘째 부인이 있다. 그를 과히 달갑지 않게 생각한 황후 조세핀은 그녀를 매우 심하게 놀려줄 모양으로 은근히 남 모르게 때를 기다린다. 그렇다고 해서 어떤 폭력을 준비한 것은 아니다. 둘째 부인이 머지않아 있을 리셉션을 위해 진한 녹색 드레스를 준비하고 있다는 사실을 전해 듣고 황후는 때를 놓칠세라, 리셉션이 벌어질 홀의 벽지서부터 가구, 커튼에 이르기까지, 모두 짙은 하늘색으로 고쳐 장식하고 리셉션을 기다렸다.

과연 그날의 둘째 부인은 참으로 천하게 보이고 추하게 보였다. 둘째 부인은 뜻밖의 변을 당한 것이다. 이로써 황후는 오래도록 가슴 깊이 새겨온 한을 깨끗이 씻어낸 것이다. 조세핀은 매우 슬기롭고 영리한 여인이다. 적어도 색깔의 배합을 잘 알고 있었던 것이다.

지금 우리 눈에 비치는 현실의 세계도 풍부하고 강렬한 색채로 둘러 싸여 있다. 우리가 감각하는 색깔에는 각각 지금껏 경험해 보지 못한 자극이 포함되고 색깔과 생활과의 관계도 매우 긴밀히 연결되어 있다.

네온사인이나 형광등 불빛은 예전 사람 망막에 들어왔던 호롱불이나 촛불보다 훨씬 강렬한 것이다. 그럼에도 우리가 색에 민감하지 못한 것은 무슨 이유인가?

지금도 거리를 활보하는 보랏빛 여성이 많이 눈에 띈다. 여성이여, 좀더 색에 대한 감각이 예민할 수 없는가? 보랏빛 셔츠 입은 사나이가 거리를 활보하는 정경을 은근히 기대하는 여성은 없는가?

『수필문학론』(구인환·윤재천·장백일, 개문사, 1973, 144쪽)에서는 '우유체優柔體' 설명을 아래와 같이 하고, 그 보기로서 저자의 글「보랏빛 계절」을 덧붙였다.

우유체는 강건체와 반대되는 문체이다. 그 특징을 살핀다면 문장의 기세가 부드럽고, 온건하며 또 독자에게 어조의 부드러움을 준다. 과격한 용어가 없으며 비교적 미문조를 띠고 있다.

특히 수필 등에 많이 쓰이고 있는 문체이다. 수필문체는 부드러워야 한다. 딱딱한 문체는 읽는 사람으로 하여금 심적 부담을 주기 쉽다.

「아카시아 향기 맡으며」

아카시아 꽃잎이 향기를 풍기며 흩날린다. 눈길 같은 산길을 호젓하게 걷는다. 코에 와 닿는 향긋한 내음이 처음엔 강하다가 점차 약해진다. 향기가 나를 취하게 하나 보다. 한동안 향기에 취하여 본다. 온 산이 아카시아 향기로 뒤덮인 채 오월이 간다.

아마 이 무렵, 꿀벌들의 활동이 시작되고 양봉가의 손놀림도 매우 바빠질 것이다. 아카시아는 별로 쓸모없는 나무로 인식되기도 하나 '남몰래 바치는 사랑'이란 꽃말이 특이하지 않은가? 북아메리카가 원산지이고, 높이가 15미터 안팎에, 가시가 있으며, 잎은 깃 모양으로 겹쳐 돋아난다. 작은 잎은 알모양 또는 긴 타원형이며, 끝이 둥글고 잎 가장자리는 톱니가 없다. 꽃은 총상 꽃차례이며 잎 겨드랑이에서 나오고, 백색으로 여름에 밑으로 향하여 핀다. 열매는 10월에 익는다.

용도는 침목, 기구재, 사료, 화목이 고작이다. 벋어가는 칡도 한이 있는 법인데 아카시아 나무 뿌리는 사방팔방으로 한없이 뻗는다. 사방沙防공사 때 사태沙汰를 방지하는 가장 효과적인 수종으로 손꼽히는 나무가 바로 이 아카시아이기도 하다.

우리 땅에서 생산되는 천연꿀 가운데 아카시아꿀이 상당 분량을 차지하는 것은 아카시아 숲이 전국에 고루 퍼져 있기 때문일 것이다. 아카시아꽃 향기가 유난히 후각을 자극하는 요즈음이다.

블론디에 풍만한 가슴, 윙크하는 듯한 눈매와 수밀도 같은 입술, 탐스러운 몸매로 할리우드 글래머 스타 1호로 불리던 메릴린 먼로, 분명 그녀는 당시 영화 팬이 열광하며 환호를 보낸 아카시아 향기 같은 풍염豊艶한 여인이다.

〈돌아오지 않는 강〉에서 보인 연기와 노래 솜씨는 관객을 흠뻑 매료시킨다. 본명이 노마 진, 그녀는 로스앤젤리스의 한 가난한 가정에서 태어나 한때, 어머니의 정신병으로 본의 아니게 어린이 복지시설에서 시간을 보낸다. 16세에 결혼하고 파국 후, 모델로 입신하여 〈나이아가라〉에서 주연, 육체미에 의하여 섹스의 상징으로 불렸으나 절묘한 연기력과 함께 전세계 인기의 각광을 받아오더니 끝내 수면제 과용이란 의문의 죽음으로 세상을 등진다. 34세의 꽃다운 나이다.

먼로와 존 케네디의 정사情事에 대하여 여러 증언이 뒤따르나 두 사람 모두 의문사한 내용은 정확히 알려져 있지 않다. 확실한 것은 1962년 5월 18일, 심신 공히 황폐한 형편에 놓인 메릴린이 헐리우드에서 뉴욕으로 날아가, 매디슨 스퀘어 가든, 존 케네디 생일 축하 모임에 참석하여, 만칠천 명의 관중 앞에서 정성껏 '해피 버스데이 투유'를 불러 박수 갈채를 받는다.

마돈나는 확실히 데뷔 이래, 섹스의 상징으로 자신을 상품화해 왔다는 게 중론이다. 가령, 히트곡 〈마테리얼 걸〉이 메릴린 먼로 신화神話의 어중간한 패러디적 리메이크의 선線을 목표로 한 것이란 중평이 따른다. 그러나 『마돈나의 섹스』에서 그녀는 먼로의 신화와 결별한다. 자신의 육체를 내어주는 대신 남자에게 경제적으로 의존하는 가련한 창부의 아양 섞인 모습을 불식하고, 어디까지나 강한 여인, 독립한 자유의 여인으로 자리를 굳히고 이미지를 강화한다.

『마돈나의 섹스』는 말하자면 변신을 위한 전략의 일환으로 만들어 낸 사진寫眞 모음이다. 일부 창부 인상의 영상도 눈에 띄나 그것은 연희演戲로 연출한 것에 지나지 않는다. 그녀는 결코 수동적인 객체가 아니다. 그녀는 성의 주체로서 언제나 사태의 주도권을 장악한다는 메시지를 떠올리게 한다. 그리고 일종의 페미니즘 주장도 엿보인다.

『마돈나의 성』은 또 정치적 성론性論의 문맥마저 읽어 내게 한다. 한마디로 사진모음은 독자에게 새로운 발견의 동기를 제공한다.

도쿄대학 교양학부 기초연습 교재를 펼쳐보는 순간 나는 당혹감을 떨쳐버리지 못한다. 바로 『마돈나의 성』에서 발췌 게재한 일곱 장의 누드 사진 때문이다.

『인식認識의 기술』에서 「레토릭, 마돈나의 발견 그리고 저쪽」이란 마쓰우라 히사기가 쓴 글에, 그가 마돈나의 누드 사진을 일곱 장이나 소재素材로 인용한 것이다. 앞으로 그는 『햄릿』의 텔레비전 극화, 자작 시편의 시극화 등을 계기로

21세기를 맞이하기 위한 원근법의 모색에 몰두할 계획이라 한다. 당찬 포부를 밝힌 1954년 도쿄 출생, '표상문화론' 전공자다. 그가 쓴 글에 나는 눈길을 빼앗긴 것이다.

영상映像을 읽는다는 것은 무엇일까? 분명한 의미로 추출할 수 없는 신화적 레토릭의 분석을 통하여 그는 동시에 욕망의 레토릭을 말하고 또다시 이 같은 조작이 무無로 돌아가는 사태마저 전망케 한다.

먼로에 따른 가장 유명한 일화는 침대에서 무엇을 몸에 붙이느냐는 연예 담당 기자의 짓궂은 질문을 받고, "샤넬 넘버 파이브"라 응답한 내용이다. 생일 축하 노래를 부르러 단상에 모습을 드러낼 때, 사회자는 예정보다 조금 늦게 먼로가 도착하여 "더 레이트 메릴린 먼로!"라 소개한 바, '레이트'는 '지각한'의 의미인 동시에, 또 '별세別世한'의 의미를 포함한다. 3개월 후에 있은 그녀의 죽음을 떠올리면 어떤 운명적 소개 같다는 생각이 든다.

발견發見의 몸짓에 대하여, 노스탤지어와 무관한 앎의 존재가 오늘 우리에게 의문을 제기한다. 진리와 진리를 응시하는 시선의 관계를 새 공간에서 새롭게 조명할 수 없는 것인가?

024

신문학원 입학, 저널리즘 연구

　　1953년, 대학 1학년 2학기, 을지로 6가 교사校舍 앞에 '신문新聞학원'이 자리 잡고 있어 저자의 관심을 끌었다. 신문학자 곽복산 선생이 원장이었다. 1946년 사단법인으로 창립한 학원은 많은 신인들을 우리나라 저널리스트로 양성 배출하여 신문, 방송, 잡지, 출판, 공보 및 광고, 선전기관 등에서 활약하게 했다.

　　곽복산郭福山, 1911~1971 교수는 신문학자요 언론인이다. 선생은 1935년 일본 조지上智대학 신문학과를 졸업하자 귀국하여 동년 4월 『동아일보』 기자가 된 이후 20년간 신문언론에서 활약, 1945년 『동아일보』 편집국장을 역임했다.

　　한편, 선생은 서울대, 연세대, 중앙대, 홍익대 등에서 신문학 강의를 담당, 매스 커뮤니케이션의 과학적 연구와 그 교육에 진력한 한국 최초의 신문학 교수로 알려져 온다. 저서는 『신문학개론』과 『언론학개론』 등이 있다.

『언론학개론』은 언론 각 분야 전문 필진 20명의 공동 집필로 이루어진 편저 형식으로 1971년 일조각에서 출판되었다. 『방송 화법의 기본 요령』을 저자도 분담 집필했다.

이에 앞서 저자는 대학 졸업 2년 뒤인 1959년 서울 신문新聞학원 보도연구과 1년 졸업, 새로 등장한 '저널리즘'을 연구할 수 있어 매우 다행이지만, 무엇인가 지적知的 욕구를 채우기에 아직 부족함이 느껴졌다.

기실 미국 유학을 탐색하지 않은 바 아니지만, 저자는 벌써 결혼해 가족이 있는 몸이라 결행에 이르지 못했다. 이때 곽 교수 외에 여러 강사진이 있었는데 석천昔泉 오종식 선생, 박성환朴聖煥 선생, 그리고 오소백吳蘇白 선생이 기억에 남는다.

오종식吳宗植, 1906~1976 선생은 1924년 일본 동양대학 전문부 문화과를 졸업하고, 1946년 언론계에 몸 담아, 1947년 『경향신문』 주필 겸 편집국장, 1949년 『서울신문』 전무 겸 주필, 1953년 『경향신문』 주필 겸 편집국장, 1954년 『한국일보』 주필, 1960년 서울신문사장, 1962년 국제신보사장, 1963년 세대사 사장, 1966년 한국신문연구소장 등을 지냈다.

상훈으로는 대한민국 무궁화장이 있으며, 저서에 『원숭이와 문화』, 『혁명의 원근』 등이 있다. 선생은 1948~62년 동국대에서 교수를 한 이력으로 인하여 실무와 이론이 온축蘊蓄되어 신문학원 교수 중 비교적 무게 있는 강의로 정평이 나있었다.

박성환朴聖煥, 1922~1970 선생은 1942년 일본 조지 대학 예과를 수료하고, 도쿄 문화학원 문학부를 졸업했다.

선생은 1944년 언론계에 몸담고, 『경향신문』 사회부장, 『조선일보』 사회부장, 『대한일보』 편집국장 등을 역임했다. 저서는 『신문과 기자』, 『파도는 내일도 친다』 등이 있다. 고등학교 국어과 부 독본에, 선생 양해 하에 저자가 선생의 글을 실어 드렸다. 중환으로 입원 중일 때 병문안 갔더니 "절대 술 마시지 말라"는 당부를 거듭 말한 일이 기억에 새롭다.

오소백吳蘇白, 1921~2008 선생은 1946년 서울신문학원을 졸업하고, 1948년 서울대 사대를 3년 수료한 후, 1971년 고려대 대학원 교육학과를 졸업했다.

선생은 1949년『조선일보』사회부 기자를 시작으로, 1950년대『한국일보』,『경향신문』사회부장 등을 거쳐, 1970년『독서신문』편집국장, 1981년『중부일보』주필을 지낸 뒤 여러 대학에 출강했으며, 2000~2006년 서울언론인클럽 회장을 지냈다.

저서는『기자가 되려면』,『매스컴 문장 강화』,『지우개 없는 인생』등이 있고, 상훈은 서울언론인클럽 언론인 대상이 있다. 저자는 두 분을 통해 '기사 연습'을 수강했다.

그리고,『방송론』과『한국신문사』등 묵직한 저서를 내놓아 언론계 종사자와 학계의 비상한 관심을 모았던 언론학자 최준崔埈 교수를 처음 방송국에서 만났지만 또 신문학원에서 사제관계로 만났다.

최준崔埈, 1913~? 교수는 1942년 일본 메이지明治대학 신문 고등 연구과를 졸업 후 1947년 서울 신문학원 강사를 지내고, 1950년『코리아 타임스』출판국장을 거쳐, 1955년 홍익대 신문학과 부교수, 1962년 중앙대 신문학과 교수, 1971년 신문학회장을 역임했다.

상훈으로는 방송문화상이 있다. 저자가 신문학원을 다닐 때 이 분은 홍익대 교수 재직 중이셨다. 책을 두 권씩 지은 실력을 토대로 보아도 그렇거니와 수업 내용이 조리 있고 체계적이다. 일본 체류 기간이 오래 되므로 언론 분야 문헌을 거의 꿰뚫고 있음이다. 그는 1세대 유학파 언론 학자이고 2세대부터 미국과 유럽 유학파가 귀국 등장한다. 저자가 이즈음 최준 교수 주선으로 중대 신문방송과에 시간으로 출강했지만 또 이근삼李根三 교수 주선으로 연극영화과 출강을 이보다 조금 먼저 했다.

성균관대 대학원 석사과정 입학(국어국문학)

대학 졸업할 때 저자는 학사 학위 논문을 「시청각 교구를 통한 중학교 국어과 교육」이라 제목을 붙이고 써 보았으므로 처음 '시청각 교육'에 새로 눈 뜨고, '저널리즘'에 이어 '매스 커뮤니케이션'까지 관심의 폭을 넓혔으나, 아직 좀처럼 썩 마음에 와 닿는 분야가 없었다.

무엇인가 미래 지향적이며 학구열을 불 붙일 수 있는 새로운 분야가 없을까 탐색을 거듭하고 고심한 끝에, 어렴풋하게 저자에게 다가온 것이 바로 '스피치' 학문이다.

미국 '국어과교육'을 살피던 중, 그곳 초등 및 중고등학교에서 종전 문장만의 교육은 이미 화법話法과 작문作文 쪽으로 무게 중심이 옮겨지고, 대학은 스피치를 본격적으로 취급하고 있음을 알게 되어 머지않아 우리도 이 영향을 받게 될 것이란 전망을 하게 되었다.

우리나라 역시 문장文章만 가르치는 구태에서 벗어나야 명실공히 새 시대

'국어과교육'이 제자리를 잡게 될 것이란 판단이 선 것이다.

저자가 '국어과교육'의 새 분야를 찾는 데 망설임이 일자, 박붕배 선배를 찾아 조언을 구하기로 했다. 선배는 저자에게 우선 대학원 진학을 종용한다.

그는 우리나라에서 처음 국어국문학을 전공한 도남 조윤제 박사를 사사師事하라는 충고를 해주었다. 사실 박 선배 역시 도남을 사사하고 이미 문학 석사학위를 취득했음이다. 저자도 결심을 굳히고 1960년 성균관대 대학원 석사과정 국어국문학 전공에 시험을 치르는 과정에서 도남 선생 면접시험을 보게된다.

"그럼 자네는 석사과정 들어와 어떤 분야를 연구할 예정인가?"

"네, 저는 '스피치' 학문을 연구하고 싶습니다."

"그래? 나는 스피치를 모른다. 어떻게 한담."

"선생님은 모르시겠죠. 우리나라에서 제가 처음 시작하는 분야이니까요. 선생님이 국문학을 우리나라에서 처음 개척하셨으니 제가 선생님께 '국문학 정신'과 함께 '학문 개척방법'을 배워, 학사 과정에서 이미 국어과교육을 전공했으므로 석사 과정에서 스피치를 접목, 장차 이 방면의 연구를 발전시키고 싶습니다."

"그럼 대학원 들어와 자네 뜻을 한번 관철시켜 봐!"

"선생님! 정말 고맙습니다. 열심히 공부하겠습니다."

당시 성균관대 대학원 국어국문학과에 대학원장 조윤제趙潤濟 박사를 비롯해 월탄月灘 박종화朴鍾和 교수, 이명구李明九 교수, 최진원崔珍源 교수 그리고 중국문학 전공의 정래동丁來東 교수가 계셨다.

외래교수로 한문학 이가원李家源 선생과 이우성李佑成 선생이 강좌를 맡아, 교수진은 어떤 다른 대학원에 비해 조금도 손색이 없다. 문제는 대학원생 각자가 자기 목표를 놓고 얼마나 열심히 연구할 수 있는가에 학문 연구의 성패가 달려 있었다.

선생은 스피치를 전혀 모른다고 말씀했는데 어느 날 강의 시간에 당시 대한교육연합회 정태시鄭泰時 사무총장을 만나 보고 도움을 청하는 것이 어떻겠느냐고 저자 의중을 떠보신다. 이 분은 연설 또는 웅변 분야 역서 및 저서를 이미 출판한 바, 저자 역시 그 책들을 구입해 읽은 경험이 있는 터여서 그분을 말씀하기에 우선 호기심이 생겼다.

조윤제 박사가 대학 졸업 후 첫 직장이 경성사범학교인데 이때 가르침을 받은 제자 가운데 한 사람이 바로 정태시 선생이다. 몇 가지 당부 말씀을 듣고 곧 그분을 사무실로 찾았다.

매우 온건하고 자상한 성품인데 사범학교 출신의 꼼꼼함이 인상적이다. 광복 후 강원도 원주중학교 교감을 지낸 이력을 알고 저자 처가가 원주라고 말하니 집안 내력을 듣고 크게 반가워한다. 뿐만 아니라 최근 출판한 그의 신간서까지 선물로 내준다. 저자의 처가가 바로 집안 일가라 하며 크게 반겨준다. 참으로 고맙고 기쁘기 이를 데 없다.

동호東湖 정태시鄭泰時 선생은 1917년 원주 출생으로, 1936년 경성사범학교京城師範學校 연습과 졸업 후, 경성대 부설 중등교원 양성소를 졸업했다. 이후 원주농업중학교와 원주중학교에서 교감을 지내고, 1958~72년 대한교련사무총장, 1963~72년 세계교련집행위원, 1973~81년 공주교대 총장을 지냈다.

저서는 『영어입문』, 『연설입문』, 『세계의 학교』, 『교직과 교사』, 『분필로 그리다 만 어느 자화상』 등이 있고, 상훈은 문화포장, 국민훈장 모란장, 춘강교육상 등이 있다.

그리고 그는 '한국스피치학회' 창립 발기인의 한 분이다. 국제적으로 잘 알려진 교육계 인사이므로 학회가 미국으로부터 전문 도서와 함께 물심양면의 많은 지원을 받는 데 큰 역할을 다했다.

1958년 아테네사가 발간한 정 선생의 『새 시대의 연설』과 이보다 먼저 1957년 희문출판사가 낸 『20세기 웅변술』 등 그의 두 책을 보면, 그것은 당시 유럽 스피치 교육 내용을 발췌 요약하여 간략하게 편찬한 교양 교재의 체재이다. 그리고 그 핵심은 미국 스피치 학계의 선구자 먼로Monroe 교수의 학술적 이론이 토대가 되고 있음이다. 저자에게 항로를 밝혀 주는 등대불과 같은 책이다. 이 책들을 통하여 먼로 교수의 원저原著를 찾기로 했다.

성균관대 대학원 석사과정 원생으로 좋은 기회를 포착한 저자는 곧 지도교수 조윤제 박사에게 이 사실을 보고 드리니 더 없이 좋아한다. 서울 시내 고서점을 샅샅이 뒤지고 돌아다니다가 한 곳에서 우연히 정말 우연히 찾던 책을 발견하고 얼마나 기뻤는지 모른다.

먼로 교수 원저는 책 제목을 번역하면 『스피치 원리와 형태』이다. 미국 스커트Scott 포리스맨Foresman 출판의 1949년판이다. 이 책은 제3판이다. 이를 토대로 저자의 스피치 연구가 박차를 가할 수 있게 된다.

박붕배朴鵬培, 1926~ 선생은 서울대 사범대 국어교육과 졸업 후, 성균관대 대학원에서 국어교육 전공으로 석사과정 및 박사과정을 모두 마치고, 문학 석사 및 문학박사학위를 일찍 받았다.

물론 도남 조윤제 박사의 전공 지도로 이루어진 일이다. 논문 학위인 '구제' 박사가 아니고, 대학원 전 과정을 밟고 소정 시험에 합격해 받은 귀하고 소중한 '신제新制' 학위니만큼 자타공인의 국어교육 전공 문학박사다.

서울대 사대부고 교사를 거쳐 서울교대 교수로 정년을 맞이했지만 그 사이 한국교육개발원 국어과 연구교수, 한국교원대 대학원 교환교수, 문교부 국어과 교육과정 심의위원장, 문교부 국정교과서 집필위원장 겸 편찬심의 위원장 등을 두루 거쳐, 명실공히 우리나라 국어교육계 정점에서 학술적 지도력을 발휘했다고 할 수 있다. 저자가 존경하는 자랑스러운 학계 선배다.

후일담이지만, 우리 은사 조윤제 박사님은 전공이 국문학인데 국어교육학 전공교수로 모시게 된 특별한 이유가 있느냐는 저자 질문에, 박붕배 교수는 도남 선생 논문의「국어교육의 당면문제」가 크게 눈길을 끌었다고 명쾌한 답변을 들려주었다. 후일 본인도 고서점에서 이 책을 구입해 읽었다.

박붕배 박사의 저서로『국어과 교육 방법론』,『국어과 교육 각론』,『세계의 자국어 교육 정책』,『한국 국어교육전사』,『국어과 교육총론』등 다수가 있다. 현재 한글학회 이사다. 선배의 우리나라 국어과교육 저서가 이처럼 질량으로 좋고 많음에 후학들은 모두 놀랄 뿐이다.

봉죽헌鳳竹軒 박붕배 박사가 지은 시조 금혼명金婚銘을 붙인다.

금혼명

박붕배

우리가 서로 만나 어언간 오십 년이
그 사이 우리 서로 많은 일 겪었구려
인생의 짝으로 만나 희로애락 수 놓았소

천정天定의 이성지합二姓之合 백복의 근원이라
흑발이 백발토록 서로가 변함 없이

성심껏 뒤를 돌봐줘 오십 년을 살아왔소

하늘이 연분으로 맺어준 우리 사이
아들 딸 많이 두고 살림도 늘어났소
말년에 당신 건강이 내 마음을 누르오

오십 년 지나오니 그 날들이 새롭구려
오늘이 그 날이고 앞날이 그 날로서
여생을 마음 편하게 고이 살다 갑시다

우리 스승 도남陶南 조윤제趙潤濟, 1904~1976 박사는 국문학자다. 1929년 경성제국대학 조선어문학과를 졸업하고, 1952년 서울대에서 문학박사학위를 받았다.

선생은 1929년 경성제대 법문학부 조교로 출발, 1945년 경성대학 법문학부장, 1949년 서울대 문리과대 교수, 학장, 1954년 성균관대 교수, 대학원장, 부총장, 1960년 한국교수협의회 의장, 1965~74년 영남대嶺南大 교수, 1969년 학술원 회원(국문학), 1971년 동 인문과학부장을 지냈다.

저서로는『조선시가 사강史綱』,『한국시가의 연구』,『국문학개설』,『국문학사』등이 있다. 상훈은 학술원 공로상이 있다. 우리나라 국문학계의 가장 손꼽는 대표 학자요, 저자가 존경하는 스승이다.

스승 조윤제趙潤濟 박사

전영우

학교교육을 장기간 받았다 해서 반드시 훌륭하다거나 자랑스러울 것은 못된다 해도, 저자만큼 학교교육을 오래 받은 사람도 흔하지 않을 것이다. 모두 24년간의 학교생활을 거친 셈이니 말이다.

저자를 일깨워 주고 채찍을 가해 준 스승 또한 그 수를 알 수 없다. 그러나 꼭 한 분 잊을 수 없는 분을 말하라면, 서슴지 않고 도남 조윤제 선생을 꼽을 수 있다. 처음 선생을 안 것은 고등학교 때, 이분이 쓴 『국문학사』를 교재로 배울 때와 고등학교 3학년 국어교과서 '은근과 끈기'라는 단원을 배울 때다.

동국문화사 간행 선생 저서 『국문학사』 서문에 보면, "나는 나의 힘을 다 바치어 순탄치 못한 학구생활을 계속해 왔다. 원래 시작한 것이 황무지라서, 처음에 어디부터 손대야 할지 참말로 아득했다." "경술년에 우리 민족이 최대 치욕을 받은 이후 정치가는 마음에 칼을 품고 국내에서 치열한 투쟁을 했으며, 문필가는 붓을 들어 우리문화 앙양에 큰 노력을 할 때, 나는 우리 민족 정신을 고취해 보고자 우리 고전문학 연구에 발을 들여놓았다."

선생이 제출한 학위청구 심사경과에서 지적하고 있듯, "연구자는 그 학적 경력으로 보아 20여 년간 꾸준히 국문학 연구에 매진해 왔고, 또 많고 귀중한 연구 논문을 세상에 발표해, 전연 산란하고 혼란한 우리 국문학은 저자로부터 차츰 체계가 서게 된 것이다."

민족문화 계승을 위해 모든 어려움을 이겨내고, 끝내 우리 국문학사 체계를 처음 세웠다는 데 저자는 이분에게 존경의 염을 갖지만, 보다 이분의 나라사랑 마음과 겨레사랑 마음에 한층 더 경의를 표하게 된다.

일본 통치 하에서 가능하면 그들 비위를 거슬리지 않고 약삭빠르게 사는 길이 있었건만, 아무도 알아주지 않는 황무지 한국문학 체계를 세우기 위해 첫 삽을 뜨셨다는 일이 얼마나 위대한가?

애국하는 길이 많고, 애족하는 길이 많지만 이보다 더 뜻 있는 일이 어디 있는가? 저자가 선생 문하로 들어간 시기는 대학원 석사과정 때부터다. 언제인가 선생에게 배웠으면 하는 소망이 늦게나마 이루어져 큰 다행이다.

026

국제 '스피치학회' 정식 가입

도남 선생 대학원 수업을 듣는 한편, 저자는 스피치 관련 세계학회를 탐색한다. 1962년 '미국스피치학회SAA'가 인디아나주 블루밍톤Bloomington 인디아나 대학 구내構內에 있음을 확인하고, 그쪽에 편지를 내어 학회 소개서와 함께 가입원서를 보내주도록 부탁했다.

그러자 곧 회신이 왔고, 가입원서도 동봉 형식으로 왔다. 지체할 겨를 없이 저자는 원서를 보냈다. 물론 가입 회비도 송금했다.

1963년 스피치학회에서 1963년판 '회원명부', 디렉토리directory가 우송되어 오자 저자의 기쁨은 이루 말할 수 없었다. 국가별 회원명부를 보니 '코리아'에 저자 한 사람임을 알고 기쁨과 함께 책임이 막중함을 느꼈다.

곧이어 저널journal이 정기적으로 도착한다. 세분된 연구 분야와 연구방향 그리고 연구방법 등도 자세히 파악할 수 있어 저자의 스피치 연구는 달리는 말에 채찍을 가하는 격이 된다. 연구의 진전 경과를 그때마다 지도교수에게 말씀 드리니 선생은 본인 못지않게 기뻐한다.

아무래도 학문의 세계적 흐름을 파악하려면 전공의 국제학회에 가입하여 활동하는 것이 순리이고 자연적 추세라 판단한 것이 저자의 입장이다. 과연 국제학회에 가입한 일은 잘한 일이었다. 이 일을 마치 자신의 일처럼 생각하고 뛰어준 사람이 바로 경복고 동문 신의석 박사다.

미국 NASA 우주센터 기술 스태프인 신의석辛宜錫 박사는 세계적 공학자이며 바쁜 일정임에도 불구하고 백방으로 저자의 연구를 측면에서 적극 도와준 일에 대하여 지금껏 잊지 못한다. 참으로 고맙다.

027

『화술의 지식』 출판 교섭

　나름대로 그동안 준비한 원고가 있어, "『스피치개론』이란 저서를 출판하려는데 어떨까요?" 하고 지도 교수에게 물어 보니 즉각 반대하신다. 저자가 시무룩해 하는 낯을 보더니 얼마 있다가 "그럼 스피치가 유럽 학문이니 자네가 저서보다 역서를 내는 것이 어떨까? 그런데 영어 실력이 번역에 용이할까?" 기실 저자에게 그만한 영어 실력이 있을지 적이 염려되는 바 컸다.

　착수가 성공이라 즉시 텍스트 선정에 들어가 미국에 있는 경복 동문 신의석辛宜錫 박사와 상의, 그곳에서 쓰이는 대학교재 스피치 가운데 비교적 쉽고 부피가 덜 나가는 책을 선택해 보내줄 것을 간곡히 부탁한 바 한 달 안에 에어메일로 소포가 도착했다.

　그 책이 바로 펜실베이니아 주립대학 해롤드 젤코Harold Zelko 교수가 저술한 『유능한 연사가 되는 방법』이다. 우선 부피도 덜 나가고 내용도 쉽고 간결해 곧바로 번역에 착수하게 된다.

스피치 전공 교수가 집필한 저서이므로 우선 문장이 쉽고 간결해 번역에 별 어려움 없이 작업이 순조롭게 진행되어 나아가 번역하는 사람 처지에서 하루하루가 보람으로 다가왔다. 얼마나 다행인가.

해롤드 젤코 교수는 펜실베이니아 대학 스피치 전공 교수요, 당해 연도 미국스피치학회 학회장이기도 해 저자는 일층 친밀감을 느끼며 작업을 수행해 나간다.

뿐만 아니라, 그는 국방총성 및 기업체에서 스피치 훈련 고문 직책으로 회의 지도를 하는 스피치 교육계 권위자다. 우리나라에서도 머지않아 이 방면 교육이 활발하게 전개될 것이 확실시되는 등 번역자인 저자에게 스피치 연구의 앞날은 밝게만 전망될 수밖에 없었다.

번역 진도는 하루가 다르게 진전되어 순풍을 만난 항해와 같았고 이 방면 경쟁자의 출현 역시 은근히 염려되는 바람에 자연 속도가 붙을 수밖에 없었다. 이런저런 염려를 물리치고 마침내 번역이 완성되니 출판사 선정과 함께 출판 기회가 쉽게 찾아올까 하는 데 문제의 초점이 모아진다.

뜻이 있으면 길이 열린다 하지 않았나? 저자로서 첫 출판인만큼 이왕이면 우리나라 양서 출판의 명문가에서 책을 내고 싶은 생각이 머리에 가득했다. 이때 떠오른 아이디어는 서울 신문학원 선배인 안춘근安春根 당시 출판부장을 만나 상의해 보는 일이 최우선이었다.

당시 양서 출판의 명문 을유문화사로 안 선배를 찾았다. 직책상 매우 바쁜 입장임에도 이쪽 이야기를 다 듣고 나서 일단 가져온 원고를 놓고 가면 원고를 읽어 검토해 보고 검토 결과가 나오면 연락을 주겠다는 약속을 한다.

어떻게 보면 여기까지 진전된 상황만 봐도 1단계 고비는 잘 넘긴 것으로 저자는 판단했다.

연구 검토 후에 연락을 주겠다 해 계속 기다렸다. 그러나 석 달이 다가와도 출판사의 연구 검토 결과는 소식이 없다. 이따금 동료들과 담화할 때면 출판 화제를 꺼내고, 석 달이 지나도 연구 검토 결과가 오지 않는다고 푸념하면, 저자를 주위에서 답답하게 본다. 그리고 연구 검토라는 말도 사실은 거절한다는 말과 같은 뜻이라고 저자를 나무라기까지 한다.

하루는 방송국에 출근하자, 아나운서실 칠판에 을유문화사에서 전화 왔으니 곧 연락하라는 메시지가 있어 전화하니, 스피치 번역서를 출판하기로 결정한 바, 곧 출판사로 들르라는 내용이다. 연구 검토는 점잖게 거절하는 뜻이 아니고, 말 그대로 연구 검토의 뜻이었다.

이튿날 바로 출판사로 나가니 반갑게 저자를 반기며 출판 절차를 밟게 해준다. 먼저 책 제목『화법의 지식』을 탐탁지 않다며 바꾸자고 한다. 즉석 발상으로『화술의 지식』이 어떻겠느냐고 제안하니 좋다는 반응이다.

덧붙이기를 아이디어와 콘텐츠가 중요하지만 책 제목도 이에 못지않게 중요하다는 비즈니스 문제를 꺼낸다. 이 문제에 저자도 수긍의 뜻을 표시했다. 이어 출판사와 출판 계약을 맺고 형식상 절차를 끝냈는데 이왕 들른 김에 원저의 머리말을 번역하고 가라 한다.

영한사전을 한 권 빌려 놓고 저자가 원저 머리말을 번역해 넘기니 안 부장이 읽어보고 내게 "전 형은 직역 대신 의역을 잘하네요" 한다. 그러자 저자가 "저도 처음 직역을 위주로 했으나 결과적으로 뜻이 잘 통하지 않아 현재 의역을 위주로 합니다"라고 대답했다.

028

『화술의 지식』 출판

마침내 저자의 처녀 출판이 빛을 보았다. 1962년 4월 10일, 구미신서 42
집 『화술의 지식』이 명문 을유문화사 출판으로 세상에 나왔다. 이때의 감격
을 저자는 필설로 다 표현하지 못한다. 제목과 다르게 내용의 차례는 모두
화법話法으로 기재되어 있어 기쁘다. 그리고 권말 부록으로 붙여진 「국어발
음國語發音 소고小考」가 그렇게 자랑스러울 수 없다. 국어학계에서 처음 국어
발음을 논의하는 전기轉機가 되기 때문이다.

가장 먼저 조윤제 박사에게 책을 증정하니 크게 기뻐하고 분에 넘치는
칭찬을 하신다. 이보다 조금 뒤인 1962년 8월 말, 성균관대 대학원에서 「스
피치 교육의 사적史的 진전進展 소고」라는 제목의 논문이 심사위원회 심사를
통과해 저자는 후기 졸업식 때 영광의 문학석사文學碩士 학위를 받았다. 이때
지도교수는 조윤제, 이명구, 심사위원은 한교석韓喬石(경성제대 졸업, 언어학 전
공), 이명구, 최진원 등 세 분이다. 비록 석사학위지만 아직 남이 손대지 않은

새 분야를 개척한다는 기쁨을 저자는 잘 가누지 못했다.

새 분야를 개척해 들어갈 때 그 길은 마치 아직 아무도 밟지 않은 길, 그 것도 눈길을 걷는 것과 같다. 경험한 사람이라야 알 수 있을 것이다.

저자의 1962년은 세 가지 경사가 겹친 한 해다. 국제스피치학회 회원가 입, 성대城大 대학원 문학석사, 을유문화사 『화술의 지식』 출판 등이 손꼽힌 다. 또 하나 직장에서 보통 아나운서가 고등 전형銓衡을 받고 사무관 직급 방 송관보放送官補에 임명된 사실이다. 당시 방송국은 정부 기관의 하나요, 직원 은 모두 공무원 신분이었다.

저자는 KBS-TV 교양 프로그램 제작 책임을 맡게 되어 처음 제작에 직접 관여할 수 있었다. 그동안 수행한 아나운서 현업現業도 겸임으로 담당하니 그야 말로 눈코 뜰 새 없이 바쁜 나날이다.

을유문화사 구미신서 42집, 해롤드 젤코가 쓰고 전영우가 번역한 『화술 의 지식』의 역서譯序를 붙인다.

『화술의 지식』 역서

오늘을 토킹 에이지talking age라 말하는 이도 있지만 기실 의사를 전달함에 있어 어떤 서식書式을 통하기보다 차라리 구술口述로 직접 의사를 전달하는 것이 우리 각자의 몸과 마음에 배어 있는 작금이다.

이 방면에 여러분의 지대한 관심이 집중되어 있기는 하면서도 아직껏 이에 관한 출판물이 빛을 보지 못하고 있음을 아는 사람으로 더욱 라디오 아나운서를 겸하며 '국어 화법'을 연구하는 한 학도로 여러 자료를 수집하는 도중, 미국 스피 치학회 회장이며 펜실베이니아 주립대학 교수 해롤드 젤코 박사가 집필한 『유능한 연사가 되는 방법』을 우연한 기회에 접하게 되었다.

그 후 이 책을 읽어나가면서 하나하나 외우기는 어렵고 해 일일이 노트한 것을 나 자신만 그 내용을 알고 있기 안타까운 바 있어 감히 번역으로 그 것을 알기 쉽게 초역抄譯해 보았다.

한낱 송구스러운 마음 금치 못하는 동시에, 강호 제현의 기탄없는 질정叱正을 갈구渴求하며, 역서에 대신한다.

1962년 4월 10일, 전영우 씀

그 후, 이 책은 2년 뒤, 1964년 5월 10일 재판再版을 발매發賣하여, 어느 정도 소기의 목적을 이룬 셈이 된다. 참으로 기쁘고 고마운 일이다. 이때부터 '화술'話術이란 용어가 날개 돋친 듯 시중 많은 사람 사이에 회자膾炙되었다.

029

『스피치개론』 출판

1964년 6월 5일 저자의 두 번째 책『스피치개론』이 문학사(사장 최응표) 출판으로 세상에 모습을 보였다.

저서로 첫 번째 책이다. '스피치' 타이틀을 붙이고 나오기는 이 책이 물론 우리나라에서 처음이다. 대학원 석사과정 마치고 2년 만에 내놓은 저서다.

시내 태평로 프레스센터에서 출판기념회를 가졌다. 국어국문학계 중진 학자들이 참석, 분에 넘치는 축사를 했다. 이숭녕李崇寧 박사, 전광용全光鏞 교수, 정한모鄭漢模 교수 등 여러분이 참석했다.

조윤제趙潤濟 박사는 '문화겸전文話兼全'이라 휘호揮毫한 글씨를 사모님 편에 보내 주시어 선생의 고마운 뜻에 저자는 감격한 나머지 여기서 두 글자를 뽑아 저자의 호를 문겸文兼이라 지었다.

『스피치개론』 머리말

인간의 언어생활을 백분율로 나눈다면 그 75퍼센트가 말하기 듣기 기능이라는 뉴욕대학 도로디 멀그래이브Dorothy Mulgrave 교수의 지적은 오늘 우리 음성언어音聲言語 생활에 대한 인식을 새롭게 해주고 있다.

한편, 매스 커뮤니케이션에서 배가되는 음성언어의 영향을 고려할 때 스피치 연구의 긴요성은 명약관화明若觀火한 사실이다.

이집트 파피루스papyrus에 기원을 두는 '스피치'는 고대 그리스와 로마를 거쳐 근세에 들어와 영국에서 발전적 학문의 추세를 시현示現해 주었고, 일층 고도한 학문적 체계는 20세기 미국에서 종합적으로 구체화되었다.

우리나라도 근자에 와 각 대학이 '스피치' 강좌의 효용성을 인정하고 있다. 먼저 연극영화과부터 국어국문학 및 영어영문학과까지 새 강좌 '스피치'가 차츰 빛을 보이고 있다. 지금까지 '스피치'라면 화술, 화법, 구현법口現法으로, 또는 대화, 연설, 토의, 토론, 회의법會議法 등으로 각각 나뉘어 다루어져 왔으나, 이를 종합한 학문적 체계 수립 시도가 우리에게 없었다.

필자는 이에 뜻한 바 있어 이 '스피치개론' 저술을 착수하게 된 것이다. 모름지기 사회생활의 인간발달은 우리 사회활동이 좌우하고 사회활동은 '스피치'가 그 방편이 되는 터요, 나아가 지도적 인격형성의 바탕에 꼭 갖추어야 할 자질資質이 '스피치' 능력이라 할 때 누구도 '스피치' 연구는 불가결不可缺한 분야라 하겠다.

그저 의식 무의식 간에 발언發言한다 해서 그 것이 곧 말이 될 수 있다 하면, 차라리 침묵이 금이 될 수 있다. 그러나 우리는 침묵만으로 현실적 사회생활을 도저히 지탱할 수 없다. 보다 효과적 의사소통이 우리에게 절실하기 때문이다.

'스피치' 효용성效用性은 이 점에도 있고, 가일층 발음법, 낭독법, 화법 등 '스피치'를 반드시 필수과목으로 학습해야 할 연극영화 배우, 방송 아나운서, 리포터, 기자, 탤런트, 성우, 각 분야 캐스터들에게 더 없이 중요한 효용성을 갖는다.

이 책은 이런 뜻에서 엮어진 저서로 일반교양에 기초를 두되, '스피치' 대학 교재로 쓸 수 있게 꾸몄다. 다만 '스피치' 연구 여명기黎明期에 서서 내놓는 책인 만큼 적이 걱정되고 송구스럽기 짝이 없다. 그러나 밀물 같은 '스피치' 연구에 대한 필자 열의熱意가 한 개 작은 결정結晶을 이루어낸 소산이라 자위한다.

이 방면의 정진을 더욱 보람 있게 해줄 여러분의 알뜰한 가르침이 크게 기다려질 뿐이다.

『동아일보』 문화면, '독서'란은 비교적 무게 있는 서평書評란이다. 먼저 독서란의 주지主旨를 그대로 옮겨 본다.

이 서평란은 신간서 중에서 각 부문 별로 선정, 각기 사계斯界에 조예造詣가 깊은 인사에게 서평을 의뢰해 만들었다. 평자評者 이름은 그때그때 밝히지 않고 수시로 일괄해서 발표한다. 오늘 자 서평을 제외한 금년 1월 이후 7월까지의 필자는 다음과 같다.

김동리金東里, 김준엽金俊燁, 김진만金鎭萬, 김형규金亨奎, 박권상朴權相, 박영준朴榮濬, 박종화朴鍾和, 백철白鐵, 안병욱安秉煜, 여석기呂石基, 이원수李元壽, 이홍직李弘稙, 최문환崔文煥, 피천득皮千得.

1964년 8월 12일자 『동아일보』 서평란에서 이 날 다루어진 신간은 김태길金泰吉 『윤리학』, 박화성朴花城 『눈보라의 운하』, 박연희朴淵禧 『방황』, 전영우全英雨 『스피치개론』 등이다. 그리고 담당 평자는 나와 있지 않다. 저자의 저서가 포함된 사실은 감동이다. '사계斯界의 한 입문서'라고 표제가 달린 서평을 원문 그대로 옮긴다.

매스 커뮤니케이션이 극도로 발달되어 가는 오늘날에 있어 음성언어의 전달과 이해는 날로 그 범위가 확대되어 가고 있으며, 모든 시민이 자기 생각을 정확하게 그리고 효과적으로 발표할 줄 아는 능력을 갖춘다는 것은 민주주의 발달을 보다 빨리 이룩할 수 있는 길이기도 하다.

이러한 세계적 추세가 우리나라에도 미침에 따라 우리나라에도 수년 전부터 미국식 스피치가 소개되기 시작했다. 이번에 나온 전영우 저 '스피치개론'도 그러한 입문서의 하나다.

전부 9장으로 나누어진 이 책에서 장점을 들자면, 필자가 국어과 교사였고, 또 현직 아나운서라는 경험을 살린 제4장 국어발음과 또 곳곳에서 예를 인용한 우리나라 말에 대한 구체적인 설명이다.

필자는 이 책을 일반교양을 위한 것뿐이 아니라 스피치 대학교재로도 쓸 수 있게 꾸몄다고 했는데 그 점에서는 다소 불만이 없지 않다. 제6장 '스피치 타입'을 좀 더 구체적으로 자세히 설명하고 이 장을 중심으로 해 여타 부분을 쌓아 올려야 할 것인데 그 점 기간서와 다를 바 없이 화법 요체를 평판으로 나열한 점이 없지 않고 따라서 책 전체의 짜임새가 좀 약하다.

미국 대학 스피치 및 연극은 학문적 인정을 받고 독립되어 있는 만큼 보다 더 깊고 전문적이다. 그 점 대학교재로서 이 책은 좀더 아카데믹해야 하겠다. 내용뿐만 아니라 서술 체제에서도 전후 통일을 가져야 하겠으며 가령 주요 인명에 생몰生沒 연대를 표시하는 일, 장말이나 권말에 참고 서목을 드는 일, 인덱스 index를 붙이는 일 등을 말한다.

제9장 스피치 연습은 하나의 앤솔로지anthology처럼 따로 독립시킬 것이 아니라 필요한 대목에 적절한 설명과 함께 삽입되었으면 좋았겠다. 또 개론서인 이상 연극演劇에 대해서도 따로 언급이 있어야 할 것이다.

그러나 한국인을 위해 한국인에 의해 한국 스피치교육이 발전되어야 하는 이 마당에서 진일보進一步한 역저力著이며 현재로는 스피치를 알고자 하는 분들에게 이 책을 권할 만하다

평자 미상, 문학사 발행

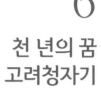

6

천 년의 꿈
고려청자기

030

박종화 선생과의 만남

청자부靑磁賦

박종화

선은
가냘픈 푸른 선은
아리땁게 굴러
보살같이 아담하고
날씬한 어깨여
4월 훈풍에 제비 한 마리
방금 물을 박차 바람을 끊는다.

그러나 이것은

천 년의 꿈 고려청자기!

빛깔 오호 빛깔!
살포시 음영을 던진 갸륵한 빛깔아
조촐하고 깨끗한 비취여
가을 소나기 막 지나간
구멍 뚫린 가을 하늘 한 조각
물방울 뚝뚝 서리어
곧 흰 구름장 이는 듯하다.

그러나 오호 이것은
천 년 묵은 고려청자기!

술병, 물병, 바리, 사발
향로, 향합, 필통, 연적
화병, 장고, 술잔, 베개
흙이면서 옥이더라.

구름 무늬 물결 무늬
구슬 무늬 칠보 무늬
꽃무늬 백 학 무늬
보상화문寶相華紋 불타佛陀 무늬
토공이요 화가더라

진흙 속 조각가다.

그러나, 이것은
천 년의 꿈, 고려청자기!

「청자부青磁賦」는 1940년 6월『조광朝光』에 실린 시詩요, 고려청자의 신묘하고 정교한 솜씨를 찬양한 작품이고, 월탄月灘 박종화朴鍾和 선생 작품이다. 선생은 '백조白潮' 동인이었다. 선생은 시 동인지『장미촌薔薇村』을 통해 시를 쓰기 시작했다.

선생은 시집詩集으로 1924년『흑방비곡黑房悲曲』이 있고, 또『청자부』가 있다. 시인이요 소설가인 월탄 선생은 소설로『금삼錦衫의 피』,『다정불심多情佛心』,『대춘부待春賦』,『임진왜란壬辰倭亂』,『여인 천하』,『민족』,『여명』등을 냈고, 수필집으로『청태집靑苔集』이 있다. 월탄 선생 작품은 그 후 극작가劇作家들에 의해 자주 극화劇化되었다.

박종화朴鍾和, 1901~1981 선생은 1920년 휘문의숙徽文義塾을 졸업했다. 1946년 동국대 교수, 1947년 연세대 교수, 1947~70년 성균관대 교수를 지내는 한편, 1949년 서울신문사장, 문총文總과 예총藝總 초대 회장, 1954년 예술원 종신회원(소설), 1964~70년 문협文協 이사장, 1965년 '월탄 문학상' 제정, 1970년 통일원 고문, 1980년 국정자문위원 등을 지냈다.

선생에게 저자는 '현대문학'을 수강했다. 전 성균관관장 최근덕崔根德 박사와 함께 충신동 자택으로 선생을 뵈러 간 적이 있다.

둘이 의논 끝에 청주 두 병을 사 갔는데 한낮임에도 불구하고 사랑채에 떡 벌어지게 한 상 술상이 차려져 나왔다. 일반 어염집 잔칫상을 방불케 한다.

두 제자에게 손수 일일이 술잔에 술을 부어 주시어 저자가 이번에 선생님께 제가 술잔을 올리겠다고 말씀 드리자마자

"참, 전군은 성북동 댁이야 아니면 효자동 댁이야?"

"네! 저의 집은 효자동입니다."

"그러면 성북동 전형필 씨하고 어떻게 되는 관계야?"

"네, 그분은 저의 삼종숙입니다."

"그러면 나에게 아저씨라고 불러! 전형필 씨가 나와 내외종간이야!"

저자는 곧 선생님에게 아저씨 호칭을 쓰기 시작했다. 빙허憑虛 현진건玄鎭健 선생 따님이 월탄 선생 며느님이다.

석계石溪 이명구李明九 교수는 저자와 한 동네 살던 분이고 친구 형님이라 일층 가까운 느낌이다. 일제 말기에만 해도 경성제대 예과학생으로 예과 모자에 검은 망토 두른 모습이 나이 어린 학생들에게 무척 선망의 대상이었다.

마침 국문학 전공으로 성대 국문과 교수라, 개인적으로 저자는 매우 반가웠고, 교수님도 저자를 무척 반겼다. '고려가요' 강의 시간인데, 노랫말을 놓고 토의할 때, 저자가 이명구 교수에게 의견 제시로 서울음대 국악과 이혜구李惠求 교수가 지은 「한국 음악 연구」 논문에 고려가요 음악 부분이 나와 있다고 보고하니, 그 책을 당신은 못 봤다고 하며 저자의 책을 빌려 본 뒤 잘 봤다고 돌려준 적이 있지만, 조금도 기분 나쁜 기색을 하지 않는다. 신사다운 면모가 뚜렷한 인상이 지금껏 저자에게 남아 있다.

석사 수료 후, 만나 본 적이 별로 없어 저자가 구실을 다하지 못한 점 아쉽다.

만당晚堂 이혜구李惠求, 1909~2010 박사는 초기 방송국 아나운서로 잠깐 근무한 바 있다. 1931년 경성제대 영문과를 졸업한 후, 1959년 서울대에서 문학박사학위를 받았다.

선생은 1945년 중앙방송국장, 1947~74년 서울대 음대 국악과 교수, 1954~82년 한국국악학회 회장, 1970~74년 서울대 음대 학장, 1974년 서울대 명예교수, 1975~81년 예술원 회원(국악), 1981~88년 예술원 원로 회원 등을 지냈고, 상훈으로는 예술원상, 3 · 1문화상, 보관 문화훈장 등이 있다. 저서로는 『한국음악연구』, 『한국음악서설』, 『한국악기도록』, 『한국 음악논집』 등이 있고, 번역서는 『악학궤범樂學軌範』이 있다.

031

성균관대 대학원 문학석사논문 얼개

2년간 석사과정 24학점을 모두 확보한 뒤, 한 학기를 논문학기로 설정, 논문 준비와 구상 그리고 집필에 들어갔다. 주제는 이미 '스피치'로 확정했으나 막상 논문을 착수하니 무엇을 써야 할지 갈피를 잡을 수 없다. 이 무렵 저자 머리를 스쳐 지나간 생각이 수없이 많다. 좌고우면左顧右眄 끝에 스피치가 유럽학문인 만큼 서양 스피치 교육사로 대상 범위를 우선 좁히기로 했다.

모름지기 학문의 출발은 역사적 연구요, 학문의 종결은 철학적 연구일 것이라는 전제前提 하에 논문 구상을 시작했다. 이때 큰 도움을 받은 것이 바로 국제스피치학회 연구논문들이다. 여기서 학회의 논문 내용과 연구 동향 파악이 가능했고, 계획안의 확실한 초안이 성안되었다.

아무래도 스피치가 유럽 학문이므로 유럽 교육사를 개관하기로 하고, 여기서 스피치 교육 부분만 간추리니 한 편 논문 구상이 끝난다. 실험이나 조사연구는 아니고 문헌연구로 연구방법을 제한했다. 각종 자료수집과 연구

카드 작성으로 기본 틀을 굳히고, 교육학 전공 동학들에게 조언을 구하니 의외로 발전적인 좋은 아이디어가 많이 모였다. 그 가운데 사범대 동문 민윤기閔潤基 선생의 도움이 컸다.

「스피치 교육의 사적史的 진전進展 소고小考」라고 논문 제목을 결정하고,

1장. 논문의 목적目的
    1절 스피치 연구의 필요성
    2절 통시적通時的 및 공시共時的 스피치 고찰
    3절 문제問題의 발견

2장. 스피치 개요概要
    1절 스피치 개요
    2절 인간의 삶과 스피치

3장. 유럽 스피치 교육의 역사적歷史的 진전進展
    1절 고대 '이집트'의 화법교육
    2절 '그리스' 문화와 화법교육
    3절 '로마' 문화와 화법교육
    4절 '영국'의 화법교육
    5절 '미국'의 화법교육

4장. 전망展望
    1절 Ampex녹음기를 이용한 K고교생의 구현口現능력 측정測定 분석에

이렇게 대략적인 얼개를 짰다. 그리고 석사논문을 작성했다.

'유럽 스피치 교육사'로 석사논문을 썼지만, 아마 우리나라에서 저자의 이 논문이 처음 쓴 '스피치' 분야 논문일 것이라는 데 자부심을 갖는다. 한편, '화법학회話法學會'가 발족된 지 벌써 20년, 스피치 또는 화법 분야 논문이 질도 좋아졌고, 양도 많아져 학계와 교육계의 비상한 관심을 모으고 있다. 우리나라 '화법학계'를 위해 매우 고무적인 현상이라 본다.

032

중앙대 대학원 박사과정 입학(국어학 전공)

사람이 말 타면 경마 잡고 싶다고, 학문 연구의 길에 더 한층 불이 붙기 시작한다. 석사논문 심사 때 석사과정은 유럽 부분을 했으니 앞으로 박사과정은 우리나라 부분을 하면 좋을 것이라는 심사위원 세 분의 한결같은 종용慫慂이 더 자극을 준다.

방송국에 들어가자 직면한 당면문제가 왜 아직 우리나라에 '발음사전'이 없을까? '국어교육' 전공의 저자가 꼭 이루어내야 할 과업이 바로 이것이 아닌가 생각한 나머지, 우리 학계에서 '음성학音聲學' 전공 학자는 누구일까? 하고 탐문探問 끝에 김선기 교수와 정인섭 교수 두 분을 찾아냈다.

김선기金善琪, 1907~1992 교수는 국어학자로, 1930년 연희전문학교 문과를 졸업하고, 1937년 영국 런던대학 졸업 후, 1952년 미국 코넬대학 펠로우fellow를 거친다. 선생은 1938~50년 연전·연대 교수, 1950~55년 서울대 문리대 언어학과 교수, 1958~60년 문교부차관, 1964년 한글학회 이사,

1967~73년 명지대학 대학원장, 1973년 명지대 명예교수, 1981년 명지대 초빙교수를 지냈다. 저서에 『한국어 음성학』, 『향가연구』 등이 있고 상훈은 대통령 표창이 있다.

정인섭鄭寅燮, 1905~1983 교수는 영문학자다. 선생은 1926년 일본 와세다早稻田 대학 영문과를 졸업, 1953년 영국 런던대학 대학원 수료 후, 연희전문학교 교수, 1946년 중앙대 교수, 1950년 영국 런던대학 교수, 1956년 서울대 대우교수, 1957년 중앙대 대학원장, 중앙대에서 문학박사학위를 받았다. 1956년 펜클럽 한국본부 위원장, 1965년 셰익스피어학회 이사, 1966년 국제연극협회 부위원장, 1969년 한국 외국어대 대학원장 등을 역임했다. 저서는 『세계문학 산고散考』 등이 있다.

저자는 1962년 성균관대成均館大서 석사학위를 받은 지 2년 후, 1964년 중앙대 대학원 박사과정 국어학國語學 전공 입시를 보게 된다.

필기시험을 볼 때, 대니얼 존스Daniel Jones의 기본 모음도母音圖를 그리고 설명하라는 문제가 나오고, 또 아이 피 에이(IPA, 국제음성기호)에 대하여 아는 바를 쓰라는 문제, 그리고 또 하나는 한글 자모 가운데 탈락된 네 글자에 대하여 아는 바를 쓰라는 것이다.

모두 아는 내용이므로 침착하게 소정시간 내에 답안 작성을 완료하고 시험장을 홀가분한 마음으로 빠져나왔다. 영어와 제2 외국어도 잘 치르고 시험을 마무리했다.

면접시험 때 정인섭 박사가 저자의 석사논문 내용을 묻고, 장차 박사논문은 무엇을 쓸 것인가 물어, 석사 때 심사위원 권고 사항인 '한국 근대 토론사討論史 연구'라고 말씀 드리니 바로 그것이 '스피치'라고 하며, 그 주제를 당신께 배워야 할 것이라 했다. 그래서 교수님께 배울 목적으로 중대에 오게 되었다고 말씀 드리니, 알겠다 말씀하고 저자의 면접을 끝낸다.

며칠 뒤 방榜을 보니, 박사과정 국어학 전공 합격자가 저자 하나다. 박사로 향하는 첫걸음이다. 인사차 총장실로 가 임영신任永信 총장께 고맙다는 인사를 드리니, 즉각 학비 문제를 꺼내며 현재 봉급생활로 대학원 등록금 대기가 어려울 것이라며 걱정부터 해준다.

그러더니 즉석에서 대학원 입학금 및 등록금 일체를 총장장학금으로 충당할 것이니 학비 걱정하지 말고 박사과정 연구만 열심히 하라는 당부 말씀이다. 이 이상 반갑고 고마운 말씀이 어디 있을까?

이제부터 모든 일은 저자 하기에 달린 것이다. 이때 옆에서 조용히 저자를 도와준 분이 바로 정치학과 교수 이달순李達淳 박사(후에 수원대 학장)다.

박사과정 전임교수는 대학원장 정인섭 박사 외에, 현대문학의 백철 박사, 고전 국문학 양재연 박사, 국어학 남광우 박사 등 네 분이다.

백철白鐵, 1908~1985 박사는 문학평론가다. 선생은 1931년 일본 도쿄고등사범학교를 졸업하고, 1963년 중앙대에서 명예 문학박사학위를 받았다. 1939년 매일신보사 문화부장, 1949년 동국대 교수, 1952년 서울대 대우교수, 1955~73년 중앙대 교수를 거쳐 1971~73년 중앙대 대학원장, 1983년 문학평론가협회 명예회장 등을 지냈다. 저서로는 『국문학전사』, 『신문학사조사』, 『문학론』, 『한국문학의 이론』, 『진리와 현실』 등이 있고, 상훈으로는 예술원상, 국민훈장 모란장, 서울시문화상, 3·1문화상 등이 있다.

사범대 재학 중 선생의 『신문학사조사』는 이미 읽었지만 또 직접 배울 수 있게 되니 더욱 기쁘다. 저자는 국어학 전공이지만 문학 소양도 전공 못지 않게 중요하게 여겼다. 이때 국문학 고전은 양재연梁在淵 박사 강의를 들었다.

사대에서 선생 수업을 이미 들었으므로 박사과정이 그렇게 생소하지 않왔다. 그리고 수강생은 박사과정은 물론 석사과정도 함께 합동으로 수강하게 되어 있어 연구 분위기도 매우 진지한 편이었다.

정인섭 선생은 '음성학'과 '미국방언학'까지 폭 넓게 가르쳐 주는데, 이를테면 린든 존슨L. Johnson 미국 대통령 방한 시, 그가 당시 김현옥 서울시장을 호칭할 때 "메이어Mayor 기엄"이라 하던 일을 실례로 들어, 미국 남부방언의 특징이라 설명하는 순간 저자는 감탄이 저절로 나왔다.

보통 '김'인데 이중모음으로 소리 내어 '기엄'이라 한다고 지적할 때, 학문하는 묘미를 맛볼 수 있었다. 정인섭 선생이 "우리말 악센트는 '피치pitch' 악센트"라 주장한 논문의 요지도 잊기 어렵다. 정인섭 교수의 해박한 어문 지식을 무엇이라 꼬집어 말하기 어렵지만 이 분의 학문을 주제로 하는 논문이 향후 꼭 나오리라 확신한다.

난정 남광우 선생

남광우 교수는 '어휘 변천사'를 강의했다. 『고어사전古語辭典』을 일찍 세상에 내놓아, 이론 전개 시 주장을 방증할 때 예증을 수없이 제시해, 추호도 반대 주장의 여지를 남기지 않는다. 수업에 신명이 나면 흥이 저절로 일어 수업 분위기가 자연스럽게 활기를 띠었다. 바꿔 말하면, 준비가 완벽하여 자신에 차 하는 수업이므로 누구도 감히 선생 주장에 의문을 제기할 수 없을 뿐 아니라 오히려 숨죽여 듣기에 바쁘다.

원생이 과제를 발표할 때 일단 조용히 경청한 후, 차분하게 수정할 부분을 지적해 준다. 기억력이 대단히 좋고, 언어 현상의 분석 감각이 뛰어나다. 학문하심에 아이디어가 백출했다. 그중 '국한國漢 병용 문자 운동'에 대한 열정은 난대 이응백 박사와 난형난제難兄難弟라 해도 지나치지 않을 것이다.

난정蘭汀 남광우南廣祐, 1920~1997 박사는 1938년 대구사범학교를 졸업하고, 1950년 서울대 문리대 국어국문학과를 졸업한 후, 1969년 중앙대 대학원에서 문학박사학위를 취득했다. 이때 학위논문 제목은 「조선 한자음 연구」다. 저서로는 『고어사전』, 『국어학 논문집』, 『동국정운東國正韻식 한자음 연구』, 『한국어의 발음연구』, 『고금 한한漢韓 자전』, 그리고 수상집隨想集으로는 『살 맛이 있다』, 『정情』 등이 있다.

상훈은 3·1문화상, 국민훈장 모란장, 서울시문화상, 5·16민족상, 학술원상 등이 있다. 학술 단체 경력은 국어학회 이사장, 한국어문교육연구회 회장, 한국어문회韓國語文會 이사장 등을 역임했다.

남광우 교수는 1954~56년 경북대 조교수, 1956~63년 중앙대 부교수, 1963~73년 중앙대 교수, 1973~85년 인하대 교육대학원장, 1985~97년 인하대 명예교수, 1988~95년 수원대 대우교수 등을 역임했다.

수원대水原大 계실 때 7년간 저자도 함께 국어국문학과에서 교편을 잡았다. 남교수는 특히 '국한國漢 병용 문자 운동'에 남 다른 열정을 가지고 교육, 저술, 문화운동 등에 심혈을 기울였다. 종종 저자에게 이 운동에 적극 참여할 것을 종용했으나 허웅許雄 박사를 사사하는 처지임을 말씀 드리면 잘 알겠다고 했지만 내심 서운해 하는 표정을 보이곤 했다. 그때마다 저자의 운신運身이 매우 어려웠음을 여기 기록하며 두 분 선생께 고마운 뜻을 표한다.

1998년 난정 남광우 박사 추모 문집 『난정의 삶과 학문』이 한국어문교육연구회 편찬으로 월인출판사에서 나왔다. 여기 수록된 저자의 글 일부를 붙인다.

남광우南廣祐 선생 1주기週忌에 부쳐

조간을 펴 들고 기사의 헤드라인을 읽다가 문득 부음을 보니 뜻밖에 난정 선생의 타계를 알려 준다. 놀라운 일이다. 바로 그날 오후, 삼성의료원을 찾아 선생의 영정 앞에 서서 잠시 묵념한 후, 향을 피워 향로에 꽂고 머리 숙여 재배하며, 선생의 명복을 빌었다.

각계에서 보내온 조화가 방안 가득하다. 향년 78세를 일기로 타계하신 것이다. 조객을 맞아 음료를 대접하는 조객맞이 공간이 매우 넓다. 그리고 정갈하다. 사위 윤홍로尹弘老 전 단국대 총장이 그의 손위 동서와 함께 조문객을 맞이하고 있다.

상주가, 그동안 병원에 오래 입원해 계시면서도 중국 베이징에서 개최된 한중일 삼국대표가 참가한 동방문화 학술 세미나에, 계속 관심을 보이며 한자문화 관련 논문을 집필 중이셨다고, 선생의 최근 동정을 들려준다.

수원대 대학원 교수로 재직하실 때(1988~1995), 한번은 잠실 현대아산 중앙의료원, 또 한 번은 서울대 부속병원에 입원 치료를 받으신 적이 있어 그때마다 기별을 듣고 환후患候 문안을 드린 경우가 있는데, 이번엔 전혀 근황을 모르다가 부음을 접하게 되니 자못 송구한 마음 감출 길 없다. 난정 선생 생전에 환후 문안드리지 못한 점 못내 아쉽기만 하다.

수원대 계실 때, 학기가 끝날 무렵이면 으레 한 차례 선생을 좌장으로 모시고 국어국문학과 교수 일동이 회식 자리를 마련하곤 했다. 신사동 강릉집, 을지로 3가 안동장, 안국동 이모집 등을 자주 들렀다. 그때마다 맥주를 선호하시는 편이나 이따금 술의 청탁을 가리지 않으셨다.

화제는 대체로 한자교육 문제가 주종을 이루는데 설령 좌중의 한 참석자가 새로 화제를 바꿔 놓아도 난정 선생에 의해 화제는 다시 오뚝이처럼 원상으로 되돌려진다. '한자교육漢字敎育'은 초등학교 때부터 실시해야 한다는 평소 선생의 지론이 마침내 실현되어 초등학교 국어 교과서를 선생이 직접 국한병용으로 편찬 간행한 사실이 머리에 새삼 떠오른다.

한다고 하면 하시고, 보인다고 하면 보이시는 언행일치의 면목이 뚜렷하다. 한국어문회 이사장, 한국어문교육연구회장, 한국한자능력검정회장 등의 직함이 선생의 굳은 의지를 실감나게 표현해 준다. 수원대水原大 한자漢字교육원이 설치된 배경도 실은 선생의 영향이요, 국어국문학과 학생이면 누구나 한자능력검정시험을 꼭 보도록 하는 관례가 생긴 것도 선생의 영향이다.

수원대 대학원 국어학 전공 원생들은 선생의 엄격한 논문심사를 받아야 비로소 학위를 받을 수 있었는데 사은의 자리에 앉으시면 꼭 격려와 위로의 말을 따뜻하게 해 주시며 저간의 엄격한 심사가 장차 좋은 평가를 학계에서 받게 하는 결과가 될 것이라고 원생들을 자상하게 타이르시는 정경을 필자는 자주 목격했다.

호쾌한 웃음, 호쾌한 음성, 호쾌한 입담, 호쾌한 노래, 아마 이 같은 인상을 받지 않은 측근은 아무도 없을 것이다. 주흥이 쌓이면 애창곡이 메들리로 이어진다. 어깨 동작과 함께 어울려지는 팔놀림이 어쩌면 춤사위를 방불케 한다. 인기 있는 유행가요를 신명 나게 부르시는데 창법은 마치 가곡을 부르는 클래식 가수와 같다.

선생을 뵐 적마다 신바람 건강법을 떠올리게 된다. 어느 대학교수가 주장하기를 잘 웃고 기분 좋게 사는 방법이 바로 장수의 비법이라 했는데, 난정 선생이야말로 웃음으로 특징지을 만큼 호쾌하게 웃으며 사셨다. 그렇다면 신바람 건강법에 선뜻 수긍이 가지 않는다.

난정 선생은 너끈히 팔순을 넘기시리라 예상했기 때문이다. 선생의 웃음소리가 터지면 좌중은 덩달아 웃음보를 터뜨리고 화기가 방안 가득 감돈다. 선생 의견에 반대하거나 혹 비판하는 소리가 나오면 선생은 한층 더 크게 웃음을 터뜨리신다. 새삼 한 옥타브를 높여 평소 주장을 반복 수사법으로 강조하시고 당연히 "누구라도 좋으니 덤비려면 덤벼 봐!" 하고 대갈일성이시다. 그만큼 당신 주장이 확고부동한 것임을 안팎으로 천명함에 아무 거리낌이 없으셨다.

난정 남광우 박사의 연구업적을 살펴보면, 저서 단행본이 15권, 교재가 12권, 연구논문이 80여 편에 달한다. 초인적 기록을 남긴 것으로 평가한다. 과연 한 가지 일을 위해 태어나 한 가지 일을 위해 살아오신 생애를 단번에 알 수 있다. 그리고 건강으로 젊고, 기개로 젊고, 박력으로 젊다고, 난정의 면모를 말씀한 일석 이희승李熙昇 선생 표현에 필자도 공감 점두點頭하지 않을 수 없다.

학부 때 들었지만, 이 박사과정에서도 이숭녕李崇寧 박사 강의를 들을 수 있어 좋다. 선생은 경복고등학교 1회 졸업생으로 저자가 28회이니 부모님과 같은 연세이다. 우리나라 국어학회 창립 기념으로 선생이 대구에 내려가 그곳에 '표준어교육원' 설치 문제를 논의하려 했을 때, 저자도 수행하게 해 지금껏 은혜로운 일로 마음에 새기고 있다.

시간으로 초빙되어 나오신 건재健齋 정인승鄭寅承, 1897~1987 박사 강의가 있어 보람이 더 크다. '우리말본'을 배웠다. 외솔 선생에 이어 두 번째이니 '말본'에 대한 저자의 연구는 일층 진지해졌다.

선생은 일찍 연희전문학교 문과를 졸업하고, 1962년 중앙대에서 문학박사학위를 받았다. 그리고 66년 학술원 회원이 되었다. 일찍 『한글학회』 간행, 『큰 사전』 편찬 주간에 이어 한글학회 이사를 하고, 한때, '조선어학회' 사건으로 피검, 일제 치하 함흥형무소에 수감되어 옥고를 치르기도 한다.

중앙대 교수, 전북대 총장을 역임한 건재 선생은 저서에, 『한국어대사전』 편찬 외에, 『중등말본』, 『한글문답』 등이 있다. 문교부 주관 '국어조사연구회' 標準語 사정 분과위 당시, 국어학계 인사가 여러분 참여한 중 정인승鄭寅承

박사와 허웅許雄 박사가 보이는데, 저자도 초청되어 말석을 차지한 경우가 있다. 그 일이 1970년이니 벌써 50년이 경과했다.

중앙대 대학원 박사과정 국어학 전공 소정의 36학점을 모두 이수한 저자는 순조롭게 연구를 계속하던 중 뜻하지 않게 난관에 봉착한다. 전공 지도교수 정인섭 박사가 중대 교수직을 갑자기 사임하고 한국 외국어대 대학원장으로 자리를 옮겼기 때문이다.

저자는 매우 난감했다. 한참 뒤 지도교수는 저자 입장을 딱하게 생각하고, 대학원을 옮겨 보면 어떤가 하기에 임영신 총장 호의를 저버릴 수 없다고 말씀 드렸다. 시간만 소비하고 마침내 박사과정 입학 10년이 지나자, 저자는 뜻하지 않게 학위 취득 자격 실효의 고배를 마시기에 이른다.

034

성신여대 대학원, 박사과정 입학

저자의 수원대학교 교수 시절, 성신여대 이길표李吉杓 교수 내방을 받고 이 얘기 저 얘기 하던 중 학위문제가 나와 아직 못했다고 하니, 그러면 성신誠信 여대에서 하라기에 몇 가지 사항을 알아보는 중, 마침 박사과정이 국어국문학과는 첫 회로 '남녀공학'이라고 귀띔해 준다.

미리 약속 받고 돈암동 약속 장소로 나가니 학과장 시인 이성교李姓教 교수가 반갑게 맞아 준다. 박사과정 응모의 용건을 놓고 상담 끝내자 저자는 곧 입학 수속에 들어갔다. 말하자면 저자의 박사과정 재수인 셈이다. 소정시험을 거쳐 입학을 허락 받았다. 당시 대학원장은 전상운全相運 박사다. 이 분의 따뜻한 격려를 잊을 수 없다.

이미 중대에서 박사과정을 수료해 이수학점 가운데 3분의 1을 인정받아 24학점 이수 목표로 재수에 들어갔다. 배윤덕裵潤德 박사를 지도교수로 하고 국어학 전공 박사과정을 또 다시 새롭게 시작했다.

국어국문학과에 국문학 전공 한영환韓榮煥 박사, 이성교 박사 등이 보이고, 국어학 전공 배윤덕 박사, 김명희金明姬 박사 등이 보인다. 그리고 외래교수는 당시 한글학회 대표 허웅許雄 박사와 연세대 문효근文孝根 박사 김석득金錫得 박사 등이 보인다. 우선 학교 분위기가 새롭고 새 학풍의 교수님들을 만날 수 있어 저자에게 모든 학사 일정이 설렘으로 느껴졌다.

그러나 저자에게 다가온 난사難事가 그때마다 잘 풀릴 수 있던 것은 오로지 전공 지도교수 배윤덕 박사와 국어학 전공 교수 김명희 박사의 각별한 지도와 이성교 박사 및 한영환 총장의 특별한 배려라 회고할 때, 저자는 다만 교수님들께 감사의 고개를 숙일 뿐이다. 박사논문 최종심에서 허웅 심사위원장이 그 희귀한 자료를 어디서 어떻게 찾았느냐고 할 때 잠깐 눈시울 적시던 일을 저자는 아마 오래 잊지 못할 것이다.

'근대 국어토론에 관한 사적史的 연구', 바꾸어 말하면 「한국 근대 토론사討論史 연구」가 저자의 박사학위 논문 타이틀이다. 이때 주심主審은 허웅 박사, 심사위원은 박붕배 박사, 이응호李應鎬 박사, 배윤덕 박사, 김명희 박사 등이다.

심사위원장이 내용 좋으니 곧 단행본으로 출판하는 것이 어떻겠냐고 할 때 분에 넘치는 일로 생각했다. 그리고 허웅 박사는 "전 박사! 축하해요" 하고 격려도 잊지 않았다.

이에 앞서 학위논문 작성 시 인문과학 분야이므로 실험연구 및 조사연구는 불가능할 것이고, 아무래도 문헌연구 쪽으로 방향을 잡을 수밖에 없었다. 그렇다면 아직 알려진 바 없는 희귀 자료를 찾는 길이 저자로서 최우선 과제라 판단했다.

우리나라 최근세 자료가 서대문 소재 한국연구도서관과 신촌 연세대 도서관에 많을 것이란 주변의 조언을 듣고, 먼저 연구도서관에 들러 자료를 찾으니 과거 독립협회 『독립신문』이 있다. 뿐만 아니라 『협성회協成會 회보』도 있고 『황성신문皇城新聞』 등도 찾을 수 있었다. 얼마나 다행인가.

때마침 신문 보도에 따르면, 서재필徐載弼 선생 유족이 선생 유품을 천안 독립기념관에 기증한 바, 그 가운데 '독립협회 토론회 규칙'이 포함되어 있다 해서 저자는 뛸 듯이 기쁠 수밖에.

연세대 도서관에 '협성회 회칙'이 있음도 확인할 수 있었다. 또 헨리 로버트Henry Robert '만국회의 통상규칙'을 찾고, 이를 간추려 번역한 윤치호尹致昊의 의회통용議會通用 규칙도 찾을 수 있었다. 학문 연구를 위해 발품을 판다는 말이 이때처럼 실감날 수 없다. 이재철 박사의 도움이 컸다.

협성회 및 독립협회 활동의 영향 평가를 위해 꼭 필요한 것이 '구한말 법령法令 자료집'일 텐데, 이 자료집도 영인본影印本이나마 구할 수 있어 다행임은 물론이다. 이때 고려대 차석기車錫基 박사 도움이 컸다.

지금은 지나간 과거이지만 이처럼 귀한 자료들을 수집 입수할 수 있던 일은 저자에게 더 없는 행운이었다. 문헌文獻 연구에서 희귀 자료를 찾는다는 일이 얼마나 중요한가는 재론의 여지가 없다. 이른바 사실 팩트fact를 보지 않고 어찌 자기 학설(가설)을 떳떳이 입증할 수 있을까? 사실 확인은 그래서 중요하다는 것이 아닐까?

시인 이성교 교수의 현대문학 강의를 매우 뜻깊게 들었다. 사대 동기 김충기金忠基 교장이 대학 재학 중 현대문학 동아리 멤버라고 오래 전 인사 시킨 일이 있어 친숙감을 가지고 있던 터라 이성교 교수 강의는 마음에 가까이 다가온다. 대학원 원우들이 함께 수강하는 자리, 감성과 지성이 잘 조화된 강의와 토의는 부드러우며 에리한 작품 분석이 특히 관심을 끈다. 성신여대 대학원 국어국문학과 학과장일 때, 첫 교수 접촉이 이 교수로 말미암아 시작되었지만 부드럽고 온화한 인상을 잊지 못한다.

수원대 이규식李圭植 교수 따라 여의도 순복음교회 로고스회에 저자가 출석한 때 마침 연세대 홍웅선洪雄善 교수와 성신여대 이성교 교수가 보여 반가웠던 일도 잊지 못한다. 1964년 6월 9일 불의의 교통사고로 유명을 달리한 시인의 따님 선미를 위해 자장가를 지어 준 아버지, 이성교 교수의 애 끓는 시 한 편을 여기 붙인다.

밤비

이성교

아아 내 가슴에
떨어진 유성아.
밤비는
너의 울음이었다.

땅이 움직여도,
산에 돌이 떨어져도
네가 온통
이 세상에
많은 것 같구나.

내 가슴에 묻혀 있는

너의 무덤에
해마다 무슨 꽃으로
피워 주련.

술을 먹어도,
술을 먹어도,
취하지 않는 밤.
밤비는 한잔 술에 운다.

아빠가 태워 준
창경원의 비행기.
이 밤에도 찬비 맞고
빙빙 돌겠지.

이제 와
머리에 뒷짐 인
옛날을 말하지 않으련다.

멀리 흰 나비 한 마리
훨훨 강을
건너고 있는데,
이리도 내 가슴에
천둥이 치랴.

이성교 교수는 1984년 중앙대 대학원 국문학과 박사과정을 마치고 문학 박사학위를 받았다. 선생은 1960년 성신여고 교사를 시작으로 1968~81년 성신여대 조교수, 부교수, 1974년 국제펜클럽 한국본부 이사, 1977년 시인협회 사무국장, 1981~97년 성신여대 국문학과 교수, 1988년 인문대학장, 1992년 일본 히로시마대학 교환교수, 1995~97년 교육대학원장 겸 정보산업대학원장 등을 지냈다.

저서로는 『현대시의 모색』, 『한국현대시연구』, 『한국현대시인연구』 등이 있고, 시집으로는 『산음가山吟歌』, 『겨울바다』, 『보리 필 무렵』, 『눈 온 날 저녁』, 『남행 길』, 『강원도 바람』, 『동해안』, 시 선집으로는 『대관령을 넘으며』 그리고 수필집으로는 『영혼의 닻』, 『구름 속에 떠오르는 영상』 등이 있다.

7
자신의 꿈을
실현한 삶

035

김충기 교장 정년 송공사

자신의 꿈을 실현한 삶

김충기 교장 선생!

세월의 빠름을 새삼 얘기해 무엇하겠습니까? 1957년 대학을 졸업하고 40여 년 세월을 교단에서 차세대 국민 교육에 몸바쳐 일해온 김 교장이 이제 65세 정년을 맞이하였습니다. 우선 나는 김 교장의 정년을 진심으로 축하합니다. 정년을 어찌 축하할 일이냐고 반문하는 이가 없지 않겠으나 나는 축하를 보냅니다.

교육에 뜻을 두고 교육계에 투신하였다가 이런저런 사정으로 중도에서 포기하는 이가 많고 외길 한평생 오로지 교육의 일터에서 헌신 노력하는 이가 적기 때문입니다. 더구나 IMF 시대에 조직의 구조 조정으로 인하여 본의 아니게 직장을 그만 두는 이가 많은 요즈음, 자기가 선택한 천직 교육의 일선에서 자기의 뜻을 펼 만큼 펴보고 이제 법정 연한이 차 정년퇴임을 하게 되니 얼마나 행복하고 보람찬 인생입니까?

김충기 교장 선생!

1957년 서울 청운중학교에서 교식을 시작하여 현재 중암중학교 교장으로 재직하기까지 자그마치 41년 6개월의 교직 경력을 쌓고 정년을 맞이하였습니다. 그동안 평교사, 주임교사, 재외국민교육원 교육연구사, 그리고 주일 한국대사관 파견 장학사, 후에 귀국하여 상신중학교 교감과 선린중학교 교장을 거쳐 중암중학교 교장에 이르기까지 김교장은 화려한 영전을 거듭하였습니다.

같은 교육계라 하더라도 한 자리에 연연하지 않고 꾸준히 발전의 길을 모색하여 마침내 교사라면 누구나 선망하는 교장직에 이르렀습니다.

누가 보아도 마른 체구에 연약해 보이는 인상이지만 의지 하나만큼 누구 못지않게 강한 일면을 지니고 있어 장차 자기 몫은 착실하게 일구어낼 것이라 일찍 짐작한 바 있는데 오늘에 와서 보니 과연 그렇구나 하는 감탄이 저절로 나옵니다.

김 교장과의 첫 만남은 서울대 사범대 국어교육과 입학 때부터이니 어언 간 45년여의 시간이 줄달음질치며 지나갔습니다. 대학시절 계동 중앙중학교 앞에 살던 김 교장 댁을 방문하면 서재방 3면의 벽에 세워진 책꽂이에 빽빽하게 꽂혀 있는 신간 내지 고서의 더미가 나에게 큰 감동으로 다가왔던 사실을 지금껏 내 머리에서 지울 수 없습니다. 그 가운데서도 전공 및 교양 분야의 일본 서적이 나를 압도하였습니다.

이에 자극되어 한동안 안국동, 충무로, 청계천, 아현동 등 시내 고서적 상가를 배회하며 서투른 모방에 열을 올리던 내 모습이 부끄럽기만 합니다.

김충기, 김경식, 박정남 그리고 나와 넷이서 자주 어울려 다니며 꿈 많던 젊은 시절 지난 일이 문득 눈앞에 어른거립니다. 사대 1학년 겨울 방학 때 셋이서 안성행 시외버스에 올라타 보개면 북좌리 박정남 댁을 찾던 일, 안성 읍내에서 맑은 약주를 마시며 시간 가는 줄 모르고 번갈아 기염을 토하던 일, 그럴 때면 김 교장은 약주 한두 잔에 얼굴이 빨갛게 달아오르고 연신 웃음을 참아내지 못하였습니다.

그때 벌써 박정남은 두 아이의 아버지였던 일을 어찌 우리 기억에서 빼놓을 수 있습니까? 그 무렵 교장은 문학 서클에 참여하여 모더니즘의 현대문학에 심취했던 일을 떠올리게 됩니다.

정년에 즈음하여 교육행정관으로 교장직을 수행하고 있으나 김 교장이 중년을 조금 벗어난 때 대학원에 진학하여 석사학위를 동국대 조연현趙演鉉 교수에게 지도 받은 일을 미루어보면 김 교장에게 대학 강단에 서보려는 의도가 있었음을 짐작하게 됩니다.

그럴 때면 젊은 시절에 불태우던 모든 꿈을 김 교장은 현실로 이루어냈다고 봅니다. 자신의 꿈을 실현한 삶은 아름답다고 했는데 김충기 교장이야말로 바로 이 경우에 해당한다고 봅니다.

앞에서 나는 축하의 말을 하였으나 기실 정년을 맞이하여 학교를 떠나는 당자의 심정이야말로 일단 섭섭한 마음이 없지 않을 것입니다. 참으로 긴 세월 그동안 교직에 헌신한 김 교장의 노고가 매우 컸습니다. 그리고 오늘 또 다시 새롭게 제2의 인생에 도전하는 김 교장은 분명 후세대에게 값진 또 하나의 교훈을 남길 것이라 확신합니다.

신인사내천명盡人事待天命이란 인생의 좌우명이 우연히 나와 일치한다는 사실을 뒤늦게 알고 어쩌면 나는 김 교장을 여러모로 따르고 있다는 자각을 하게 됩니다. 다만 차이가 있다면 나는 산행山行을 즐기는데 김교장은 낚시와 바둑을 취미로 가지고 있습니다.

이정숙 여사와의 사이에 1남 2녀의 자녀를 슬하에 둔 김 교장은 누구보다 행복합니다. 항상 미소를 잃지 않는 어진 부인이 김 교장 내조에 열과 성을 다하고 있습니다. 장남 종명 씨가 캐나다에 유학해서 학위를 받고 돌아와 현재 서울대에 출강하고 장녀 종희 씨가 일본 도쿄대에서 학위를 받고 경기대에 나가며 막내 종미 씨가 이대 의류직물학과를 나와 '엘레제'에서 디자인 실장을 맡고 있습니다.

대한예수교 장로회 안동교회 장로이기도 한 김충기 교장 선생, 한국어문학회 상임이사인 김충기 교장 선생, 앞으로 더더욱 노익장하여 기독교인, 교육자, 사회 지도자로서 지금까지 걸어온 길을 계속 걸어가기 바랍니다. 항상 새로운 김 교장의 목표가 김 교장에게 값진 활기를 불어 넣을 것이라고 굳게 믿습니다.

김충기 교장의 정년을 다시 한번 축하합니다. 김 교장의 건강과 댁내 평화를 위해 신의 가호가 항상 함께 하시기를 기원하며 송공사에 대신합니다.

036

『화법 원리』 출판

저자가 1967년 교육출판사(사장 신용식)에서 『화법원리話法原理』를 출판하고, 첫 번째로 책을 증정하기 위해 찾아 뵌 교수는 바로 서울대 문리대 언어학과 허웅許雄 교수다. 학부과정에서 이분에게 배운 적은 없지만, 그의 저서 『국어음운론』을 일찍 읽고, 문교부 주관 국어조사회國語調査會 때 자주 만났기 때문이다.

책을 받고 축하한다 말하고 목차를 살피더니 "이 화법 분야는 전 선생이 국어학계에서 처음이죠?" 하고 묻기에 그렇다고 말씀 드렸다. 은근히 저자는 박사과정에서 허웅 박사의 '국어음운론'을 배울 수 있으면 하고 기대했으나 뜻대로 되지 않은 대신 '국어통어론'을 배울 수 있어 다행이다.

당시만 해도 '통사론統辭論'이라 일컫던 분야를 '통어론統語論'이라 가리키며 그 이유도 명쾌하게 밝혀준다. 하나는 '말사'요, 또 하나는 '말씀어'이지만 '말사'를 통제하는 것이 아니고 '말씀어'를 통제하는 것이라 분명하게 그 이유를 밝힌다.

허 박사 강의를 들을 때면 첫째, 이처럼 학술용어 정리부터 확실하게 하고 나서, 둘째, 학술개념 설명도 이론의 여지없게 비교와 대조를 체계 있게 말씀해서 듣기가 쉽고 이해하기도 빨랐다.

좀처럼 국어학 논문 심사를 안 하신다는 소문이 있어 걱정했는데 다행히 저자 논문 심사를 기꺼이 맡아 주어 더 없는 영광이다. 얼마나 감사한 일인지, 후에 안 일이지만 선생 자제를 경기고교에서 저자가 가르친 적이 있다.

허웅許雄, 1918~2004 박사는 1939년 연희전문 문과를 중퇴하고, 1968년 서울대에서 문학박사학위를, 1984년 세종대에서 명예 교육학박사학위를 각각 받았다. 경력은 1947~55년 부산대 및 성균관대 조교수, 1954~58년 연세대 부교수, 1957~75년 서울대 문리대 교수, 1970년 한글학회 이사장, 1975~84년 서울대 인문대 언어학과 교수, 1984년 서울대 명예교수, 1984~89년 동아대 대학원 교수 등을 지냈다.

저서로는 『국어음운학』, 『언어학』, 『국어학』, 『우리 옛 말본』, 『중세국어 연구』, 『16세기 우리 옛 말본』, 『20세기 우리말 형태론』 등이 있다. 수상은 외솔상, 노산문학상, 성곡학술문화상, 세종문화상, 국민훈장모란장 등이 있다.

『화법원리』 머리말

인간의 바람직한 언어표현은 돌자갈밭 속의 에메랄드 빛보다 더 귀하다는 고대 이집트 프타호텝Ptah-ho-tep 교훈이나 동양의 인격 척도인 신언서판身言書判은 각각 인간 사회활동상 언어생활이 차지하는 비중을 극명하게 표현하고 있다. 인간관계는 상호 의사소통으로 현실화되고 보다 효과적인 의사표현력과 토의 토론 능력, 그리고 적극적 회의참가는 현대 우리 생활에서 놓칠 수 없는 사회참여의 기본자세가 아닌가 한다.

상대를 납득시키는 설득력, 상대에게 희열을 안겨주는 환담歡談의 전개, 그리고 오해와 왜곡의 배제는 지도적 인격 연마 및 시민 교양으로 필수 요건임은 말할 것도 없다. 스피치는 실제 경험을 쌓아 나가는 시행착오의 부단한 과정 속에 획득되는 능력이지만 기본적 원리 이해가 수반되어야 일층 금상첨화錦上添花라 하겠다.

일반 교양인에게 효과적 화법이, 모든 지도층 인사에게 설득력 있는 의사표현력이, 그리고 전문방송인과 연극영화인에게 전문적 화법이, 또 각 비즈니스맨에게 성공적 상담商談 요령이 절실히 필요하다.

스피치를 개관하면, 스피치는 예술 분야와 과학 세계에 걸쳐 있으며 크게 언어생활 범주에 속한다. 한편, 발전적 스피치 연구를 위해 뒷받침되는 보조학補助學은 수사학, 논리학, 철학, 심리학, 윤리학, 사회학, 언어학, 음성학, 국어학, 물리학, 생리학 등이다.

우리나라도 국어학과 및 영어학과, 신문방송학과 및 연극영화학과, 그리고 일반 교양과목 및 교직과목의 확실한 한 분과로 교과과정에 스피치가 편성되고 있음은 스피치 연구 앞날을 위해 매우 고무적 현상이고 다행한 일이다.

방송과 연극도 스피치 연구 대상이지만 본 저서는 그 방면 기술記述을 피하고 일반화법으로 국한한 점 여기 분명히 밝힌다.

1967년 2월 저자 전영우 씀

지도교수 배윤덕裵潤德 박사는 연세대延世大 국어국문학과에서 학사, 석사, 박사학위를 받았다. 논문으로는 「토吐의 연구, 구문 상에 있어서의 토 배합에 관하여」(1970), 「신경준申景濬의『운해韻解』연구」(1988), 「최석정崔錫鼎의『경세정운經世正韻』연구」등이 있다.

자상하고 꼼꼼한 분으로 덕망을 갖춘 분이다. 어떻든 저자가 학위를 받을 수 있게 백방으로 이끌고 밀어준 교수다.

성신여대 국어국문학과 문학박사 첫 자리를 저자가 차지하게 해준 잊을 수 없는 은인이다.

연세대 국어국문학과 문효근文孝根 박사와 김석득金錫得 연세대 대학원장의 가르침을 잊을 수 없다.

마침내 1989년 8월 대학원장 이주용李主鎔 박사, 대학교 총장 최국선崔國善 박사 명의로 저자는 늦게나마 영예의 문학박사文學博士 학위를 성신여대에서 정식으로 취득했다. 이때의 기쁨을 뭐라 표현할 수 있을까?

037

『한국 근대토론의 사적 연구』 출판

박사논문 「근대 국어토론에 관한 사적 연구」를 『한국 근대토론의 사적 연구』로 타이틀을 바꿔 일지사에서 출판, 허웅 박사의 권유를 받아들였다.

일지사 김성재金聖哉 사장을 만날 때, 창조사 최덕교 사장과 함께 갔다. 학원사學園社 편집장 선후 관계가 되는 두 분은 사이가 좋아 보였다. 먼저 저자가 학위논문을 일지사에서 출판하고 싶다는 뜻을 말하니 일언이폐지하고 수락해 준다. 그리고 우리를 점심에 초대해 주었다.

김 사장님은 저자의 경복고 선배이고 대학 역시 사범대 중등교원 양성소 졸업이니 대학도 거의 같다. 집안 형님 같은 인상을 받았다. 오찬 자리에서 저자가 겪은 이야기 한 토막을 소개했다. 청계상가 고본 서점에 들러 저자가 일지사 발행 중고中古 책을 구매하려고 값을 물으니 신간서와 별 차이가 없다.

그래서 헌책을 왜 새 책과 거의 같은 값을 받느냐고 가볍게 항의하자 서점

주인이 "비록 헌책일망정 일지사와 일조각 책은 양서가 많아 그렇게 받아요" 하더라고 경험담을 말하니 별다른 반응은 없다.

을유문화사에서 출발했지만 저자는 출판사 운이 비교적 좋은 편이다. 아무래도 박사논문이므로 편집과 교열에 보다 세심한 배려가 필요함을 요청한 후 헤어졌다. 1991년 8월 드디어 일지사에서 저자의 책『한국 근대토론의 사적 연구』가 아담한 양장으로 세상에 나왔다.

학위논문 가운데 '문제 제기'와 '차례' 그리고 '결론'을 여기 붙인다.

문제 제기

저자는 국어교육을 전공하며 두 문제를 의식했다. 각급학교 국어과 시간에 문장을 가르치면서 왜 화법을 가르치지 않느냐는 점, 또 외국어를 배울 때 발음을 중시하면서 국어를 배울 때 왜 발음을 도외시하느냐는 점이다. 이 같은 문제의식에 자극되어 관심 갖기 시작한 분야가 바로 스피치Speech이다. 1955년경이다.

공사 간 대화, 연설, 회의 등 장면을 통해 직면하는 발표, 토의, 토론, 협의 과정에 우리는 언어를 매개로 상호 의사를 소통한다. 국어생활에서 화법이 차지하는 비중은 그만큼 크다.

능변이 반드시 교언영색, 미사여구, 음성과장 등으로 형상화될 수 없다. 오히려 사실에 입각, 진실을 바탕으로 자기 주의 주장을 남에게 펼 수 있고, 가치 있는 정보를 수집하고 수시로 인용할 수 있으며, 경험과 식견을 통해 창의성을 발휘할 수 있고, 겸허와 성실의 인간미로 호의어린 대인관계를 유지한다면 우리는 의사소통과 대인관계 그리고 각계각층의 사회 적용에 일층 보람 있는 성과를 거둘 것이다.

국어국문학 연구에 현대문학, 고전문학, 한문학, 음운론, 형태론, 통어론, 계통론, 의미론 못지않게 화법론이 마땅히 거론되어야 한다.

데모스테네스Demosthenes, B.C.384~322, 키케로Cicero, B.C.106~43, 처칠W. Churchill, 1874~1965, 케네디J.F.Kennedy, 1917~1963는 스피치 교육사상 능변으로 손꼽는 인물들이나 시대적 배경에 따라 평가 기준에 차이가 난다. 데모스테네스는 웅변, 처칠은 정치연설, 케네디는 정치토론으로 각기 그들의 목적 달성에 기여했다.

이미 학적 체계가 잡혀진 미국은 예일대학을 위시해 펜실베이니아 주립대학, 노드 웨스턴 대학, 미시건 대학, 일리노이 대학, 보스톤 대학 등 유수한 대학에서 이미 학위과정을 설치하고 오래 전부터 스피치 논문으로 학위를 수여해 오고 있다.

크게 사이언스Science와 아트Art에 걸쳐 있으면서 언어생활의 범주를 망라하는 것이 스피치Speech 필드Field이다. 인간의 언어가 개재되는 분야이면 스피치 연구 영역이 된다. 언어생활에서 문장생활은 문자언어에 의존하는 까닭에 기록과 보존이 가능하나 스피치는 다만 음성언어에 의존하는 관계로 다분히 과거의 연구가 불가능하고 현재보다 미래를 위한 연구가 가능할 뿐이다.

음성부호인 문자의 발명이 실은 음성언어의 이 같은 결함을 메우기 위함이 아닌가? 그러나 학문연구가 새로운 미래 창조의 가치를 인정한다면 스피치 연구의 필요성은 명약관화하다.

스피치 행위는 다음 활동에서 핵심이 된다.

대화conversation, 담화talk, 연설speech, 식사式辭, oration, 성명聲明, declaration, 패널panel, 포럼forum, 심포지엄symposium, 상담商談, sales talk, 업무대담業務對談, business interview, 토의討議, discussion, 토론討論, debate, 낭독朗讀, oral reading, 방송放

送, broadcasting

뉴욕대학 도로디 멀그레이브^{Dorothy Mulgrave} 교수는 스피치를 아트^{Art}, 사이언스^{Science}, 패돌로지^{Pathology}로 분류하고 있다. 요컨대, 화법, 연극, 영화, 라디오, 텔레비전 그리고 스피치 클리닉^{Speech clinic}이 넓은 뜻에 포함되고, 좁은 뜻은 스피치가 화법 일반으로 한정된다.

스피치는 의사표현과 의사전달 그리고 의사소통의 실재적實在的인 언어기능을 연구대상으로 한다. 화자가 신체적 동작과 함께 내용을 표현하면 청자 및 청중은 이에 반응한다. 화자와 청자 사이에 자극 반응의 관계가 반복되는 것이 말하기와 듣기의 과정이다.

이 과정에서 화자의 언어기능 장애나 정황 또는 스피치 부조화不調和 그리고 청자의 바람직하지 못한 이해^{decoding} 등으로 스피치 커뮤니케이션에 차질이 빚어질 수 있다. 이 같은 여러 현상을 파헤치고 가능한 대로 효과적인 커뮤니케이션 원리를 뽑아내기 위해 현재 '스피치'가 국내외에서 널리 연구 중이다.

이집트 파피루스^{papyrus}에 기원을 두는 스피치 교육사는 고대 그리스와 로마를 거쳐 근세 영국에서 학문의 발전적 추세를 시현示現했고, 20세기 미국에서 구현具現되었다.

도로디 교수는 "오늘을 토킹 에이지^{talking age}라 지칭함에 누구도 부정할 사람은 없을 것이다. Radio, TV 그리고 녹음, 녹화기, 컴퓨터 등 기술 분야의 발달로 우리는 문장 표현어보다 구두 표현어에 의존하는 빈도가 하루가 다르게 증가하고 있다. 라디오 텔레비전 출연 인사의 방송이나 혹은 각계각층 인사의 좌담에 의존하지 않으면 현대생활의 효과적인 적응방법을 제시 받을 수 없다"고 해 스피치에 대한 새 인식 고취와 스피치 연구의 가치를 한층 더 강조하고 있다.

앞에서 언급한 대로 한국은 오늘의 '국어과교육'에서 문장 편중의 경향이 매우 현저하다. 따라서 화법교육의 인식이 국어과교육의 측면에서 크게 새로워져야 한다.

이에 대화, 연설, 토의, 토론, 회의 등이 포함되는 유럽 스피치 교육을 개관한 이론을 토대로, 근대 한국에 스피치 실연實演 방법을 이입 접목한 중심인물이 누구인지 구명究明하고, 근대 국어토론의 실연實演 상황을 형식과 내용 양면으로 고찰함과 동시에 그 영향을 분석해 한국어 스피치 생성의 여명기를 조명照明, 역사적 의의를 찾는 데 본 논문의 목적을 둔다.

차례

결론

한국에 스피치 실연實演 방법을 이입移入 수용케 한 인물이 누구인가를 구명究明하고, 토론을 중심한 근대 공중집회公衆集會의 스피치 실연 상황과 그 영향을 분석하며, 국어 스피치 실연實演의 여명, 생성, 발전기를 조명해, 그 역사적 의의를 찾는 일이 본 논문의 목적이다.

이 목적에 따라 세워진 가설假說은 5개 항목이다.

① 유럽 스피치 실연 방법이 한국에 이입 수용된 시기는 근대에 속할 것이다.

② 주로 서재필徐載弼, 윤치호尹致昊 등에 의해 이입移入된 바, 그들은 이미 미국 대학 수학 시에 스피치 실연實演 분야에 큰 관심을 가지고 강의를 수강하고, 혹은 또 대학 과외 특별활동에 참여했을 것이다.

③ 그들은 배재학당, 협성회, 독립협회 등 학교 또는 단체에서 연설, 토론, 회의법을 가르치고 스피치 실연을 회원 및 학생들에게 직접 지도했을 것이다.

④ 스피치 실연의 당시 활동이 다방면으로 반응 효과를 가져왔고, 이와 함께 그 후 영향이 매우 컸을 것이다.

⑤ 윤치호가 번역한 로버트의 '의회議會 통용규칙'과 '협성회 회칙'은 당시 토론 및 회의법에서 귀중한 지침서指針書요, 동시에 훌륭한 교재였을 것이다.

앞의 가설을 입증하기 위해 협성회 회칙, 의회 통용규칙, 만국 회의 통상규칙, 윤치호 일기日記, 독립신문, 황성신문, 협성회 회보, 매일신문, 대조선 독립협회 회보, 대한계년사大韓季年史, 민회실기民會實記, 한국개화기 교과서 총서, 한국

논저해제論著解題, 한말 근대법령法令 자료집, 독립협회 토론회 규칙, 등과 함께 서재필, 윤치호 관련 연구논문, 그리고 협성회, 독립협회 관련 연구논문 등을 집중적으로 탐구하게 되었다.

그 결과 본론에서 가설 대부분이 거의 확실하게 입증되었을 뿐 아니라, 그밖의 새로운 역사적 사실이 속속 드러나 본 논문의 연구 결과를 한층 가치 있게 만들어 주었다. 항목별로 연구 결과를 보이면 다음과 같다.

배재培材학당은 매주 토요일 연설회, 토론회, 사상 발표, 변론시간 등을 특별 과외시간으로 정해 일찍 한국에서 시도하지 못한 전인교육全人敎育을 실시하고 교육의 새로운 뜻을 일반에게 인식시켰다.

서재필은 최초로 미국의 민주정치와 독립정신을 배우고 또 그들의 학술 및 생활양식까지 체득할 수 있던 선각자임이 분명하다. 그의 귀국을 계기로 비로소 우리 사회는 자유, 독립, 권리, 의무가 무엇인지 배우고 깨닫게 되었다.

1896년 협성회協成會 발기發起를 지도했고, 여기서 서재필이 '회의진행법'을 가르쳤다. 동의, 재청, 개의 등 '회의용어'가 협성회 당시 우리말로 번역되었으며 오늘 사용하는 회의용어의 기원이 되었다.

토론회에서 서재필은 '박수拍手'를 처음 가르쳤다.

'연설演說'이란 용어가 윤치호에 의해 한국에서 처음 쓰이기 시작한 것으로 알려졌다.

독립관에서 서재필은 독립협회원을 대상으로 근대 정치활동에 필요한 기초 훈련을 실시했다. 토론회를 자주 개최하고 이론 전개와 함께 화법話法과 연설법演說法을 가르치고 각종 집회 절차와 회의규칙을 습득케 했다.

토론회 및 연설회 목적은 일반에게 자유사상과 민주주의 이념을 넣어 주자는 것이다. 초기 토론 논제는 일상생활에 관계되는 것인데 불필요한 문제를 가지고 토론하기보다 차라리 국가정치에 대한 '비판연설批判演說'을 하자는 데 의견이 모아졌다.

독립협회 창립 당시 성격이 '토론단체debating society'이던 것이 정치단체로 전환된 이유 중 하나는 토론이 정치 이슈issue를 다루면서 격렬한 토론 분위기를 연출한 까닭이다.

독립협회는 연설회, 토론회, 민회民會 등이 언론의 자유를 실현하고 창달하는 방법이라 보고, 집회 자유를 주창했다.

독립협회 토론회에서 실제 체험한 연설법, 토론법, 회의법이 만민 공동회 조직의 귀중한 수단이 되었다.

개화사상이 비로소 일반에게 삼투滲透하고, 뿐만 아니라 이 사상이 1898년, 만민공동회萬民共同會의 대중적 기반과 그 지도적 중핵을 형성하기에 이른다.

1898년은 독립협회가 가두街頭로 진출, 한국의 개화운동이 비로소 대중과 결합하는 획기적 1년이 되었다.

1898년 2월 27일 독립협회 집회가 절영도絶影島 석탄고 기지 조차租借문제를 조사하도록 결의해, 외부대신에게 공한을 발송하고, 이를 행동으로 비판한 사실을, 한국에 민주주의 물결이 일기 시작하는 것으로 간주한 사람이, 바로 윤치호尹致昊다.

1898년 10월 29일 관민官民공동회 제2일 청중 수만 명이 모인 집회 개막연설을 종전 가장 천대 받던 천민 백정白丁 박성춘朴成春이 했다는 사실은 매우 큰 역사적 의미를 갖는다.

1898년 11월 5일 만민萬民공동회 첫날, 당시 소학교 학도 11세 소년 장용남張龍男이 집회에 나와 연설했고, 동년 12월 8일 만민공동회 재개 제3일 소년 결사체 자동의사회子童義士會 소속 14세 소년 서형만徐亨萬이 충군애국忠君愛國 목적의 연설을 했다. 소년 연사의 출현이 이채롭다.

1898년 11월 2일 정부의 '중추원中樞院 관제' 반포가 우리나라 최초의 '의회 규칙'이다.

'근대토론의 가능성'에서, 서당 언어교육은 화법교육 내용이 적지 않으나 거의 교훈적인 교재로 국한된 것이고, 학교 국어과교육은 독법讀法, 낭독, 담화에 머물러 서당교육과 함께 단편적이고 교훈적인 성격에서 벗어나지 못했다.

토론의 정의는 "맡겨진 문제의 해결 방안을 놓고, 정해진 규칙에 따라 의견 대립을 보이는 두 팀 사이에 행해지는, 주장과 반주장, 또는 긍정과 부정, 찬성과 반대의 논전論戰이다."

'서재필의 토론 지도'에서, 서재필이 미국 힐맨 아카데미에서 수학할 때 스피치가 전 학년 공통과목이었던 점과, 그 학교에 토론 과외 서클이 있었다는 점 등을 주목하지 않을 수 없다. 서재필 지도로 협성회가 처음 시도한 가두연설街頭演說, 그리고 회의를 통한 의사결정意思決定을 종다수從多數 표결원칙表決原則에 따라 처리하기 시작한 점이 새롭다.

귀국 초기 배재학당에서 서재필이 '미국 민주주의와 의회제도'의 강연을 행한 일은 그의 포부를 짐작하는 데 도움이 된다. 『독립신문』 발행 역시, 목적이 민주정치, 민권사상의 이식, 한국의 자주독립 쟁취에 있음을 알게 된다. 그의 지도로 창립된 독립협회의 토론에서 한국 최초의 포럼forum식 토의 형태를 찾아볼 수 있다.

'윤치호의 토론 지도'에서, 윤치호는 독립협회가 주도한 민중民衆운동이 민권民權을 고취해 정부의 권력 남용을 견제하고, 일반 민중의 지적知的 수준 향상에 기여했으며, 독립협회 대중집회는 민중 특히 젊은 세대에게 큰 교육적 효과를 준 것으로 확신한다.

그는 회원 간 토론에 의한 합의合議를 존중하고, 상향식 민주주의 지도노선을 지켰다. 또 그는 합리적 대화로 상대를 설득해 적대관계를 협력관계로 전환하는 온건노선을 지향했다. 그리고 그는 점진적 개량주의 또는 상소와 건의 및 평화적 시위에 의한 비폭력주의를 기본 지도노선으로 삼았다. 일정한 한계가 있음에도 불구하고 독립협회 운동이 한국의 민족주의와 민주주의, 그리고 근대화 운동에 새 이정표를 세웠다면 지도자 윤치호가 이의 추진자推進者다.

그는 미국 유학시절 서재필과 함께 스피치 교육을 받은 우리나라 최초의 인사이며, '의회통용규칙'을 처음으로 번역 배포해, 『회의진행법』을 널리 보급했다. 독립협회 토론에, 그는 연설, 토의, 토론, 회의진행 등 스피치 활동의 기초 형식을 제공한 지도자다.

'협성회의 토론'에서, 협성회의 큰 업적은 토론회와 가두연설街頭演說을 통해 민중을 계몽하고 여론을 형성함으로써 민족의식과 사회의식을 고취한 점이다. 연설과 토론 또는 신문 논설을 통해 협성회의 일관된 주장은, 전통적 봉건 사회 제도를 개혁改革해, 근대 민주사회를 건설하자는, 사회 개혁을 위한 계몽사상啓蒙思想이 주류를 이룬다.

'독립협회의 토론'에서 토론방식은 주제主題와 지명指名 토론자 4인 즉 우의右議, 부우의副右議와 반대측 좌의左議, 부좌의副左議를 토론하기 한 주 전에 미리 발표, 준비케 하고, 회원은 누구든 당일 토론에 참가할 수 있고, 시간은 5분으로 제한했다.

주제主題는 방청인의 지식에 유조有助하고 반드시 논쟁論爭이 가능한 것에 국한했다. 그리고 토론 종결 시에 참가자 전원의 다수 의견에 따라 토론 승부勝負를 결정했다.

'만민공동회의 집회'에서, 회의를 통한 결의와 연설을 통한 의사통일, 그리고, 10차에 걸친 상소上疏와, 고종高宗의 비지批旨 형식을 통한 부단한 대화 노력이 주효奏效해, 만민공동회 운동성과가 컸던 사실을 기억해야 한다. '헌의獻議 6조'와 '조칙詔勅 5조'가 그 성과이고, 협회 지도자 17인의 석방 역시 운동의 성과다.

'토론 형식과 내용의 영향'에서, 일반 시민은 새 사상을 접하게 되었다. 자주독립사상, 자유민권사상, 자강自强개혁사상 등이 그것이다. 이 부분은 형식과 내용 양면으로 관찰할 수 있다. 이념과 사상이 내용內容이면 '의회통용규칙'은 형식形式이 될 것이다. 문학작품인 토론체 소설은 음양으로 조명된 민회토론의 영향이라 본다.

'민회토론의 연사演士'에서, 이상재李商在, 이승만李承晚, 안창호安昌浩를 거론한 것은 연사의 자질과 인품으로 보아, 당시 민회토론에서 주도적 역할을 수행하였기에, 그들의 생애를 통한 지도자 역할이, 스피치 시각視角에서 어떻게 가능했는가를, 각 연사를 본보기로 다루어 본 것이다.

출판사 일지사一志社에서 저자의 『한국 근대토론의 사적史的 연구』가 나오자, 1991년 9월 10일자 『동아일보』 문화면은 이 책을 '화제話題의 책'이라 하고 다음과 같이 소개했다.

토론 생성生成, 화법話法교육의 발전과정 탐구

좁은 뜻으로는 '연설', 넓은 뜻으로는 화법이라 옮길 수 있는 유럽의 스피치가 언제 어떻게 유입 수용되었을까? 아나운서 출신인 수원대 전영우 교수는 그의 저서, 『한국근대토론의 사적 연구』에서 한국토론의 생성生成 발전에 대해,

"근대에 이르러 유럽 스피치를 체득한 당시 선각자先覺者들이 국어스피치를 통해 민중들에게 민족자강, 민족자주의 독립정신과 개화정신을 계몽했다"고 밝히고 있다.

전영우 교수에 따르면, 국어의 화법교육이 실시된 것은 1890년대 협성회, 독립협회에서의 일로, 중심 지도자는 서재필, 윤치호 등이었고, 교재는 '의회통용규칙', 교육내용은 실연實演 위주의 연설, 토론, 회의법會議法이었다고 밝혔다.

◀ 038 ▶

청계 및 은평국민학교

지금은 '초등학교'라 하지만 저자가 태어나 처음 배움의 문을 두드릴 때
는 '국민학교'라 했다. 물론 일제강점기다. 8살 되던 해, 서울 을지로 입구
청계淸溪국민학교 1학년 신입생 선발시험이 있던 날, 일본인 야마구찌 히데
오山口秀雄 교장선생 앞에 선 저자는 일본어로 묻는 말에 일본어로 분명하게
대답했다.

이름, 나이, 집 주소 등 짧은 물음이지만 긴장하는 가운데 또박또박 대답
했다. 1941년 봄, 신입생 선발시험 합격 통지를 받고 가장 먼저 어머니의
진정어린 축하를 받았다. 정신貞信여학교 출신 어머니의 정성스러운 사전 교
육을 받은 결과로 합격이 가능했다.

제2차 세계대전이 절정에 이를 즈음, 온 가족이 서울 교외 고양高陽군 은
평면 갈현리로 소개疏開(피란)해, 3학년 때 은평恩平국민학교로 전학을 간다.
이내 어려운 전학轉學수속을 큰어머니가 맡아 해 주셨다. 교통편이 전혀 없던

시절 큰어머니가 저자 손목을 잡고 시오리나 되는 머나먼 길을 왕복해 마무리했다.

경기여고 및 경성사범학교 연습과 출신으로 전직 교사이던 저자 큰어머니는 능란하게 일본어를 구사하며 수속을 잘 밟았다. 일본인 교장 시카노 신빠찌鹿野新八 선생도 큰어머니의 일본어 구사에 놀란 나머지 전에 어떤 일을 했느냐는 질문에 학교에 근무했다고 큰어머니가 대답하자 그제서야 이해하는 눈치다. 어린 저자는 저절로 어깨가 올라간다.

전학 오고 이듬해, 4학년 마치는 종업식終業式 때, 저자가 우등생優等生으로 이름이 불리자, 저자는 한동안 멍한 상태에서 벗어나지 못했다. 일본인 담임 쓰치야 도오루土屋亨 선생이 저자를 우등생으로 키워준 것이다. 뿐만 아니라 5, 6학년생이 있음에도 저자를 불광동 방면 은평국민학교 학생반장으로 임명했다.

여름철인데 학교 수업이 끝나고 집으로 돌아가는 길, 구파발 쪽을 향해 걸어가며 같은 반 친구들과 이 얘기 저 얘기 나누는 중, 한 친구가 춥다고 하더니 벌벌 떨기 시작한다. 이때 저자가 친구에게 여름 철 더위에 모두 더워 어쩔 줄 모르는데 어떻게 너만 그렇게 벌벌 떠느냐고 하니까, 친구가 "말라리아인가 봐" 하고 계속 몸을 떤다.

말라리아가 뭔지 모르지만 왜 그렇게 떠느냐고 놀려대니까 다른 친구가 저자를 향해 "입찬소리 하지 마라. 너도 그 병을 앓을 수 있어! 알겠니?" 하고 겁을 준다.

며칠 뒤 수업이 끝나고 집으로 돌아가는 길, 날은 더운데 저자가 갑자기 한기를 느끼고 마침내 떨기 시작하자 다른 친구가 저자에게 너 갑자기 왜 떠느냐 묻기에 저자도 앞의 친구처럼 뭔지 몰라 "아마 말라리아인가 봐" 하고 말하고 계속 떨었다. 집에서 쉬었지만 이튿날도 말라리아로 계속 떨며 학교에 나갔다.

수업시간인데 쓰치야 담임 선생이 "너 왜 떨고 있니?" 하고 묻기에 "아마 말라리아에 걸린 것 같습니다" 하고 말하자 선생님이 앞으로 나오라 하고 이마를 만져보더니 안 되겠다 하고 빨리 병원 가자고 수업도 중단한 채 저자를 학교 앞 병원에 데려간다. 의사가 진찰하더니 말라리아로 진단하고 주사를 놓아준다.

다시 학교로 돌아오자 선생이 숙직실로 데려가 요를 깔고 이불을 꺼내 저자를 눕게 한 뒤 이불까지 덮어 주더니 그래도 추우냐 하기에 그래도 춥다 하니까 이불 한 채를 더 덮어준다.

스승의 날이면 저자는 쓰치야 도오루 선생을 떠올리고 그분의 따뜻한 정을 잊지 못한다. 그리고 입찬 소리는 무덤에나 가서 하라는 우리 속담을 떠올리곤 한다.

1945년 이 땅이 광복光復되자 쓰치야 도오루 선생도 가족과 함께 일본으로 돌아갔지만 그때 선생과 헤어지던 정경이 매우 섭섭한 느낌으로 저자에게 남아 있다. 저자도 다시 소개(피란)를 끝내고 가족과 함께 서울 집으로 돌아온다. 국민학교 1, 2, 3학년은 공부를 못하여 학업 성적이 나쁘지만, 그 후부터 공부에 늦게나마 철이 들어 5, 6학년에도 계속 우등을 놓치지 않았다.

국민학교 졸업을 1년 앞두고 5학년 때 5학년 대표가 6학년 졸업생들을 보내는 송사送辭를 졸업식에서 낭독하는 식순이 있다. 5학년 1, 2, 3반에서 각 한 사람씩 대표가 뽑혀 와 교장실에서 최종 선발이 있을 때 저자는 2반 대표, 주병국朱炳國은 1반 대표, 3반 대표는 여학생으로 당시 반장 홍정원洪貞媛

(?)이다. 5학년 국어교과서 「황희 이야기」를 한 사람씩 읽어 보게 하더니 교장 선생은 두 남학생을 빼고 여학생을 5학년 대표로 결정 지명한다.

수십 년 세월이 지나고, 당시 유정회維政會 국회의원 김동욱金東旭 의원이 저자를 만나자 하기에 만나 뵈니 '스피치'에 대한 도움말을 청하신다. 주요 골자를 말씀 드리고 나니 저자에게 아나운서를 하게 된 배경을 물어 보신다.

"사실은 의원님이 청계국민학교 교장 하실 때 제가 5학년 2반 대표요, 주병국이 1반 대표이고, 홍정원이 3반 대표로 뽑혀 국어 교과서에서 「황희 이야기」를 읽게 하시고, 대표로 여학생을 지명하신 바, 장차 방송국 아나운서가 되면 그때 가서 제가 지명 받지 못한 큰 아쉬움을 풀 수 있으리라 생각, 오늘날 아나운서가 되고, 또 '스피치' 전공 연구자가 된 것입니다." 의원님은 "아! 그런 적이 있었네" 하셨다.

청계국민학교 우등생이면 당연 경기京畿중학교 진학이 가능한 시절인데 저자는 어려서부터 왼쪽 내사시內斜視가 있어 외모 결격 사유로 주저하다가, 차선인 경복景福중학교에 응시 합격한다. 1학년 3반에서 5등 한 것을 보면 이 생각은 틀림없다.

039

6 · 25 한국전쟁

경복중학교 4학년 때 '6 · 25'가 일어나 모진 고생을 다 겪는다. 또 갈현리葛峴里로 피란하여 여기서 '9 · 28' 수복 때까지 온 가족이 함께 지낸다. 일제 말기에도 그랬지만 이때도 식량난을 크게 겪는다. 식량이 떨어져 밥을 제때 먹을 수 없어 어떤 때는 죽을, 죽도 없으면 감자 또는 단호박을 쪄 먹기도 했다. 부모님과 우리 5남매 끼니가 걱정이던 시기, 저자가 집의 자전거를 타고 개성開城까지 가서 식량을 사 오기도 했다.

당시에는 민간인에게 차량 교통수단은 제공되지 않고, 단지 자전거만 간신히 왕래가 가능했다. 자전거를 통해 식량을 공급하는 상인이 국도를 차지하는 한편, 우마차를 이용한 북한군의 탄약 수송이 끊임없이 이어졌다.

육로는 그렇거니와 하늘은 미군 무스탕 전투기 또는 제트 전투기가 제공권을 장악한 가운데 쉴 새 없이 국도 바로 위를 비행하며 공격 대상을 찾는 듯했다.

만약 우마차가 북한군 탄약 수송 수단임을 안다면 도로상 우마차와 행인들은 공격 대상이 될 수 있을 텐데 하는 염려가 시시각각 머리 속을 맴돌았고, 긴장과 공포가 뒤범벅이 된 채 온 몸에 땀이 비 오듯 했다.

이른 아침 서울 근교를 출발했는데 오후1시쯤 임진강臨津江에 다다랐다. 비탈진 언덕을 내려가야 강변이다. 자전거를 끌고 막 내려갈 즈음, 길 양쪽에 노점들이 좌판을 벌여 놓고 노랑참외, 청참외 등을 팔고 있다. 그렇지 않아도 배가 고픈 사정이라 밥은 못 먹더라도 과일이나마 먹었으면 하는 형편에서 친구 얼굴이 반짝 눈에 띈다.

여름 교복을 입고 있는데 복지福字 배지가 선명한 경복 동기 박시우朴時雨가 분명하다. 반갑기는 말할 수 없고 무엇보다 요기가 급하던 저자는 인사도 하는 둥 마는 둥 한 채 우선 참외부터 골라 껍질을 벗긴다. 그리고 먹기 시작한다.

참외 하나를 게 눈 감추듯 순식간에 먹어 치우고, "얼마냐?" 값을 물으니, "친구 사이 돈이 무슨 돈이냐?"고 끝내 받지 않는다. 아직 갈 길이 먼 저자는 고맙다는 말 한마디를 남기고 자전거와 함께 임진강 나룻배에 올랐다.

서울 한강漢江에서 흰 모래 바닥만 보던 저자는 임진강臨津江 개흙 바닥을 보고 새삼 놀랐다. 사람이 이 세상에 태어나 이런저런 경험을 많이 쌓아야 하겠구나 하는 새로운 뜻을 새긴다. 임진강에서 배를 내려 육로를 자전거로 달리는데 얼마쯤 가니 장단長湍이 나온다. 언덕 내리막길을 빠른 속도로 내려가는 중, 저 아래 십자로 한복판에서 하얀 제복의 북한 내무서원이 서서 우리 일행을 막고 세우더니 모두 노력 봉사를 하고 가야 한다고 강제 임무를 맡긴다.

다름 아니라 군청 창고에서 짐을 싣고 임진강까지 운반하라는 지시이다.

이 일을 마치자 곧 우리를 풀어 준다. 오후 늦게 개성開城에 도착, 남문南門시장을 찾는다.

이곳은 장 마당에 곡식이 여기저기 가게마다 쌓여 있고 상거래도 활발하게 이루어지고 있었다. 지체할 겨를 없이 쌀 두 말, 좁쌀 한 말, 여기에 고구마 몇 관 사서 자전거에 싣고 짐을 꽁꽁 동여맨 다음, 다시 오던 길로 방향을 바꿔 자전거 페달을 힘껏 밟는다.

어느 사이 해는 서산으로 기울고 길은 어둑해지기 시작해 아무래도 하룻밤을 묵고 가야 하게 되었다. 곡물 운반 자전거 상인이 많아 길가에 하루쯤 묵어 갈 집은 여기저기 많이 있어 다행이었다. 동이 틀 무렵, 일찍 일어나 아침밥부터 챙기고 임진강 쪽을 향해 다시 자전거로 달린다.

문산汶山 쪽에서 건너 오는 나룻배가 강가에 닿기 무섭게 이쪽에서 건너 갈 사람들이 다투어 배를 타려고 야단법석이다. 이때였다. 배에서 내리는 사람 가운데 학교 동기 장영희張永熙가 보인다. 어떻든 반가워 인사부터 하고 "어디 가느냐?"는 물음에 "황해도 연안延安 고향집에 내려가는 중"이란 대답이다.

임진강 건너고 문산 지나 봉일천奉日川리에 당도하니 벌써 한낮이다. 한 식당에 들어가 식탁에 앉아 음식 주문하고 기다리는 중, 옆자리 손님들이 불평을 해댄다. 짐 실은 자전거 타고 달리느라 배가 쉽게 꺼지는 형편인데 왜 소화 잘 되는 새우젓 반찬을 상에 올렸냐며 푸념을 늘어놓는다. 저자도 이 얘기를 곰곰 되씹어 보니 일리가 있어 보인다.

그 날 오후, 갈현리葛峴里 가루개 동구에 들어서니 저자 가족과 동네 어른들이 이구동성으로 살아 돌아오기를 잘했다고 반기며 위로를 한다. 지나간 일이지만 며칠 전부터 서해 인천仁川 쪽에서 함포 사격하는 소리가 들려 혹시 유엔군 상륙작전이 전개되는 것이 아닐까 하는 막연한 추측이 가는 터였다.

제일 먼저 눈에 띄는 어머니 모습은 죽은 줄 알았던 자식이 죽지 않고 돌아와 꿈만 같다는 환한 표정이다. 개성 남문시장에서 사온 쌀, 좁쌀, 고구마 등을 가지고 그 후 부모님과 5남매가 끼니를 이었다.

인천상륙작전이 실시된 가운데 동네서도 긴장이 감돌고 주민들은 모두 집안에 들어앉아 작전 상황의 추이에 신경을 곤두세운다. 헬리콥터가 뜨고 잠시 있으려니 슝 슝 슝……쾅 쾅 쾅……박격포 탄환이 쉴 새 없이 날아와 터지곤 했다.

굉음과 폭음 그리고 잇대어 경기관총 및 소총 소리가 들린다. 십여 호 되는 작은 마을인데 국군이 집을 조준하여 공격하는 것은 아니고, 부락 주변을 공격하더니 소총을 쥔 보병들이 삼삼오오 동네 안으로 들이닥친다.

키가 크고 건강한 체구의 국군들이다. 철모를 보니 해병이라 써 있다. 북한군은 이미 후퇴한 직후의 상황이다. 당시 가루개 마을이 최전방인 셈이다. 9·28 서울수복작전의 초기 상황이 분명하다.

인천 상륙 후 한강을 도하, 해병 일부가 서울 외곽 수색水色을 거쳐 가루개를 지나 앞으로 진격해 나아간다. 눈 깜짝할 사이 부락은 북한군 수중에서 벗어나 실지失地가 회복되고, 서울이 탈환되는 역사적 순간이다. 이 순간을 우리 가족은 갈현동 가루개에서 맞은 것이다. 6·25가 터지고 꼭 석 달 만의 일이다.

8
오라 하는 데도
없는 길

040

1 · 4 후퇴와 피란

그 후 또 1 · 4 후퇴를 겪어, 이때는 온 가족이 일찍 서울을 빠져나와, 용인龍仁군 구성면에 임시 거처를 마련하고 살다가, 전세戰勢가 불리해지자 다시 피란 보따리를 싸고 그곳을 떠나 남행 길을 재촉한다. 고령의 외가 할머니를 외숙모에게 맡기고 부락을 나온 일이 어린 마음에도 몹시 슬프다.

막내 동생을 자전거 뒤쪽 짐받이에 앉히고, 온 가족이 각자 알맞게 짐을 지거나 이어 그야말로 남부여대男負女戴하고 피란을 떠난다. 자전거를 어머니 이종 이희범李義範 아저씨가 담당하고 저자 부모와 5남매가 함께 일행으로 뒤를 따른다.

오라 하는 데도 없는 길을 마냥 걷는다. 용인龍仁 신읍을 지나고 안성安城군 양성면 어느 부락에 들어가니 벌써 사람들은 딴 곳으로 피란을 가 집집마다 텅텅 비어 가뜩이나 추운 겨울 날씨인데 한층 더 썰렁한 느낌이었다.

하룻밤을 잘 묵고 동이 트기 무섭게 이른 아침을 먹고 간 길을 재촉한다.

우리는 어느 사이 안성安城읍내에 들어와 막 냇물을 건너가려 하는데 어디선가 피란민 행렬을 향해 마구 총을 쏘아댄다. 놀랐다. 알고 보니 물 밀 듯 몰려오는 피란민 대열을 분산시키는 방편으로 일선 전방 진지에서 아군이 총을 쏘아댄 것이다.

가족은 천안天安 목천木川을 빠져나가 진천鎭川을 경유 청주로 나가는 진로를 잡았는데, 진천 근방에서 쉬어 가는 것이 좋겠다는 의견이 나오자 우선 어느 집에서 일단 하루 또 묵기로 했다.

아침 조금 지나 청주淸州 시내로 접어든다. 얼핏 보니 시내 대로변에 KBS 청주방송국 건물이 눈에 들어온다. 순간 건물 안으로 들어가 보고 싶은 충동이 생겼지만 우리는 갈 길이 멀어 그대로 지나친다. 미원米院 근방에서 하루 또 묵는데, 마땅한 집이 없어 골짜기를 찾아 올라가니 겨우 한 집이 우리를 받아 주어 그곳에서 저녁을 먹고 하룻밤 쉬어 가기로 했다.

보은報恩을 지날 무렵 어디서인가 폭음이 요란하게 들려와 모두 놀란 가슴을 쓸어내렸다. 나중에 들은 이야기지만 경부선 옥천沃川역 근방에서 철도 화차에 실린 화약이 담당자 취급 부주의로 일어난 폭발사고였다.

용산면과 청산면을 지나니 경북선 철도 옥산玉山역이 나온다. 철길을 건너니 바로 경북 선산善山 땅이다. 30호 가량 되는 부락인데 아버지가 몇 사람을 만나고 알아보더니 동네 유지 댁을 찾아 간다. 우리 일행은 아버지 뒤를 따라 줄줄이 걷다가 어느 기와집 앞에 섰다.

주인이 나오자 아버지와 인사를 나누더니 곧 우리 일행을 자기 집 안으로 안내하며 추위에 피란하느라 고생이 많다고 우리를 위로하며 자리에 앉기를 권한다. 그리고 자기 부인에게 저녁상을 차려 오게 한다. 조금 늦은 저녁시간인데도 부인이 정성껏 우리 저녁상을 차려 온다.

한창 먹을 나이에 허기진 우리는 체면 차릴 겨를 없이 저녁을 먹기 시작, 잠깐 사이 물 장수 상을 만들어 놓는다. 저녁을 끝내고 아랫채로 내려가 따뜻한 온돌방에 등을 붙이자 우리는 곧 잠에 빠져들었다.

이튿날 아침 자리에서 일어나자 곧 조반을 마치고 또 피란길에 나선다. 가도 가도 피란 길 어디까지 가야 하는가? 용인 구성을 떠난 지 일주일쯤 되어 가니 이제 어느 정도 긴장이 풀린 탓인지 다리도 아프고 머리도 아프고 온갖 아픔이 몰려온다.

아버지가 이때 앞으로 한 이틀만 더 걸어가면 목적지 대구大邱에 도착한다고 일정을 말해 주자, 우리 일행은 크게 안도의 숨을 쉰다.

구미龜尾를 옆으로 끼고 왼쪽으로 방향을 잡아 어느 정도 내려가니 낙동강洛東江이 흐른다. 나루를 찾아 일행이 배를 탄다. 물살은 약하나 양력으로 1월이라 강바람은 몹시 차다. 어린 동생들이 추워하는 모습이 보기에 안쓰럽게만 느껴졌다.

칠곡漆谷을 거쳐 우리가 도착한 곳은 대구大邱다. 거의 열흘 만에 우리 가족 일행 8명이 마침내 목적지 대구에 도착한 것이다. 무엇보다 전원 무사히 안전하게 목적지에 도착한 것을 천지신명에게 감사할 뿐이다. 아버지가 마치 모세처럼 생각된다.

시내 달성동 집에 짐을 풀고 피란지 생활을 시작했다. 비록 서울서 피란은 왔지만 저자는 학생이므로 학교 전학 관계를 경북도청에 알아보았다.

피란 온 학생 가운데 우선 일부를 당시 대구중학교로 도 당국이 위탁 배정해 저자는 4학년 학생 신분을 가지고 학교에 다닐 수 있게 되어 얼마나 다행인지 모른다. 얼마 뒤 대구 서쪽에 있는 화원花園 유원지로 학교 전교생이 소풍을 가서 피란지 생활의 고달픔을 잠시나마 덜 수 있어 좋았다.

대구중학교大邱中學校 본 교사를 미국 주둔군이 사용 중인 관계로 우리 학생들은 임시 천막교실을 사용해야 했다. 어려운 전시임에도 불구하고 모든 행정 절차가 짜임새 있게 이루어진 데는 당시 조재천曺在千 경북 도지사의 탁월한 행정 능력이 발휘된 결과가 아닌가 생각한다.

한 반의 학생수가 아마 백 명이 훨씬 넘었을 것으로 생각된다. 서울서 함께 경복景福을 다니던 낯익은 학우들을 그곳에서 만날 수 있어 무척 반가웠다. 저자 외에 김생지金生池와 신한수申漢壽 등이 한 반으로 편성되어 거의 1년 만에 다시 학교 교실에 앉게 되니 신에게 감사할 뿐이다.

대구중학교 4학년 편입 첫 날 첫 시간, 담임 선생이 출석을 점검할 때 출석부를 보고 한 사람씩 호명한다. 김생지를 부를 차례에서 '김생지' 하고 부르자 학생들이 일제히 폭소를 터트린다. 똑같이 '생쥐'를 연상하고 웃은 것이다.

유머의 한 유형에 '유사음어類似音語'가 있음을 앞에서 말했지만, 그때 저자 역시 고소를 금치 못했다. 그 후 김생지 학우는 학교에 모습을 보이지 않았다.

1950년 6·25 발발 당시 저자가 4학년인데, 1951년, 1·4 후퇴 후 바로 전학한 것이므로 5학년 되기 바로 직전이다. 대구중학교에서 학급 편성을 새로 하기 앞서 본교생과 위탁생委託生 구분 없이 일제히 실력고사를 보았다. 성적 우수 학생이 가려지자 뭇뭇으로 학우들이 어울리게 되었다.

비로소 저자도 대구학생들과 사귀게 되지만 가족들 생활난이 겹쳐 본의 아니게 학업을 중단할 수밖에 없었다. 고등학교 제도가 1950년 시작되지만 사립학교가 앞서고 공립학교는 조금 뒤로 처져 있을 때다. 대구중학 졸업생들은 모두 경북고교慶北高校로 진학해, 한 반 학우들은 거의 경북고교를 다니다 졸업했다.

신경정신과 전문의 전 강북삼성의료원장 이시형李時炯 박사도 대구중학大邱中學 동기의 한 분이다.

041

여객 수송열차 '포카혼타스'

취직을 위해 희범 아저씨와 저자는 둘이 경부선京釜線 철길을 따라 걷기 시작, 고모역을 거쳐 경산역에 당도한다. 역의 RTO^{rail transport officer}에 가니 인사 담당 미군 중사가 저자부터 면접을 본다.

"왓 쭈 네임?" 리스닝^{listening}은 '왓'도 알고 '네임'도 알겠는데, 다만 '쭈'를 모르겠다. 지체할 시간이 없으므로 "마이 네임 이즈 전영우 써"라고 하자 이어서 "하우 올드 아 유?" 하고 묻기에, "아이 엠 세븐틴 이어스 올드 써" 하니까 곧 "오케이, 유 패스" 하고 채용이 결정되었다.

저자를 미군 8069 수송부대 리플 대대 C 중대로 배속시키고, 주급 고용 직이지만 신분증 직위를 '열차 승무원^{train crew}'이라 했다. 포카혼타스^{Poca-hontas}로 이름 붙여진 수송열차 근무를 하게 되었다.

나중에 알았지만 이 이름은 미국 인디언 부족 이름 중의 하나였다. 우리나라 객차를 개조해 만든 열차인데 8량 1열차로 편성한 군 수송열차다. 좌석

열차가 아니고 침대열차다.

부산釜山역에서 승차한 미군병력을 태우고 대개 강원도 원주原州 또는 경기도 양평楊平 지평리까지 수송하는 일이 부대 임무다. 저자는 중앙선中央線 RTO가 없는 철도역에 예정 없이 열차가 정차하면 즉시 역장을 찾아 정차된 이유, 재출발 예정시각, 역의 조치사항 등을 정확히 파악해서 열차 책임자 중위에게 보고하는 임무가 첫째요, 또 하나는 인원 수가 극히 제한된 장군 칸에 승차한 장군들에게 식사시간마다 식사 서빙serving을 하는 임무가 맡겨 졌다.

이때 대개 씨레이션C Ration(미군 C형 전투식량)이 담긴 통조림 통을 뜨거운 물에 데워 제공한다. 각자 기호가 달라 희망하는 통조림을 고르는데, 영어를 모르면 임무수행이 불가능해 저자에게 맡긴 것이다.

한번은 부산釜山역에 도착해서 알티오로 씨레이션 보급을 받으러 갔는데, 그곳에 근무하는 경복 동기 김웅권金雄權을 반갑게 만난다. 군복 차림이지만 모자만은 경복 교모를 쓰고 있었다. 학교에 매일 출석하지 못해도 이따금 나간다 말하고 부산 경복 임시 교사에 동기들이 많이 나온다는 소식을 전해들을 때 저자만 뒤떨어진 느낌으로 비애를 느꼈다.

또 한번은 부산역 플랫폼에서 다른 동기 김용주金鏞周를 만나 보니 그도 학교에 나가지만 경제 사정 때문에 미군부대에 취직할 생각을 가지고 있다 하기에 오히려 다행이란 생각도 들었다.

경북 경산慶山역 구내 정차 중인 포카혼타스 열차 내에서 쉬고 있을 즈음, 같은 수송열차 파이어 볼Fire Ball이 역 구내로 들어와 정차한다. 그런데 거기 동창 김용주가 보인다. 경제 형편상 어쩔 수 없이 수송열차를 타게 되었다고 잠깐 사정을 들려주고 경산을 떠나간다.

일주일씩 타는 주급週給이지만 한 달 수입을 합하면 그런대로 가족 생계는 걱정할 필요가 없었다. 다행이었다. 어머니가 한 달에 한 번 들러 한 달 모은 저자의 주급을 받아 가셨다.

열차가 부산에서 미군병력을 태우고 경부선을 달리다 천안天安역에 도착, 잠깐 쉬고 있을 때였다. 저자가 보니 철로 저 편에서 교복 입은 한 남학생이 선로를 몇 차례 건너 이쪽으로 다가온다. 여름 교복을 입고 교모를 썼는데 가까이 보니 임진강 나루에서 만나 참외를 주던 바로 박시우가 아닌가?

지난 해 9월에 보고 올 8월에 보니 거의 1년 만의 만남이다. 인사가 끝나기도 전 다급하게 씨레이션을 줄 수 없느냐기에 주겠다 하고는 열차 안으로 들어가 씨레이션을 가지고 나와 막 열차가 출발할 즈음 객차 출입구 난간 층계에서 넘겨주었다. 그리고 열차는 임무를 마친 뒤 남쪽으로 달려 부대 본거지 경산을 향했다.

이렇게 기분 좋은 일이 있을까? 열차가 임무 수행을 마치고 잠시 경산역 구내에 멈춰 있을 무렵 저자는 플랫폼에서 친구 장태순張台淳을 만났다. 이게 얼마 만의 일인가?

경산 있는 고모 댁에 내려와 쉬고 있는 중이란다. 여유가 있어 보인다. 김광식金光植은 어디로 피란 갔을까? 하고 이구동성으로 입을 열었다. 중학교 2학년부터 친하게 지낸 친구들이다.

그 해 여름이 지날 무렵, 모인 돈을 어머니에게 넘기며 장차 계획을 말하니 지금 다니는 부대를 그만두면 식구가 어떻게 살림을 꾸려갈 수 있겠느냐며 부대 그만둘 생각은 당분간 접으라는 만류의 뜻을 말씀한다.

작정한 대로 부대를 그만두고 짐을 쌌다. 대구 임시 거처로 돌아온 저자는 우선 서울서 온 양정養正고교 편입을 신청하고 학교에 들어간다. 몇 달 밀린 공부를 열심히 하고 동급 학우들을 따라가느라 남보다 노력을 배가했다.

대구 달성공원 앞에 가보니 70대 할아버지들이 촘촘히 앉아 오가는 사람들에게 사주를 풀어 주고 있어 저자도 호기심이 생겨 그쪽으로 다가가 한번 보는 값이 얼마인가 알아 보니 생각보다 비싸다. 그 가운데 가장 나이 들어 보이는 영감님한테 다가가서 "학생이 돈이 없어 그러니 찐 고구마 좀 사다 드릴 테니 저 좀 봐 주세요" 하자 그러라고 곧 응답하고 사주를 대라 한다.

말해 주니 "이 다음 자네는 큰 사람이 될 터인데, 구변생재口辯生財의 운수이므로 되도록 장차 구변으로 생업을 삼는 직업이 찾아지면 좋을 것이라" 귀띔해주어 지금까지 살아오며 곰곰이 따져보니 딴에 그때 그 할아버지 말이 맞는 것으로 생각되기도 한다.

이 무렵, 전시임에도 불구하고 대구에서 전국 마라톤대회가 열렸는데, 달성공원 앞을 출발하는 경기실황을 당시 서명석徐明錫 아나운서가 부산에서 올라와 동시 생중계 방송을 하는 모습을 실감나게 보고 언제인가 나도 저이처럼 아나운서가 될 수 있었으면 하는 꿈을 조용히 키우게 되었다.

남은 문제는 다소라도 어머니 걱정을 더는 일이다. 신문팔이도 해 보고 노점도 해 보고 하다가 아버지 친구의 아우 김상문金相文 사장이 운영하는 동아출판사 일을 이삼 일 본 적도 있다. 생활에 보탬이 되는 일에 종사하다 보면 학교 공부가 소홀해져 이도 저도 안 될 것이라 판단, 학교 공부에만 전념하다가 늦가을에 바라고 바라던 서울행을 결정한다.

042

경복고등학교 복학, 서울대 합격

서울 도착 즉시 모교를 찾아, 고3, 2학기 복학 수속을 밟고 3학년으로 복귀했다. 이때 우리가 찾던 김광식을 만났다. 이 얼마나 반가운가? 고교 졸업 시 문과 이과 합해 백 명 가량 되는데, 김광식이 수석을 차지하고 당당히 그가 목표한 서울대학교 공과대학 건축공학과에 합격했다. 장태순도 부산서 졸업하고 그가 희망한 서울대 공대 채광학과에 합격했다.

당시만 해도 영수학원이 서울에 한 군데밖에 없어 저자는 국도영수학원에 등록하고 낮엔 학교, 저녁엔 학원 하는 식으로 공부에만 전념한다. 아무래도 영어와 수학이 뒤질 것이라 생각하고 여기에 집중했다.

졸업 후 만일의 경우를 대비해 특차에 해당하는 서울사범학교 연수과演修科 1년 과정 입학시험을 보아 합격했지만, 저자도 입시 전기에 목표한 서울대학교 사범대학 국어교육과에 합격하는 기쁨을 맛본다.

서울대 교복을 입고 교모인 베레모를 쓰고 거리에 나서면 그야말로 만감이 교차한다. 여전히 경제 사정이 저자를 압박해 가정교사 일을 마다하지 않고 기꺼이 맡았다. 사실 국립대 사범대이므로 수업료가 면제되고 등록금도 저렴해 학비문제는 그다지 염려되지 않으나 당장의 가족 생계를 꾸리기에 부모님만으로 역부족인 형편이었다.

어머니 아이디어로 집의 담을 일부 허물어 구멍가게를 내기로 하고 온 가족이 힘을 모아 부모님을 돕기로 결정한다. 저자를 포함 자식들이 할 수 있는 일은 도매시장에 가서 물건을 도매로 사와 소매하는 일을 맡는 것이다. 그러다 보니 자연 대학 수업이 은근히 염려되었다.

043

서울중앙방송국 아나운서 시험 합격

　일찍부터 저자는 방송국放送局 아나운서가 되기 위해 평소 많은 노력을 기울여 왔다. 이를테면 배달되어 오는 신문을 샅샅이 읽되 큰 소리 내어 읽음으로써 조음調音과 발음發音 연습에 상당 시간을 보내는 한편, 라디오방송 청취에도 많은 시간을 썼다.

　옥편을 찾아 한자의 정확한 소리와 뜻을 익히는 데도 소홀함이 없었다. 인생의 다음 목표를 방송 아나운서로 확정, 모집시험 관련 정보를 백방으로 수집했다.

　모집시험 응시 자격은 첫째, 표준어를 써야 하고, 둘째, 대학 전문부專門部 이상의 학력 소지자여야 하며, 셋째, 음성이 명랑할 것이고, 넷째, 신체 건강한 대한민국 남녀여야 한다. 시험과목은 국어, 영어, 상식, 논문 등의 필기시험과 면접시험으로 나뉘어 있었다.

　저자는 서울 출생이고 대학 학부學部 학생이므로 음성만 인정받으면 필기와 면접은 무난할 것이라 판단하고, 목표를 향해 꾸준히 노력했다.

서울중앙방송국 국보局報를 들으니 국에서 마침 아나운서를 모집 중이란 고지告知가 나온다. 기회가 온 것이다. 즉시 응시원서를 내고 모집시험에 응시했다.

1차가 음성 테스트다. 안내자 지시에 따라 스튜디오에 들어가 의자에 앉으니 앞에 테이블이 있고 그 위에 탁상용 마이크가 놓여 있다. 미리 받은 등사기로 인쇄된 방송 원고를 여러 차례 읽은 뒤이므로 긴장은 되지만 침착하려 애쓰며 받은 원고를 '온 에어'(방송중) 지시에 따라 소리 내서 읽어 내려간다.

5분 정도 읽으니까 그만하면 된다고 해 곧 자리에서 일어나 스튜디오 밖으로 나온다. 응시생들은 약 2백 명 가량인데 모집 인원은 약간명이라고 했다. 그 이튿날 1차 음성 테스트 합격자를 발표했다. 나도 합격자에 포함되어 다행이다. 언젠가 아나운서가 되고 말 것이란 확신이 섰다.

그러나 며칠 뒤 세종로 정동 방송국 건물 게시판에 최종합격자 명단이 발표되었지만 아무리 눈을 비비고 봐도 저자 이름만 안 보인다. 이상한 일이다. 전공이니 국어시험과 논문시험도 잘 보고 상식시험도 평소 신문을 읽다 모르는 용어는 그때마다 해결해 오기 때문에 별 문제는 없었다.

뿐만 아니라 면접시험도 자신 있게 보았는데 실격이라니 도무지 납득이 안 가는 일이다. 가만히 정신 차리고 보니 합격자 명단 바로 옆에 수험생 전영우와 최상현은 곧 서무과장에게 와 달라는 통지문이 써 있다. 이 글을 보자마자 즉시 서무과장을 만났다.

"두 사람도 합격권에 들었지만 대학 졸업생이 아니고 재학생이기 때문에 합격에서 제외된 것이니 졸업하고 오면 그때 고려해볼 것을 약속해요" 하는, 딴에는 설득이다. 이 말이 떨어지기 무섭게 물었다.

"응모 자격이 대학 전문부專門部 이상이라 하지 않았습니까? 분명히 말씀드리지만 저희 두 사람은 다 같이 대학 학부 학생입니다. 전문부 이상이 확실합니다." 아무리 호소해 봐도 소용없었다. 첫 시험은 이래서 낙방 아닌 낙방의 고배를 마시게 된다.

1954년 봄이다. 이때 합격한 사람은 이순길李順吉, 최계환崔季煥, 강영숙姜映淑, 김인숙金仁淑 등 네 분이다.

같은 해 가을에 다시 국보가 나왔다. 수습 아나운서 모집이다. 기다렸다는 듯 응모 접수를 위해 서무과에 들어서자 누군가 작은 목소리로 "또 왔군!" 한다. 접수 번호를 보니 1번이다. 한 계절 늦었지만 가을날 13명 수습 아나운서가 선발되고 저자도 여기 포함되었다.

13명 수습 수료자 가운데 네 사람이 정식 아나운서로 발령을 받았다. 임영林英, 이종완李鍾完, 심우성沈雨晟 그리고 저자였다.

처음 방송국 아나운서가 되었을 때 가족과 친족이 모두 축하해 준 것은 방송국이 당시 한 군데인 데다가 아나운서 시험이 다른 어떤 시험 못지않게 어려운 관문이기 때문이었을 것이다. 집안에서는 한동안 축하 분위기에 들떠 지냈다.

집안 어른인 노인들도 축하하며 기뻐했다. 특히 외할머니, 이미 타계하셔서 지금은 안 계시지만 외할머니께서 누구 못지않게 기뻐했다. 그때 벌써 구순이 머지않은 때였고 노령이다. 외할머니는 동네 부인들에게 저자를 소개하기를 "이 사람이 '아낙군수'요" 하셨다. '아나운서'라는 말을 부르기 좋게 '아낙군수'로 부르신 것이다. 그런데 또 어쩌랴? '아낙군수'의 사전식 정의는 '안방에만 늘 들어앉아 있는 사람의 별명'인 것을……

044

직선적 충고, 윤길구 선생

윤 선생이 서울대 부속병원에 입원했다는 연락을 받고 병원으로 문병 간 것은 그분이 타계하기 바로 며칠 전 일이다. 때마침 병상에서 간단히 식사를 마친 후라 이마에 구슬 같은 식은땀이 흐르고 얼굴은 무척이나 수척해 보인다. 저자를 본 순간 입가에 감돌던 특유한 그의 웃음은 지금껏 잊히지 않는다.

방송국 아나운서를 동경한 나머지 수습으로 뽑혀 처음 연수를 받던 무렵, KBS의 아나운서 책임자가 윤길구 선생이다. 각계각층의 인사가 망라된 강사진은 3개월의 연수기간이 지루하기는커녕 오히려 짧은 느낌마저 갖게 해 줄 정도로 새롭고 유익하고 보람 있는 기회를 주었다.

소정의 수습이 끝나갈 즈음 윤 선생은 13명 수습생을 향해 그동안 하루도 빠짐없이 출석한 사람이 누구냐 묻는다. 손을 들고 보니 공교롭게 해당자는 저자 혼자뿐이다. 자랑스러운 느낌은 순간이고 곧 손든 일이 무안할 뿐 아니라 무색하게 느껴지는 감정 변화는 무엇인가?

그는 저자에게 과제를 준다. 연수 수료식 때 축사에 이어 답사가 있을 예정인데 저자를 수료생 대표로 지명하니 오늘 중으로 답사를 준비해 두라는 것이다. 저자는 멍하니 앉은 자세로 그날의 답사를 구상하기 시작한다. 겉으로 아무 움직임이 없어 보이나 속마음은 매우 초조하고 분주하다. 몇 시간 뒤 그는 저자에게 다시 독촉이다. 왜 답사 준비를 아직 안 하고 있느냐는 다그침이다. 일순간 그의 얼굴에서 감정의 파도가 높게 이는 표정을 읽었으나 애써 태연해 보이면서,

"아나운서 수습을 3개월 간이나 했는데 준비를 따로 해야 합니까? 당일 가서 즉흥으로 하면 되겠지요."

"좋아! 바로 그거야 보람 있어."

폭소가 터지고 지난 그의 얼굴에 다시 평온이 살아난다. 이때 저자의 대답이 매우 당돌했다는 후회를 그 후 몇 차례 반복한 기억이 남아있다.

"이봐 미스터 전! 당신 방송은 꼭 C를 닮은 것 같아 틀렸어! 틀렸단 말이야!"

"……"

사실 저자는 평소 사숙한 인기 절정의 모 선배 방송을 좋아한 나머지 그를 모방한 것이다. 이 무렵 저자 주변에서 이르는 말이,

"자네는 C 아나운서와 똑 같더군" 하면 자신도 모르게 어깨를 으쓱했던 참인데 윤 선생의 질타는 대조적인 것이니 나이 어린 저자에게 그의 꾸지람이 퍽이나 섭섭하게 생각된 것은 사실이다. 그리고 KBS-TV 초창기, KBS 국제방송국장이던 그는 저자의 TV 뉴스방송 화면을 몇 차례 시청한 뒤에,

"자네 TV뉴스는 꼭 닭이 모이 쪼아 먹는 것 같더구먼."

뉴스 원고와 정면 카메라를 번갈아 보며 방송하는 부자연스런 저자의 방송 자세를 꼬집어 풍자한 야유의 말씀이다. 순간 얼굴이 화끈하게 달아올랐다. 그러나 이 표현은 사실의 정곡을 찌른 정확한 것이었다.

그의 성품은 언제나 직선적이고 조금도 완곡을 택하는 일이 없다는 것을 잘 알던 터이다. 대쪽처럼 곧은 성품인 그는 평소 희로애락의 감정표출이 매우 분명하다. 외유내강이나 외강내유의 위선이 없는 분이다. 때로 성급해 감정을 민감하게 분출한다. 그러나 세심하고 빈틈 없는 성격을 함께 지닌 분이다.

야구 중계방송의 베테랑이던 그는 투수가 포수에게 던진 볼이 스트라이크이든 볼이든 일단 심판 선언이 있은 후라야 "심판이 스트라이크를 선언했습니다" 또는 "심판이 볼을 선언했습니다" 하고 중계방송을 하는 신중파 아나운서다. 야구 캐스터로 크게 활약한 시절의 경험담을 파안대소破顏大笑하며 말할 때는 택시기사도 윤길구 아나운서를 알아보고 이따금 택시비를 받지 않더라는 대목에서 그는 늘 말의 억양을 높였다.

최근 방송가에 아나운서 몇이 뉴스 해설위원을 겸임한 경우가 있으나 실은 4반세기 전에 이미 윤길구 아나운서가 윤철성이라는 별도 이름으로 시사 해설을 맡아 사계에 명성을 크게 떨쳤음은 주지의 사실이다. 불교전문 출신인 그는 불교철학에 조예가 깊은 것 같았으며 죽음의 철학에도 그 나름 일가견이 있는 것 같았다.

그것은 바로 생生즉사요, 사死즉생의 사생관死生觀이다. 마치 색色즉공, 공空즉색을 연상케 하는 철학이다. 주어진 직무에 충실하고 감정이 풍부한 그는 동료끼리 모여 앉아 대작하며 담소하는 분위기를 퍽이나 즐긴 편이다. 그때 징황은 술, 안주, 술집을 기려 찾는 형편은 못 되고, 모든 것을 멋에만 맡긴 시절이다. 말하자면 철학은 있으나 경제 사정엔 거리가 먼 술좌석이다.

어떻든 멋을 좇는 것으로 사는 보람을 만끽한 시절이다. 술이 좋아 정서가 풍요진 것인지 정서가 풍요해 술을 즐긴 것인지 아무튼 그런 풍류가 당시 전문 방송인들 생활에 젖어 있던 때다.

대학병원 병상 윤 선생은 식사 끝낸 뒤 이마에 식은땀을 흘리며 문병 간 저자에게 "수술을 받았는데 앞으로 회복되면 술을 마셔도 상관 없다는 거야" 하고 말하며 웃던 그분이 며칠 후 저세상으로 가고 말았다. 호탕한 웃음의 철인이며 아끼는 후배에게 직선적 충고를 아끼지 않던 윤길구 아나운서를 잊지 못하는 후배가 어찌 한둘이겠는가?

045

홍양보 아나운서

홍양보洪陽寶 아나운서는 1916년 평양 출생으로 1945년 평양방송 아나운서로 활동하기 시작, 방송계에 몸 담았다. 1958년 한 방송 전문지가 마련한 좌담회에 참석 월남 경위와 서울중앙방송국 아나운서로 선발된 과정을 설명한 적이 있다.

"여기 평양에 있으면 아무래도 재미없겠다는 생각이 들어요. 그래서 국장에게 물어 봤죠. 내가 서울 가도 방송할 수 있겠는가 물어보니 '내가 아나, 그러나 목소리만은 알고 있다' 그러자 나는 해주를 통해 위험을 무릅쓰고 남으로 넘어왔죠. 서울 와서 아나운서 시험을 3회나 치르고 겨우 합격했죠. 마침 조봉순(조흔파) 씨가 그만두게 되어 결원 보충으로 시험 보고 들어왔죠."

이때 시험위원은 중앙방송국장 이혜구 님, 방송과장 이계원님, 민재호 님, 방송제장 윤길구 님, 이덕근 님 등이었다.

홍양보 님은 아나운서로 방송국에 근무하는 한편, 서울대 사범대를 졸업했다. 전공은 국어교육이다. 그는 '스무고개'와 '천문만답' 같은 공개방송 사회를 맡아 하고 스포츠 중계방송도 담당했다. 그러나 홍양보 님은 1949년 7월 5일 민족 지도자 고 백범 김구金九 선생 국민장 실황을 중계방송함으로써 그의 성가가 한층 올라갔다. 그는 운구 행렬 실황을 중계했고, 서울운동장 국민장 장례실황은 방송과장 민재호 님이, 그리고 효창공원 묘지 하관식 실황 중계방송은 위진록 님이 담당했다.

백범 김구 선생 국민장 실황 중계는 장례식과 하관식이 모두 중요하지만 운구 행렬 이동 실황이 라디오를 청취하는 시민 입장에서 보면 일층 애끓는 장면이었을 것이다.

김성호金聖鎬『한국아나운서 통사通史』에 따라 홍양보 님의 그 뒤 행적을 추적해 보기로 한다.

1950년 6·25전쟁 때, 중앙방송국이 대전으로 이동, 여기서 방송을 하게 되자 방송요원은 엔지니어뿐이고 유일하게 홍양보 님 혼자 대전 도착해서 방송하므로, 국무총리 서리 겸 국방부장관이 평아나운서 홍양보 님을 중앙방송국장에 임명함으로써 전무후무한 인사 전례를 남겼다.

1951년 1·4후퇴 때 홍양보 님은 VUNC 유엔군 총사령부 방송 아나운서로 전출되어 일본 도쿄에 간다. 자의 반 타의 반으로 KBS와 관계가 끊어지고 다시 오키나와로 옮겨가 18년간 심리전 방송을 담당하다가 1968년 VUNC가 해체되자 미국으로 이주, 미국무성이 관장하는 VOA '미국의 소리' 방송에서 1990년까지 20여 년간 근무했다. 방송계 50여 년, 오로지 아나운서로 충실히 근무한 홍양보 님은 2015년 가을 백세를 일기로 미국에서 타계했다.

대한언론인회가 2015년 11월 발간한 『실록, 언론·언론인의 길(5) — 그때 그 현장 못다한 이야기』에 실린 저자의 글 「아나운서 30년 대학교수 30년」 가운데 홍양보 님 관련 부분을 발췌한다.

대학 및 전공학과를 선택할 때도 저자는 평소 애청하던 홍양보 아나운서 방송에 끌리어 그가 졸업한 서울대 사범대 국어교육과를 지원하게 되었다. 그가 국내 전파를 타던 때는 물론이거니와 후에 VUNC에 근무할 때 도쿄에서 한국을 향해 보낸 그의 방송을 거의 매일 청취했다.

장중한 시그널을 들려준 다음 그의 미성이 흘러 나왔다. "VUNC! 여기는 유엔군 총사령부 방송입니다. 유엔군 총사령부 방송은 지금부터 가장 정확하고 가장 새로운 소식을 여러분에게 전해 드리겠습니다." 뉴스 내용을 듣기보다 오히려 그의 음성 듣기에 일층 더 신경을 썼다는 것이 솔직한 생각이다. 아름다운 음성, 명료한 발음, 듣기 좋은 어조, 남성 음성이지만 은반에 구슬 구르는 소리 같다는 수식이 어색하지 않은 음성이었다.

나도 저이처럼 아나운서로 방송계에서 활약할 수 있을까? 아니 그보다 먼저 나에게 저이 같은 적성이 있을까 없을까? 이런 의문이 꼬리를 이었다. 그곳에 위진록韋辰祿, 유덕훈柳德薰, 이상송李常松 아나운서가 함께 근무했다. 각각 독특한 개성으로 방송 현업에서 활약, 지명도를 높이고 있었다.

홍양보 아나운서는 라디오 프로그램 '스무고개' 명사회자로 정평이 나 있었으며 한편, '인품이 훌륭한 분'으로 방송가에 소문이 자자했다. 홍 선배님을 저자가 주선해, 1956년 사대 용두동 캠퍼스로 초청, 국어교육과 학생을 대상으로 특강을 열어 좋은 반응을 얻은 적이 있다. 뿐만 아니라 오키나와 또는 미국 체류 시 이따금 고국을 방문할 때, 저자와 몇몇 전문 방송인을 초대해, 미국대사관

옆 유좀 구내식당으로 안내, 당시 국내인은 출입 제한되던 곳에서 맛있는 서양 요리를 대접하기도 했다.

선배님 나이 8, 90대 들며 미국에 오래 머물러 계시어 좀처럼 소식 모르다가, 2015년 9월 29일, 미국 메릴랜드에서 백세를 일기로 작고하셨다는 부음을, '아나운서 클럽 회보'를 통해 접하고, 인생 덧없음을 다시금 실감했다. 때 늦은 감 있으나 멀리 고국에서 홍양보洪陽寶 선배에게 마음으로나마 재배하고 명복을 빈다. 평안히 영면하소서.

046

최승주 아나운서

"왜 저만 숙직 보근補勤을 시킵니까?"

"그럼 당신이 나보다 일찍 방송국에 취직해 들어올 일이지 나중에 들어와 어떻다는 말이오?"

그러니까 1956년 KBS가 정동에 있을 무렵이다. 그때 최승주 씨는 아나운 서 책임자이고 나는 2년 밖에 안 된 초년생. 그의 빈번한 보근 지시에 나는 본의 아닌 반발을 보이고 그는 여유를 드러내는 해학諧謔으로 응수한 것이다.

당시 나는 축구 중계 하나만으로 스포츠 캐스터 명맥을 겨우 유지하는 형편인데 실은 이 축구 중계를 처음 맡겨준 이가 바로 최 선배다. 처음 나는 보조 임무로 여러 가지 중계 뒷바라지를 담당했다. 가령 게임이 있기 바로 전 대진 양 팀 선수 명단을 입수해 오는 일부터 시작, 선수들 최근 동정, 게임 개황과 전망 등 스포츠 시즌이 벌어지면 시내 서울운동장으로 나가는 횟수 기 늘고 이에 따라 보조 아나운서 일이 매우 분주했다.

비록 보조 입장이나 당시 우리나라 방송기관이 하나뿐이라 운동장 출입할 때 정문 경비들이 자못 호기심 어린 표정으로 방송 중계반을 유심히 바라보는 바람에 절로 어깨가 으쓱했다.

그러나 이 일도 한두 번이지 보조 역할에서 하루 속히 벗어나 당당히 담당 캐스터로 실황 중계방송을 담당했으면 하는 소망은 날이 갈수록 간절하기만 했다. 당시 축구 중계에 관심 가진 선배가 따로 몇 사람 더 있는 까닭에 중계석에 앉아 본다는 꿈은 나로서 엄두도 낼 수 없을 때다.

그러던 어느 날, '이' 선배가 치밀한 준비와 상당한 연습 끝에 절호의 기회를 포착했다.

"그럼 마이크를 '이' 아나운서에게 옮깁니다."

"지금까지 최승주 아나운서의 실황 중계였습니다. 말씀 드리는 순간 양팀 선수 모두 그라운드 한복판에서 혼전! 혼전! 혼전!"

"'이' 아나운서의 중계였습니다."

머뭇거리며 말 꼬리를 잇지 못하는 후배를 안타깝게 생각한 나머지 최 선배가 즉각 '이' 아나운서 마이크를 빼앗아 축구 경기 실황을 계속 이어 나아갔다. '이' 아나운서야 더 말할 것 없으나 최 선배 마음도 여간 괴로운 것이 아니더라는 소감을 후에 들었다.

'이'의 축구 중계는 결국 1분을 넘기지 못한 채 끝난 셈이다. 그 뒤를 이어 나는 최 선배에게 축구 중계 기회를 달라고 수차 요구하고 나선다. 그러나 그는 요지부동搖之不動이다. 사실 그럴 수밖에 없었을 것이다.

그러다가 간신히 허락을 얻어냈다. 장소는 서울운동장, 국내 실업 팀 축구경기 전반전이 끝나고 후반전 킥오프를 앞둔 순간, 이때다.

"그럼, 후반전 경기실황 '신진' 전영우全英雨 아나운서 중계로 들으시겠습니다." 마이크를 옮겨 쥐기 무섭게 나는 걷잡을 수 없는 흥분에 휩싸인다. 1분, 2분, 3분……10분쯤 되었을까? 누군가 내 등을 가볍게 두드리기에 힐끗 돌아보니 그만하면 실패는 모면했다는 듯 최 선배가 웃는 낯으로 나를 바라본다. 그 순간 나 역시 안도의 숨을 쉬며 마주 쳐다보고 미소를 나누었다. 이렇게 해 나의 처녀 축구 중계방송은 그런 대로 무사히 끝낼 수 있었다.

그날 저녁, 그가 이끄는 대로 창신동 그의 집에 가 동태찌개와 막걸리 잔을 상에 놓고, 그날 진행한 나의 축구 중계를 화제로 이야기 꽃을 피우며 시간 가는 줄 몰랐다. 잘한 점과 부족한 점을 낱낱이 꼬집어 내 자세히 일러주는 선배에게 나는 형제의 정을 느끼지 않을 수 없었다.

최승주 아나운서는 1950년대 중반, 축구 캐스터로서 관록이 대단한 분이다. 그도 그럴 것이 그때 그는 이미 대한축구협회 이사직을 겸하고 있기까지 했다. 하루 한 번 시청 건너편 축구협회 사무실을 꼭 다녀오는 그를 나도 이따금 수행한 적이 있다. 축구협회 이사를 겸한 방송국 축구 캐스터는 현재도 그렇지만 아마 앞으로도 전무후무한 일이 될 것이다.

당시 실황방송을 지금과 비교하면, 격세지감隔世之感이 없지 않다. 우선 그때는 트랜지스터 라디오와 TV가 없던 시절이다. 뿐만 아니라 캐스터 중계기법에도 많은 변화가 있다. 그때 최승주 캐스터가 즐겨 쓰던 축구 경기 실황묘사에 "제기 차듯 몰고 들어가는 볼"이라든가, "두발당성으로 차는 볼", "여의치 않은 볼" 등이 떠오른다. 언제나 실감나는 애드리브로 표현해야 한다는 주장을 염두에 두고 실황 방송에 임하던 그분이 본의 아니게 언어표현상 약간 품위가 손상된 적이 있다.

어느 해 여름철, 서울운동장 스탠드 빽빽이 관중이 운집하여 축구경기를 흥미 있게 관전하고 있을 때였다. 한창 경기가 절정에 이를 때 난데없이 소나기가 쏟아지자 스탠드 관중은 약속이나 한 듯 일제히 스탠드 뒤편 포플러나무 밑으로 들어가 비를 피하고 서 있었다.

"때마침, 서울운동장에 소나기가 퍼붓고 있습니다. 주위 스탠드를 꽉 매우고 있던 관중들 모두 비를 피하느라 포플러나무 '밑구녕'으로 들어갔습니다."

아차 하는 순간, 거침없이 나가던 캐스터 묘사가 실수를 하고 만 것이다. 그러나 이 경우를 물씬한 서민 체취로 보고 싶다. 이분 서민 체취는 일상생활에 종종 나타난다.

어느 해 연말, KBS 아나운서실에서 최 선배 제의로 선물교환 행사가 베풀어져 동료 간에 세밑의 정을 나눈 때가 있다. 이때 그가 나에게 준 선물은 허름한 가방 하나다. 엉뚱한 선물에 어이없어 하는 나에게 그가 던진 말은,

"이거 뭐 별거 아닌데, 갓난아기는 잘 자라고 있겠죠? 아기 기저귀 가방이나 하시오!"

이야기는 바뀌지만, 1950년대 중반 라디오 프로그램 〈인생 역마차〉가 꽤 인기 있고 청취율이 예상외로 높았다. 쟁쟁한 방송작가들이 돌아가며 청취자 인생 애환을 접수, 극화劇化하는 프로그램인데, 청취자가 정황을 생생하게 실감할 수 있고 내용도 매우 흥미있어, 시중 인기가 대단했다.

그때 최승주 씨는 '최일주'라는 필명으로 가끔 이 〈인생 역마차〉를 극화했다. 어떤 사람의 인생 체험을 극화하는 일이 창작만큼 어려운 작업이라면 그는 창작 구성력을 이미 갖춘 것으로 보아야 한다. 유명 아나운서로 이름을 날렸지만 방송작가로도 자질이 십분 발휘된 셈이다.

이분이 홀연 유명幽明을 달리하고 1주기가 되었을 때, 평소 그를 따르던 동료 및 후배 그리고 가족과 친지가 그의 유택에 모여 1주기 추모제를 올리는데, 고인 필명이 공교롭게 '일주'임을 기억하고, 북받치는 슬픔을 억제하

기 힘겨워 하던 일이 저자에게 주마등처럼 스쳐 간다.

생전 그가 나에게 남달리 따뜻하게 대해 준 배려로 인해 지금도 나는 그를 고맙게 생각한다. 내가 아나운서 모집시험에 응모해 면접을 받을 때 확실치 않으나 어렴풋이 그가 대학 선배인 점을 알고부터 나도 그를 각별히 따르게 된 것이다. 아무튼 대학 선배로, 아나운서 선배로 그를 따르고 존경했으며 지금도 그를 잊지 못한다.

내친 김에 일화를 몇 가지 더 소개하는 것으로 그분 사람됨을 알리려 한다.

아나운서 생활은 시간에 쫓기는 것이 숙명처럼 되어 있어 여가를 즐기는 일이 상당히 어렵다. 더구나 취미를 몇 가지 갖는다는 일은 꿈도 못 꿀 일이다. 이처럼 자기는 취미에 묻힐 시간이 없더라도 직업 탓에 남이 하는 모든 취미를 두루 익혀둘 필요는 있다. 그러므로 모든 사람 취미를 폭넓게 살펴보는 고된 작업을 아나운서는 감수해야 한다.

지금은 사정이 다르나 1950년대 중반 서울에 당구장이 그리 흔치 않았고 당구를 즐기는 인구도 많지 않았다. 아니 거의 없는 편이었다. 한번 최 선배를 따라 시내 소공동 근처 당구장을 찾은 일이 있다. 당구대가 여러 개 있는 규모 큰 집이지만 그 시간 우리가 첫 손님인지 다른 손님은 눈에 띄지 않는다.

선배는 큐 꽂이에서 큐 몇 개를 만지작거리더니 이윽고 큐를 한 개 골랐다. 큐 선택에 보통 신중을 기하는 것이 아니다. 또 당구대만 해도 요모조모 살피고 난 후 한 당구대를 잡는다. 공을 선택할 때도 물론 신중했다. 어떻든 매사 신중하고 시간이 소요되었다. 얼마 후 내게도 큐 하나를 골라주고, 당구 요령을 그 자리에서 5분 가량 자세히 일러준다.

나는 최 선배의 일거수일투족을 주시하다가 아주 놀라고 말았다. 당시만 해도 당구가 보편화되어 있지 않는데 언제 저만한 실력을 쌓았을까 놀라운 시선으로 바라본 것이다. 그러나 얼마 후 알고 보니 그때 그의 당구 실력은 고작 30점이라는 보잘것없는 실력이었다. 그러면서도 전혀 초심자인 나에게 가르쳐 주는 폼은 가위 고점자에 손색 없는 바로 그것이었다. 이 점이 그의 멋이다.

그의 멋은 방송에서 적잖이 나타난다. 각종 스포츠 경기가 막을 내리고 빙상경기만 남았을 때, 스포츠 특집이 매일 일정 시간에 나가게 되었다. 이 시간을 담당한 최 선배는 축구경기 규칙을 해설해 나갔다. 물론 원고도 없고, 단지 메모 한 장만 손에 쥔 채 마이크 앞에 앉는다.

마침 그때 나는 소개 방송을 하고 서서 축구경기 해설을 옆에서 들었다. 그는 차분하게 그러나 박력 있는 음성으로 알아 듣기 쉽게 규칙을 해설한다.

"가령, 제가 앉은 자리에서 오른쪽이 A팀 진영, 왼쪽이 B팀 진영이라 가정하면, 이것은 어디까지나 가정입니다. 여러분은 각각 여러분대로 가상 그라운드에 가상 진영을 설정하시면 좋겠습니다. 자 그럼 이제 본격적인 설명으로 들어가겠습니다. 준비는 다 되셨겠죠?"

학교 선생님처럼 찬찬하게 축구경기 규칙을 설명해 나간다.

최 선배는 아나운서 역할이란 크게 말해 사회과 교사 구실이란 점을 항상 힘주어 말했고, 또 그 신조로 방송에 임하는 것이 분명했다. 지금 방송 아나운서가 사회과 교사라기보다 각종 메시지 센더sender 입장이지만 당시는 사회과 교사라는 표현이 어쩌면 타당한 느낌이 든다.

신문과 함께 방송도 교육기능을 갖는 것이 사실이고 보면, 그의 표현에 수긍이 간다. 아니 대학을 다니며 그가 교육자적인 소양과 훈련을 쌓고, 교육학적 분위기 속에서 고등교육을 받은 결과인지 모른다.

어느 날 내가 그분에게 역도경기에 대해 질문했을 때만 해도 그 자리에서 즉각 시범교육을 실시하는 그였다. 놋쇠로 만든 스탠드 재떨이가 순간 역기로 둔갑한다. 나에게 재떨이를 가져오게 한 다음 그가 그것을 말끔히 닦고 스탠드를 옆으로 누이니까 그것이 마치 역기처럼 형상이 바뀐다.

170센티 신장, 80킬로그램 체중, 상의를 벗더니 역도선수 폼으로 가로 누인 재떨이를 힘껏 잡는다. 한 차례 심호흡을 한 다음 가벼운 재떨이를 중량이 크게 나가는 실제 역기를 드는 것처럼 온 기력을 한 곳에 집중한다. 그러더니 가볍게 들 수 있는 것을 무척 힘들게 들어 올리는 시늉을 한다. 재떨이를 한동안 들고 서 있다가 매우 힘든 모습으로 다시 사무실 바닥에 조용히 내려놓더니 내게 한 마디,

"이것이 바로 추상推上입니다. 아시겠습니까? 다시 한 번 하죠."

나는 하도 진지한 그의 표정과 동작이 우스워 못 견딜 지경인데, 최 선배는 조금도 웃지 않는다. 이처럼 실감나는 인스턴트 교육이 있을까를 생각하면 그는 사회과 교사로도 손색없는 참모습을 지녔다.

"그럼 후반 경기 실황을 '신진' 전영우 아나운서에게 넘깁니다."

이때 '신진'이란 수식어만 해도 그렇다. 그 표현을 안 쓰는 것이 어찌 보면 나를 아끼는 듯하나 실은 그 반대다. 다만 이 신진이란 표현은, 아무래도 유명 캐스터 다음에 서툰 내가 처음 등장하는 터라 우선 미숙하기 이를 데 없을 것이고, 그러다 보면 청취자 반응도 좋지 않을 것을 예상, 처음 등장하는 신진이니 청취자 여러분이 이 점 크게 참작하여 좀 미숙하더라도 널리 이해해 달라고 후배인 나를 함축성 있게 감싸주는, 말하자면 햇병아리를 감싸는 어미 닭의 따뜻한 깃털인 것이다.

"왜 저만 숙직 보근을 시킵니까?"

"그럼 당신이 나보다 일찍 방송국에 들어올 일이지 나중 들어와서 어떻다

는 얘기요?"

나와 최 선배의 이 한 토막 대화에도 서민 체취가 물씬 난다. 그리고 그는 그가 말한 것처럼 사회과 교사였다. 한 평범한 아나운서로 삶을 살다가 어느 날 갑자기 타계한 그를 흠모하는 내 마음은 지금도 여전하다.

— 전영우, 「대화의 미학」, 『신동아』, 1997

산소를 먹골에서 양주로 천장遷葬하고, 최 선배 큰자제가 저자에게 묘비명墓碑銘을 청하기에 서투르나마 지어 보냈는데 그 전문은 다음과 같다.

일주―周 최승주崔承周 아나운서 묘비명墓碑銘

방송에서 한 시대를 풍미하고, 난세를 고고히 살다 간 최승주 아나운서, 공중에도 길이 있어 희로애락의 메시지를 전파에 날리던, 금속성 중후한 음성 마이크의 주인공 최승주 아나운서, 환한 미소에 서민의 체취가 물씬하던 다정다감한 인간미, 경신학당에서 축구로 다진 몸매 일본 도시샤대 유학 후, 서울대에서 거둔 학문의 성취, 대한축구협회 이사를 겸한 명 축구캐스터, 50년대 KBS 아나운서실장, 일주 최승주 선생 생애 비록 짧았으나, 그가 남긴 발자취는 길이 빛날 것이다.

한국아나운서클럽 회장 문학박사, 전영우

047

박시우 박사와 서정희 박사

씨레이션을 받은 저자의 경복 동문 박시우는 그것을 짐받이 위에 싣고 자전거로 한참을 달려 충남 공주公州 유구면 소재 마곡사麻谷寺에 당도했는데, 마침 그곳에서 오빠 오기만 손꼽아 기다리던 동생들에게 모처럼 오빠가 천안을 왕복해 가져온 씨레이션을 주니 피란 중 주린 탓에 허기진 동생들이 잘 먹었지만 그 후가 문제다. 기름진 음식을 먹고 난 뒤이기 때문이다. 이 이야기를 나중에 들었다.

한편, 군에서 제대한 저자 외숙이 소식을 듣고 용인군 구성에서 외숙모와 두 딸 그리고 외가 대고모를 함께 모시고 할머니 수양딸 옥ㅍ 스님 주선으로 공주 마곡사로 내려갔는데, 그곳에서 박시우를 만나고 또 저자 소식도 외가에서 알게 된다.

경복고교를 거쳐 서울대 치과대학을 졸업한 박시우는 개업의가 됨은 물론 의학박사학위를 취득하고, 부인 서정희徐貞姬여사는 경북여고를 거쳐 서울대 치과대학 졸업 후 일본에 유학, 도쿄치과대학에서 의학박사학위를 취득한다. 개업의가 됨은 물론, 사회복지법인 한국발달장애복지센터 이사장으로 사회복지사업에도 기여하고 있다. 두 내외는 슬하에 3형제를 두었다. 천욱은 피부과 전문의요, 천일은 대학교수이고, 천보는 호주 거주 사업가로 어머니 사업을 돕고 있다.

돌이켜 보면, 박 박사 내외가 치대를 나와 치과의원을 처음 문산에서 제중濟衆치과로 개업할 때, 내국인은 말할 것 없고 외국인도 다수 치과에 오는 것을 저자도 보았다. 약속 환자들을 모두 본 다음 저녁에 인근 중화식당에 가서 저자가 대접을 융숭하게 받고 온 적이 있다.

그 무렵 저자는 공군 복무 시절인데 박 원장도 곧 군 입대 예정이라 고민하던 중이다. 그 역시 저자처럼 공군에 입대 군의관軍醫官으로 임명되고 부산서 근무할 때, 서 선생이 부산 서대신동에 치과의원을 다시 개업하여 찾아가 개업을 축하하고 역시 대접을 잘 받고 온 일이 있다.

군의관 전역 후, 서울 세종로에서 치과의원을 개업, 각계 각층 유력 인사들의 발길이 잦아졌다. 마침 직장도 가까이 있어 거의 매일 의원에 들렀던 일이 어제와 같다. 자수성가自手成家한 두 사람은 시내 신문로에 새 빌딩을 신축하여 의원을 이전 개업, 많은 환자에게 의료 혜택을 베풀어 왔다. 경복 동문 가운데 모범적인 가정을 이룬 대표적인 경우다. 신축 건물은 유명한 김중업金重業의 설계로 이루어졌다.

한림대 강남성심병원 피부과에 찾아가 큰자제 박천욱 교수의 진찰 및 치료를 받고 한동안 고생하던 피부과 질환을 깨끗이 고칠 수 있던 일을 잊지 못한다.

048

어머니 고모, 안방 할머니

평소 '안방 할머니'라 불리던 외가 할머니는 어머니의 고모님이다. 서울 갑부 배씨 댁으로 출가했으나 할아버지가 일찍 돌아가시고 자손 없이 혼자 살면서 조카를 아들처럼, 조카딸을 딸처럼 뒤를 봐 주시며 살다 불교에 귀의, 법명도 법희法喜로 받는다. 그리고 비구니 옥 스님을 수양딸로 삼는다. 옥 스님 주선으로 마곡사에 머문 후, 충남 예산 수덕사를 거쳐 예산 보덕사報德寺로 주거를 옮긴다. 그 후 서울로 상경, 종로 소재 넷째 외숙 댁에서 입적入寂하니 향년 77세이다. 법랍法臘은 모른다.

저자의 일생 동안, 할머니 외할머니 못지않게, 조카 및 손자들을 아주 극진하게 돌봐준 안방 할머니를 어찌 쉽게 잊겠는가? 고맙게 생각되는 것은 저자의 자식이 최근 이 뜻을 이어가고 있음이다. 충남 지역 수덕사修德寺와 덕산 온천을 관광하고 있을 즈음, "아버지! 보덕사 할머니 위패 모신 곳 들렀다 가시죠?" 할 때, 아차 했다. 자식이 잊지 않고 아버지 대신 증손曾孫 노릇을 착실히 하고 있음을 대견스럽게 생각했다.

우리가 비구니 승방 보덕사報德寺를 찾은 시각이 오후 2시, 마침 기다렸다는 듯 주지스님이 우리 일행을 환한 웃음으로 반갑게 맞아 준다. 안방 할머니가 그곳에 계실 때, 자식이 어린 나이 친할머니와 함께 이곳을 찾은 적이 있지만, 그 시절 동자승童子僧과 어울려 절에서 놀기도 했는데, 오늘 여기 와 보니 주지스님이 바로 그 동자승인 것 같다는 이야기를 자식이 들려준다. 마치 영화 같은 상상이다.

오래 전 할머니가 관수동 사실 때 찾아뵙고 문안드리며 얼마 되지 않는 용돈을 할머니 손에 쥐어 드리자, 곧 말씀하기를 "내가 영우한테 용돈을 다 타 쓰는구나!" 하며 대견해 하셨다.

안방 할머니가 서울 낙원동 저자 집 아랫방에 잠시 와 계실 때, 어머니를 통해 이 집에서 선종善終하고 싶다는 말씀을 전해 듣고, 직접 안방 할머니에게 "할머니, 그랬으면 좋죠. 그런데 이 집이 저의 집이 아니고 처갓집이에요. 저의 집이면 당연히 와 계셔야지요" 했다. 그러자 실망하는 표정을 지으시고, "아니다. 내가 공연히 한번 해본 말이다. 나도 이해가 간다"고 하셨다. 그리고 넷째 외숙 댁으로 가신 얼마 후 돌아가셨다.

조문弔問 간 저자는 영정 앞에서 하염없이 후회의 눈물을 뿌렸다. 3일장을 치른 뒤, 당시 홍제동 화장장으로 운구, 장의차에서 하관, 화구 앞까지 고인의 조카들과 함께 영구를 모셔가며 인생 허망함을 조용히 되새겼다. "인생이 살다가 숨 한번 끊어지면 그만이다. 아차 하는 순간 모든 게 끝난다." 평소 하던 할머니 말씀이 되살아난다. 인생무상人生無常, 회자정리會者定離가 저절로 머리에 떠오른다.

049

서울중앙방송국 아나운서, 방송 실시

아나운서 임명장은 '방송 실시에 관한 사무를 촉탁함'인데 방송국이 정부 산하 기관이라 당연 방송국 직원도 정부 공무원 신분이다. 촉탁은 높으면 이사관급도 있지만 대개 서기다. 정식 정원 외의 자리이므로 촉탁囑託이라 이름 붙인 것이다.

1954년경, 서기書記 봉급은 한 달 교통비 쓰고 조금 남는 액수다. 봉급이 적은 대신 쌀을 한 가마 정도 주었던 것으로 기억한다. 당시 우리는 봉급에 구애되지 않고 다만 아나운서가 인기직종이라는 데 매여 지냈다. 말하자면 인기를 먹고 지낸 세월이다.

임명장 받고 정식 아나운서로 방송에 데뷔하니 우선 봉급을 떠나 꿈이 이루어졌다는 데, 들뜨던 마음이 가라앉고 평안한 마음으로 안정을 찾을 수 있어 가뿐했다.

방송 실시는 다름 아닌 콜 사인부터 담당하게 되는 것이다. 1954년 방송

콜 사인은 "KBS, 여기는 자유의 소리 서울중앙방송국입니다. HLKA 서울 코리아"다. 당시 영어에 능통한 한 동기가 다른 부분은 상관없으나 "HLKA 서울 코리아"가 문제라는 의견을 제시하는 바람에 잠깐 귀를 기울이게 된다.

그의 의견인즉 그것만은 영어식으로 발음하는 것이 옳다는 생각인데 저자는 여기에 동의할 수 없다. 왜냐하면 우리 청취자가 영어 사용 국민이 아니고 한국어 사용 국민이므로 평범하게 국어 식으로 하면 될 것이라 주장을 편 바, 여전히 상대는 영어 식 발음을 해야 할 것이란 주장을 반복한다. 할 수 없어 각자 자기 뜻대로 하자는 데 의견이 모아진다.

문제가 해소되기는커녕 크게 확대된다. 당시 『동아일보』 '횡설수설橫說竪說'이 지적하기를, "요즘 신인 아나운서가 대거 방송에 나오는데 어떤 이는 콜 사인을 영어식으로 발음하여 여간 듣기가 거북한 것이 아니다"는 비판 논조다.

그 후 곧 방송과장이 아나운서 신인들을 소집 자초지종을 캐묻자, 영어식 주장자가 말문을 연다. "과장님, 저는 그 지적이 온당치 않다고 생각합니다. 왜냐하면, 국제무선부호이므로 당연히 영어식으로 하는 것이 옳다고 생각합니다." 그러자 과장이 말했다. "그럼 이와 반대되는 의견은 뭐야? 전영우 군은 어떤 의견인가?" "네, 저는 신문평이 옳다는 생각입니다. 그 이유는 방송 청취자가 국어 사용 국민이란 엄연한 사실 때문입니다." 그러자 "앞으로 콜 사인은 국어 식으로 하도록 하시오!" 하며 문제가 일단락되었다.

방송 데뷔 1년이 막 지났을 때 뜻밖에 슬픈 소식과 맞닥뜨렸다. 저자보다 한 계절 먼저 방송국에 들어온 이순길李順吉 아나운서의 죽음 소식이다. 북한에서 황해도 해주방송을 시작, 평양방송 아나운서로 일한 경력이 있고, 당시 제주에서 결혼까지 한, 가정의 가장家長이 돌연 비보의 인물이 될 줄 글쎄 누가 알았을까?

당시 중앙 일간지 사회면 톱기사로 그의 별세 보도가 나왔다. 알려진 바 스스로 목숨을 끊은 경우라 해 한층 더 우리 동료들을 슬프게 했고, 소위 그의 가까운 팬들에게 한 때나마 충격을 안겨 줬다. 그런데 자살 원인이 생활고 生活苦라 하니 슬픔이 더욱 컸다.

저자가 처음 아나운서로 출발할 때, 수료식 기록사진도 있지만 신사복 정장이 아닌 염색 바지에 저고리는 코르덴 점퍼 차림이다. 그 복장이 보기에 안되었던지 한 선배가 "아나운서도 되었으니 이제 상하의 정장正裝으로 한 벌 새로 맞춰 입지 그래" 하고 어렵게 충고한다. 대답은 "네!" 하였지만 좀처럼 실행하지 못했다. 요즈음 백화점이나 마트에 들러 치수에 맞는 기성복을 실비로, 누구나 자기 기호에 맞춰 사 입을 수 있음은 얼마나 행복한 일인가?

방송국 아나운서도 좋지만 생계가 걱정이다. 따라서 가정교사 하던 일을 쉽게 놓지 못했다. 학생이요, 가정교사요, 거기다가 아나운서다. 1인 3역을 감당하자니 보통 힘드는 일이 아니다.

어머니께 "이제 취직도 되고 했으니 대학을 중퇴하면 어떨까요?" 하고 상담하니 어머니 대답이 냉정하다. "두 가지 일이 어렵다면 차라리 방송국을 그만두는 게 좋겠다"고 하신다. 결국 현재 상황을 그대로 유지하기로 결정을 보았다.

9
윤 씨댁 규수와
최 씨댁 규수

050

윤 씨댁 규수와 결혼

가정경제도 큰 문제지만 병역과 결혼 문제도 당장 코앞에 닥친 문제다. 또 대학원 진학 문제도 만만치 않다. 이 난제들을 어떻게 풀어 가면 좋을까?

저자가 결혼 문제를 처음 떠올리게 된 계기가 있다. 이보다 조금 앞서 고3 졸업 직전, 대학 입시를 고민할 때다. 이웃에 사는 윤 씨댁에서 신문사 국장님이 잠깐 다녀가라는 연락을 해 와, 그 댁에 가서 안방으로 들어가니, 마침 국장 내외분과 큰따님이 저자를 맞아준다. 따님도 마침 대학입시를 앞둔 고3 여학생이므로 두 사람 진학문제를 논의하기 위해 저자를 부른 것이다.

먼저 국장님이 "자네도 이번 대입을 보게 되지?" 하고 말문을 연다. "네, 그렇습니다" 하고 대답하자 곧 "어느 대학을 지원하는가?" 하기에 "서울대 사범대 국어교육과입니다"고 대답하니, "거기 나오면 학교 선생 할 모양이네" 하고 묻기로 "아닙니다. 저는 방송국 아나운서를 지망하고 있습니다" 그랬더니 화제를 바꾼다.

"내 딸은 서울대 의대를 간다고 하는데, 자네 생각은 어떤가?"

"글쎄요, 경기여고를 졸업하고 가는 입장이니까 가능하다고 보지만, 의대 가서 남학생들과 경쟁해야 한다고 보면 여학생 입장에서 불리하지 않을까요? 차라리 서울여자의과대학이 유리하리라 봅니다. 제 생각은 그렇습니다."

그리고 조금 앉아 있다가 물러나왔다. 그때 왜 그분이 따님 진학 문제를 저자에게 물었으며 또 진학 문제는 왜 물어봤는지 아무리 생각해 봐도 답이 나오지 않았다. 막연한 추측에 머물 수 없어 어머니와 의견을 나눠보니 그 댁에서 저자를 사위 삼으려 하는 의도 같다며 어머니는 자기중심적 입장을 말씀한다.

윤 씨댁 규수는 그 후 서울여의대로 진학하고, 저자는 서울대 사범대로 진학했다. 집안 사정으로 우리가 종로에서 신설동으로 이사 갈 때 어머니가 그 댁으로 인사를 가니, 윤 씨댁 부인이 저자 결혼을 화제로 꺼내며, 일찍 장가보내지 말라고 신신당부하더라는 이야기를 어머니가 여러 차례 저자에게 말씀한 적이 있다. 저자에게 이 일은 처음으로 결혼 문제가 구체적으로 제기된 계기였다.

공교롭게도 대학 3학년 2학기 때 강원도 원주에서 청혼이 들어와 어머니와 함께 원주에 갔다. 밤 11시 열차 편으로 원주에 도착, 아버지 이종 아저씨 댁에 들렀다가 곧 신부 집에 갔다. 말하자면 신랑 신부가 선보는 날이었다. 자정 가까운 늦은 밤인데 방으로 안내 받고 온돌방에 앉아 있으려니 아버지 이종 따님이 들어와 인사하고 나가자 곧 최 씨댁 규수가 들어온다.

한 방에 둘이 앉아 인사부터 하고 이 얘기 저 얘기 나누다가 시간이 늦어 또 만날 것을 약속하고 저자가 방에서 나왔다. 이때 규수는 흰 공단 저고리에 자주 비로도 치마 그리고 흰 옥양목 버선을 신었다. 아저씨 댁에 오니 저자에게 선본 소감이 어떠냐고 아저씨가 묻기에 좋은 점도 있고 그렇지 않은 점도 있다고 느낌을 말씀 드리자 그러면 되었다고 말씀하더니 곧 규수 댁으로 가셨다. 규수는 아저씨 처남의 딸이다.

이튿날 어머니와 함께 서울로 돌아와 최 씨댁 규수를 화제로 이야기를 많이 나누었다. 결론은 그만하면 되겠다는 데 의견이 모아지고 아버지도 좋다는 의견이다. 이쪽 소견을 원주에 통보하자 즉시 결혼 날짜가 확정되었다.

1956년 1월 28일, 서울 동원東苑예식장에서 당시 중앙방송국장 이운용李沄鎔 선생을 주례로 모시고, 임택근任宅根 선배의 예식 사회, 장기범張基範 선배의 피로연 사회로 엄숙하게 예식을 올렸다.

온 가족이 모여 기념 촬영할 때 윤 씨 규수와 그 어머니가 가까이 다가와 신부를 자세히 보더니 돌아가는 모습이 아직도 망막에 남아 있다.

22살 어린 나이에 결혼하니 생계에 대한 압박이 더욱 심해졌다. 열 달 후 첫 아이를 낳았다. 얼마 있다 대학 졸업하고 문교부 배정 발령이 서울로 나서 모교 경복景福에 들르니 중학 2학년 담임선생이 마침 교감선생이다.

교장실로 안내 받아 교장선생님을 만나 뵈니 역시 중학 때 은사다. 서울대 사대를 졸업하고 서울로 배정 받아 모교 형편이 어떤가 알아보려고 왔다고 말씀 드리자, 문교부 발령 받아도 현재 빈자리가 없으니 취직이 어려울 것이라고 대뜸 난색을 표한다. 실망한 저자는 무겁게 발걸음을 옮겨 되돌아왔다.

051

공군사관학교 교수부 교관

병역 문제가 다가왔다. 사범師範계열은 당시 혜택이 있어 육군 입대하면 단기 복무로 제대, 교직을 가질 수 있게 된다. 이 무렵 공군 장교 후보생 모집 공고가 나와 자세히 보니 마침 정훈政訓 특기가 있어 관심을 끈다. 우선 원서를 내고 응시했다. 합격이다. 다만 장교 복무연한이 7년으로 명시되어 난감했다.

대전과 진해에서 각각 8주씩 16주 후보생교육을 받고 임관되기 직전 공군사관학교 교수부 소진거蘇鎭巨 대위 부름을 받아 가보니, 왜 정훈을 지원하느냐 교수부 국어교관 자리가 있으니 특기 희망을 곧 바꾸도록 하라는 권고다. 그분은 마침 연한이 차서 전역을 앞둔 형편이라 후임을 찾던 중, 임관 예정 후보생 가운데 서울대 국어교육과 졸업생이 있어 다행으로 알고 불러 상의하니, 가능하면 그렇게 하는 것이 좋겠다는 권고다.

뜻밖의 권고를 받아들여 저자는 특기 '정훈'을 공사空士 '교관'으로 바꾸기로 하는 한편 그렇게 쉽게 바꿀 수 있을지 걱정이 컸으나 다행히 희망이 곧 이루어졌다. 특기분류 인사 책임 고위 장교로 중학 은사 유경린俞景麟 대령이 임석臨席 중이라 인사하고 희망을 말씀 드리니 즉각 수용하고 대신 앞으로 또 바꾸는 일은 없도록 하라고 당부한다.

임관 시, 공사교관 발령과 함께 공군대학 입교 명령도 동시에 받았다. 공대空大 공사교관 과정이다. 이 과정 수료 후 공사에서 교양학教養學 주임을 명받았다. 동시에 3학년과 1학년 생도들을 가르쳤다. 당시 3학년이 7기요, 1학년이 9기 사관생도다.

당시 공사 고급부관 유사명俞士命 소령 배려로 진해시 덕산동 소재 공사 장교관사 한 채를 배정 받아 서울에 있는 가족을 데려와 관사에서 함께 생활하니 생활에 여유가 생긴다. 고교 후배 생도들이 이따금 주말이면 관사에 들러 소찬일망정 함께 식사를 할 수 있으니 얼마나 좋은지 모른다.

1958년도 1학기 교양과목 교재 브리핑이 신상철 교장님 회의실에서 있었는데, 국어교관인 저자가 첫 번째로 테이프를 끊었다. "국어교관 전영우 소위입니다. 1학기 국어교재로 서울대 교양교재 『대학국어』를 채택해 주십시오. 채택 이유는 첫째, 이 교재가 전국 대학교재 가운데 가장 우수하다고 판단됩니다. 편집체재 및 내용에서 타의 추종을 불허합니다. 둘째, 치열한 경쟁을 뚫고 선발된 최우수 사관생도들의 자존심과 우월감에 매우 적합한 교재라고 판단합니다. 이상." 교장 신상철 장군이 "채택!"이라고 하자, 즉시 저자가 복명복창했다. "채택!"

1년 후, 공군본부空軍本部부附공보실公報室 파견이라는 이례적 명령이 하달되어, 군 입대로 휴직이던 신분이 아나운서 현역으로 복귀 아닌 복귀를 한다. 당시, 오재경吳在璟 공보실장과 김정열金貞烈 국방부장관이 공무상 협의 결정한 사실임을 뒤늦게 알았다.

소정 복무연한을 마치고 전역함으로써 병역의무를 다하니, 저자는 일단 국민의 한 사람으로 병역의무를 필한 셈이다. 이제 홀가분한 마음으로 방송에만 전념하니 한결 마음이 가벼워진다. 첫 딸 은정銀汀에 이어 첫 아들 인하寅河가 출생하니 가장으로 더 무거운 책임을 느끼게 된다.

052

강문고등학교 교사

  그래서 저자는 야간 잡job을 찾기로 한다. 서울 동대문 근처 강문康文고교에서 당시 야간부 교무주임으로 계신 윤성로尹晟老 동문을 찾아 상담하는 중, 아나운서직이 좋은데 왜 야간 잡을 찾느냐 하기에 공무원 신분이 박봉이라 아이들 하고 살아가기가 가쁘다고 하니, 형편이 그런 줄 몰랐다고 공감하면서 2부(야간) 고2 국어문법이 비어 있다며 담당할 수 있겠느냐 묻기에, 사실 저자 전공이 바로 국어문법이라 소개하니, 그럼 교장실로 같이 가자고 저자를 안내한다.

  주간은 방송국 아나운서 일을, 야간은 강문고교 2부 국어교사 일을 담당하며 정말 눈코 뜰 새 없는 일상을 이어 나가게 된다. 공사 교관으로 강단에서 본 경험이 있으므로 수업은 자신 있으나, 야간 학생들은 나이가 들쭉날쭉해 피교육자인 학생들을 가늠하기 어려웠지만 그것도 잠시, 곧 교실 정황에 잘 적응해 갔다.

이희승 문법과 최현배 말본을 일찍이 사대 국어과에서 잘 배웠으므로 야간 수업시간에 그야말로 신명나게 학생들을 가르칠 수 있어 좋았다.

동시에, 급료가 나오는 날이면 두 직장 봉급이 나오니 어렵지 않게 살림을 꾸려갈 수 있을 밖에. 생활고로 세상을 등진 동료 아나운서 생각도 문득 떠오를 때가 없지 않다. 참 어려운 고비를 겪을 때마다 저자는 유비무환有備無患의 뜻을 곰곰이 새기게 된다.

세월이 한참 지난 뒤, 어느 해 세밑 늦은 밤, 강문고 제자들 세 사람이 불쑥 집으로 저자를 찾아왔다. "때가 때라 동기들 셋이 모여 송구영신送舊迎新 뜻 있는 이야기 나누다 선생님 생각나서 이렇게 예고 없이 찾아뵙게 되었습니다" 하고 반장이었던 이명주 군이 인사 겸 말문을 연다.

그러더니 음식 포장지를 풀고 "평소 선생님 좋아하시는 신선한 생선회를 사 왔으니 함께 드시죠" 하고 맥주잔에 맥주를 시원스럽게 따라 부어 권한다.

우리는 곧 "헤피 뉴 이어!" 하며 서로 잔을 부딪치고 건배를 연발하였다. 이 군은 고대 영문과를 졸업하고 충남 서산 서령瑞寧고교에서 여러 해 근무하다 서울에 올라와 당시 대진大津고교에서 학생들을 가르치고 있다 했다. 마침 저자의 수원대水原大 제자 김동휘金東輝 군이 그곳에 가 있어 알아보니 함께 있다고 한다.

053

방송사상 최초의 '방송 중립화' 선언

1960년 민주당 후보로 대통령에 출마한 유석 조병옥趙炳玉 박사(1894~
1960)가 3·15 정부통령 선거를 한 달 앞둔 2월 15일 갑자기 서거逝去했다.
당시 사회적 분위기는 자유당自由黨의 1당 독재에 지친 나머지 민심은 매우
흉흉했다. 결국 독재정치獨裁政治 타도를 외쳐대는 혼란스러운 사회 분위기가
고조되고 급기야 4·19혁명을 촉발하기에 이르렀다.

미국 월터리드 육군병원에서 별세한 조 박사 유해는 한국으로 운구되고
서울운동장에서 국민장國民葬으로 장례를 치렀다. 이때, 저자가 국민장 실황
중계實況中繼를 맡게 되었다. 중계 당일 이른 아침, 방송관리국장 등 관계 부처
책임자들이 긴장된 표정으로, 저자에게 침착하고 냉정하게 방송하라는 심
각한 당부를 잊지 않았다. 저자는 비장한 각오로 아주 냉정하게 국민장 실황
중계방송을 마치고 방송국으로 돌아왔다.

"못 살겠다 갈아보자!", "갈아봤자 소용없다!" 여야의 불꽃 튀는 대통령

선거 유세 중, 1956년 해공 신익희申翼熙 선생이 서거한 4년 뒤, 거듭된 야당 대통령 후보의 돌연한 서거는 민심을 크게 흔들어 놓고 있었다. 이때의 국민 장 실황 중계방송은 정치 및 사회적으로 파급되는 영향이 자못 클 수밖에 없었다.

그러나 그 젊은 시절에 모든 감정을 자제하고 냉정한 자세를 잃지 않았던 저자 입장은 아직도 어두운 기억으로 남아 있다. 격앙된 감정으로 술렁대는 다수 국민 편이 아니라, 오히려 이를 진정시켜야 할 공무원 아나운서의 입장을 선택한 결과 때문이다.

1960년 3월 15일, KBS는 정부통령正副統領 선거에서 대통령 후보 이승만李承晩이 총 투표수의 92퍼센트인 951만여 표, 부통령 후보 이기붕李起鵬이 87퍼센트인 822만여 표를 얻어 압도적으로 당선되었음을 보도했다. 민주당 부통령 후보 장면張勉의 득표수는 184만여 표에 지나지 않았다. 결국 이 선거는 부정선거不正選擧로 판명되고 정부는 국민의 준엄한 심판을 받았다.

당시 서울중앙방송국은 정부 산하기관으로 모든 직원이 공무원 신분이었다.

국회는 이 박사의 하야下野 성명이 나온 26일 오후 본회의를 열었다.

첫째, 이 박사는 즉각 하야할 것, 둘째, 3 · 15선거는 무효로 하고 재선거再選擧를 실시할 것, 셋째, 내각제內閣制 개헌을 단행할 것 등을 만장일치로 의결했다.

이 같은 숨가쁜 역사의 소용돌이 속에서 방송국 아나운서들이 연기명連記名한 집단 성명서聲明書가 발표된 것도 당일 사건事件이다. 황우겸黃祐兼 선배가 중심이 된 아나운서들은 "방송도 중립화하자, 관철 안 되면 총사직總辭職도 불사한다"며 방송이 사실의 공정한 전달을 해야 함에도 불구하고 공정성을 잃고 편파적으로 흐르지 않을 수 없었음을 뼈저리게 반성하면서 방송 중립화를 위하여 편파보도의 거부를 선언하고 나선 것이다.

이때 기치旗幟를 함께 든 아나운서는 강찬선, 황우겸, 임택근, 최계환, 전영우, 박종세 등 28명이다.

아마 이러한 아나운서들의 움직임은 방송의 공정성公正性과 중립성이 얼마나 값진 것인지 세상에 알린 첫 사례事例였을 것이다. 4·19, 5·16 등 역사적 전환기轉換期가 연이어 닥쳐오며 오늘에 이르렀지만 당시 조병옥 박사 국민장 실황의 엄정嚴正한 중계와 3·15 부정선거와 관련한 아나운서들의 방송 중립화 선언은 두고두고 잊히지 않는, 들려주고 싶은 이야기가 되었다.

마침내 국영방송國營放送이던 KBS가 공사公社화된 역사적 배경도 바로 여기에 있을 것이다.

054

오재경 공보실장

서울중앙방송국 아나운서로 근무하기 시작했을 때, 방송국 건물 위치는 세종로 정동이지만, 오재경吳在璟 공보실장이 새로 취임하면서 남산에 새 건물이 신축되고, 방송국이 이곳으로 이사 오며 방송국 이미지가 완전히 바뀌었다.

뿐만 아니라, 라디오 카car가 새로 도입되자, 시내 곳곳에 라디오 카가 등장하여 거리를 누비며 생방송 현장이 늘어남으로써 방송에 대한 일반의 관심이 전에 없이 고조되었다.

방송문화연구실도 새로 업무를 시작해, 방송에 새 기풍이 진작되고 방송 직원들도 일층 긴장하는 모습을 보이기 시작한다. 최고 관리자가 누구나에 따라 이처럼 발전 속도가 빨라지니 참 신기한 일이다. 모니터링 시스템이 도입되자 현업에 대한 자극이 커지고, 동시에 방송 발전의 속도 역시 빨라지는 추세를 보인다.

한편, 국제방송국이 신설되는 등 기구 개편도 이루어져 본격적으로 기구 확장의 양상을 띤다. 따라서 직원 수도 대폭 증원되었다. 아나운서실 역시 둘로 나뉘어져 하나는 남산 신건물에, 또 하나는 정동 종전 건물에 각각 분리 관리되었다. 남산 실장은 임택근 선배, 정동 실장은 강찬선 선배가 각각 아나운서 책임을 맡았다.

저자는 강찬선 선배와 함께 정동으로 내려왔다. 우리가 수행하는 방송은 국제방송 성격의 임무다. 규모가 남산만큼 크지 않아도 해외방송이 포함된 명실공히 국제방송國際放送이므로 오히려 콘텐츠만 보면 일층 신중을 기해야 할 특성을 지니고 있다.

10
경기고등학교
교사

055

경기고등학교 교사 발령

방송 종사자에 대한 처우가 개선되지 않아 장래 문제를 심각하게 고민하던 무렵 서울특별시 교육위원회 교사 모집공고가 각 매체를 통해 크게 나와 이에 관심이 쏠렸다. 방송직이 좋으나 대우를 고려하면 교사직이 더 좋다. 일단 모집시험에 응시했다. 한편, 저자가 사대를 나와 각종 혜택을 받은 바 있으니 의무 복무연한을 지킬 필요도 있다.

저자는 이 점이 조금 미달되기 때문이다. 뿐만 아니라, 응시자격 가운데 이미 문교부 발령으로 서울에 배정된 사람은 우선 고려한다는 단서가 더 적극 마음을 움직이게 했다.

공사空士에서 시작, 강문康文을 거치는 등 교직 경험을 쌓았지만 역시 시험은 시험이다. 시험 당일 긴장을 늦출 수 없다. 최종 면접 시 담당 장학관獎學官이 국어교사 수업목표를 질문하자, 첫째, 한자, 한문의 토대 구축. 둘째, 국어 문법의 양대 신맥 수용, 국어국문학회와 한글학회 문법용어 체계의 정확한 이해와 수업 반영. 셋째, 각 장르별 문학작품의 해석과 감상 능력 배양. 넷째, 학생의 작문 능력 배양. 다섯째, 대화, 토의, 토론, 회의 및 연설 능력 배양. 여섯째, 국어발음 이해 및 한글맞춤법 철저 이해 등이라고 조목조목 설명하니 논어論語 문장을 내놓고 한번 해석해 보라고 지시한다.

면접이 끝나자, 장학관이 "사대師大서 열심히 수업 받고 교직 수행도 착실히 하셨군요" 하고 격려를 아끼지 않는다. 평소 규칙적 생활과 건강관리 그리고 철저한 목표관리가 저자 몸과 마음에 확실히 배어 있는 데서 오는 결과라 생각한다. 며칠 후 발표를 보니 '합격'이다.

배정 학교 발표가 그 후 세종로 성공회聖公會 공원에서 있었는데 시 교위敎委 책임자가 모든 합격자를 잔디 위에 일단 앉으라 하고, 한 사람씩 호명한다. 다만 합격자를 성적순에 따라 시설 좋은 학교로 배정했다고 큰 원칙을 제시한다. 중학교 배정을 끝내더니 고등학교로 옮겨 간다.

신설 고교부터 부르다가 소위 변두리 고교를 거쳐 마침내 "서울고등학교 고창식 선생!" 하고 곧이어 "경기고등학교 전영우 선생!" 한다. 담당관이 발표하자, 고 선생과 저자는 기쁨을 감추지 못했다. 고 선생은 저자의 입학 선배이지만 군 복무 후 복학해 동기로 대학 수업을 받아 왔다.

스스로 말하기 우습지만 그들이 말한 원칙에 의하면 저자가 1위, 고 선배가 2위인 셈이다. 고 선배는 잠시 교직을 잡다가 곧 문교부에 들어가 편수관으로 국어교육 편수행정의 중요한 일익을 담당, 많은 공적을 남겼다.

저자는 기쁨을 억제하려 하나 좀처럼 뜻대로 되질 않는다. 방송국에 돌아와 우선 방송관 강찬선 선배에게 결과를 보고하니 저자를 만류한다. "지금 학교로 간다 하지만 얼마 안 가 다시 돌아오게 될 걸" 하며 저자가 좀더 심각하게 고려해 보기를 애써 권한다. 그러나 한번 결정한 마음을 돌이키기에 부족했다.

강 선배에게 아나운서 사직원을 제출하고, 그동안 신세 진 일에 대해 심심한 사의謝意를 표했다. 이때 저자 직위는 방송사(주사)였다. 촉탁으로 시작 방송원(서기)을 거쳐 방송사로 진급 나름대로 강 방송관放送官을 보좌하며 방송 현업을 수행 중일 때이니, 돌연 사표를 내는 후배에게 잠시나마 당황하게 해 드려 송구스럽기 이를 데 없다.

056

경기고등학교 교사 부임

    경기고교 부임 첫 날, 운동장 조회 때, 타교 전출 교사가 많았는데 국어과 우인섭禹寅燮 선생이 대표로 전출 인사를 하고, 이에 못지않게 새 전입 교사도 많았다. 대표로 저자가 전입 인사를 했다. 사범대 국어과 동문 선후배가 이취임 대표 인사를 하니 극적 장면이 연출된 것이다.

    특히 저자가 인사할 즈음 운동장 학생들이 전입 교사 쪽을 향해 웃어대는 순간 불유쾌한 느낌이 들었으나 곧 의문이 풀렸다. 10여 명 남녀 교사가 운동장 구령대 단상에 섰는데 앞줄 가운데 백색 하이힐 신은 여선생 세 분이 나란히 서 있어 마치 미스 코리아 선발대회의 한 장면을 보는 느낌이 들었던 모양이다.

    국어과 주임은 강길운姜吉云 선생이다. "국어과 가운데 어떤 과목을 맡고 싶소?" 하고 묻기에 고전古典을 말하니 그 과목은 누군가 맡았다 하고, 문법文法을 하겠다 하니 그 과목도 누가 맡았다 한다. 그럼 남은 과목이 뭐냐고 물으니 고3 현대문現代文이란 대답이다. 그럼 고3 현대문을 맡겠다 해서 과목 담당이 일단 확정되었다. 한편, 고2 현대문도 맡아야 주당週當 배정 수업시간이 맞는다 하므로 일단 그 제안도 수용키로 했다.

강길운姜吉云, 1923~2011 박사는 서울대 문리대 국어국문학과 졸업 후, 육사, 공주사대, 덕성여대, 충남대, 수원대학에서 각각 교수를 역임하고, 1989년, 「한국어계통론연구」로 충남대에서 명예 문학박사학위를 받았다. 저서는 『한국어계통론』, 『훈민정음과 음운체계』, 『국어사 정설』 등이 있다.

1961년 8월 2학기, 고3 1반 교실에 들어가 교과서로 현대문을 가르치는데, 우선 자기소개를 간단히 하고 교과서를 읽어 가며 문장 해석을 하는 중, 돌연 한 학생의 질문 아닌 힐문詰問을 받았다. 최재서崔載瑞가 쓴 '문학과 예술' 단원인데 마침 '색감色感'이 나와 저자가 설명하기를, "색감은 다양한 뉘앙스를 강하게 표현한 말이다" 하자, 아무 거리낌 없다는 듯 한 학생이 "틀립니다" 하고 정적을 깬다.

이때 저자가 "그럼 맞는 것이 뭔가?" 하고 물으니, "색감은요, 색을 통해 느끼는 감각입니다" 하고 태연히 대답한다.

저자가 말했다. "그 뜻풀이는 자네 개인 생각도 아니고, 참고서 또는 국어사전 뜻풀이를 의지해서 하는 해석이야. 중학교 과정은 몰라도 벌써 고교 과정이면 그렇게 하면 안 되지. 그 입장을 렉시칼lexical이라 하고, 선생 입장을 신택틱syntactic이라고 하지. 바꿔 말하면 그쪽은 어휘 중심이고, 선생은 문장(문맥) 중심이지. 고3이면 좀더 침착할 필요가 있어!"

학기 시작되고 얼마 안 있어, 국어과 주임이 국어과 연구수업 계획을 내어 놓는다. 그리고 덧붙이기를 새로 부임한 선생 중 한 분이 하면 좋겠다 하기에 저자가 자청해 맡았다. 당시 국어과에 사대 동문은 송재주宋在周 선생과 허경 선생 그리고 저자까지 세 사람이 있었다.

고2 수업으로, 용아龍兒 박용철朴龍喆의 「시적詩的 변용變容에 대하여」 단원을 택해 연구수업 계획안을 짜고, 사전 리허설에 열심히 매달렸다. 한편, 송재주 선배에게 도움말을 요청했다. 대학 교직과정 이수, 사대부고 교생실습, 공군대학 공사교관과정 퍼포먼스performance, 공사 교관시절 수업, 강문고 교사시절 수업, 이에 덧붙여 중앙방송국 아나운서 3년간 방송실시 경험 등 축적된 배경을 가지고 정성을 기울여 연구수업을 실시했다.

연구수업 평가를 염려했으나 예상과 달리 좋은 평가를 받아 다행이다. 연구수업 시간, 국어 담당 교사는 말할 것 없고, 기타 일반 사회 및 과학 분야 담당 교사까지 그리고 경기고 출신 교사 다수가 전공에 상관없이 연구수업을 참관하여 마치 공개방송 사회를 연상케 하는 긴장된 분위기가 연출되었다.

며칠 뒤, 연구수업 뒤풀이가 시내 다동 음식점 '장춘長椿'에서 있었다. 그 시절 여주인이 노래 한 곡을 불렀는데, 그 노래가 바로 〈갑순이와 갑돌이〉다. 후에 저자가 동아방송에 근무할 때, 최창봉崔彰鳳 국장, 조백봉趙白峰 부장 등과 함께 그 집에 들러 전속 악단장 노명석盧明奭 님으로 하여금 이 노래를 채보케 해, 뒷날 김세레나에게 곡을 주어 크게 히트한 사실이 있다.

수업 외로, 특별활동도 맡았는데 방송반과 연극반도 잠깐 맡았다. 방송반장 김기명金基明 군 부반장 이혜만李惠滿 군이 저자가 가기 전부터 반 운영을 착실하게 잘하고 있어 별로 부담을 느끼지 않았다. 세월이 지나고 김 군은 인하대仁荷大 교수로 경영대학원장을 지낸 경영학박사가 되고, 이 군은 『동아일보東亞日報』 기자로 활동, 대구경북지역 취재팀장을 맡기도 했다.

연극반은 〈미스터 로버트〉 상연을 앞두고 있어 지도교사인 저자가 어떻게 할 줄 모르고 있을 때, 마침 반장이 배우 겸 텔런트 이낙훈李樂勳 선배가 와서 지도할 것이니 걱정하지 않아도 된다 하여 긴장을 풀었다. 후에 이낙훈 님을 만나자 "전 선배님, 경기 언제 오셨어요?" 하며 반긴다.

2학년 3반 담임 박지수朴智洙 선생이 카운셀러 교육 참가로 자리를 비우게 되자, 저자가 부담임으로 그 자리를 메웠다. 주로 종례를 맡고 학급에서 발생한 사항을 후에 담임선생에게 보고하면 임무가 끝난다. 방송국 시절 최승주崔承周 선배를 만나러 박지수 선배와 김찬삼金燦三 선배가 자주 들러 안면이 벌써 구면이라 박 선배가 저자를 부담임으로 추천한 것이다.

얼마 안 가 시험기가 닥쳐 저자 역시 고3, 고2 현대문 시험 출제를 하게 되었을 때 몇몇 동료에게 물어보니, 대체로 지문地文을 제시하고 "다음 글을 읽고 물음에 답하라", 또는 "다음 글을 읽고 밑줄 친 부분을 설명하라"와 같은 형식으로 국어시험을 본다 하기에 일단 이에 맞춰 출제를 했으나 약간 석연치 않은 부분이 느껴진다.

그것은 문제 자체가 글을 가르치고 배운 바를 시험 보는 것이지, 말을 가르치고 배운 것을 시험 보는 것이 아니지 않은가 하는 생각이 들기 때문이다. 국어는 말이고 글인데 말을 안 가르치고 글만 가르치는 수업 현장이 무척이나 아쉽게 느껴진 것이다.

덧붙여, 영어 등 외국어를 가르칠 때 꼭 단어, 어절, 어구의 발음부터 익히게 하면서 국어만 발음發音을 안 가르친다는 현실을 무엇이라 설명해야 하는가? 따라서 국어시간은 있으되 국문만 가르치고 국어를 가르치는 시간이 없다는 지적을 받아도 국어담당교사는 궁색한 변명밖에 할 말이 없지 않을까?

1988년, 정부가 새 『어문규정』을 발표한 바, 맞춤법과 표준어규정이 여기 포함되어 있다. 표준어규정 1항은 "표준어는 교양 있는 사람들이 두루 쓰는 현대 서울말로 정함을 원칙으로 한다". 그리고 표준발음법이 여기 함께 포함된 바, 1항은 "표준 발음법은 표준어의 실제 발음을 따르되, 국어의 전통성과 합리성을 고려해 정함을 원칙으로 한다". 그리고 어문규정의 하나인 한글 맞춤법 1항은 "한글 맞춤법은 표준어를 소리대로 적되, 어법에 맞도록 함을 원칙으로 한다".

이때 비로소, 우리 '어문규정'이 재정비되어 우리 국어생활의 지침을 제공, 우리가 이에 따르게 된 것이다.

경기고 동료 교사 가운데 사대 동문이 여러분 있었지만 가장 가까운 선배가 송재주宋在周 선생이라 자주 만나 도움말을 들었다. 한편 경기 출신 경복고 은사가 몇 분 계셨는데 경복고 졸업반 때 이과 담임 이용찬李容燦 선생과 문과 담임 장일준張日準 선생 두 분이 경기고에 계셨다. 그때 교장은 양재휘梁在暉 선생이고 교감은 한관숙韓寬淑(경성제대 졸업) 선생이다.

당시 고3, 고2 학생이지만 사회에 진출하여 명사가 된 분이 많은 가운데 특히 원로정치인 정대철鄭大哲 님, 전 경제부총리 임창열林昌烈 님과 이헌재李憲宰 님, 전 장관 최인기崔仁基 님, 이재정李在禎 님, 최경원崔慶元 님, 전 차관 원정일元正一 님과 언론계 원로 전 동아일보사 부사장 김병건金炳健 님, 논설주간 최규철崔圭徹 님, 원로 변호사 박경재朴慶宰 님, 전 고대총장 어윤대魚允大 님 등 이루 다 셀 수 없는 명사들이 많음에 새삼 놀라움을 금할 수 없다.

3학년 2반 수업 들어가니, 어느 학생 가슴에 붙인 명찰이 전봉원全鳳元이다. 혹시나 해서 그 학생에게 묻기를, "자네 혹 전봉실全鳳實 님 아나?" 하니까, "네, 압니다. 저의 누나입니다" 한다. "그럼, 전오승全吾承 작곡가와 영화배우 나애심 님도 다 형제요, 남매지?" "네, 그렇습니다." "내가 모두 알거든. 그런데 봉실 누나는 지금 뭐해?" "누나 돌아갔습니다" "그래? 내가 부고 교생 시절 누나 반 담임을 맡고, 또, 좋은 학생으로 추천 받아 사례연구 대상 학생이었지. 보고 싶었는데 돌아갔구먼. 안 되었다!"

20여 년 후, 신갈 외환은행 연수원 소강당, 출강 첫 강의 끝나고 쉬는 시간, 한 지점장이 저자에게 다가오더니 말을 건다. "교수님 저 누군지 알아보시겠습니까?" "전봉원 지점장 아니신가?" "그렇습니다. 어떻게 금방 알아보십니까?" "다 아는 수가 있어요. 어떻든 반가워요."

저자가 '스피치 커뮤니케이션'을 가르치기 앞서 수강자 명단을 살펴보니 바로 아는 이름이 나오는데 바로 전봉원 외환은행 당시 청량리지점장이다.

전全 지점장 동기 중 한 사람 김현승金顯承 신경내과 전문의가 있다. 저자가 영동 세브란스 병원에 가서 전 직원 대상 교양강좌敎養講座를 맡았을 때, 강좌 끝내고 강단을 내려오니 김 박사가 반갑게 인사하며 "경기 58회 나왔습니다" 할 때 그렇게 반가울 수 없었는데, 얼마 후 그분 진찰 받고 치료 받은 일이 있었다. 저자를 정성껏 돌봐준 김현승 박사에게 이 자리를 빌려 고마운 뜻을 드린다.

그렇기로 말하면 놓칠 수 없는 분이 또 있다. 동아일보사 최규철 전 논설주간이다. 이따금 어려운 부탁을 하면 즉각 문제를 해결해 주어 기쁨을 만끽하게 한 최규철 논설주간의 호의에 감사의 뜻을 드린다.

짧은 만남 긴 여운이 아직도 여전히 저자 마음에 따뜻한 정을 간직하게 한다. 경기고등학교 교사 시절 비록 1년 남짓이지만 저자 이력 가운데 가장 자랑스러운 시기다.

057

KBS-TV 방송관보 시절

오재경 공보부장관(5·16 직후, 두 번째 취임) 부름을 받고 즉시 시간을 내어 중앙청으로 들어가 오 장관님을 만나 뵈니 곧 학교를 그만두고 다시 방송국으로 복귀하라고 전에 없이 다그치신다.

KBS 국제방송국 방송사로 즉시 복직 발령된 것은 강찬선 방송관이 1년 전에 저자의 사표를 '휴직'으로 처리했기 때문에 가능했다. 강 선배님의 고마운 뜻에 감사한다.

죽포竹圃 오재경吳在璟 장관님은 한 마디로 저자의 은인 중 은인이다. 공사 교관 시절 방송국 파견 발령으로 아나운서 복귀를 적극 주선하고, 또 경기고교 교사를 아나운서로 복직하게 하고, 일생 이렇게 고마운 분이 안 계시다. 그러나 저자는 이 은혜에 전혀 보답하지 못했으니 부끄럽기 이를 데 없다. 오 장관님 서울대병원 입원 시 문병 가고, 부인 신재덕 전 이화여대 교수님 상사 시 조문 가고, 혜화동 자택 신축으로 삼선교 전세 들고 계실 때 문안 가고, 몇 해 전, 부음 접하고 서울대 병원 장례식장에 가서 장관님 영전 분향 재배한 일이 고작이다.

오재경 장관님은 1919년, 옹진 출생으로 일찍 일본에 가서 릿쿄立教 대학 경제학과를 졸업하고, 1977년 대구 계명대에서 명예 문학박사학위를 받았다. 선생은 1956~59년 정부 공보실장, 1959년 대한여행사 이사장, 1960년 구황실 재산사무 총국장, 1961년 공보부장관, 1963년 태평양지역 관광협회장, 1964~65년 관광공사 총재, 1970년 대한체육회 부회장, 1970~74년 기독교방송 운영이사장, 1977년 동아일보사 이사, 1983~85년 동아일보사 사장, 1985년 한국 로터리 총재단회의 의장, 1987~90년 문공회 회장 등을 지냈다. 저서는 수필집으로『수상隨想 22년』,『죽포 문집』,『죽포 칠십이자술七十而自述』등이 있다.

연세대 전 부총장 김동길金東吉 교수가 동생임을 자처하고 오재경 장관님 새 책『평범平凡을 비범非凡으로』에 붙인 글이 좋아 여기 소개함으로써 오 장관님 인품을 새롭게 조명해 본다.

◈ 058 ◈

'아름다운 사람'(김동길)

임은 많은 한국인에게 있어 사회의 큰 어른이십니다. 젊은 나이에 이승만 대통령을 가까이 모셨고, 그 의리는 한평생 변함이 없으십니다. 그 뒤에 벌어진 조국의 험난한 상황 속에서도 나라를 지키고 돕는 일이라면 협력을 아끼지 않으셨습니다.

장관 일도 맡으셨고, CBS, 동아일보사 같은 큰 언론기관의 장으로 사심 없이 최선을 다하셨습니다. 형편이 조금이라도 지저분해지면 미련 없이 그 자리를 떠나되 누구를 원망하는 일이 없으셨습니다.

남의 집 잔디밭에 잡초라도 눈에 띄면 구부려 뽑지 않고는 견디지 못하는 그 대쪽 같은 성품 때문에 순탄하지만 않은 팔십 평생을 살아오셨습니다. 임을 가까이 하는 사람들은 누구나 그의 삶이 풍기는 매력에 끌리지 않을 수 없습니다. 저의 누님 김옥길(金玉吉) 총장이 살아계실 때도 우리들은 가까운 사이였지만 그 누님 돌아가신 뒤에는 더욱 가까운 사이가 되어 형님으로 모시고 삽니다. 동과서, 남과 북을 통틀어 내가 진정 형님처럼 따르는 이는 오재경 님 한 분뿐입니다.

내가 매달 한 번씩 하는 목요일 강좌에 지팡이 들고 매번 나와 앞에 앉으신 모습을 보면 눈시울이 뜨거워집니다. 내가 하는 이야기가 뭐 대단해서 나오셨겠습니까? 동생이 하는 일을 대견스럽게 여기시기 때문일 것입니다.

"다리가 말을 잘 안 들어" 하시며 지팡이를 짚고 나오셨습니다. 임께서 칠순에 출간하신 책 제목 『칠십이자술(七十而自述)』도 송구스럽지만 제가 지었습니다. 저는 지금 유럽과 미국 땅을 두루 다니며 강연에 열을 올리고 있는 터이라 붓을 들고 글을 쓸 틈이 없지만 형님이 책을 내는데 동생이 가만 있을 수 있습니까? 길고 긴 여로에 고달픈 몸이지만 이른 새벽에 호텔방에 일어나 앉아 이 글을 쓰고 있습니다. 아름다운 사람의 아름다운 글을 대하게 되어 기쁜 사람이 나만이 아닐 줄 압니다.

형님, 겨우 지팡이 짚고라도 두루 다니시며 이 나라 잔디밭의 잡초들을 뽑아주시기 바랍니다.

— 2003년, 오스틴 텍사스, 동생 김동길 적음

방송국에 복귀하고 얼마 있다가 고등전형을 받게 되었다. 말하자면 현직 공무원의 고등고시인 셈이다. 시험과목은 헌법, 행정학, 그리고 사회심리학이다. 준비에 만전을 기하고 확실하게 입장을 세웠다. 사회심리학 시험이 조금 생소하다. 우선 우리나라에 이 부류 책을 찾아볼 수 없어 영문 또는 일문 서적을 구해 정독하고 정독해 사회심리학을 파악하여 시험을 치렀다. 합격 통지를 받으니 뛸 듯이 기뻤다.

방송관보(사무관급) 임명 받고 곧 중앙공무원교육원 입교, 소정 교육을 받았다. 당시 동급은 군수, 경찰서장, 세무서장, 그리고 각급 관서장 등 다수가 포함되었다. 비로소 벼슬을 한 느낌이다. 교육이 끝나자 저자는 KBS-TV 아나운서실장으로 보임되었다. 당시 텔레비전 방송국장은 황기오黃基伍 님, 전임前任 실장은 황우겸黃祐兼 선배다. 황 선배는 교양계장으로 옮겨지고 〈홈런 퀴즈〉 사회도 맡았다.

1962년 4월 발령이다. 같은 해 8월 성균관대 대학원을 졸업하고 문학석사학위를 받게 되자, 황기오 국장에게 보고하니 그 자리에서 저자에게 교양계장을 맡으라 해 정중히 사정을 말하고 고사한 즉, 국장이 당신 뜻대로 발령을 냈다. 참으로 난감했다.

저자는 교양 프로그램 제작 책임을 맡는 한편, 밤 〈9시 뉴스〉 앵커를 하고 새로 개편된 〈우등생 퀴즈〉를 맡아 진행했다. 6개월 후 신임 윤기범尹基範 사무관에게 교양 제작 책임을 인계하고 아나운서실장만 맡다가 1년이 경과할 즈음, 동아일보사가 겸영兼營하는 동아방송이 개국을 앞두고, 개국요원 확보에 세를 모아가는 중, 최창봉 선생이 인편을 통해 저자가 한번 세종로 사옥으로 나왔으면 한다는 기별을 보내왔다.

11

동아방송 시절

059

DBS 동아방송 시절

동아일보사 사장실, 동아방송 방송제작 책임자와 저자 둘이서 인사 책임
자 총무국장 안내에 따라 최두선崔斗善 사장과 마주 앉았다. 저자의 이력서를
잠깐 보시더니 사장이 말문을 열었다.

"전 아나운서가 신문학원 졸업한 이력을 보니 일찍부터 동아일보사에 오
려고 준비를 단단히 했구먼, 그런데 서울 사는 전씨라면 효자동이야, 성북동
이야?"

"네! 효자동입니다."

몇 가지 더 질문하고 면접을 끝낸다.

1963년 2월 동아일보사 방송국 방송부 아나운서실장 발령을 받고 착수
한 첫 번째 작업이 경력직 확보와 함께 수습사원 모집이다. 경력직은 우선
KBS에서 이규영李圭榮, 한경희韓慶熙, 김주환金珠煥, 김인권金仁權, 홍기욱洪基昱,
김남호金南浩, 성선경成善慶, 최귀영崔貴英 등이고, 수습은 개국요원 1기로 원창

호元昌鎬, 우제근禹濟根, 천재영千載榮, 김동건金東鍵, 이화영李和榮, 한순옥韓順玉, 최충자崔忠子, 신선자申善子 등이다. 이때 『한국일보』는 문화면 톱으로 「아나운서 기근」 제하의 기사를 실어 아나운서 스카우트를 방송가 화제로 신랄하게 다루었다.

라디오 방송 요소는 음성, 음악, 음향 등이다. 음성은 아나운서, 성우, 기자, 프로듀서, 외부 출연 인사 등의 방송이고, 음악은 국악, 유행가요, 한국가곡, 외국가요, 기타 음악이다. 음향은 효과음, 현장음, 소음 등임은 말할 것도 없다.

라디오 꽃이 바로 아나운서라고 말하는 표현이 과장된 것은 아니다. 이 사실을 알면서도 모른 체하는 경우가 많다. 우리나라 라디오 방송 초기, 모든 프로그램을 아나운서가 다 하는 것으로 아는 청취자가 많았다. 그러다가 방송을 조금 안다는 사람들이 아나운서를 폄하하여 아나운서는 프로듀서가 가져다 준 원고를 앵무새처럼 기계적으로 읽어 내는 일을 할 뿐이라 하지만, 방송을 제대로 아는 사람은 아나운서 가치를 확실하게 인식하고 있다.

뉴스 기사를 예로 들어 본다. 물론 기획, 취재, 편집을 방송기자가 한다. 방송 실시를 아나운서가 할 뿐이지만 아나운서는 자신의 개인적 음성요소를 활용하여 이 원고를 낭독 아닌 '연주'를 하는 것이다. 그것은 마치 관현악기 연주자가 악보를 보고 자기 악기를 연주하는 것과 같다. 그러므로 음악 연주자마다 연주 형식과 연주 내용이 다를 수밖에 없지 않은가?

읽기만 해도 그러한데 스포츠중계, 의식중계, 의사당중계, 무대중계, 현장중계, 공항 항공기 이착륙 실황중계 등뿐 아니고 화제인물 인터뷰, 각종 토의 및 토론 사회, 좌담 사회 등…… 그뿐일까? 다큐멘터리 해설, 각종 의식 진행 및 사회도 있다. 수박 겉핥기로 아나운서를 아는 체해서야 되겠는가?

060

라디오 방송의 아나운서 자질

첫째, 뉴스를 잘해야 한다

뉴스를 잘 못하면 도중 하차도 감수해야 한다. 특히 동아방송은 『동아일보』를 모태로 탄생한 방송이므로 뉴스에 관한 한 동아방송에 대한 일반 청취자 관심은 높을 수밖에 없다. 저자가 어떤 평을 받았는지 몰라도 당시 라디오 뉴스 백미白眉라 할 정오 낮 종합뉴스를 개국 후 폐국 때까지 거의 저자가 전담했다. 오후 5시 뉴스도 거의 전담하다시피 했다.

한때, 방송뉴스 책임자가 저자에게 뉴스는 속보성을 우선시해야 하므로 핫hot 뉴스는 정규프로 편성에 상관없이 원고 받는 즉시 담당 아나운서가 스튜디오로 들어가 방송해야 한다고 누차 요구해, 그 뜻을 받아 처리했으나 조건을 붙였다. 아무리 화급을 요하는 뉴스라도 담당 아나운서가 일단 기사를 한번 본 후 방송하게 해 달라고 수정 제의했다. 정확성이 동시에 중요한 까닭이다. 정확성은 방송국 신인도信認度와 무관하지 않기 때문이다.

　뉴스는 기획, 취재, 편집이 물론 중요하지만, 마이크 앞에서 뉴스를 실제 방송하는 아나운서 역할을 과소평가하는 일은 없어야 한다. 어디까지나 방송은 협업協業 체제이므로 단연코 팀워크를 다 함께 염두에 두어야 한다. 이 사실 때문에 저자는 일찍 '저널리즘'을 배우느라 서울신문학원을 다닌 것이다. 동아방송 정오 종합뉴스 청취율이 계속 올라가 뉴스 시간 10분이 30분까지 연장되기도 했다.

　사실 다음 이야기는 예의상 꺼내기 어려운 형편이지만, 사실이고 또 개인적으로 감동이 컸기 때문에 독자에게 공개한다. 한 번은 30분 길이 정오종합뉴스 방송을 마치고 막 사무실로 들어서자 전화 벨이 울려 받았다. "나는 수필 쓰는 김소운金素雲이라는 사람입니다. 지금 방송 듣고 우리말이 이렇게 아름다울 수 있을까? 해서 전화했습니다." "고맙습니다. 저도 선생님 수필 몇 몇 책 읽었습니다. 저를 극찬해 주시니 몸 둘 바 모르겠습니다." 짤막한 일문일답이지만 생애 이렇게 큰 감동은 매우 드문 일이 아닐 수 없다.

　스카우트한 경우든 신인 수습이든 우선 뉴스를 잘 해야 했다. 이규영, 한경희, 김주환, 김인권 씨 등은 뉴스에 장기가 있고, 수습 가운데 원창호, 우제근, 김동건, 한순옥, 최충자, 신선자 씨 등은 모두 뉴스 방송을 인정받고, 입사한 경우라 할 수 있다.

둘째, 공개방송 진행과 사회에 장기長技를 가져야 한다

　출중한 용모와 체격으로, 단연 으뜸으로 손꼽힌 사람은 바로 한경희 아나운서다. 각종 노래자랑 사회를 그가 전담했다. 이에 못지않게 수습으로 입사한 김동건 아나운서 역시 공개방송 사회에 유능한 자질이 있음을 간파하고 저자는 그를 주목했으나 입사 2년 후 새로 개국한 동양방송으로 자리를 옮겨 가 크게 아쉬운 점을 남겼다. 오늘까지 방송 현업 50년 넘게 시청자 인기를 독점한 명사회자는 아마 전무후무한 경우일 것이다. 김동건 아나운서, KBS-TV '가요 무대' 사회가 단적으로 저자 주장을 입증한다.

셋째, 스포츠 중계 한 종목 이상을 담당해야 한다

스포츠 캐스터 확보와 육성에 힘을 기울인 동아방송은 개국 초기부터 축구에 전영우, 우제근, 원예종, 야구에 김인권, 원창호, 농구에 한경희, 김주환, 배구에 김주환, 김인권, 권투에 한경희 등 유능한 캐스터 진용陣容을 갖추어 중계 내용에 충실을 기했으며, 중계 종목도 기존 방송이 일부 인기 종목에 치우쳤던 구태와 달리, 그 범위를 넓혀 스포츠 전 종목의 균형 있는 발전과 보급에 진력했다.

넷째, 인터뷰를 잘해야 한다

동아의 대표적 아나운서가 바로 이규영 씨이다. 각종 민원 상담을 도맡다시피 한 분이다. 심야 토론을 전담하기도 했다. 뿐만 아니라 생활 상담 등 상담 프로를 개성 있게 이끌어 타의 추종을 허하지 않은 베테랑이다. 맑고 깨끗한 고음高音이 그의 특징이다.

다섯째, 내레이션narration을 잘하는 내레이터여야 한다

김주환 씨를 꼽지 않을 수 없다. '자선극慈善劇, 이 사람을!'에서 이 분은 내레이션을 잘한 내레이터로 정평이 났고 또 그만큼 성가聲價를 올렸다. 특히 그의 해설은 포즈Pause가 일품이고 감칠맛 나는 저음低音이 매력을 더하여 오래도록 인기를 누렸다.

여섯째, 즉흥적 애드리브ad-lib를 잘해야 한다

각종 스포츠 중계와 의식 및 각종 실황 중계 때 각 아나운서 역량은 그의 애드리브를 통해 평가된다. 원고 없이 즉흥적으로 모든 상황에 대처하는 수완과 역량은 사람마다 각각 다르다. 이 점은 동아방송 남녀 아나운서의 공통분모가 아닌가 한다.

일곱째, 표준어와 표준발음 구사

국어 발음을 바르게 배우고 익혀, 항상 표준 발음법에 의거해 발음하고, 포즈pause에 유의, '띄어 읽기'와 '띄어 말하기'에 잘못이 없어야 한다. 특별한 경우를 빼고, 항상 표준어標準語를 구사한다. 그러나 항상 센스sense 와 브레인brain 그리고 에티켓etiquette에 바탕을 두어야 한다.

여덟째, 모든 사실을 조금씩은 이해한다

모든 사실을 조금씩은 알아야 할 것이다. 말하자면, 'everything', 'some-thing'이다. 신입 아나운서 선발 기준에서 시사時事와 교양教養에 중점을 두는 이유도 여기에 있다. 아나운서는 지성과 교양을 두루 갖춘 건강한 인품이어야 한다.

이 밖에도 라디오방송 아나운서에게 요구되는 자격요건이 더 있지만 여기서는 생략한다.

061

「방송 아나운서론」

저자가 쓴 「방송 아나운서론」은 당시 방송위원회가 편집해 내는 권위 있는 전문 특수 잡지인 『방송연구』 1986년 가을호 특집에 실렸다. 전문本文 가운데 머리말만 옮겨 싣는다.

「방송 아나운서론」 머리말

라디오 시대 아나운서는 확실히 방송 주역이었으나 텔레비전 시대에 와서 주역은 방송 콘텐츠로 바뀌고, 아나운서는 한 개 평범한 톱니에 불과하게 되었다. 그러나 그렇다 하여 결코 아나운서의 역할과 직능이 축소된 것은 아니다.

그의 자질, 능력, 개성만 부합되면 담당 프로그램이 그만큼 늘게 되고 활동무대 또한 확대되고 있다. 그리고 이 같은 현상은 매우 자연스럽다. 또 아나운서 직능이 세분화 혹은 전문화되면서 과거 당연히 아나운서가 담당할 프로그램을 지금은 일층 내용에 정통한 비전문 방송인 혹은 다른 방송인이 분담하는 결과를 가져왔다.

그렇다면 의당 아나운서 역시 시대 추이에 따라 이에 적용하지 않으면 안 된다. 더욱 격변하는 내외 정세의 영향으로 방송 역시 메시지 전달 표현에 다각도의 대응을 보이지 않을 수 없는 현실이다. 한편 방송기술의 괄목할 고도의 수준 향상은 이에 박차를 가하게 하고 있다.

오늘날 방송 아나운서는 자질과 능력 그리고 개성을 인정받는 소수만이 여전히 시청자의 절대적 인기를 향유, 화려한 생활을 영위할 뿐, 나머지 다수는 텔레비전 뒤쪽에서 혹은 라디오 프로그램에서 묵묵히 정통적인 임무와 과업을 수행하며, 남모르는 노력을 경주하고 있다.

기능면에서 현재 아나운서 전문화의 추세가 뚜렷한 국면을 보이는 반면, 일인 다역多役의 정통적인 비전문화 또는 종합화의 양상이 아직껏 엄존하고 있음을 간과할 수 없다. 그렇다면 새 시대, 새로운 방송에 임하는 새 아나운서상像의 부각이 아쉽게 느껴진다.

이에 따라 저자는 아나운서의 자질 향상과 환경 변화에 적응하는 능력 배양이라는 관점에서 본 소론을 펴고자 한다. 평범한 사실에 진리가 있다는 금언을 긍정적으로 수용, 미국 NBC, Ed Herlihy의 아나운서관觀을 나름대로 소개하고, 현 시점에서 각광 받는 텔레비전 아나운서 자질과 능력은 어떤 것이어야 하는지를 살피고, 끝으로 라디오 텔레비전 아나운서 자질을 정리하는 귀납적 전개 형식으로 소론을 구성했다.

062

라디오 공개방송 〈유쾌한 응접실〉

라디오 방송이니만큼 공개방송 비중이 클 수밖에 없다. 특히 이때만 해도 우리나라 텔레비전 방송이 궤도에 오르기 전이므로 경쟁이 덜 치열한 때라 하지만, 그래도 텔레비전 방송 프로그램은 라디오보다 훨씬 일반 시청자 관심이 컸다. 동아방송은 뉴스 강점을 유지·발전시켜 나가는 한편 공개방송에 의한 청취층 확보에 심혈을 기울였다.

여기 공개방송 〈유쾌한 응접실〉이 청취층은 물론 타 방송 프로그램 제작진에게도 많은 관심과 함께 자극을 주게 된다. 이후 유사 프로그램 등장은 이 주장을 크게 뒷받침한다. 이 프로그램을 처음 창안 제작한 프로듀서 노승병盧承昞의 말을 들어본다.

"KBS에 있을 때부터 구상한 것인데 DBS에 와 비로소 프로그램으로 실현한 것입니다. 물론 힌트는 외국방송에서 얻은 것이지만 내 나름대로 아이디어를 보태고 어레인지arrange해 즐겁고 유익한 사랑방 분위기를 방송으로 살려본다는 취지였고, 당시 KBS 〈재치문답〉이나 〈노래자랑〉 종류의 프로그램이 활기를 띠던 때인 만큼 동아방송 청취층을 감안 그 수준을 높여도 성공하리라는 확신이 서 있었습니다.

우선 사회자로 전영우全英雨 씨 같은 적임자가 나선 것은 더 큰 힘이 되었으나 단골손님으로 누구를 모시느냐가 문제였죠. 위트와 유머 감각이 풍부하고 탁월한 말솜씨를 지니되 사회적으로 존경 받는 저명인사를 찾아내는 일이 매우 어려웠습니다.

백방으로 알아본 끝에 단골손님에 방송극작가 주태익朱泰益, 농장 경영인 김웅金雄, 『동아일보』 논설위원 홍승면洪承勉, 대학교수 전혜린田惠麟, 새 손님에 연극인 복혜숙卜惠淑, 얘기 손님에 이혜구李惠求, 윤길구尹吉九, 그리고 노래 손님 나애심, 박경원, 박재란 등이 모여 진명여고 강당 '31당'에서 '방송'이라는 화제로 첫 프로그램을 제작했습니다.

역시 제일 고심한 것은 화제話題 선택인데, 화제에 따라 프로그램 성공 여부가 거의 결정된 것이나 다름없기 때문에 1주일 내내 화제 선택에 매달리지 않을 수 없었습니다."

저자가 〈유쾌한 응접실〉 사회를 맡게 된 경위는 우연이라 할 수밖에 없다. 개국 초 분위기는 누구든 기대와 포부로 설레던 때라 제작부서로부터 의뢰 받은 프로그램 담당자를 배정하는 아나운서실도 예외는 아니다.

적성 따라 자기 희망대로 프로그램이 배정되는데 이 프로그램만 희망자가 없다. 이규영, 한경희, 김주환, 김인권 등과 진지하게 의논한 결과 시간장도 길고 구성 양식도 복잡하니 당연 실장이 맡아야 한다는 중론이 모아져 어쩔 수 없이 맡았다.

그러나 결과저으로 큰 다행이다. 프로그램 성격이 저자 적성에 부합되기 때문이다. 풍성한 대화가 프로그램 중심 요소이고, 즉흥적 발상과 손님 개성이 서민 애환哀歡과 어우러질 때, 유머와 위트가 쉽게 터질 수 있다는 점을 감안, 이에 초점을 맞춰 프로그램을 진행하고, 인생문제 또는 인간관계부터 생활철학까지 대화 폭을 크게 넓혀 가는 데 주안점을 두었다.

김두희金斗熙 교수 말씀대로 "너무 높지 않고 너무 낮지 않은 수준"을 유지하되 억지와 코미디는 배제하고 참석 손님들 사이 상대 인격을 존중하는 배려가 항시 이심전심으로 통하는 가운데, 화기和氣 넘치는 대화 분위기가 프로그램 시종 이어져 나갔다.

참석 손님 발언이 실패할 경우는 대체로 교육적이거나 교훈적인 이야기를 길고 서투르게 늘어놓을 때이고, 성공할 경우는 자기 허점이나 실패담을 아무 거리낌 없이 솔직히 털어 놓을 때. 프로그램 성공 여부는 우선 화제話題 선택이 중요 관건이 되지만 공개방송 장소와 방청객 수준 역시 이에 못지않게 작용하는 바 크다. 방청객 수준이 높으면 유머와 위트에 공감하는 양성陽性반응이 쉴 새 없이 터지지만, 그렇지 못할 경우 효과 불량으로 흐르는 식은땀을 사회자는 감당하기 어려웠다.

프로듀서 역할이 얼마나 중요한가는 새삼 말할 필요가 없지만 박재권朴在權은 모든 그의 능력과 재질을 이 프로그램에 집중했다. 프로그램 제작 때 그는 현미경과 망원경을 동시 작동, 전체는 망원경으로, 세부는 현미경으로 내용과 형식을 투시할 수 있는 형안을 가졌다.

〈유쾌한 응접실〉초기 포맷은 코미디와 퀴즈 코너도 포함된 복잡한 내용으로, 노래 비중이 토크보다 더 편중되기도 했는가 하면 출연자도 단골손님과 노래손님 외에 새 손님, 얘기 손님까지 동원돼 산만한 구성을 보였고, 개국 1년 만에 기획자 겸 제작자 노승병의 퇴사에 이어 배종우裵宗禹, 윤병일

尹炳一, 안평선安平善, 홍기욱洪基昱, 정창기鄭昌基, 이원용李源鎔, 장영수張永洙 등이 차례로 프로그램을 맡는 등 제작 스탭의 불안정을 빚기도 했다. 그러나 사회를 줄곧 저자가 맡았다.

이 같은 곡절로 방송 시작 채 2년이 안 돼 프로그램 폐기론이 제기되는 진통을 겪기도 했다. 그러다 동아방송 대표 프로그램으로 확고한 기틀을 다지게 된 것은 1965년 박재권朴在權이 담당 프로듀서로 나서면서 얘기와 노래 중심으로 포맷이 단순화되고, 단골손님으로 이서구李瑞求, 양주동梁柱東, 김두희金斗熙 님 등이 고정됨으로써 가능해졌다.

흥미 있고 유익한 오락 프로그램으로 동아방송 품격을 대변할 수 있는 대표 프로그램이 공개방송 〈유쾌한 응접실〉이다. 격조 있는 오락의 가장 바람직한 모델로, 개국 초부터 방송계 관심을 모았던 〈유쾌한 응접실〉은 1968년 10월 2일 문화공보부 주관 제1회 방송 프로그램 콘테스트에서 대상大賞인 최우수상을 수상하여 동아 프로그램의 총아다운 관록을 당당히 입증했다.

〈유쾌한 응접실〉 프로그램의 특기할 가치라면 첫째, 우리나라 최고 수준 석학과 지성인들이 공개 석상 고정 출연자로 참여, 자신의 해박한 전문 지식과 세련된 유머로 오락 공개방송의 질을 획기적으로 향상시켰고, 둘째, 라디오 연예 및 오락 기능이 텔레비전에 가장 두드러지게 잠식당했음에도 불구하고, 가장 장기간 높은 청취율을 유지했으며, 셋째, 동아방송 개국부터 폐국 때까지 최장수 프로그램이었고, 넷째, 참신한 포맷은 물론, 출연자들을 손님으로 호칭, 방송 용어 순화에도 기여했다는 점 등이다.

《 063 》

사회자가 본 무애无涯 선생

나는 평소 선생님 국문학 강의를 들어보지 못해 선생을 흠모하는 국문학도로 머물러 있다. 때마침 동아방송 〈유쾌한 응접실〉 프로그램 사회를 맡으며 거의 10년간 선생을 단골손님으로 모셔 온다. 물론 방송에서 하는 말씀과 대학강단 강의를 견줄 수 없으나 어느 정도 짐작은 할 수 있다. 방송에서 하는 말씀을 미루어 보면 말이다.

선생은 유달리 준비에 만전을 기하는 인상이다. 언제든 공개방송이 있으면 자리에 앉자마자 곧 준비한 메모지를 테이블 위에 꺼내 놓으신다. 어느 때 어떤 질문이 가더라도 화제 빈곤으로 주저하는 모습을 전혀 보인 적이 없다.

화제는 양의 동서, 시의 고금을 가릴 것 없고 이야기 구성에 항상 선생이 의도하는 무엇이 꼭 있다. 그것은 방청객 및 청취자 반응을 미리 염두에 두는 까닭일 것이다. 화순話順을 드리면 현하구변懸河口辯이 곧 시원스럽게 샘솟는다.

이때 흥에 흥을 더하면 말씀이 빨라지고 말씀이 빨라지면 때로 어느 부분은 조음이 불분명해 말씀 내용을 미처 소화하지 못할 때가 있다. 그러나 그것은 감히 내가 어찌 선생 말씀을 하나도 놓치지 않을 수 있으랴 하고 자책으로 돌린다.

언제나 검소하고 질박한 인상, 인자한 할아버지 학자 무애 양주동 박사. 스스로 말씀하기를 황해도, 평안도 방언 쓰는 사람은 당신을 '냥두돈' 선생으로, 또 어떤 이는 '양주둥' 박사로, 그리고 다른 이는 당신을 '양주장'이라 하기까지 호칭하는 것을 들은 적이 있다고 하신다. 이것이 선생 해학이다.

유머 세계를 종횡무진으로 누빈다. 우리나라에 골계가도 있고 해학가도 많으나 무애 선생같이 깊이와 무게를 간직한 유머리스트가 또 있는가? 선생 말씀 중 혹 내가 잘못 아는 유머도 있을 것이다. 그러나 몇 가지 실례를 들어 유머리스트 무애 선생을 말하고자 한다.

선생이 황해도 어느 시골로 장가갔는데 그곳 동네 청년들에게 시달림을 받을 때 이야기다. 무애 선생이 머리 영특하다는 소문은 이미 황해도 일원에 널리 퍼져 잘 알려진 바다. 새로 장가들러 오는 신랑 매다는 일은 신부 집 동네 청년들 몫이다.

신랑에게 힘이 세면 힘을 겨루어 보고 돈이 많으면 돈을 쓰게 하지만, 신랑에게 이 시달림이 결코 쉬운 일은 아니다. 이때 무애는 인근에서 수재로 알려진 터라 영특한 머리를 시험 받게 되었다. 동네 청년 하나가 신랑에게 '월출고月出高!' 하더란다. 이에 대해 조금도 지체함 없이 '일입어日入於?' 하고 신랑이 대꾸했다.

이 문답을 한문장漢文章으로 해석하려는 잘못을 범하면 안 된다. 이 문답

형식은 바로 이두吏讀식이기 때문이다.

　이 문답의 의미를 풀어보면, '월'은 음훈音訓이 '달월'이니 여기는 훈의 '달', '출'은 '날출'이니 여기는 훈의 '날'을, 그리고 '고'는 '높을고'이니 음만 따서 '고', 이렇게 추리면 '달날고'가 된다. 무엇인지 줄 것이 있으면 줘야 한다는 뜻이다. 이 같은 요구에 '일입어?' 하니, 이 '일입어'도 이두식이므로 '날들어?' 하는 뜻이 된다.

　실제 그러셨는지 여부는 알 길 없다. 모르면 몰라도 선생의 해박한 연구 분야 향가鄕歌에서 소재와 힌트를 얻어 지은 독창의 유머가 아닐까?

　I don't want to meet this class. (학급 또는 반)

　하도 수업태도가 좋지 않아 수업시간을 끝내며 교수가 판서한 영문구이다. 다음 주 강의실 칠판에 학생 판서가 교수 시선을 끈다.

　I don't want to meet this lass. (소녀 또는 애인)

　그러자 교수가 다시 고쳤다.

　I don't want to meet this ass. (고집통이 또는 바보)

　선생 유머에는 항상 교양적이고 교육적인 의미가 포함된다. 상대를 담백하게 웃기는 것으로 끝내는 부류가 아니라, 웃기며 동시에 상대가 무엇인가 터득하는 바 있게 배려하신다. 선생 유머는 선생 특유의 것이며 여유가 있고 지혜가 있으며 여운이 남는다.

　자가용 승용차로 왕래하지만 의복에 사치가 없다. 그러나 때로 빨강 넥타이와 빨강 양말을 선호하기도 한다. 머리는 짧게 깎아 시원한 용모, 넓고 큰 이마와 한 일자로 굳게 다문 입, 그리고 부처를 닮은 큰 귓밥, 때로 추상같으나 여느 때는 서글서글한 눈, 처음 뵈면 굳건한 학문의 의지, 두 번 뵈면 진실한 솔직성, 세 번 뵈면 겸허한 성품을 알게 된다.

그럼에도 불구하고 선생을 근시안으로 보는 이가 없지 않음을 아는 저자로서 부득이 '국보론國寶論'을 펴지 않을 수 없다.

1·4후퇴 때 다급해진 상황에서 선생은 우연하게 동아일보사 사장실에서 어떤 낯모를 손님과 마주 앉는다. 손님이 먼저 인사를 청한다. 인사를 나누고 보니 바로 그가 저 유명한 베를린 올림픽 마라톤 왕 손기정이 아닌가. 그가 말하기를,

"다른 사람은 모두 피란을 했는데 우리나라 국보 둘만 이렇게 여기 남아 있다니 이거 어떻게 된 겁니까?"

"……."

이래서 선생께 자타공인 '국보' 별칭이 붙게 된 것이다.

공부자孔夫子 말씀이 인용되는가 하면, 이백이나 두보의 시구가, 또 성서 말씀이 나오는가 하면, 찰스 램의 수필이, 그렇다면 선생은 우리나라 지혜의 보고가 아니겠는가? 물론 당신이 스스로 과장하는 때도 없지 않다. 그러나 곧 방청객 폭소가 터진 후 으레 유머 효과를 확인하면 곧,

"그것이 어찌 내가 잘나서 하는 말이겠소? 이 얘기는 명말 청초 대문장가 김성탄金聖嘆의 일화지요" 하고 겸양하신다.

10년 넘도록 선생을 방송에 모시지만 무소부지無所不知, 무소불능無所不能은 아니고 음악, 미술, 공작은 재주가 없다고 스스로 인정한 적이 있다. 그러나 화제에 열기가 더해지면 한시漢詩는 물론 영시英詩 몇 편 줄줄 암송하신다.

영문학 전공에서 다시 방향을 새로 잡아 국문학 연구, 특히 '고가古歌연구'와 '여요전주麗謠箋注'로 고전문학을 집대성한 학술원 회원 무애无涯 양주동梁柱東 박사, 또 다른 한편으로 동서문화에 대한 해박한 식견을 토대로 무게를 더한 유머, 그리고 바위 같은 관용寬容과 군자의 위의威儀를 고루 갖춘 인자한

성품, 누가 선생에게 머리 숙이지 않겠는가?

1929년 5월『문예공론』 창간호에 게재된 선생의 시 「조선의 맥박」을 여기 붙인다.

조선의 맥박

양주동

한밤에 불 꺼진 재와 같이
나의 정열이 두 눈을 감고 잠잠할 때에
나는 조선의 힘 없는 맥박을 짚어 보노라
나는 임의 모세관 그의 맥박이로다

이윽고 새벽이 되어 훤한 동녘 하늘 밑에서
나의 희망과 용기가 두 팔을 뽐낼 때면
나는 조선의 소생된 긴 한숨을 듣노라
나는 임의 기관이요 그의 숨결이로다.

그러나 보라 이른 아침 길가에 오가는
튼튼한 젊은이들 어린 학생들 그들의 공 던지는
날랜 손발 책보 낀 여생도의 힘 있는 두 팔
그들의 빛나는 얼굴 활기 있는 걸음걸이

아아! 이야말로 참으로 조선의 맥박이 아닌가?

무럭무럭 자라나는 갓난 아이의 귀여운 두 볼
젖 달라 외치는 그들의 우렁찬 울음 작으나마
힘찬 무엇을 잡으려는 그들의 손아귀
해죽해죽 웃는 입술 기쁨에 넘치는 또렷한 눈동자
아아! 조선의 대동맥 조선의 폐는 아기야 너에게만 있도다

자라나는 새 세대를 소재로 그들에 대한 기대를 노래한 시이며, 주제는
젊은 세대들에 대한 기대감일 것이다. 또 하나 선생의 시 「어머니 회상」을
1937년 이흥렬이 곡을 붙여 〈어머니 은혜〉로 곡목을 달아 세상에 내놓았다.

어머니 은혜

양주동

나실 제 괴로움 다 잊으시고 기를 제 밤낮으로 애쓰는 마음
진 자리 마른 자리 갈아 뉘시며 손발이 다 닳도록 고생하시네
하늘 아래 그 무엇이 넓다 하리오 어머님의 희생은 가 없어라

어려선 안고 업고 얼려 주시고 자라선 문 기대어 기다리는 맘
앓을 사 그릇될 사 자식 생각에 고우시던 이마 위에 주름이 가득
땅 위에 그 무엇이 높다 하리오 어머님의 정성은 그지 없어라

사람의 마음 속엔 온 가지 소원 어머님의 마음 속엔 오직 한 가지
아낌 없이 일생을 자식 위하여 살과 뼈를 깎아서 바치는 마음
하늘 아래 그 무엇이 넓다 하리오 어머님의 희생은 가 없어라

초등학교 및 중학교 시절, 여름방학이든 겨울방학이든 방학만 되면 집에서 용돈 받아 동대문 위쪽에 있던 기동차 정거장에서 기동차 타고 뚝섬 또는 광나루에서 하차, 똑딱선 타고 한강 건너 송파 큰집 가던 일이 어제인 듯하다.

통신부(성적표) 가지고 가서 큰아버지, 큰어머니 보여 드리면 공부 잘했다고 칭찬을 들었다. 농장에서 거둔 참외며 수박 그리고 겨울이면 새로 한 흰떡을 조청에 찍어 먹던 일이 좀처럼 기억에서 지워지지 않는다.

그리고 저녁이면 모든 가족이 넓은 대청에 둘러 앉아 돌림노래들을 불렀다. 으레 그때 노래로는 양주동 선생이 지은 〈어머니 은혜〉를 부르고 시간 가는 줄 몰랐다. 이 노래를 나에게 자주 시키는 까닭은 아마 누구 말마따나 음정 좋고 박자 좋고 목소리 좋아 시키는 것 같았다. 그때 저자 할머니는 연세가 많으셨는데 왠지 자주 눈에 눈물이 그렁그렁 고였다. 그래도 손자가 노래로나마 할머니 마음을 조금 위로해 드린 것으로 안다.

무애 양주동 박사 약력略歷

1903, 개성 출생, 다음 해 황해도 장연長淵으로 이주.
1908, 아버지를 여의다.
1912, 보통학교 3학년 입학.

1914, 어머니를 여의다. 보통학교 졸업, 평양고보平壤高普 입학 후, 1년 만에
　　　중퇴.

1920, 중동학교中東學校 고등속성과 입학, 1년간 중학 전과全科를 마침.

1921, 일본 와세다早稻田대학 예과과정 불문과 입학.

1923, 시 잡지『금성』발간. 예과 졸업 후 귀국.

1925, 와세다대학 영문과 진학 후 귀국, 여순옥呂順玉과 결혼.

1928, 와세다대학 영문과 졸업, 평양 숭실전문학교 교수 부임

1929, 잡지『문예공론』발간. 「조선의 맥박」 등 많은 시 작품 발표.

1930, 시집『조선의 맥박』간행.

1937, 「향가의 해독」 청구학총 19호 게재.

1938, 숭실전문학교 폐교로 교수 사직. 아들 인환寅煥 출생

1940, 경신儆新학교 교원.

1942, 『조선고가연구朝鮮古歌硏究』출간.

1947, 동국대학교東國大學校 교수 취임.『여요전주麗謠箋注 출간』.

1954, 학술원 회원 및 추천회원 피선, 국어심의위원.

1956, 학술원상 수상.

1957, 명예 문학박사 취득연세대학교

1958, 연세대학교 교수로 전직.

1962, 동국대학교 교수 겸 대학원장 재임再任, 문화훈장 대통령장 수훈.

1970, 대한민국 국민훈장 무궁화장 수훈.

1973, 동국대학교 교수 정년.

1977, 2월 4일 돌아가심.

2003년 2월 12일, 국어국문학회 및 동국대 국어국문학과 공동주관 문화관광부, 서울특별시, 동국대학교 공동후원으로 '양주동梁柱東 선생의 학문과 인간'을 주제로 하는 2003년 2월 문화인물 기념 학술대회가 서울 동국대 대강당에서 거행되었는데, 국어국문학회 대표이사 서대석의 인사와 동국대학교 총장 송석구의 축사에 이어 동국대 대학원장 임기중林基中의 '무애 양주동 선생의 생애와 한국 고시가古詩歌 연구' 기조 발제에 이어 세 사람 발표가 있었다.

「양주동 선생의 문학활동과 그 업적」, 김시태金時泰(한양대 교수)
「양주동 선생과 국어학 연구」, 고영근高永根(서울대 명예교수)
「양주동 선생의 인간적 면모, 〈유쾌한 응접실〉 단골 손님」, 전영우全英雨(수원대 명예교수)

1903년 출생해서 1977년 작고했으니, 2003년은 무애 양주동 박사 탄생 100주년 되는 해이다. 이때를 당해 선생 생애 업적을 기리는 학술대회가 개최된 것은 매우 뜻깊은 일이 아닐 수 없다.

한편, 저자까지 한 부분 주제발표를 맡았으니 큰 영광이 아니던가?

이서구李瑞求 선생, 양주동梁柱東 박사, 김두희金斗熙 교수 등 세 분 단골 손님이 아니었다면 동아방송 〈유쾌한 응접실〉 프로그램은 반석 위에 놓일 수 없었다는 사실을 먼저 밝힌다.

파리 세느 강 다리 위에서 어느 남성이 미모의 여성에게 던진 유머 있는 청탁의 말은 참 걸작이다.

"사랑에 불타는 당신 눈동자에 내 담뱃불 좀 붙였으면 합니다."

'국보' 1호면 남대문이지만, '국보' 대명사는 양주동 박사로 통한다. 외국 문학작품 인용에서 보듯, 국보는 양의 동서, 시의 고금을 종횡무진으로 누비며 해학을 터트린다. 양 선생 유머가 작품 또는 학문을 배경으로 한 것이면, 작가 이서구 선생 유머는 서민 체취가 물씬 나는 삶의 지혜가 배경이라 할 수 있다.

서울 옛 풍습을 회상하는 대목에서, 겨울만 오면 능청스런 군밤 장수의 군밤 파는 소리가 아직도 귓전에 남아 있다며 이렇게 되뇐다.

"갓 시집 온 색시, 시어머니 몰래 먹기 좋은 군밤이요!"

이렇게 주워대면 젊은 신랑들은 따끈한 군밤을 사 들고 총총 걸음으로 귀가한다고 한다.

항상 기지機智에 찬 말씀으로 청중을 매료시킨 김두희 교수. '여행'을 화제로 이야기를 나누던 때, 사회가 양주동 박사에게 신혼여행이면 무엇을 가지고 가야 할까요? 하고 물어보니 타월과 비누가 있어야 한다고 말한 반면, 화순話順을 받은 김 교수는,

"타월이나 비누는 안 가지고 가도 여관이나 호텔에 다 있으니까 걱정이 없는데요. 한 가지 빠트리면 안 될 것이 꼭 하나 있습니다. 그것은 바로 신부입니다. 신부는 꼭 데리고 가야죠."

연세대학교 공개방송, 화제가 '미련'이던 때다. 미련을 남기지 말자며 젊은 남녀가 절교하는 장면에서,

"여자가 남자에게 절연장絕緣狀을 썼습니다. 즉, 이제는 헤어집시다. 미련을 남기지 말고 헤어집시다. 앞으로는 다시 편지도 안 쓰겠습니다. 물론 전화도 걸지 않겠습니다. 왜냐고요? 그 까닭이 무엇이냐고요? 물론 궁금하시겠지요. 그것은 다음에 다시 만나 얘기합시다."

12
높푸른 하늘에
흰 구름 떠가면

064

전영우 작사의 노랫말들

동아방송사 재직 시절, 유행가요 가사를 지어 작곡가 길옥윤吉屋潤 님에게 맡기며 가사가 매우 서투른데 이 노랫말에 곡 좀 붙여 줄 수 있느냐고 어렵게 청을 넣었더니 기꺼이 수락하고 지어 보겠다고 약속한다. 그리고 얼마 지나지 않아 완성된 곡을 가져와 직접 들려준다.

사랑의 계절

전영우 작사, 길옥윤 작곡

들에는 들국화 소소로이 피고
길에는 코스모스 수련수련 피었네
높푸른 하늘에 흰 구름 떠가면
그대 그리워라 보고 싶어라

아 가을인가 사랑의 계절

하나 둘 낙엽이 포도에 뒹굴고
스산한 바람이 옷깃을 스치네
감빛 노을이 산마루에 지면
그 이름 내 가슴에 포근히 안겨라
아 가을인가 사랑의 계절

그 후 이 노래를 패티 김이 녹음했고, LP판으로 제작 보급하기도 했다. 참으로 기뻤다. 아침 직장 출근하고 오전 방송간부회의에 참석한 뒤 잠깐 밖에 나가 다방에서 커피 한잔 하며 DJ가 틀어 주는 〈사랑의 계절〉 노래를 들을 때면 그지없이 행복했다. 이 노래가 사실 저자가 지은 첫 번째 곡은 아니다.

경복중학교에 입학하고, 과외 활동으로 합창반에 들어가니 마침 반장이 최영섭(후에 〈그리운 금강산〉을 작곡한 작곡가) 선배다. 이 인연으로 KBS 라디오 남산 연주소 시절, 저자가 노랫말 '익어가는 계절'을 지어 최 선배에게 넘겨 곡을 받아냈다. 그 노랫말을 붙인다.

익어가는 계절

전영우 작사, 최영섭 작곡

조용히 풍겨 오는 들국화 향기 속에
물 긷는 소녀의 콧노래 들린다
수련수련 피어 오른 자줏빛 코스모스

쪽빛 하늘 흰 구름에 살며시 웃음 짓네…….(허밍 코러스)

오곡이 넘실넘실 금빛으로 물결치고
초가 지붕 다홍 고추 맵게도 탄다
강아지는 꼬리치며 노적가리 반겨 돌고
가을하는 우리 기쁨 탈곡기에 감도네…….(허밍 코러스)

동아방송 개국 1년을 넘긴 1964년부터 시작한 라디오 캠페인 첫 주제가 '걸어서 가자'다. 캠페인 프로그램이 갖는 사회적 역할의 효용성을 충분히 입증한 '걸어서 가자'는 기획에서 방송까지 불과 7시간밖에 소요되지 않았다. 이때 노랫말을 저자가 지었다.

| 동아방송 제정 |

걸어서 가자

전영우 작사, 이희목 작곡

상쾌한 아침이다 걸어서 가자
너도 걷고 나도 걷고 걸어서 가자
걸으면 건강하다 걸어서 가자
상쾌한 아침이다 걸어서 가자

유쾌한 기분이다 걸어서 가자
학교에도 일터에도 걸어서 가자

걸으면 건강하다 걸어서 가자
유쾌한 기분이다 걸어서 가자

노을도 아름답다 걸어서 가자
동서남북 어디라도 걸어서 가자
걸으면 건강하다 걸어서 가자
노을도 아름답다 걸어서 가자

노래는 한명숙韓明淑과 강수향姜水鄕이 함께 불렀다. 동아방송 가청구역에서만 들을 줄 알았는데, 알고 보니 전국으로 확산되어 악보 공급이 한 때 달리기까지 했다. 행진곡이므로 부르기 좋고 듣기도 좋았다. 휘발유 한 방울 안 나오는 우리나라에서 이 '걸어서 가자' 캠페인은 큰 공감대를 불러 일으켜 기대 이상 효과를 올렸다.

프랑스에 샹송, 독일에 리트, 이태리에 칸초네, 미국에 포크송 등이 있듯 우리나라에도 우리 고유의 노래 명칭을 가질 필요가 있다는 중론이 제작 2부(음악)에 모아져, 저자에게 아이디어를 내 보라는 요청이 와 문득 떠올린 이름이 바로 '닐리리'다.

'걸어서 가자'에 이어 두 번째 캠페인 '닐리리' 보급 운동은 우리 고유 민속예술을 되찾고 개발해, 이를 널리 보급하자는 의도에서 마련된 의욕적인 캠페인이다. 이 닐리리 캠페인은 1964년 10월 4일 15분 길이 〈닐리리도 흥겹게〉를 정규 프로그램으로 편성 제작 방송, 1967년 3월 6일 폐지될 때까지 1,000여 곡의 닐리리를 제작 보급함으로써 우리 고유 가락을 되찾고 대중가요의 새 지표를 정립하는 한 계기를 마련했다.

〈해당화 사랑〉, 〈갑순이와 갑돌이〉, 〈봄 타령〉, 〈올해도 풍년〉, 〈새 타령〉, 〈금강산 아리랑〉, 〈한양 천리〉, 〈오동추야〉, 〈아리스리 고개〉 등 천여 곡에 이른다. '닐리리' 보급과 함께 동아방송은 '다 함께 노래하자' 국민 개창^{皆唱} 운동도 벌여 국민 정서 순화에 한 획을 그었다.

| 동아방송 제정 |

다 같이 노래하자

전영우 작사, 전석환 작곡

노래하자 노래하자

다 같이 노래해 다 같이 노래해

하나 둘 셋 넷 손뼉 치면서

노래하면 시름 걱정 저절로 가고

노래하면 기쁜 마음 저절로 온다

노래하자 노래해

다 같이 노래해

다 같이 노래해

하나 둘 셋 넷 손뼉 치면서

동아방송 제정

그 이름 청사에 빛나리

전영우 작사, 이희목 작곡

(파월 장병 개선의 노래)

장하다 우렁찬 개선의 북소리
조국의 이름으로 떠났던 용사
낯설은 월남 땅에 한국을 심고
개선한 우리 용사 우리 용사야
청사에 빛나리 맹호 맹호 맹호의 이름
청사에 빛나리 청룡 청룡 청룡의 이름

반갑다 구릿빛 건강한 모습
온 누리에 휘날린 한국의 이름
눈물 어린 이야기는 얼마나 크랴
승리한 우리 용사 우리 용사야
청사에 빛나리 맹호 맹호 맹호의 이름
청사에 빛나리 청룡 청룡 청룡의 이름

| 동아방송 제정 |

몬트리올의 금메달

전영우 작사, 김학송 작곡

태극기 휘날린다 몬트리올 하늘에
장하다 우리 선수 빛나는 금메달
온 누리 이겨낸 양정모 선수여
그대의 기상은 대한의 기상

그대의 자랑은 대한의 자랑

애국가 우렁차다 올림픽 광장에
얼마나 기다렸나 우승의 금메달
싸워서 승리한 양정모 선수여
그대의 기상은 대한의 기상
그대의 자랑은 대한의 자랑

동아방송은 이 노래와 함께 손기정 선수 베를린 올림픽 마라톤 제패의 노래를 각각 양면에 녹음 수록해, 기념 레코드를 한정판으로 제작 시중에 배포한 바 있다.

동아방송 개국에 앞서 국가局歌 제정이 필요했지만 더 급한 PR송이 절실해 제작요원들이 각각 써낸 가사를 추리고 추려, 저자가 취사선택해 노랫말을 성안하고, 최창봉과 조백봉의 재가를 받아 이희목이 작곡하여 완성했다.

| 동아방송 제정 |

동아방송의 노래

전영우 작사, 이희목 작곡

언제나 새 소식은 동아방송 동아방송
즐거운 음악도 동아방송 동아방송
1230 DBS 동아방송 DBS
꿈 실은 메아리 동아방송 동아방송

정답고 재미 있는 동아방송 동아방송

우리 가족 다 모여 동아방송 동아방송

1230 DBS 동아방송 DBS

언제나 다이얼은 동아방송 동아방송

후에 주파수 변경으로 '1230'을 '790'으로 바꾸었다. 동아방송 국가는 개국 5개월째를 맞는 9월 10일 조지훈趙芝薰 작사, 김성태金聖泰 작곡으로 제정되었다.

동아방송 국가局歌

조지훈 작사, 김성태 작곡

공중에도 길이 있다 온 세계에 통하는

새 소식 새 마음이 퍼져 오고 퍼져 가고

이 길에 손을 잡고 보람 찾는 우리들

외치리라 민중의 소리 민중의 염원

동아방송 동아방송 밝아오는 강산에

디비에스 디비에스 울려가는 누리에

높은 성벽 잠긴 문도 뚫고 넘는 이 소리에

새 시대 새 희망을 알려주고 깨쳐주고

어둠을 헤치고 빛을 찾는 사람들

노래하자 자유와 평화 인류의 소망

동아방송 동아방송 밝아오는 강산에
디비에스 디비에스 울려가는 누리에

동아방송 주지主旨

동아방송은 『동아일보』 창간 이념에 따라 그 사명을 깊이 인식한다. 따라서 언론의 자유와 편성의 자주성을 견지하여 방송의 권위와 공신성을 높이며 문화 발전과 산업 경제 번영에 기여하기 위하여 다음 주지로 방송한다.

우리는 건전, 공평, 명랑을 지향하며 방송의 품위를 간직한다.

우리는 알기 쉽고 올바른 말의 보급과 사회 순화에 힘쓴다.

우리는 자유와 정의 편에 서며 어떠한 독재에도 반대한다.

지난 1963년 4월 25일 개국 첫 전파를 송출한 이래, 17년 7개월을 애청 자와 호흡을 함께한 792Khz HLKJ DBS 동아방송은 당시 정부의 '민방 통폐 합 조치'로 인해 1980년 11월 30일을 끝으로 폐국함과 동시에 12월 1일부 터 한국방송공사 KBS로 흡수 통합 공영화됨으로써 임원을 제외한 240여 명 전체 방송국원이 소속을 옮기게 되었다.

개국 때부터 폐국 때까지 줄곧 동아방송 마이크를 지킨 아나운서는 전영 우, 이규영, 김주환, 김인권, 우제근, 원창호, 천재영 등 일곱 사람이다.

우리 아나운서가 아이디어를 내어 프로그램으로 정착된 것이 심야 토론 프로그램 〈어떻게 생각하십니까?〉다. 기획서에 청취자에게 호소하는 '여러 분!'이 붙었으나 프로그램 채택 시 삭제되었다. 제자은 물론 제자부서가 담당, 큰 인기를 끌었다. 그것은 생방송인 이유 때문이기도 하다. 사회는 이규영이 맡아 했다.

'우리말 교실'은 아이디어 제안과 함께 제작을 직접 아나운서가 담당했다. 제작 담당 황유성黃裕性이 방송윤리위원회의 표창을 받은 바 있다. 출연은 국제대학 우인섭禹寅燮 교수가 고정이었다. '산곡간에 흐르는 물', '5시 반의 데이트', 역시 아나운서가 직접 기획 제작한 프로그램으로 인기가 높았으며 후에 방송 내용이 종합 편집되어 아담한 책으로 출판한 적도 있다. 천재영千載榮 아나운서가 엮은 『5시 반의 데이트』가 바로 그 책이다.

〈본 대로 들은 대로〉는 외국 여행을 다녀온 출연 인사가 몇 회 연속으로 출연하여 아나운서와 대담하는 프로그램인데, 원예종元禮鍾이 장기간 맡아했으며 청취율에서 만만치 않은 비중을 차지했다.

아나운서부가 일부 프로그램을 제작制作하게 된 배경은 누구보다 최창봉崔彰鳳 국장 배려가 크게 작용했음을 덧붙인다. 한편, 저자 희망으로 동아방송 뉴스 해설위원을 겸임해, 주로 문화 분야를 맡아 해설을 했다. 그리고 한국신문편집인협회 주최 보도용어 순화를 위한 세미나에 참석하여 한 파트를 맡아 주제 발표를 한 적도 있다.

13

『방송개설』 번역 출간

065

『방송개설』 번역 출간

　　KBS 10년, DBS 18년을 보내며 방송 30년을 기념하는 의미로 방송 관련 책을 한 권 썼으면 하는 작은 소망을 키워 오다가 우연히 주디스 월러Judith C Waller의 *Radio, The 5thEstate* 번역을 착수하기로 결정 작업을 시작, 드디어 1970년 6월 15일 한국교육공사(사장 전 의원 맹은재)에서『방송개설』로 제목을 변경 출판했다. 이때 황유성黃裕性 아나운서의 도움이 컸다.

『방송개설』 역자 서문

　　Judith C. Waller가 지은 *Radio, The 5thEstate*를 중심으로 번역한 책이 바로 이『방송개설』이다. NBC에서 실제 방송 실무에 종사하며 방송을 연구하는 대학생 하계학교에 관여한 저자가 이 책을 썼다는 데 역자는 우선 호감이 갔다.

　　학문의 세계에서 현장으로 간 것이 아니고, 현장에서 학문의 세계로 들어간

점이 어쩌면 역자의 공감을 샀는지 모른다. 따라서 내용도 어디까지나 실무 위주의 체제로 짜여 있어 방송에 입문하는 사람이나 방송을 연구하는 초보자에게 더 없이 훌륭한 반려가 될 것으로 믿는다.

1946년 초판이 나오고, 1950년 개정판이 나왔다. 역자가 입수한 책은 바로 이 개정판이다. '미국 시스템' 하에서 라디오가 거의 전성기에 이른 때 착수되어 나온 책인 만큼 우리나라 방송인 및 방송 연구자에게도 적지 않은 관심을 불러모을 것으로 안다.

저자도 그의 서문에서 지적하듯 방송 분야 기술 발전으로 방송 조작 면의 구태舊態는 간혹 이 책의 허점으로 지적될 수 있다. 그러나 방송에는 청취자 및 시청자에게 무엇을 왜 어떻게 주느냐가 항시 당면 과제로 등장하기 때문에 방송 프로그램에 관한 점이 더 큰 비중을 차지한다. 그렇다면 이 책의 가치는 분명하다.

이 책은 방송 프로그램에 관한 분야만 취급하고 있기 때문이다. 저자의 오랜 방송 경험과 광범위하게 수집한 연구 자료를 통해 이 책을 엮었다는 사실이 이 책의 장점이 될 수 있으며 더욱 미국 방송 초기 방송 사료史料가 많이 예시되고 있음은 주목할 내용이다.

번역자는 원저서의 결함을 보완하는 뜻과 우리나라 방송 현실에 적응하는 뜻으로 원저서의 몇 부분을 빼고, 대신 4개 부분을 보충했다. 원저서 5장 1부와 6~8장을 빼고, 「드라마 연출」, 「방송원리」, 「방송 비평 기준」, 「우리나라 방송 관계법」을 새로 보충했다.

우리나라 여러 대학이 방송 전공 과정을 개설하자, 많은 대학생이 이 과정을 밟고 있다. 그러나 '사회학' 내지 '저널리즘' 범주 안에서만 방송연구가 진행되고 있음은 매우 안타까운 일이다.

오클라호마 대학 방송 전공교수 셔맨 러톤Sherman Lawton도 "스피치는 스피치학과에서 연기는 연극학과에서 그리고 저널리즘은 신문학과에서 잘 배울 수 있으나 이 같은 스킬skill은 모두 방송과 직접 연관을 갖는다", "방송은 그러나 방송 독자의 과제와 방송의 독특한 분야를 갖는다"고 지적한 바 있다.

우리 방송 관계자와 방송 연구자에게 무엇인가 시사하는 바 있을 것이다. 그리고 번역자가 입수한 방송 분야 또 다른 몇몇 서적은 모두 스피치 전공 교수가 담당 집필한 저서다.

번역자에게 직간접으로 지도 편달해 주는 동아방송 김상기金相琪 상무, 최창봉崔彰鳳 국장, 조갑준趙甲濬 부국장에게 감사의 뜻을 표하고, 올해 육순을 맞이하는 부모님에게 이 책을 선물로 드린다.

066

서울특별시 문화상 언론부문 수상

1971년은 잊으려야 잊을 수 없는 한 해이다. 서울특별시가 제정한 '서울특별시 문화상 언론 부문'을 수상했기 때문이다.

하루는 몸이 불편해 일찍 조퇴, 시내 낙원동 집에 누워 있는데 느닷없이 전화벨이 울린다. 받아보니 아나운서실에서 걸려온 전화다. 천재영 아나운서가 약간 다급한 목소리로 저자를 찾는다.

"실장님! 조금 전, 홍승면洪承勉 편집국장이 전화로 실장을 찾아 몸이 아파 집에 들어갔다 하니, 그럼 실장에게 전화, 홍 국장이 축하하더라고 전해 주시오 하고 전화를 끊었습니다." 전화를 받자마자 약간 마음이 동요되었다. 시 문화상 수상자 결정을 알려 온 전화로 판단하기 때문이다. 곧 5시가 되므로 뉴스를 들으려 라디오를 켜자 시보가 울리더니 뉴스가 시작된다.

뉴스 첫 아이템이 바로 수상자 결정 소식이다. "올해 서울시문화상 수상자가 결정되었습니다. 언론 부문에 동아방송 전영우 아나운서를 비롯해 5

개 부문 수상자가 결정되었습니다." 옆에 앉아 있던 아내가 본인보다 더 기뻐한다. 그리고 상금이 얼마라고 밝혀지자 이 사실에 더욱 놀라는 기색이 역력하다.

아무튼 고마운 일이다. 동랑 유치진 연극상演劇賞 이후 두 번째 수상이다. 지성이면 감천이라고 어떤 일을 정성껏 하면 좋은 결과를 맺게 된다는 말이 결코 빈말이 아님을 실감했다. 저자는 이보다 먼저 연극상을 탔다.

제6회 한국연극상 수상

1968년 4월 12일 수상한 '제6회 한국연극상'의 상장, 장기범 KBS 전 보도국장이 써주신 수상자 프로필, 그리고 전 서울대 문리대 교수이자 소설가인 전광용 선생의 글 「화법의 이론과 실용의 선구적 노작勞作」을 소개한다.

상 장

전영우

이분은 『스피치개론』, 『화법원리』 등을 저술著述하여 신연극演劇의 기본 미디어인 '화법' 연구에 공헌한 바 크므로 이에 드라마 센터 제정制定 제6회 한국연극상을 수여합니다.

한국연극상위원회 위원장 서항석(徐恒錫)

한국연극연구소 소장 유치진(柳致眞)

한국연극상 명칭이 현재 동랑연극상東郎演劇賞으로 바뀌어 해마다 시상하고 있다.

수상자 프로필

장기범

흔히 인물에 대한 포폄褒貶은 주관에 경사傾斜되기 마련이다. 전영우 아나운서에게는 누구나 수긍하는, 그러니까 객관화된 훌륭한 속성屬性이 있습니다. 그것은 근면과 노력과 견실堅實이요, 이를 뒷받침하는 놀라운 끈기입니다.

공보처公報處 시행 제1회 아나운서시험 합격자 가운데 지금은 오직 한 잎인 그는 꾸준히 학문學問하는 사람이었습니다. 포말泡沫처럼 사라지는 인기를 좇아 부박浮薄하지 않고 알찬 내용을 형성하는데 부지런히 힘써 아나운서로서의 참된 지향指向이 어떠해야 하는가를 실천하고 열매를 거두고 있습니다.

자기 직능의 특성을 이론으로 귀납하고 경험을 체계화하는 작업에 범인凡人들은 눈을 돌리지 않는데 그는 연면한 학구열로 스피치 앤드 스피킹의 정상頂上을 올라가고 있습니다.

그가 걸어온 길이나 그의 저술이나 그의 활동은 눈부신 현학衒學이나 곡예曲藝를 거부하고 끊임없이 아카데믹한 정도正道를 고수해 왔다고 보며 따라서 그의 연구의 총화總和는 전영우 개인의 것이기보다는 이 나라 방송계放送界의 믿음직한 자원資源일 것이라 익심치 않습니다.

화법의 이론과 실용의 선구적 노작勞作

전광용

우리나라뿐만 아니라, 동서양을 막론하고 전대前代에는 침묵이 미덕으로 되어, 말 많은 것을 꺼리는 경향이 사회의 일반적 도덕률이었다. "말 많은 집 장이 쓰다"는 우리 전래의 속담을 비롯하여, 한문으로도 수구여병守口如甁이니 교언영색巧言令色이니 하는 경구가 적지 않게 전해 오고, 시조에도 "말하기 좋다 하고 남의 말을 말을 것이, 남의 말 내 하면 남도 내 말 하는 것이, 말로서 말이 많으니 말 말을까 하노라" 하는 경세지구警世之句까지 있다.

이와 비슷한 예로 유럽에도 "웅변은 은이요, 침묵은 금이다"는 속담이 있어 그들도 또한 우리의 도덕률과 거의 궤軌를 같이 하는 점이 없지 않음을 볼 수 있다. 그러나 이와 반대로 우리 속담에는 또한 "말 한 마디로 천냥 빚을 갚는다", "벙어리 속은 제 어미도 모른다" 등 의사표시의 필요성을 정곡正鵠으로 찌른 말도 없지 않다.

이러한 예는 베이콘의 말 "침묵은 바보의 미덕이다"는 구절에서도 찾아볼 수 있다. 더욱이 오늘날같이 인간의 개성이 존중되고, 자유로운 의사표시의 필요성이 현실생활에 절감切感되며, 여기에 의사전달의 매개체인 매스컴이 극도로 발달한 사회에 있어서는, 정확하고 예절에 벗어나지 않는, 말에 의한 의사교류가 이처럼 절실히 요구되는 때도 일찍이 없었을 것이다.

이러한 계제階梯에 전영우 씨에 의한 『스피치개론』 및 『화법원리』의 출간出刊은 여러 면에서 중요한 의의를 지닌다고 하지 않을 수 없다. 사실 우리에게는 지금까지 이러한 유서類書가 전혀 없었던 바, 전영우 씨에 의한 이 방면 학적 체계에 기반을 둔 선구적 노력은, 이 같은 역저力著의 결정結晶을 보게 되었고, 이 저작著作들은 새로운 학문의 개척면開拓面에 기여하는 바 클 뿐만 아니라 현실면의 실용적인 갈망渴望에도 부응副應할 수 있다는 두 가지 면에서 괄목刮目할만한 성과라고 하겠다.

『스피치개론』은 인간과 언어, 국어의 올바른 발음, 스피치개요, 원리와 유형, 교육사 및 낭독 등에 관해 서술했고, 『화법원리』에서는 스피치 개념과 계획, 조음과 발음, 의미의 기호화, 기능의 분류, 스피치 유형 및 평가 등으로 분류하고, 이 분야의 방대한 내외 논저들을 광범하게 섭렵涉獵해 이론과 실제의 양면에서 분석 종합한 것으로 그 성실한 학적學的 노력과 치밀한 체계화의 노고에 대하여, 충심衷心으로 경의를 표하는 바이다.

모름지기 미개지未開地에 처음으로 부월斧鉞을 넣은 씨의 이 분야의 야심적인 학구學究에, 더욱 심도深度와 폭을 더하는 꾸준한 정진精進이 있기를 빌어 마지않는다.

068

두 번째 수상, 서울시문화상

1971년 4월 13일 오후 7시 서울 세종로 시민회관에서 '1971 서울특별시 문화상' 시상식이 거행되었다. 시상부문은 학술, 예술, 언론, 건설 등 4개 부문이다. 이 가운데 '언론부문'을 저자가 수상했다. 집안의 영광이다.

서울특별시 문화상

언론부문 전영우全英雨

귀하는 방송을 통한 이론과 실천으로 시민 문화생활에 봉사했으며, 폭 넓은 언어구사와 순화로 건전한 사회 기풍을 조성하는 데 공이 컸기에 550만 시민의 이름으로 1971년도 서울특별시 문화상을 드립니다.

1971년 4월 13일

서울특별시장 양택식

한편, 수상자 프로필에 나온 수상자 공적功績은 다음과 같다.

1953년부터 현재에 이르기까지, 방송을 통하여 미개척 분야인 '화법'에 대한 이론 탐구와 명확한 음성 표현으로 '국어순화운동'에 기여했으며, 1963년부터 동아방송 개국 프로그램 '유쾌한 응접실' 외 각종 방송을 전담專擔, 폭 넓은 언어구사와 효과적 실천으로, 건전한 사회 기풍을 진작시켜, 대중 언론문화言論文化 창달에 공헌했다.

현재 문화회관 자리, 세종로 서울시민회관 대강당에서 개최된 서울시 문화상 시상식장으로 저자가 가슴에 꽃을 달고 아내와 함께 입장할 때, 서울시립교향악단이 연주하는 우리 민요 〈천안 삼거리〉가 그렇게 흥겹게 들릴 수 없다. 수상자受賞者 네 사람이 나란히 동부인 해서 단상에 앉고, 식이 시작되자 국민의례에 이어 경과보고가 있었고, 바로 시상施賞에 들어가 수상자 네 사람이 차례로 부인 동반 양택식 서울특별시장으로부터 각각 서울특별시 문화상文化賞을 받았다.

꽃다발 증정에 이어 수상자 인사가 있었고, 식이 끝나자 곧 정재동이 지휘하는 서울시립교향악단 연주 축하공연祝賀公演이 시작되었다.

글린카의 〈루스란과 류드미라〉, 시벨리우스의 〈핀란디아〉, 슈트라우스의 〈황제 왈츠〉, 그리고 차이코프스키의 〈슬라브 행진곡〉을 끝으로 축하공연이 끝났다.

069

『현대인의 화법, 유쾌한 응접실』 출판

하루는 삼중당 출판사에서 『동아일보』 연재소설 『연개소문』의 작가 유현종劉賢鍾이 저자를 찾아왔다. 현대인의 화법 '유쾌한 응접실'을 표제로 신간서를 내고 싶어 협의하기 위해 방문했다기에 들어보니 공감이 가서 글을 쓰기 시작했다. 말하자면 유현종이 삼중당 편집국 직원으로 기획회의에 신간 아이디어를 내어 회의에서 채택되고 이 일을 추진하게 된 것이다.

1968년 12월 5일 드디어 삼중당三中堂에서 현대인의 화법 『유쾌한 응접실』이 출간되었다. 이와 함께 단골손님 김두희金斗熙 교수도 에세이집 『돈 한 장의 인생론』을 시리즈 형식으로 삼중당三中堂에서 출간했다. 공개방송 〈유쾌한 응접실〉이 얼마나 인기가 있었으면 프로그램 관계자 두 사람씩이나 책을 쓰게 했을까? 달리 생각하면 삼중당이 방송 프로그램을 광고한 셈이 되기도 했다. 『현대인의 화법 유쾌한 응접실』 머리말을 붙인다. 이 책은 저자가 '스피치' 교양서로 일반 대중 독자를 위해 쓴 책이다.

『현대인의 화법, 유쾌한 응접실』 머리말

말로 천 냥 빚을 갚는다 했지만, 같은 말이라도 어조語調에 따라 '어' 해 다르고 '아' 해 다르다 했다. 말이 얼마나 어려운가를 일러 준다. 사랑하는 사람끼리 또는 아랫사람이 윗사람과 이야기할 때, 여러 사람 앞에 나가 연설할 때, 또 남에게 어떤 청탁請託을 할 때와 이를 거절拒絶할 때, 이왕이면 창덕궁이라고, 바람직한 말씨와 효과적인 의사 표현이 절실하다. 이 같은 필요에 따라 이 책을 엮었다.

인간에게 말할 수 있는 능력이 없다고 하면 얼마나 답답할까? 말하지 않고 깊은 생각과 깊은 뜻을 전할 수 있으며 말하지 않고 춥고 덥다는 느낌을 남에게 표현할 수 있을까? 말은 실로 인간의 의사소통에 더없이 고마운 수단이다.

웅변은 은이오, 침묵은 금이라 하거니와 이는 말함이 말하지 않음보다 못할 경우에 국한되는 것이요, 결코 이 격언이 언제나 적용되는 것은 아니다. 침묵은 바보의 미덕일 수 있기 때문이다. 그러나 인간은 종종 말로 해서 오해를 사고, 다시 말로 해서 오해를 푼다.

말을 비교적 적게 하는 사람이 환영 받을 수 있고, 언제나 묵묵부답하는 뚱한 사람보다 봄 눈 녹이듯 정겨운 대화를 나눌 수 있는 사람이 환영 받을 수 있다.

그때그때 상면하는 사람의 개성과 장면에 맞게 말하기란 그지없이 어렵다. 그러나 남을 설득해 설복시켜야 할 정황이 우리에게 너무 많다. 사랑을 구하는 일이나, 부모에게 용돈을 구하는 일에서부터 크게 국가 대표로 참석하는 국제회의 발언에 이르기까지 설득 없는 인간의 언어 활동은 상상할 수 없다. 설득이 이처럼 큰 비중을 차지하므로 말한다는 것을 설득한다고 할 수 있다.

마음에 있는 사람에게 사랑을 고백하더라도 상대 마음을 움직일 수 있는 설득력이 필요하다. 물론 이런 국면에서 이쪽의 진실을 보여야 한다. 흔히 쓰이는 사랑한다는 표현만으로는 한갓 우스개로 여김 받기 쉽다. 그러므로 남을 설득하는 데 진실 이외 더 효과적인 설득 수단은 없다.

말을 조금 해도 진실을 보일 수 있고, 말을 많이 해도 진실을 드러내 보이지 못할 때가 있다. 진실이 담긴 어느 사람 말에 머리 숙여지는 것처럼 진실은 설득의 가장 요긴한 수단이다. 말은 곧 그 사람의 인격이고, 사람의 말씨는 곧 그 사람의 마음씨다.

언행일치言行一致라는 말도 실은 그 말에 진실眞實을 담으라는 교훈이다. 한편, 신언서판身言書判이라 일러 고래로 동양에서는 이 4자 성어를 인격의 기준으로 삼았다.

첫째는 사람의 외모와 행동거지行動擧止 둘째는 사람의 언변言辯 셋째는 사람의 식견識見 넷째는 사람의 판단判斷을 소중히 생각했다. 여기서도 사람의 언변을 중요시했다.

데일 카네기Dale Carnegie는 사람의 언변은 심리적 배려가 늘 뒤따라야 한다고 했다. 말은 하는 사람이 일방적으로 하면 그만인 것이 아니고, 말은 반드시 듣는 사람을 전제로 하라는 뜻이다. 누가 내 말을 듣는 것인가를 생각하고 어디서, 무엇을, 왜, 말하는가를 알아야 보다 우호적 인간관계를 유지할 수 있다. 이점만 유의해도 화법話法의 절반은 이미 익힌 셈이다. 바로 이것이 화법의 기본이기 때문이다.

화법은 정다운 대화를 비롯하여, 각종 토의 토론, 연설, 브리핑, 회의, 그리고 방송 및 연극까지 광범위하게 작용한다. 화법을 의사 표현의 기술로 보든가, 아니면 바람직한 에티켓으로 보면 화법에 대한 이미지가 훨씬 현대화 되고 부드러워 진다. 나아가 예술로 보면 더욱 금상첨화다. 이점은 나의 표현이 아니라 엘슨Elson과 맥버니McBurney의 표현이다. 그들은 화법을 예술이라 일컬었다. 세련된 언변을 예술로 본다는 것이다.

그리고 누가 뭐라 해도 화법의 꽃은 유머와 위트다. 특히 격렬한 토론이나 토의에서 이견異見을 조정하는 데 무엇보다 유머와 위트가 필요하다. 유머와 위트는 어느 한 장면에만 국한되는 것이 아니고, 언제든 우리 대화에서 빼놀 수 없는 윤활유다. 말의 윤활유는 낯모르는 사람들 모임에서 어색한 분위기를 친숙하게 만들고, 남에게 호기심을 안겨줌으로 언제나 자기 인상을 좋게 남길 수 있다. 유머와 위트를 필요할 때 적절히 구사할 수 있다면, 그만큼 그의 화법은 남의 선망이 될 수 있다. 그럼 이 재능은 어떻게 획득되는가?

어떤 사람은 아예 그것을 선천적 재능으로 돌려버리려 한다. 그러나 그리스 데모스테네스Demosthenes, 영국 처칠Churchill을 생각하면, 오히려 후천적 노력이 아니면 화법 재능을 키울 수 없다는 사실을 깨닫게 될 것이다. 바닷가에서 파도에 맞서 발성연습을 한 데모스테네스는 고대 그리스의 유명한 웅변가로 역사에 기록되었다. 어릴 적 말더듬이지만, 끝내 노력한 끝에 세기적 영웅으로 추앙된 윈스턴 처칠이 있다.

화법을 익혀야 하겠다는 결심은 바로 지금 해야 한다. 시작이 곧 성공이니 말이다. 인생의 번뇌가 부나비의 그것이기는 하나 인간의 언어활동은 고도로 다양하다. 오늘을 살아가는 데 능동적인 화법이 여러분 일상 언어생활에 훌륭한 길잡이가 되기를 희망한다. 이 책을 꾸미는 데 많은 영향을 내게 준 국내외 저자著者 여러분에게 고마운 뜻을 표한다.

출판사 삼중당三中堂이 저자의 『유쾌한 응접실』을 간행하고 다른 책과 함께 당시 주요 일간 신문에 대대적으로 광고함으로써 얼마 지나지 않아 이 책도 베스트셀러 반열에 오르니 벅찬 감회를 필설로 다 표현할 수 없다. 발간

發刊 당시 뒤표지에 이 책을 몇 줄의 글로 광고했다(사장 서건석徐健錫과 주간 노양환은 저자와 경복고景福高 동문이다).

보다 알차고 보람 있는 인생을 살아가는 데 '물'처럼 필요한 '말'에 대해 전영우全英雨 씨는 이 응접실에 당신들을 초대하고 즐거운 화법의 끝없는 화제를 들려준다.

이어 상반신 흑백 사진을 올리고 그 아래 저자를 소개했다.

"풍부한 몸집, 검성 드뭇한 머리, 반짝이는 안경, 사회석司會席에 나타나면 관록 있는 사업가 같고, 마이크 앞에 앉으면 연구실에 들어앉은 학자 같다.

그는 누구보다 학구적 성실, 근면형의 검소한 신사로 동도同道의 후배들에게 선망羨望과 존경을 받는다. 말을 고르고 아낄 줄 아는 전영우 씨의 목소리는 흘러가는 산골 물 같고, 그 중후重厚함과 아름다운 미성美聲은 듣는 이들을 사로잡는 마력을 지니고 있다.

그런가 하면, 금년도 방송 프로그램 콘테스트 대상大賞을 받은 동아방송『유쾌한 응접실』의, 그 해박하고 다양한 지성知性과, 유머와 위트는, 아무도 따를 수 없는, 명 사회자司會者로서 수많은 하이브로우high-brow 팬을 즐겁게 해주기도 한다.

이 책은 전영우 씨가 아나운서 생활을 하며 혹은 대학에 나가, 느끼고 연구한 바, 오늘을 사는 데 필요 불가결不可缺한, '스피치' 비법秘法을 공개하는, 흥미 있는 '넌 픽션'non-fiction이다.

지금 와 생각하면, 저자를 좀 과장되게 칭찬하고 있어, 몸 둘 바 모르겠다. 당시 출판물을 광고한 글인 만큼 다소 과장된 점 없지 않다. 독자 여러분의 양해諒解를 구한다.

여기 덧붙일 사실이 있다. 양주동 박사와 저자가 유쾌한 응접실 인기에 편승便乘, 당시 한독약품韓獨藥品 기업 피아르에, 대표 국문학자로, 대표 전문 방송인으로 각각 광고를 탔다. 저자는 소속 회사 허락을 받고 광고 모델이 되었으나 어떻든 광고 모델을 했다. 아마 이 일은 전무후무한 일이 될 것이다. 그만큼 〈유쾌한 응접실〉 프로그램이 인기를 독점한 사실을 인정하게 될 것이다.

에세이 「비행기 착륙장」

당연한 말로 하면 멋없으나 예의를 결缺하든가 입장이 난처한 경우 그 것을 다른 말로 비유比喩해 말하면 위트가 된다.

한 여성이 있다. 생각을 가다듬고 그녀에게 사랑을 호소해 보지만 좀처럼 받아줄 기색이 안 보인다. 그렇다고 노골적이지 않은 간접 화법으로 "당신의 가슴은 눈처럼 희다"라고 말하면 어떤 의중意中도 안 비춰진다. 계속해서 "그래서 차가워" 하고 말하면 처음으로 그것이 위트 있는 말로 들린다. 하얀 피부를 눈에 비유하면 곧 찬사讚辭가 된다. 찬사로 들리게 하다가 냉랭한 눈의 성질로 갑자기 원망怨望의 말을 던질 때 위트가 번득인다.

인색하기로 유명한 스코틀랜드 사람 이야기가 있다. 야구경기를 관전하는 목사님 곁에서 스코틀랜드 사람이 한 손에 술병을 잡고 조금씩 마시고 있다. 보다 못하여 목사님이 그 사람을 꾸짖으려고 "나는 69세가 되지만 지금까지 한 방울도 알코올을 입에 댄 적이 없소!"라고 말했다. 이에 대한 스코

틀랜드 사람 말이 걸작이다. "걱정하지 않으셔도 좋습니다. 새삼스럽게 술을 권하지 않겠습니다."

이쯤 되면 아연俄然하여 두 번 다시 말 상대를 하지 않게 된다. 그러나 위트는 말하기에 따라 사교나 처세에 유효한 방편이 되기도 하고 다른 한편 대화를 활기 있게 하는 자극제刺戟劑가 되기도 한다.

"건강은 좋으십니까?" 하고 물어보자 풍자를 잘하는 버나드 쇼가 대답했다. "나 정도 나이가 되면 건강하든가 아니면 죽었든가 둘 중의 하나지!" 건강하지 않으면 죽었을 것이고, 살고 있는 것은 건강하기 때문이라고 말한 것이다. "보는 바와 같이 건강하지" 또는 "지금까지 살고 있으니까 건강한 편이지" 하고 말하면 너무나 당연한 응답이 된다.

과연 쇼는 상대에게 반격하는 듯한 말로 대답한 것이다. 반드시 쇼가 아니라도 이렇게 위트 넘치는 말이 대화 중에 끼는 것은 매우 바람직하다.

아름다운 여인이 금으로 세공細工된 비행기 모형을 단 목걸이를 하고 있다. 한 남성이 그것을 유심히 눈여겨본다. 여인이 장식품을 자랑스럽게 생각하고 "제 목걸이가 신기한 모양이죠?" 하고 물었다. "아뇨, 비행기 착륙장을 눈여겨 본 거죠."

14

순간 우월감을
느낄 때

◀ 071 ▶

유머 감각

한국의 세계적 카투니스트 김성환金星煥 화백이 유럽 여행을 떠나며 팬암 여객기를 탔다. 적어도 열네 시간쯤 소요되는 장거리 여행인 만큼 좌석 등받이에 몸을 붙이고 잠을 청하게 되었다. 숙면을 취하지 못하고 가매假寐 상태에 있을 때, 아리따운 여성의 목소리가 또렷이 들려온다.

"키스 미 써."

"……?"

눈을 떠보니 기내 서비스 중인 스튜어디스가 기내식사를 받쳐 들고 서 있지 않은가? 김 화백은 이렇게 생각했다.

"팬암 여객기 여승무원은 아이디어가 매우 기발하구나! 자고 있는 남자 승객을 깨울 때면 아예 '키스 미'라고 말해 기분 좋게 깨워 주는구나! 거 참 신기하다." 하지만 같은 스튜어디스가 그의 옆 좌석 승객 앞에 기내식을 받쳐 들고 서서 잠들어 있는 손님에게 "익스큐스 미 써"라고 말하지 않는가?

김 화백은 생각을 돌렸다.

"그러면 그렇지! '키스 미'라고 할 까닭이 있을라구."

이때의 유머는 '유사음어' 또는 '예상 밖으로 돌리기'라는 유형에 속하는 것으로 청자에게 상큼한 웃음을 자아내게 해준다. 사람이 웃을 때는 순간 우월감을 느낄 때이다.

정서적으로 부드럽고 명랑하게 웃음거리를 만들어 내는 기분 또는 표현을 유머라 하는데, 유머를 해학諧謔이라 하는 것이 대체로 사전식 정의이다.

영문학의 한 특색이 유머이기도 하다. 유머의 유형을 살펴보면 아래와 같다.

새타이어satire	풍자, 야유, 모순
미미크리mimicry	모방, 모조, 모의
아이러니irony	반어, 예상 밖의 전개
사캐섬sarcasm	야유, 조롱, 비꼼
파스farce	골계, 익살, 조롱.
패러디parody	풍자, 모방, 개작改作
슬랩스틱slapstick	활극, 희극, 광대.
버푸너리buffoonery	골계, 익살, 풍자.
벌레스크burlesque	해학, 광대, 익살

앞에 적은 유형 중에서 특히 '아이러니'는 의도와 표현이 다른 것이고, '사캐섬'은 의도를 직접 표현하거나 아이러니컬하게 표현하는 것이고, '새타이어'는 어떤 진지한 목적을 위해 또는 악의와 농담으로 아이러니와 사캐

섬을 사용하는 것이 특징이다.

이 밖에 어떤 사실이나 현상을 과장跨張되게 표현하면 그만큼 우습고, 동시에 사실은 그대로 본질을 드러낸다. '과장' 역시 유머의 한 유형에 포함된다. '다의어多義語'와 '동음이의어同音異義語'의 활용이 웃음을 자아낸다. '펀pun'은 말로 재주를 부리고 익살을 떠는 것이다. 말을 가지고 농秄을 하는 셈이다.

사람은 남을 빈정대기 좋아하는데 남의 권위와 위세를 풍자諷刺하는 것이 '포킹poking'이다. 청자가 화자 말이 정상이라 믿게 한 뒤 정반대로 장면 전환의 유머가 '전의轉義'이다. 사람의 특성이나 특징을 말하는 '트레이트trait' 역시 웃음을 터뜨린다. 청자의 동정同情을 사서 웃음을 자아내면 '심퍼시sympathy'가 발생한다.

사회 규범이나 관습 등을 허용하는 범위 내에서 가볍게 풍자하면 '이레버런스irreverence'가 된다. 약간 불손不遜하고 약간 불경不敬스러운 언행을 가리킨다. 사람의 변덕이나 기상천외의 기발한 말이 '윔지whimsy'이고, 논리가 전혀 배제된 부조화不調和가 '이렐리반스irrelevance'이다. 언뜻 보아 모순矛盾되거나 불합리한 표현인데 사실 올바른 주장이 '패러독스paradox'이다.

중국 린위탕林語堂이 "해학은 우리 모두를 즐겁고 우의友誼에 찬 분위기 속에 감싸주는 하늘의 단비인 반면, 풍자는 겨울날 살을 에는 찬바람과 같은 것이다. 해학은 상대방 감정을 부드럽게 어루만져 주는 반면 풍자는 따갑게 쏜다. 풍자는 상대를 불쾌하게 만드는 동시에 제3자를 즐겁게 해준다. 기지機智도 역시 해학과 비슷한 부분이 많다. 그 공통점은 웃음에 있다"고 했다. 한동안 우리는 해학을 유머에 대신하는 말로 써 왔으나 해학burlesque이 한 가지 유머의 유형이므로 적절한 번역이 못되어 최근 학계에서 환담歡談으로 바꿔 쓰고 있다.

⟪ 072 ⟫
제6회 외솔상 실천부문 수상

1971년 서울특별시 문화상 언론 부문을 수상한 후 6년 만에 또 다시 영광의 큰 상을 받았다. 그것은 바로 '국어교육'과 유관한 상이다. 재단법인 외솔회가 주는 제6회 외솔상이다. 한 사람 국어교육자로 이 상을 받음은 큰 영광이 아니겠는가?

1977년 3월 26일 세종대왕 기념관 강당에서 외솔회가 준 제6회 외솔상 '실천' 부문을 수상하니 이 위에 더한 영광이 어디 있을까? 외솔상 시상 요강에 의하면 수상 대상은 "나라 사랑의 정신이 투철한 대한민국 국민으로서, '문화'와 '실천' 두 분야에서 과거 10년간의 공적과 배경을 토대로 최근 3년간의 업적이 뛰어난 사람"이라 되어 있다.

당시 외솔회가 밝힌 실천 부문 수상자 '업적 요약'은 다음과 같다.

업적 요약

전영우 님은 전문 방송인의 임무와 사명을 깊이 자각하고 20여 년 동안 방송을 통해 '국어 순화'와 건전한 사회 문화 발전에 이바지해 오며, 올바른 말의 보급과 '방송언어 순화'에 진력, 또한 경기고교, 공군사관학교를 비롯한 몇몇 대학과 교육대학원에서 '국어화법'을 강의하여, 바른말 보급과 정화에도 힘써, 방송 및 저술을 통한 국어화법 연구의 이론적 탐색과, 교육활동을 통한 올바른 말의 보급, 실천 운동에 크게 기여했다.

또, 정부의 문화공보부 '방송언어' 심의위원, 문교부 '국어순화운동' 협의회 위원 등으로 활약하며, 방송어의 정화와 확립 및 올바른 언어생활의 개발에 주력, 불모지인 국어 '말하기' 분야를 이론적으로 체계 있게 개발하고, 그 보급운동에 적극 활동함으로써 한국사회 언어문화 향상발전에 폭넓게 기여했다.

1954년부터 오늘에 이르기까지 20여 년 동안, 정확한 언어로 방송에 종사하여, 국민의 국어순화에 이바지했음.

독특한 체계적 '화법'을 연구하여 독창적 이론을 정립했음.

방송언어 심의회 등에 적극 참여해 우리나라 보도용어 제정에 이바지했음.

방송 커뮤니케이션을 통해 명확한 음성표현과 국어발음 보급에 노력해 왔음.

1969년, 문화공보부 방송언어 심의위원

1974년, 한국방송윤리위원회 방송언어 자문위원

1976년, 문교부 국어순화운동협의회 위원

재단법인 외솔회는 '외솔상' 심사위원회의 가림을 거쳐 전영우 님을 1977년도 실천 분야의 유공자로 인정하고, 외솔상 시상 요강에 따라 시상기와 부상을 드려, 외솔 최현배 박사님의 높으신 뜻을 길이 남겨 펴내게 하려 합니다.

1977년 3월 23일

재단법인 외솔회 이사장 백낙준 白樂濬

073

제6회 외솔상 수상소감

　이번에 저자가 제6회 실천부문 외솔상을 수상했다. 한편 부끄럽고 한편 자랑스럽기 그지없다. 부끄럽기는 보다 훌륭한 인사들이 많은데 내가 뽑혔으니 부끄러운 것이고, 자랑스럽기는 대학 및 대학원에서 국어공부를 한 사람으로 영예의 외솔상을 수상하니 자랑스러운 것이다.

　어떻든 기쁘고 자랑스러운 것이 지금의 심정이다. 그리고 외솔상은 물심 양면으로 나에게 무한한 힘을 주었다. 나는 빚을 진 사람이 된 것이다. 빚을 갚아야 한다. 어떻게 빚을 갚는 것이 가장 바람직할까?

　국어공부를 하면서 늘 하나의 의문을 가지고 있다. 곧 국어는 말과 글을 배우는 것인데, 다른 외국어는 말과 글을 동시에 배우면서 우리 국어는 말을 외면하고 글에 더 비중을 두니 이건 어딘가 좀 잘못된 것이 아니냐는 의문이다. 국어도 말과 글을 동시에 배우고 가르쳐야 할 것이 아니냐는 생각이다.

　그런데 이것이 아직은 글에 머무르고 있다고 본다. 상급학교 입시를 대비하다 보니 국어과교육이 자연 글 위주로 편중하게 된 점을 쉽게 수긍할 수 있지만, 언제인가는 이것이 꼭 바로잡혀야 할 것으로 안다. 그 책임의 일단이 나에게도 있다고 자각, 책임을 크게 느끼고 있다.

국어시간은 있으되 실제의 수업은 국어보다 국문을 가르치고 있는 듯한 현상은 반드시 개선되어야 할 것으로 안다. 그 한 보기가 우선 한국어 발음이 본격적으로 국어과교육에 반영되지 않고 있다는 사실이다.

그리고 덧붙인다면 '말하기, 듣기' 교육도 글공부로만 그치지, 말공부로는 이어지지 않고 있다는 사실이다. 각급 학교 국어과 시간에 국문교육은 있지만 국어교육이 없지 않은가 하는 것이 본인의 생각이다.

이 사실이 본인으로 하여금 '국어화법' 공부를 적극 충동한 원인이 된다. 국어과교육 가운데 현대문, 고문, 문법, 작문, 국문학사 못지않게 화법에 새로운 비중을 두어야 할 것으로 안다. '말하기, 듣기'를 새롭게 배우고 새롭게 익혀야 한다. 말을 잘할 줄 모르고, 남의 이야기 듣기를 잘할 줄 모른다면 그만큼 우리 생활은 시간의 낭비와 비능률의 와중에서 허덕이기가 쉽다. 바람직하고 보람 있게 이야기를 주고받아야 할 것이다.

그러기 위하여 우리는 '국어화법' 공부를 할 필요가 있다. 우리의 경우 중학 및 고등학교 국어과목에 이 대목이 포함되지 않은 것은 아니나, 본격적인 취급은 아니고 형식적인 취급에 그치다 보니 교육성과를 기대하기가 매우 어렵지 않은가 한다.

'커뮤니케이션', '스피치 커뮤니케이션'이란 각도에서 '국어화법'의 연구가 전에 없이 활발히 전개되어야 할 것인데, 아직은 이 방면의 연구가 미진할 뿐만 아니라 이제 겨우 관심이 쏠리고 있는 형편에 있다.

말은 입이 하지만 말은 그의 인품에서 우러나오는 것이므로 인격의 수양이

선행되어야 하고, 말은 사회생활에서 의사소통의 수단이므로 호의적인 인간관계 기반의 구축이 무엇보다 선행되어야 한다. 동시에 앞서 말한 '스피치 커뮤니케이션'의 이론 탐구가 뒷받침되어야 한다.

그러나 그것으로 멈출 수 없으며, 국어학 연구와 연계성을 굳게 다져야 할 것이다. 그렇다면 국어화법 공부가 단순한 것이 아니라는 사실을 쉽게 수긍할 수 있다. 그럼에도 불구하고 이것은 어디까지나 공시적共時的인 입장에 불과하다. 다시 통시적通時的 입장에서의 고려를 배제할 수 없다. 그것은 역사적인 연구와 연결된다. 동서양의 스피치 교육사를 캐어 보아야 하고, 우리나라 최근세의 연설운동을 자세히 살펴보아야 한다.

그러자면 나의 할 일은 지금 박차를 가해야 할 단계이다. 실천부문 외솔상 수상의 실제 명분은 보도용어報道用語의 순화 및 국어화법의 체계 정립과 보급의 공로이지만, 앞으로 주어진 과제를 힘있게 밀고 나감에 추진력의 구실을 해준 것이 이번의 수상受賞이라고 생각한다.

나아가 외솔 최현배 님은 대학 때의 은사이시고 우리나라 국어연구의 길에서 거목의 선구자先驅者이시다. 이분의 정신을 새롭게 연구함이 후학으로서 마땅한 일이요, 또 그 정신을 기리는 일이 앞으로 내가 해야 할 중요한 과업의 하나가 아닌가 한다. 어떻든 외솔상 수상은 나에게 무한한 힘을 주었고, 나의 화법 연구에 새로운 활력을 불어넣어 준 것이다.

이번 기회에 외솔상 관련 인사에게 다시 한번 감사를 드린다.

074

『표준 한국어 발음 사전』의 태동

1954년, 중앙방송국 아나운서를 시작하며 방송 실무 수행 중 직면하는 문제가 많았지만 그 가운데 가장 빈번히 논란의 대상이 되는 문제가 바로 국어 발음 문제다. 방송 스튜디오 들어가기 앞서 반드시 먼저 체크할 사항이 발음 문제다.

아나운서 신인시절 사무실 앉아 뉴스 원고를 검토할 때 우리말 관형격 조사 '의'를 [으이]라 소리 내자, 대뜸 윤길구 실장이 왜 [으이]라 하느냐? [에]로 소리 내라고 할 때, 저자는 솔직히 약간 당황했다. 뿐만 아니라 그 근거가 무엇인가 질문하고 싶었다. 하지만 당시 그 질문이 신인으로 적절하지 않았다.

문제가 생기면 해법을 찾아야 하지 않는가? 그것은 필요가 발명의 어머니라는 말과 뜻이 통한다. 더구나 저자는 국어교육을 전공하지 않았는가? 얼마가 지나 실장이 대학 '국어교육과'에 국어발음 과목은 없는가 질문할 때, 솔직히 당황할 수밖에 없었다. '국어음운론'은 있는데 딱히 '국어발음'은 없다고 하자, 영문과는 발음부터 학습하는데 왜 국문과는 발음을 가르치지 않느냐고 할 때 할 말이 없었다.

이때 저자는 뜻을 확고히 세웠다. 『표준 한국어 발음 사전』을 꼭 내 손으로 만들어 보자는 목표 설정이다. 이미 국어학자들이 문법론 범주 안에서 단편적으로 다룬 음성론은 있어도 본격적인 '발음사전'은 아직 나온 것이 없다. 한편 스피치를 공부할 때 발음문제는 핵심과제이기도 하다.

미국 뉴욕대학 도로디 멀그레이브 교수가 지은 대학총서 『스피치』만 보아도 발음 문제가 거의 3분의 2를 차지한다. 우리는 국어시간이면 문장 중심 교육이었지 발음이나 또 화법 같은 과목은 생소하기만 했다. 그러나 지금은 크게 달라지고 있다. 고등학교와 일부 대학은 벌써 발음과 화법 교육을 실시 중이다.

글말 못지않게 소리말 교육이 바야흐로 심각하게 논의되기 시작했다. 사실 6·25 전만 해도 중학교 영어시간에 독본, 문법, 해석, 작문은 몰라도 회화會話는 어떤 이유인지 거의 등한시한 것이 사실이다.

영어도 소리글자요, 국어도 소리글자인데 영한사전은 표제어 바로 옆에 국제음성기호로 발음기호를 표기하고 있지만, 아직도 여전히 국어사전은 발음기호가 병기되어 있지 않다. 그리고 일부 지식층까지 글자 적힌 대로 읽으려는 경향을 보인다.

영어단어 doubt의 발음은 [다웃]이고, bomber는 [바머]이며, sword는 [서어드]이다. 우리는 여기서 표기와 발음이 정확하게 대응하지 않음을 알게 된다. 아무리 소리글자라도 글자대로 발음하지 않는 사례가 있음을 가볍게 지나칠 수 없다. 국어도 마찬가지다. 따라서 영어도 국어도 사전마다 표제어 옆에 꼭 발음 기호를 병기해 놓아야 한다.

1988년부터 새 발음법이 적용되고 있으므로 누구나 이를 익히고 준수 실천함이 마땅하나, 아직도 이 사실을 모르는 사람이 허다하다. 더구나 매일 마이크 앞에서 방송하는 아나운서야 더 일러 무엇 하겠는가?

관형격 조사는 [으이]가 아니고 [에]라 발음하라는 윤길구 실장 지시와 같은 새 규정이 나왔지만, 그것이 원칙은 아니고 예외규정으로 인정된 것이다. 원칙은 아직도 [으이]다. 그러나 현실발음은 [에]임을 부정하지 못할 것이다. 이렇듯 아나운서실에 종전부터 국어발음 전통이 지켜져 내려오고 있음을 알아야 한다.

1960년 초, 아나운서 선배인 모 대학교 당시 장운표張雲杓 교수가 저자를 만나 모 외국문화재단이 연구비를 지원해 줄 것이니 '국어발음사전'을 본격적으로 편찬해 보라고 권유했다. 뜻이 통해 응낙했으나 일이 뜻대로 이루어지지 않아 머뭇거리고 있을 때 마침 공보부 방송관리국 서규석徐圭錫 당시 사무관이 1962 회계년도 방송교재 국어발음사전을 출판할 수 있다고 알려주었다. 다행히 그동안 준비해 온 자료를 정리해 방송관리과로 넘겨, 저자의 첫 번째 발음사전이 발간된 것이다.

하지만, 1962년 4월 저자의 을유문화사 간행 번역본『화술의 지식』이 시중에 나왔을 때, 이미 그 책 권말 부록에 「국어발음소고」라 이름 붙인 작은 칼럼이 세상에 선을 보였다. 아마 여기서 자극 받고 우리 학계에서 '국어발음'을 주제로 논의가 시작된 것으로 알면 저자의 아전인수我田引水일까?

이보다 앞서 KBS 방송문화연구실이 뉴스 및 연구 주간지週刊紙『주간 방송』을 낼 때 저자는 이 주간지를 통해 「아나운서 수업」, 「발음 노트」 그리고 「뉴스 기교」 등을 여러 차례 연재한 바 있다. 앞으로 기회가 오면 NHK처럼

『아나운서 교본』을 제작하려는 뜻이 있던 터다. 1959~1962년 기간의 일이다.

하여 착상과 기획은 오래 되었지만 우리나라 학계조차 손 놓고 있을 즈음, 저자가 해외정보를 통해 아이디어를 획득하여『한국어발음사전』편찬을 시도하기에 이른다. 비록 등사본으로 내놓은 사전이지만, 발음상 문제되는 표제어 5천 항목을 가려 뽑고, 국제음성기호를 병기, 저자가 편찬 완성, 공보부 방송관리국에 제출하여 1962년 회계년도 방송교재로『국어 발음 사전』을 펴내니 그 감회를 뭐라 말할 수 있을까?

서규석徐圭錫 님의 도움 아니었다면 1962년, 국어발음사전이 빛을 볼 수 있었을까? 때 늦은 감 있으나, 우리나라 초유의 발음사전이 빛을 볼 수 있었음에 이분에게 고마운 뜻을 표한다. 그리고 20년 후, 1980년대 접어들며 국어학계에서 국어발음의 새 바람이 일기 시작했다.

영어, 불어, 독어 등 유럽어사전은 표제어 옆에 꼭 국제음성기호로 발음이 병기되는데, 왜 우리 국어사전은 아직도 여전히 구태를 못 벗고 있는지 묻지 않을 수 없다. 국어사전 발음 표기는 여전히 구태의연하다. 그러나 별도 발음사전은 여러 사람에 의해 편찬 제작되어 온다.

15
KBS
아나운서 실장

075

KBS 한국방송공사로 복귀함

이원홍李元洪 사장 재직 시절 저자는 1980년 12월 1일자 아나운서실장 발령을 받고 방송 통폐합 조치 후 KBS로 복귀했다. 이때 동아방송 아나운서들도 모두 여의도, 공사 아나운서실로 합류하여 새 분위기 속에서 방송을 계속 담당할 수 있었다.

DBS는 물론 TBC, CBS도 모두 KBS로 합류했다. 당시 여의도 아나운서실 인원은 KBS를 포함 모두 87명에 달했다. 저자는 거의 18년만의 복귀이므로 일부 선임 직원을 빼면 거의 초면으로 공사 분위기가 매우 생소한 편이었다.

라디오 AM 4, FM 3, TV 3, 모두 10개 방송을 맡아 80명 남짓한 인원으로 방송을 담당, 차질 없이 진행했다. 8개 지방국 아나운서도 직능상 본사 아나운서실과 밀접한 업무 체계를 유지했다. 본사 아나운서실은 실장 아래 부국장 2인, 방송위원 7인, 부장 2인, 담당 차장 9인, 남녀 현역 아나운서 60인,

그리고 행정 차장과 행정직이 각각 1인으로 구성되었다. 본사 및 지방사 아나운서를 다 망라하면 160인을 웃도는 인력이다.

실장은 매일 출근해 숙직한 현업팀장의 방송 관련 업무를 보고받고 곧 오전 간부회의에 참석, 업무보고 및 업무계획을 회의석상에서 발표하고, 사장 또는 임원의 특별지시를 받고, 기타 토의안건 처리를 끝내면 회의가 끝난다.

즉시 간부회의 결과가 아나운서실 전체 사원에게 주지되고 방송업무 실시에 반영된다. 이어 담당이사 주재회의도 정기 및 수시로 소집, 안건 토의와 함께 정보가 동시 공유된다. 뿐만 아니라 실 자체 회의도 수시로 열린다. 어떻게 보면 실장이나 국장급은 하루 업무가 회의로 시작 회의로 끝난다고 보아야 한다.

하지만 저자는 아나운서 현업에서 벗어나지 못하고, 1라디오 정오 뉴스를 일요일만 빼고 매일 담당했다. 그리고 동아방송에서 하던 〈유쾌한 응접실〉 역시 사회를 맡아 계속 진행했다. 그야말로 눈코 뜰 새 없이 바쁘게 일정을 소화해 나갔다. 함께 일한 아나운서 스태프는 이규영, 김주환, 김인권, 김영길, 이규항, 원종관, 이장우, 서기원, 원창호, 우제근, 김승한, 최선, 길종휘, 원예종, 최평웅 등이다.

KBS-1TV 밤 9시 뉴스 앵커를 이인원, 구박과 함께 셋이서 3교대로 1주일 2회씩 번갈아 담당 6개월간 진행했다. 이병혜 여성 앵커가 함께 진행했다. 1960년 초 저자가 방송관보, 아나운서 책임자일 때 9시 앵커를 하다가 20년 후 새롭게 담당하니 격세지감을 느끼지 않을 수 없었다. 남산시절 카메라 1대로 9시 뉴스가 진행되었으나 여의도는 2대 카메라로 뉴스가 진행되었다. 1981년의 경우다.

이듬해, 이원홍 사장이 아침 간부회의 석상에서 저자에게 지시하기를 우리말 연구모임을 발기시키면 좋을 것이라 해 1982년 'KBS 한국어연구회'를 저자가 조직 발족시키며 'BBC 잉글리시' 못지않게 KBS가 한국어 위상을 전세계적으로 높여 나가자는 취지로 시작했다. 그 후 이규항, 김상준 등 후배 실장들이 이 모임을 활성화해 지금은 장족의 발전상을 보이고 있음이다. 기쁘기 이루 다 말할 수 없다.

1983년 1월, 사내 각 실국 신년도 사업계획 보고 때 아나운서실이 1차로 보고하게 되어 미리 준비를 착실히 하고, 브리핑 담당인 저자가 아나운서 간부들이 모인 자리에서 몇 차례 리허설을 실시, 내용을 치밀하게 가다듬은 뒤, 보고 당일 현장에 출석, 차분하게 보고를 실시했다. 발표 핵심은 3개 항목이다.

첫째, 아나운서실이 『표준 한국어 발음 사전』을 발간하겠습니다.
둘째, 아나운서실이 88 올림픽을 앞두고, 각종 스포츠 규칙서를 발간하겠습니다.
셋째, KBS 한국어연구회를 활성화시키겠습니다.

일단 보고를 끝내자 대뜸 사장이 질문을 던진다. 이 3가지 큰 사업을 올 1년에 다 한다는 말이오? 그러자 저자가 차분한 어조로 "아닙니다. 스포츠 규칙 모음과 한국어연구회 두 건은 연차계획이라 금년은 각각 1차 연도에 해당하고, 나머지 국어발음사전만 올해 말 안으로 발간 예정을 잡고 있습니다." 사장이 곧 기획조정실장에게 이 사업에 대한 예산 조치를 지시하는 것으로 아나운서실 브리핑은 끝났다.

076

방송의 날, 국민훈장 목련장 수훈

1982년 19회 방송의 날 기념식에서, 이진희 문공부장관으로부터 저자가 국민훈장 목련장을 받았다. 개인으로 영광이다. 같은 날 이원홍 사장은 모란장을, 박경환 이사는 동백장, 이상만 방송위원은 석류장을 각각 받았다. 이번 수상은 이원홍 사장 뜻이므로, 그분에게 감사한다.

1983년 12월 30일 사장에게 보고한 대로 『표준 한국어 발음 사전』이 한국방송사업단 출간으로 발행됨에 기쁨은 뭐라 말할 수 없다. 얼마나 다행인가?

그런데, 이즈음 저자는 사장에게 실장직 사의辭意를 표했다. 개교한 지 얼마 안 되는 수원대학교 국어국문학과 교수로 채용이 결정되었기 때문이다. 정부 민방 통폐합 후 겨우 3년밖에 안 되는 시점에 막상 실장이 그만 두겠다하니, 사장은 일단 이 문제를 인사 책임자와 숙의한 끝에 1년간 겸직하는 것으로 사안事案의 결말을 내렸다.

1983년 4월 8일자 한국방송공사 사장이 수원대학 학장 앞으로 보낸 '인사공문 200-2315'의 내용은 이렇다.

"직원 겸직 승인의 건으로, 첫째, 당 공사 전영우 아나운서실장에 대하여 귀 대학 국어국문학과 출강을 위하여 다음과 같이 겸직 승인하였으니 참고하시기 바랍니다. (…중략…) 둘째, 겸직 내용에 변동이 있을 경우에 당 공사 직무수행에 지장이 없도록 사전 협의하여 주시기 바랍니다".

1년 겸직 기간이 끝남에 공사 인사부에 정식으로 사표를 제출 수리되자 저자는 대학에만 전념專念하게 되었다.

077

『KBS 표준 한국어 발음 사전』 머리말

1983년 12월, 한국방송사업단 간행으로 저자가 편찬한 『표준 한국어발음사전』이 시중에 선을 보였다. 앞서 나온 저자의 첫 사전은 수록 표제어標題語 수가 5천에 지나지 않았고, 등사본인 데 비해 2차로 나온 사업단 발행 사전은 표제어 수가 8천 5백이요, 정식으로 인쇄 제본된 사전이다. 그리고 우리나라 '최초' 발음사전이다. 어떻든 국제음성기호로 발음을 표기한 사전이 처음 우리 사회에 선을 보인 것이다. 자랑스럽다.

머리말

『한글 맞춤법 통일안』은 '국어 정서법'正書法이니 문장표현의 기준이 되고 있으나, '국어 발음법'發音法은 아직껏 기준이 없어 많은 사람이 발음문제를 놓고 자주 시시비비를 벌인다. 말하기 듣기의 국어생활에서 시급하게 요구되는 것이 바로 발음 기준인데, 이 점 통일된 체계가 아직 서 있지 않아 매우 모호한 실정이다.

그런데 비록 일제하이지만 1927년, 이 땅에서 첫 방송전파가 발사된 이후, 연면히 이어오는 아나운서 전통 속에, 구전口傳에 의한 '국어발음 규범'規範이 뚜렷함은 자타가 공인하는 바다. 물론 인문과학적 연구의 뒷받침이 아쉽기는 하나, 교양 있는 사람들이 두루 쓰는 서울말의 전통이 명맥을 유지해 옴은 우리나라 방송 앞날을 위해 매우 고무적이다.

이 같은 발음 전통을 바탕으로 발음상 문제되는 어휘를 망라, 이 소저小著를 상재上梓하는 것이다. 원래 사전 편찬은 단시일 내에 이루어지는 것이 아니고, 수백 년을 지나는 동안 그때마다 수정 증보, 비로소 제 모습을 갖추게 된다. 그러니 아직 이 사전은 매우 부끄러운 모습이다. 그러나 다만 시간이 가고 뜻있는 분이 다시 이 작업을 계속해 나가면, 먼 후일 사전다운 발음사전이 반드시 제 모습을 갖추게 되리라 확신한다. 이 사전의 대상 어휘語彙 수는 8천 5백이고, 발음상 문제되는 어휘는 물론, 기타 어휘도 대조를 위해 가능한 대로 수록했다.

그리고 국어사전에 실려 있지 않은 새 낱말도 일부 포함했다. 또 국어생활 현실과 어법語法의 양면을 고려, 두 경우 발음이 모두 인정된 사례가 있다. 이미 발간된 『국어사전』은 많으나 본격적 발음 병기는 거의 없다. 사전마다 모음의 장단, 고저는 나타냈으되 자음연접子音連接상 된소리를 인정한 경우와 그렇지 않은 경우가 있다. 장단과 고저 역시 사전마다 상위相違 점이 있다.

본 사전 편찬 내용은 모음의 장단과 고저, 의음, 한자음, 관습음, 된소리, 구개음화, 모음조화, 자음접변, 말음법칙, 두음법칙, 연음법칙, 절음법칙 등 발음법칙을 적용, 대상 어휘를 선정했다. 그리고 발음의 한글 표기에서 종성終聲은 모두 연음連音으로 처리했다. 유사한 어휘는 생략하고, 외래어 및 외국어는 대상에서 제외했다. 한자어는 글자가 같아도 발음상 상위相違가 보여 이 점 크게 유념했다.

078

수원대학교 국어국문학과 교수 시절

언제인가 꼭 대학으로 옮겨 가야지 하던 소망이 마침내 이루어졌으니 기쁠 수밖에 없다. 교수 선발시험에 응시하여 학교법인 이사장 이종욱李鍾郁 선생 면접 때 그분이 묻기를 이력사항을 보니 명지대학 국문과 강사를 오래 했는데 사실이냐 하기로 17년 했다고 대답하니, 왜 그렇게 오래 했느냐고 또 물어, 언젠가 꼭 대학교수가 되겠다는 결심이 굳혀졌기 때문이라고 대답했다.

2주일 후 전화로 합격 통지를 받고 대단히 기뻤다. 1983년부터 조교수로 근무하기 시작, 보직은 『수원대 학보』 주간교수를 1년 하고, 1984년에 학장이 최영박崔榮博 박사에서 윤동석尹東錫 박사로 바뀌면서, 저자가 교학처장教學處長으로 보임되어 어려운 직책을 수행했다. 교무과장은 남영석南寧錫, 학생과장은 김홍철金弘哲 교수다.

수원대가 종합대로 승격하기 바로 앞서 기구 개편이 이어지고, 저자가 학생처장, 한필규 교수가 교무처장을 맡아 3대 학장 이달순李達淳 박사를 도와 장기간 중책을 수행했다. 저자는 학생 업무만 5년 맡고 보니 몹시 힘들어 학교 당국에 보직 사의를 표명하자 받아들여져 잠깐 쉬다 새 기구가 설치되어 산학교육원장産學敎育院長으로 보임되었다.

1986년 2월 수원대 첫 졸업생을 사회에 진출시키기 몇 년 전부터 졸업 예정자 대상 취업 정보 제공 및 취업 특강에 이종욱 이사장이 집중적으로 관심을 표명, 전체 교직원들을 독려함으로써 대대적인 취업 장려운동이 벌어졌다. 이때 대학의 졸업생 취업 행정실무를 전담하게 되어 미약하지만 많은 노력을 기울였다. 그것이 바로 학생처장과 산학교육원장으로서의 보직 수행이었다.

수원대가 일류대로 가는 길이 바로 졸업생들의 취업률과 직접 연결된다는 학교 설립자 방침에 따라 이 뜻을 받들어 나름으로 열심히 뛰었다. 결국 수원대 첫 졸업생은 전국대학 졸업생 취업 평균율을 약간 웃도는 선에서 만족해야 했다. 그렇게 몇 년을 뛰니까 고려합섬 무역 부서로부터 좋은 졸업생을 추천해 달라는 역逆제의까지 받게 되었다. 뉴코아백화점은 10명이 넘는 졸업생이 취업되는 사례까지 생겼다.

수원 경기지역 기업체 대상, 취업 추진 과업이 순조롭게 진행되어 가는 도중, 고운 이종욱 총장이 부탁만 일방으로 할 것이 아니라, 학교 측도 예의를 갖추기 위해 커피세트를 만들었으니 이것을 선물로 활용해 보도록 하라는 권유가 있어, 그대로 실행에 옮겨 좋은 반응을 얻었다.

한국도로공사 신입사원 교육 때 출강하니, 그곳에 수원대 공대 출신이 5, 6명이나 되어 매우 기뻤고, 또 포항 포스코 연수원 가니 그곳에 영문과 출신 졸업생이 있어 크게 기뻤다. 뿐만 아니라 삼성그룹 신입사원으로도 드물게 들어가 놀라기까지 했다.

저자가 고운 이종욱 총장을 수행, 천안 독립기념관 관장을 만날 때, 여비서가 바로 수원대 영문과 출신이라서 반갑고 기쁘기 이루 말할 수 없었다.

한편, 국어국문학과 교수를 맡아 학생들에게 가르친 수업과목은 언어학개론, 국어음운론, 국어의미론, 그리고 국어화법론이다. 교양과목은 대학국어를 가르쳤다.

079

『현대한국수상록』 59집 발간

1984년 6월 30일 금성출판사(발행인 김낙준)에서 『현대한국수상록』 59집이 발간되었다. 여기 작품이 수록된 사람은 김우창, 허세욱, 윤형두, 유종호, 송혁, 황명걸, 정동철, 김철규, 정진권, 이순열, 오창익, 전영우, 윤삼하 등 열세 사람이다.

전영우 편에 「길」, 「첫잔을 들 때」, 「공이 울리다」, 「사회자가 본 무애선생」 등 수필 네 편이 실렸다. 이 가운데 「공이 울리다」를 소개한다.

"공이 울렸다. 나는 부처님을 찾았다. 나의 꿈을 깨트리지 말아 달라고 '관세음보살'을 외웠다. 7라운드의 공이 울리자, 이제는 '다운이다'라고 마음을 먹으며, 상대를 향해 대시해 들어갔다."

'나는 이렇게 싸웠다'는 프로복싱 주니어 미들급 세계 챔피언 유제두 선수 수기의 한 대목이다. 운이 따로 없다는 강한 신념 속에 자기 훈련을 피땀 어리게 쌓은 후 마침내 세계 정상을 차지한 유제두 선수 필승의 신념은 평범한 듯 보이나 실은 이 신념이 바로 그가 세계를 제패한 원동력이 되었을 것이다.

부처님을 믿든 하느님을 믿든 사람의 믿음은 그것이 강한 것일수록 인간에게 무한한 잠재력을 발휘하게 해준다. 내가 읽은 유제두 선수의 수기 중 부처님을 의지하고 자기 소망을 이루었다는 부분은 자연 큰 감심感心을 안겨 준다. 굳게 믿는 마음, 한 사물에만 정신을 쏟는 마음, 정진하는 마음, 결국 마음의 힘이 얼마나 위력이 큰가를 실감케 해준다.

평소 술좌석에 임해서도 활기찬 화제가 교환되고 호방한 기상과 기개가 펼쳐질 때 좌석에 낀 사람이면 누구나 저절로 솟구치는 기를 맛볼 수 있다. 그러나 반대로 축 처지는 분위기에 싸이면 자기도 모르게 맥이 풀리는 경우가 종종 있다. 이 현상을 무엇으로 설명하는가? 아니 등산할 때 험로에 부딪쳐도 우선 자신감이 충일해야 마음이 안정되고 위기를 넘기지, 긴장하고 초조하면 겁부터 집어먹고 몸의 움직임이 둔중해지기 쉽다.

할 수 있는 것도 할 수 없다는 마음의 장애에 걸리면 할 수 없게 되는 이 현상을 무엇이라 설명하는가? 할 수 있다고 믿는 마음, 된다고 믿는 마음, 이처럼 마음의 힘부터 확립돼야 우리는 우리의 소망을 기필코 이루고 말 것이다.

그러나 마음의 움직임을 지배하는 인과의 법칙에 관심을 쏟는 사람이 매우 드물다. "모든 것은 속에 있지 겉에 있지 않다." "마음은 모든 힘의 근원이다." 등으로 일러오는 말의 참된 의미를 아는 사람은 그리 흔치 않다.

유명한 심리학자요, 오랫동안 미국 노드 웨스턴 대학 총장을 지낸 W. 스코트 박사도 "실업계의 성공이나 실패가 사람의 능력에 의존하는 것이 아니고 사람의 마음가짐에 의존하는 것이다"라고 말했듯이 모든 사람은 "같은 감정, 같은 영향, 같은 진동에 지배된다"고 클라우드 브리스톨도 말한다. 그리고 브리스톨은 대소

간의 모든 사업은 사업을 맡은 사람의 생각이나 믿음에 의해 지배되고 모든 사물과 현상은 사람이 생각하고 믿는 바의 모습으로 나타난다고 말한다.

미국 우주선 아폴로와 소련 우주선 소유즈가 도킹한 후 우주 열차를 운행, 지구 위를 선회하며 공동으로 우주개발 계획에 참여, 우주 탐색에 박차를 가하고 있다는 톱뉴스는 사람의 생각과 믿음 그리고 뜻이 확립되면 무슨 일이든 불가능이 없다는 나폴레옹의 어록을 그대로 재현시킨다.

신념을 갖고 자기 암시로 창조적인 활동을 벌인다. 그렇게 하되 자기가 그린 이미지를 항시 염두에 두고 그것을 자주 카드에 기록하며 또 자주 거울을 보면서 자기 이미지를 반복 확인해 나가면 브리스톨이 말하는 자기 소망 성취를 신념으로 이룰 수 있다. 하기사 이에는 남모르는 끈기와 근면, 성실이 그림자처럼 뒤따라야 할 것임은 물론이다.

세계적 발명가 T. 에디슨도 암시를 반복하고 이를 다시 신념으로 굳혀, 그의 수많은 발명에 항상 이 원리를 적용한 것이다. 그가 세상을 떠난 뒤 그의 책상 서랍을 열어보니 구약성서의 "요나는 큰 고기에 먹혔으되 상처 없이 소생했다"고 쓴 시편이 나왔다. 에디슨은 몇 번이고 이것을 읽어 실패에 낙망하지 않고 그때마다 새로운 용기와 불요불굴의 정신으로 끝없는 실험에 임한 것이다. 그리고 마침내 세계적 대과학자가 된 것이다.

평소의 독서에서 이처럼 용기와 지혜와 신념을 일깨워주는 나를 대할 때 나는 독서 삼매경에 빠진다.

16
수원대
국어국문학과 교수

《 080 》
『한국일보』 신춘문예
소설부문 당선

해마다 봄이면 중앙 일간지에 신춘문예 당선자가 수없이 나오는데, 왜 수원대 졸업생은 아직도 안 나오느냐고 여러 해 학생들에게 자극을 주어 왔는데, 어느 해던가 국문과 졸업생이 전화를 걸어 왔다. "교수님, 저는 83학번 이환제입니다. 평소 교수님이 저희에게 왜 우리는 신춘문예 당선자가 아직 없느냐고 자극을 주셨는데, 오늘 기쁜 소식 전해 드리려 전화 했습니다. 올해 『한국일보』 신춘문예 소설부문에 제가 당선했습니다. 기뻐해 주십시오."

이튿날 신문 가판대에서 『한국일보』 10부를 사 가지고 학교 본부에 들러 총장, 교무처장, 몇몇 교수들에게 돌리니 한결같이 모두 놀란다.

저자는 국어국문학과 학생회를 움직여 플래카드를 만들게 해 우선 학교 교문에 걸고, 두 번째 인문대학 건물에 걸고, 세 번째 학교 본부 앞에 걸게 했다. 한편, 새로 소설가로 문단에 등단한 국문과 졸업생 이환제 작가를 불러 저자 수업시간에 나와 '나는 어떻게 하여 소설 신춘문예 현상에 당선했는가?'라는 주제로 발표케 해 재학생들의 박수갈채를 받은 바 있다.

1996년 『한국일보』 신춘문예 현상 모집 소설부문 당선작은 「높고 마른 땅」이다. 작가 이환제李桓濟 씨는 4년 뒤 2000년 『서울신문』 신춘문예 현상 모집 '동화'부문에 「흥! 썩은 감자자나」로 또 다시 당선작當選作을 내 국문과 동문의 기쁨을 배가시켰다.

이보다 일찍 83학번 황인원 군은 학부 1학년 때 『중앙일보』 문예란에 독자 투고로 그의 시조가 나와 저자를 놀라게 해 준 일이 있다. 전철 타고 학교 내려가는 길, 가판街販 신문을 사 들고 보니, 수원대 국문과 1학년 황인원黃仁源 군의 시조가 나와 얼마나 반가운지 몰랐다. 재학 중 황군은 시단詩壇에 등단하고, 졸업 후 진학해, 성균관대학에서 문학석사, 문학박사 학위를 취득했다. 그 후 경기대 국문학과에서 교편을 잡았다. 시집과 문학이론서도 이미 여러 책을 세상에 내놓았다.

82학번 김남석金南錫 군은 일찍 KBS 문예작품 현상 모집에 응모해 당선되는 쾌보를 전해 주더니, 현재 대원출판사를 경영하는 출판인으로 업계에서 활약하는 중이다. 같은 학번 남정식南正植 군도 일찍 와우출판사를 차리고 출판업계에 종사, 상당한 업적을 쌓고 있다. 그는 특히 저자 회갑 때, 회갑기념 논문집 『국어국문학논총』을 성의껏 제작 출판해 줘 지금도 그에게 고마운 정을 느끼고 있다.

또 한 사람 박성모朴成模 군이 있다. 박 군 역시 현대문학 분야 굴지의 출판사를 운영 중이다. 한편 모교 대학원에서 석사, 박사 과정을 이미 마친 것으로 알고 있다. 소명출판 박 사장이 출판 생활 초기 태학사 편집부장으로 있을 때, 저자가 내는 『신국어화법론』을 맡아 어느 책보다 깔끔하게 편집 출간해 준 일은 정말이지 잊기 어렵다. 고맙다. 뿐만 아니라, 저자의 회갑기념 논문

집에 써준 '전영우 프로필'이 지금 와서도 마음에 끌린다. 그가 쓴 필자 프로
필을 여기 붙인다.

문겸文兼 전영우全英雨 박사

　문겸文兼 전영우全英雨 박사님은 1934년 12월 5일, 정선旌善 전씨全氏 형욱瑩郁
공과 김해金海 김씨金氏 슬하 4남 1녀 중 장남으로 서울에서 나셨다.

　정선旌善 전씨全氏는 백제 온조왕溫祚王대 공신 환성군歡城君 섭을 시조로 문무
를 겸비한 정통 선비 가문으로 역사에 기록되는 명문의 가통을 지닌 가문이다.
섭의 48세손인 전영우 박사님은 신라 경덕왕景德王대 정선군旌善君 선恒의 후손으
로, 고려 태조왕太祖王대 무인으로 상서尚書를 지낸 충렬공忠烈公 전이갑全以甲의
32세손이자, 저 충렬로 이름이 드높아 '정선 아라리'란 노랫가락으로 우리에게
전해지기도 하는 개성開城 두문동杜門洞 72현賢 중 한 분이신 고려高麗 공민왕恭愍王
조 전법판서典法判書 채미헌공採薇軒公 전오륜全五倫의 19세손이 되신다.

　전영우全英雨 박사님의 아호 문겸文兼은 선생의 은사恩師이신 도남陶南 조윤제
趙潤濟 박사께서 내려주신 편액扁額 '문화겸전'文話兼全에서 따온 것으로, '이론과
실제의 조화를 이루셨다'는 오늘의 명성名聲을 일궈낸 바탕의 뜻이 담겨 있다.

　저 무수하게 화려한 박사님의 명성과는 달리 평소 박사님의 성품은 원칙에
근거하시면서도 소탈하고 온화한 인품으로 주위를 사로잡는 매력을 지니셨다.

　　　　　　　　　　　　　　　　　　　　　— 1994년 9월 25일 박성모 씀

081

국어국문학과 83학번 지도교수 4년

수원대 국어국문학과 83학번 지도교수를 4년간 맡았다. 저자가 아나운서실장을 그만두고 대학 왔는데 학생들 가정 환경조사서를 보니 이선희李宣姬 학생이 장래 희망을 방송사 아나운서라 하여, 우선 반갑게 생각하고 그 학생을 계속 집중적으로 살펴보았으나 저자에게 별 도움을 요청해 오지 않는다. 그러더니 3학년 때 대학방송국 아나운서부장이 되었다고 찾아왔다. 그리고 이듬해 수원 삼성전자 사내방송 아나운서 시험 합격했다고 두 번째 찾아왔다.

앞으로 지상파 방송사 시험을 볼 예정이라 해, 여의도 있는 아나운서학원을 찾아 몇 달이라도 수강할 필요가 있다고 일러 줬더니, 그렇게 한 뒤 저자에게 전화를 해 왔다. MBC 아나운서 시험 1차에 합격했다고 기쁨을 전해 왔다. 열흘 뒤 또 전화했는데 떨어졌다고 슬픔을 전해 왔다. 저자가 조언하기를, 다음은 KBS에 시험을 보라고 일렀다.

잊어버리고 있었는데 전화가 이선희 양으로부터 왔다. KBS는 1차에 떨어졌다고 낙담하는 어조로 동정을 말해 왔다. 이때 저자가 그에게 아이디어 주기를 이번에는 MBC 지방사를 목표하라 이르고는 이 일을 까맣게 잊고 있었다.

벨이 울려 전화를 받았더니 바로 이선희다. "교수님! 저 완전 합격했어요. 춘천 MBC 아나운서로 최종 합격이에요." 이렇게 기쁠 수가 있을까? 여름방학이 되자 시간을 내어 자가용 승용차를 타고 경춘가도를 달려 춘천에 당도해 곧 선희를 찾았다. 해맑은 미소로 저자를 무척 반긴다.

KBS 아나운서실장으로 아나운서 선발시험을 수없이 치러봤지만 우선 경쟁이 치열하고 응시자 실력 수준이 만만치 않아 우열 가리기가 매우 어려운 터에 선희의 아나운서 시험 합격은 한 마디로 놀라운 일이다. 더욱 지방대 출신이라는 핸디캡도 있었을 텐데 어떻든 다행이다. 발군拔群의 실력을 발휘해 성공한 것이다.

기쁨도 잠깐, 근무지가 춘천이라 일단 서울 집을 떠나 주거지를 근무처 가까운 곳으로 옮겨야 했다. 지금까지 부모님 슬하에서 지냈지만 객지생활이 기다리고 있다. 그래도 일단 취직이 되고, 하고 싶던 아나운서가 되었으니, 이 기쁨을 어디다 견주겠는가?

이 무렵 서울 마포에 라디오 불교방송佛敎放送이 개국하고, 저자와 동아에서 함께 일하던 이선미李鮮美 씨가 아나운서실장이 되었다. 그녀에게 전화하여 영전을 축하하며 동시에 이선희 씨를 소개했다. 남자를 선호하고 여자는 많다고 한다. 적극 부탁하니 그럼 한번 보내라고 해 그대로 전해 주니, 선희 씨가 다녀와서는 불교방송은 라디오뿐이고 또 급여가 조금 차이가 있다고 알려 왔다. 저자가 설득하기를 서울과 춘천 왕복 교통비와 그곳 하숙비를 합해 보고 또 부모님 곁의 따뜻함을 생각해 보라 한즉 결심하고 방송 직장을 옮겼다.

그리고 불교방송 개국부터 현재까지 평아나운서로 시작 부장部長을 거쳐 계속 고참으로 근무하며 어느 사이 서강대학西江大學 대학원 국문과 석사과정을 마쳤다. 직장 커플로 슬하에 두 자녀를 두고 있다. 이만 하면 어느 정도 궤도를 탄 인생이 아닐까? 자랑스러운 제자가 아닌가?

082

연대 정훈참모 전주환 중위

　해마다 신입생이 새로 들어오면 저자는 연구실 조교를 찾았다. 어느 해 전주환全珠環 군을 발견하고 그와 대화를 나누는 가운데 장래 희망을 물어보니 국어교사를 지망한다고 한다. 또 하나 군 복무를 물어보니 ROTC 무관교육을 받을 생각을 내비친다. 두 가지 희망을 달성하려면 국문과 1, 2학년 성적이 평균 B학점 이상 되어야 할 것이라 일러 주니 이미 알고 있다 했다.

　그가 3학년 되었을 때 알아보니, 두 가지 희망을 이룰 수 있는 토대가 쌓여 있다. 그가 4학년 졸업을 앞두고 있어 실현 여부가 궁금해 알아보니 교생실습敎生實習을 이미 다녀왔고, 또, 장교 임관도 곧 있을 것이라 해 얼마나 다행인지 모르겠다. 그런데 병과를 알아보니 모두 보병이라 한다. 그래서 가능하면 정훈政訓을 신청하라 이르니 지금까지 선배들을 보면 모두 보병이었다고 한다. 그래도 정훈을 신청하라 일렀다.

　얼마 뒤, 전 군의 연락을 받고 저자도 놀랐다. 그도 놀랐다고 하며 정훈

특기를 받았다고 매우 좋아한다. 교수에게 학문 연구와 함께 교육도 중요하지만 학생의 진로 지도 또한 이와 못지않게 중요함을 새삼 깨달았다.

육군 ○사단 ○연대 정훈참모 전 중위로부터 전화가 걸려 왔다. "교수님 이번 예편을 앞두고 교수님을 제가 근무하는 부대로 초청하고 싶어 전화했습니다. 가능하시면 방문해 주시기를 바랍니다." 부탁하기에 수락하고, 약속일 약속 장소로 나갔다. 중동부 전선 부대 주둔지 근방 작은 지방도시다. 완전 군장한 전 중위가 지프차를 내린다. 저자와 일행을 향해 힘있게 거수경례를 하더니 우리 일행을 휴전선 쪽으로 안내 선도先導한다.

그동안 부대 동정을 여러 차례 국방신문에 송고送稿해, 정훈장교 전 중위가 쓴 기사가 신문에 게재되자, 부대장 및 참모들의 찬사를 들었다고 저간의 경위를 알려 줘 고맙고 대견하게 생각했다.

말로만 듣던 휴전선 땅굴도 직접 들어가 보고 정훈참모를 통해 현황을 청취할 수 있어 매우 효과적이었다. 귀로 현지 농협에 들러 쌀 두 포대를 사서 승용차 트렁크에 싣고 오다가 그곳 온천탕을 즐기니 하루 일정의 피로가 깨끗이 가셔버린다. 전 군이 나에게 의향을 떠본다. 온천하고 목이 마르실 텐데 냉면 잘하는 집 들를까요? 하기에 들르자고 했다. 만두 하나에 물냉면 한 그릇 먹고 나니 이제 더 바랄 것이 없다. 다음은 어디로 가나? 하고 물어보니 전 중위 말이 "이제 곧 상경 귀가하십시오!" 한다.

군에서 전역한 후 전군은 그동안 저축한 돈을 토대로 하여 영국 유학을 떠나 런던 소재 국제회의 대학원 입학 수속을 밟던 중 잠시 귀국하여 저자에게 들렀다. 국제회의 대학원은 왜 지망하느냐 물어보니 학부 재학 시 저자가 자주 남이 안하고 잘 모르지만 앞으로 전망 있는 분야를 찾아보라 한 아이디어가 떠올라 그쪽을 가려 한다고 했다.

영국 유학비용이 미국보다 많다 하더니 국내 취업을 결심, 모 약품회사에 들어가 교육을 담당하다가 그만두고 외국 제약회사 간부로 전직했다.

이 사람보다 조금 선배 되는 안용규 씨가 있다. 저자가 인문대 학장 시절 학장실 조교로 내 일을 도왔다. 사람이 매우 견실하고 착하다. 병역문제를 알아보니 학사장교를 희망하다가 이왕 군에 갈 바에야 해병대에 입대하겠다고 한다. 그 후 선발시험에 합격하고 해병대 장교로 임명 받아 중위로 진급 얼마 후 예편, 입사시험 보고 철도공사에 들어가 동해역 화차담당을 하던 중 다시 강릉역 과장으로 진급해서 근무 중이다. 한편 학부 재학 중 와우臥牛문학회 활동으로 문학을 하더니 작품활동을 어떻게 하는지 궁금하다. 해마다 스승의 날이 되면 꼭 전화로 저자 안부를 물어왔다.

83학번 ROTC 무관학생이던 이기호와 박이하가 있었는데 둘 다 장기 복무 후 대위로 전역했다. 이 군은 재학 중 교사 자격을 이미 획득해서 경기도에서 학교 교사로 근무하는 것으로 아는데 박 군은 소식이 없어 궁금하다.

83학번 허성수는 대학을 마치고 일본에 건너가 방송전문대학을 졸업한 후, 일본 NHK 방계회사에 들어가 다니다가 일시 귀국해 영등포 목화예식장에서 결혼식을 올릴 때 저자가 부탁 받고 예식 주례를 서준 일이 있다. 언제인가 국제전화로 안부를 물어 온 일이 있다. 국문과 졸업생들이 지금 여기저기 흩어져 각기 자기가 맡은 일에 충실하게 생활하고 있을 것으로 안다.

역시 같은 학번 윤중식이 있는데 윤 군은 수원대 학보 편집국장을 하더니 현재 국민일보 종교국 부장을 맡고 있어 저자가 전화로 안부를 전한 일이 있다. 언제인가 평창 올림픽이 열리고 원주-강릉 고속철도가 개통되면 강릉역에서 뵙기 바란다는 안용규의 요구를 수용할 날이 오기를 손꼽아 기다리고 있다.

083

한국언론학회 언론상 제1회 수상

1991년 5월 초 어느 일요일, 곰산악회 멤버들과 같이 등산을 마치고 논현동 집에서 쉬고 있을 때 전화벨이 울려 받았다. 상대는 고려대 신문방송학과 원우현元佑鉉 교수다. 전화를 받고 그의 이야기를 들었다.

"전영우 교수님, 축하합니다. 한국언론학회가 드리는 제1회 언론상 방송부문 공로상을 받게 되셨습니다."

"저는 금시초문인데요? 어떻게 결정되었나요?"

"물론 그러시죠. 저의 학회에서 신문과 방송 부문에서 각각 두 분을 뽑아 본상과 공로상을 드리기로 결정해서 지금 그 결과를 처음 해당되는 분에게 통보 드리는 것입니다."

"어떻든 기쁘고 고맙습니다."

그것도 첫 번째로 수상하게 되었다 해서 몸 둘 바 모르게 기뻤다.

모시는 말씀

원우현

제1회 언론상 시상식 및 축하연에 여러분을 초대합니다.

사단법인 한국언론학회는 언론계와 언론 학계의 모범이 될 만한 언론인의 업적을 발굴하여 널리 선양함으로써 우리 언론계와 사회의 이정표로 새기기 위해 본 상을 제정하였습니다.

그것은 언론계와 언론학계가 서로 간에 전문적이고 현실에 바탕을 둔 대화의 장을 만들어 공동의 관심사에 대한 논의를 활성화해야 할 책무가 그 어느 때보다 커졌기 때문입니다.

그러나 수상자를 선정하는 데 있어서 절대적이고 완벽한 기준이란 없다는 사실, 그러면서도 너무 많은 전제조건을 충족시켜야만 했으며 제한된 범위에서 상대적인 평가로 선정할 수밖에 없는 현실적인 제약과 이상적인 목표간의 괴리(乖離)를 실감하는 길고 긴 시간이었습니다.

이제 그러한 절차를 모두 마치고 4분의 언론상 수상자, 신문부문의 김광섭, 김성환 선생, 방송부문의 노정팔, 전영우 선생께 제1회 언론상을 드리게 된 것을 진심으로 기쁘게 생각합니다.

본 시상제도는 학회의 연구 성과와 합의된 견해를 언론 현업에 적극적으로 그리고 효율적으로 전달하는 데 바람직한 기여를 할 것으로 기대됩니다. 학회는 본상이 올바르게 운영됨으로써 언론계와 학계가 부단히 자기 성찰의 계기를 가지고 전문성을 드높이며 국민의 정보복지를 이루는데 일조를 할 수 있도록 배전의 노력을 경주해 나갈 것입니다.

이같이 뜻깊은 제1회 언론이상 수상자로 선정되신 여러분의 업적에 새삼 경의를 표합니다. 그리고 수상자 여러분께서 이 상의 제정의의를 빛내고 나아가 훌륭한 전통을 만들어가는데 굳건한 토대가 되시리라 믿습니다. 이 언론인상의 기금과 부상에 소요되는 비용을 아무 조건 없이 지원해주신 포항제철과 포항제철학원 임직원 여러분의 헌신적인 협조에 깊은 감사를 드립니다. 또한 본상 수상자를 선정하기 위해 고심하신 심사위원 여러분께도 심심한 감사의 마음을 전합니다.

심사숙고의 긴 여로를 무사히 끝내고 마련되는 시상식과 이를 축하하는 축하연에 여러분 모두 참여하셔서 뜻깊은 대화를 나누는 보람있는 자리가 되기를 바랍니다. 감사합니다.

— 사단법인 한국언론학회 학회장 원우현 올림

방송부문 공로상 수상자 업적

그의 방송계 경력과 여러 권의 저술서가 보여주듯이 그는 제1세대 아나운서로서 바른 우리말 사용으로 한국 방송언어의 기틀을 다지는 데 크게 기여하였다.

비단 방송 실무뿐만 아니라 끊임없는 학구열과 연구노력으로 방송언어의 체계화에 힘써 후배 방송인들의 훌륭한 길잡이가 되었다. 그가 활약하던 시대에 '유쾌한 응접실'을 10여 년간 청취한 사람들이 아직도 그를 기억하며 추억에 잠기는 데서 그가 라디오를 하나의 대중매체로서 우리 사회에 정착시키는 데 기여한 공로를 인정하지 않을 수 없을 것이다.

이제 언론상 심사위원회는 제1회 언론상 방송부문 공로상을 통해 그의 업적을 기리고자 한다.

약력

1934년 서울에서 출생

서울대학교 사범대학 국어교육과를 거쳐 성균관대 대학원 석사과정 및 중앙대 대학원 박사과정을 수료, 성신여대에서 문학박사학위를 받았다.

1954년 KBS아나운서를 시작 방송관보를 거쳐, 60년대와 70년대를 통해 동아방송 아나운서실장, 해설위원, 부국장 등을 역임하고, 민방 통폐합 이후 KBS 아나운서실장, KBS한국어연구회장을 거쳐 1983년 이후 수원대학교 국어국문학과 교수 재직중 1969년 이후 문화공보부 방송언어심의위원 등 각종 위원회 위원으로 위촉되어 활동함.

수상 경력 및 저서

1971년 서울시문화상 언론부문 수상

1977년 재단법인 외솔회, 외솔상 실천부문 수상

1982년 국민훈장 목련장 수훈

1991년 한국언론학회 언론상 방송부문 공로상 수상

저서(著書)는 스피치개론, 화법원리, 국어화법론, 오늘의 화법, 한국근대토론사연구 등 다수가 있음.

방송放送 부문 공로상 수상 소감 '감격과 환희歡喜'

방송은 독자적 연구 영역을 갖지만 방송에 직접 관련되는 분야는 '스피치', '연극', '저널리즘'이다. 물론 기술 분야는 따로 떼어놓고 생각한 것이다. 우리나라 방송연구放送硏究에 저널리즘과 연극은 상당 기간 뿌리가 내려져 이미 정착 단계에 이르렀다고 보여지나 스피치는 아직 초기 단계를 못 벗어난 형편이다. 본인이 방송계放送界에 몸 담아 있으며 관심을 가졌던 분야가 바로 '스피치'이다.

미국 미시건대학의 가네트 개리슨Garnet R.Garrison과 에드가 윌리스Edgar E.Willis는 다같이 '텔레비전과 라디오'의 공동 저자이며 스피치 전공 교수다. 이들 저자의 영향으로 새롭게 스피치에 눈을 뜨고 많은 자극을 받았다.

음성, 음악, 음향, 화면의 4대 요소로 이루어지는 방송에서 음성과 화면이 매우 중요한데 이 점 스피치와 무관하지 않으니 이 분야의 중요성이 단적으로 드러난다. 대학에서 '국어교육'을 전공하고 발전적인 연구 분야를 탐색한 끝에 찾아낸 학문이 바로 '스피치'다.

좁은 뜻은 연설이고, 넓은 뜻은 대화, 연설, 토의, 토론, 회의, 연극, 낭독, 라디오, 텔레비전 등을 연구하는 학문분야의 명칭이다. 저자는 석사과정에서 '유럽의 스피치 교육사'를 박사과정에서 '한국근대의 토론사'를 각각 주 대상으로 택해 스피치 영역을 탐구해 왔다.

방송 실무에서 또 학구생활을 통해 아나운서의 전문성 및 자질 향상을 도모하고 방송의 고유성과 과학성을 일층 발전시킬 필요가 있음을 절감한 나머지 '방송언어 순화'를 중심으로 한 스피치 연구에 미력일망정 관심을 기울여 온 것이다.

마침내 1982년(실장 재직시) KBS 한국어연구회를 정식으로 발족시키며 관련학계의 지원을 받는 방송인 주축의 방송언어 연구가 본격화되었다. 그리고 1984년, 졸저인 『표준 한국어 발음 사전』이 국내 최초로 간행되기에 이르렀다.

스피치를 저자는 처음 '화술'로 다시 바꾸어 '화법'으로 옮겨 쓰고 있다. 유럽의 스피치를 한국에 이입 수용함에 있어 가장 기초적인 과업이 번역이라 보고 펜실베이니아 대학 해롤드 젤코Harold P. Zelko 교수의 저서를 초역抄譯한 『화술의 지식』이 1962년 을유문화사에서 세상에 나왔을 때 외국문화 이입移入과정에서 꼭 유념할 것이 한국적 수용이라고 판단하여 외람되게 「국어발음소고」를 부록으로 붙였다. 이어 『국어화법론』 등을 저서로 펴내 스피치의 새 이정표를 우리나라 국어교육계에 세워놓게 되었다.

1954년 KBS아나운서로 방송계에 첫 발을 내딛은 이래, 1984년 KBS를 떠나기까지 본인은 만 30년간 방송에 종사했다. 방송을 천직으로 알고 이 길에 정진한 셈이다.

라디오에서 〈가정오락회〉, 〈만능스테이지〉, 〈비밀의문〉, 〈재치문답〉, 〈유쾌한 응접실〉, 텔레비전에서 〈홈런퀴즈〉, 〈우등생퀴즈〉의 사회를 맡아 하였는데 〈유쾌한 응접실〉은 동아방송의 간판이라는 이름이 붙여질 만큼 장기간 인기리에 애청자의 관심을 끌었던 것으로 안다. 라디오와 텔레비전에서 골든아워 뉴스를 담당했고 스포츠는 축구 경기 실황을 중계방송했다.

그리고 1962년 KBS텔레비전 방송에서 아나운서실장 및 교양 제작 책임을 맡았고, 1963년 동아방송으로 자리를 옮겨 1980년 폐국될 때까지 방송국 부국장과 해설위원을 역임하다가 정부당국의 민방 통폐합조치로 같은 해 KBS로 흡수 통합되면서 동 아나운서실장으로 4년간 근무했다.

방송에 대한 미련은 언제까지나 떨쳐버릴 수 없는 것이어서 요즈음도 이따금 기회가 생기면 라디오, 텔레비전 프로그램에 출연하고 있다. 1960년대 초기부터 오늘날까지 '방송언어순화放送言語醇化' 문제를 논의하는 각급 위원회에 출석하여 자문에 응하는 한편, 방송사의 시청자위원회 위원으로 방송 시청 소감을 통해 방송 현업에 약간의 도움을 주어 온다.

1991년 한국언론학회 언론상 방송부문 공로상 제1회 수상자로 결정된 사실을 저자는 더 없는 명예名譽로 생각하며 동시에 30년 본인의 방송생활을 뜻있게 회고回顧할 수 있는 보람으로 느낀다.

우리나라 언론학言論學의 체계 정립에 온갖 정력을 경주하고 계신 언론학자 여러분의 발의와 심의로 결정된 이번 언론상 수여를 벅찬 감격으로 수상受賞한다. 한국언론학회 학회장, 학회원 여러분에게 심심한 사의謝意를 표하며 수상 소감의 일단을 적는다.

방송부문 공로상 수상

방송부문 공로상 수상을 매우 명예롭게 생각합니다. 원우현 언론학회장 및 관련 임원과 회원 여러분에게 감사드리며 전직, 현직 전문 방송인들에게 미안하고 부끄러운 느낌을 솔직히 말씀 드립니다.

저의 방송사 입사 동기부터 말씀 드리자면, 초등학교 시절부터 아나운서를 동경해 왔고, 몇몇 선생이 저에게 소질이 있다고 격려해 준 일이 가장 큰 동기라고 생각합니다. 1954년 KBS 서울중앙방송국 아나운서 모집에 합격해 방송 언론에 첫 발을 딛게 되었습니다.

그동안 인상에 남았던 일이라면, 1960년 당시 재야 원로 지도자였던 고 조병옥趙炳玉 박사 국민장 장례식 때 방송 고위층이 안절부절못해 하는 모습을 보고 국민장國民葬 실황을 중계 방송했던 일, 남산 서녁 마루턱의 건국 대통령 이승만李承晩 박사 동상 건립 제막식 실황 중계방송, 제2회 현충일顯忠日 추념식 실황을 국립 현충원에서 중계 방송하던 일, 그 밖에 몇몇 고정固定 프로그램을 담당 방송하던 일 등을 손꼽을 수 있습니다.

KBS-TV 초기, 일부 교양 프로그램 제작을 맡기도 하고, 밤 9시 뉴스 앵커를 맡기도 했습니다. 한편, 『한국일보』 주최 제1회 국제 마라톤 대회를 경인가도京仁街道 원퉁이 고개에서 연도沿道 실황을 중계 방송하던 일도 있습니다. 미국 전 대통령 아이젠하워의 한국 방문 실황을 종로 덕흥서림 옥상에서 애드리브로 중계하던 일도 있습니다.

그러나 무엇보다 충격衝擊이 컸던 순간은 4·19와 5·16을 방송국에서 겪은 일입니다. 4·19 때 황우겸黃祐兼 선배 제의로 아나운서 일동 명의로 '방송 중립화 선언'을 했던 일도 잊기 어렵습니다.

10년 가까이 KBS 라디오와 텔레비전에 근무한 후 1963년 DBS 동아방송으로 자리를 옮겨 개국과 동시에 시작한 '유쾌한 응접실' 프로그램 사회를 맡아 보았는데, 이 프로그램이 18년간 진행되어 최장기 최우수 프로그램으로 선정되었던 일과 30년 아나운서 생활 중 20여 년을 관리직管理職으로 두 방송에 재직했던 일을 잊을 수 없습니다.

오늘날 상당량의 프로그램을 전문 방송인이 아닌 비전문인이 담당하고 있어 많은 문제점을 노정露呈한다고 보며 이를 안타깝게 생각합니다. 또한, 온 가족이 함께 웃으며 시청할 수 있는 프로그램이 드물다는 점과 사담私談을 나누는 내용이 걸러지지 않고 그대로 방송되는 경우가 많다는 점을 지적하고 싶습니다.

앞으로 우리 방송이 지향해야 할 점이라면, '방송언어'가 '표준어' 시범의 장,

'국어화법'의 본보기가 되었으면 하는 바람과, 유럽, 일본에 대한 모방을 척결剔抉하고, 전체 전문방송인이 지혜를 모아 형식 아닌 내용으로 특성 갖춘 프로그램을 제작, 시청자에게 봉사했으면 하는 기대입니다.

청소년 대상 프로그램뿐만 아니라 노년층 프로그램을 같은 비중으로 확충해야 하며, 보도, 연예, 오락 프로그램과 정보, 교양 프로그램이 균형과 조화를 갖출 필요가 있습니다. 방송사 측에서는 공중이익公衆利益, 공중편의公衆便宜, 공중필요公衆必要를 우선 염두에 두는 제작 태도를 갖추어 시청률 확보라는 단기적 관점보다 장기적 안목에서 프로그램의 질質에 중점을 두어야 한다고 봅니다.

라디오 방송을 이루는 3가지 구성 요소인 음성, 음악, 음향 중에서 저는 음성의 중요성을 인식하고 언어言語에 대한 연구를 시작했습니다. 언어의 가장 중요한 요소인 정확한 말소리는 그 중요성에도 불구하고 그분야에 대한 연구는 황무지라 할 수밖에 없습니다. 방송에서, 스피치 곧 화법話法은 매우 비중 있는 부분입니다. 방송 분야 연구 학생들은 이 부분을 기법技法 차원이 아니라 기초를 단단히 다진다는 탐구探究의 관점에서 연구해 주기를 바랍니다.

— 수원대 국문학과 전영우 교수, 세미나 발언

해외 연수 소감

스피치 교육의 여명기黎明期인 5천년 전에도 사회를 지배하는 방편으로 의사소통意思疏通의 중요성이 크게 인식되었다. 화법교육에 관한 최초의 기록은 이미 기원 전 3천 년의 문적文籍에서 발견된다. 1847년 프랑스 파리의 국립 박물관이 '프리세 파피루스'를 입수했다.

이 명칭은 이것을 박물관에 기증한 프리세 다벤느Prisse D'Avennes에 유래한 것이며, 그는 프랑스 고고학자로, 고대 유물이 많이 묻혀 있는 이집트의 고분 발굴에 참가했고, 당시 발견된 것이 바로 프리세 파피루스이다. 달리 이것을 프타호탭 및 케겜니Ptah-ho-tep, Kegemni의 교훈이라 한다.

이집트인은 생애가 끝날 무렵, 유언을 기록한 파피루스와 함께 재산을 후손에게 상속했다. 유언 속의 충고가 때로 재산보다 귀한 경우가 많다. 후손의 장래를 위한 조언이 전 생애를 통한 인생 체험의 소산이기 때문이다. 그러므로 파피루스의 기술記述 내용 역시 각기 다양하다.

관리를 지낸 사람은 정계 인물에 관한 기록을, 왕의 자문諮問을 지낸 사람은 왕실에서 성공할 수 있는 처신과 처세의 비결을 후손들에게 전했다. 청소년을 어떻게 교육해야 그들이 도시 행정관리나 왕의 자문으로 성공할 수 있는가를 기술해 놓았다.

첫째 부분은 케겜니가 장차 도시 행정관이나 왕의 자문을 희망하는 청소년에게 주는 교훈이고, 둘째 부분은 프타호탭이 아들에게 주는 교훈이다. 두 기록은 주어진 주위 환경에 잘 적응할 수 있는 처신과 언행 등에 관해 상세히 언급했다.

프타호탭은 기원전, 이집트 왕국의 이소시Isosi 왕대王代, 고관高官이다. 당시 하류사회인의 기술記述에 명사名士의 서명을 받는 관습이 있었으므로, 둘째 부분에 기록된 내용이 사실상 프타호탭의 것인지, 혹은 그의 강론을 제3자가 기록하고 끝에 서명만 한 것인지 여부를 확인할 길은 없다. 그러나 이 점이 여기 문제될 것은 아니므로 내용만 검토할 뿐이다. 대체로 이 파피루스가 현존하는 문적 중 세계에서 가장 오래 된 것으로 평가 받고 있다.

이집트인은 이것을 문헌文獻이라 했고, 기실 이집트인이 문헌을 가졌다는 하나의 상징으로 알려진 것이 케겜니 파피루스이다. ⌐의 교훈은 프타호탭의 그것보다 약간 앞선 것이다. 바티스컴 건Battiscombe Gunn은 프리세 파피루스를 번역해 프타호탭의 교훈과 케겜니의 교훈이라 했고, 동시에 세계에서 가장 오래된 문헌이라 일컬었다.

파피루스는 목봉木棒에 감은 두루마리인데 재료가 파피루스로서 이것을 얇게 세로로 쪼개 가로와 세로로 쌓아 놓고 물에 흠뻑 적신 다음 건조시켜 압축해 평평하게 만든 것이다. 양피지羊皮紙 이전에 사용한 식물 섬유로 만든 종이다. 기원전에 나온 서책은 주로 이것을 사용해 제작한 것이다.

19세기, 고분古墳 발굴로, 기원 전 4세기에서 기원 7세기경의 파피루스 문서가 대량 출토되어 헬레니즘 시대 사회 사정, 원시 기독교회, 언어 연구에 많은 도움을 주었다. 기원 전, 30세기경부터 사용해 8세기 제지법製紙法이 궤도에 오를 때까지 파피루스를 사용했다. 흑색과 적색 잉크를 써서 문장을 상형문자象形文字로 기록한 것이다.

프리세 파피루스는 길이가 7미터, 너비가 1미터다. 프타호탭이 후손에게 전하는 가장 중요한 부분이 여기 포함되어 있다. 그 내용은 화법의 중요성과 화법을 어떻게 학습해야 한다는 것 등인데 이 가운데 "값진 언어표현言語表現은 돌자갈밭 속의 에메랄드 보석보다 희귀하다"는 기록이 보인다.

프타호탭은 의사표현법意思表現法이 사회를 지배하는 방도라고 생각한 것이다. 이 말은 의사표현에 대한 현대적 의미를 이미 내포한 것이다. 울버트Woolbert는 『의사표현의 원리』에서 말하기 기능을 넷으로 분석했다. 화법은 자기 사상과 감정을 남에게 효과적으로 표현하는 데 필요한 것이라 주장하고, 첫째, 청자로 하여금 화자의 사상과 감정을 수용케 하려는 의도가 화자에게 있고, 둘째, 언어를 구사해 사상 및 감정을 표현하며, 셋째, 청자가 화자 이야기를 듣고 화자 의도와 목적을 충분히 이해할 수 있고, 넷째, 화자는 동작을 통해 청자가 메시지를 시각적으로 직감할 수 있게 해야 한다고 주장했다.

한편, 프타호탭은 첫째 요소인 화자의 의도와 목적을 강조하고, 동시에 윤리 면을 중요시했다. 울버트와 함께 그도 과장된 어음이나 발성을 바람직하지 못한 언어표현으로 비판한 반면, 잘 조절된 발성을 종용했다. 화자는 발언과 함께 표정과 동작을 보이거니와 이 부분이 청자에게 미치는 영향은 큰 것이라고 부연했다.

이와 같이 프타호탭은 의사표현 방법을 요소별로 분석하는 데 현대적 감각을 가지고 있을 뿐 아니라, 의사표현에서 특히 상대방 청자를 절대시한 점, 또한 현대 스피치 교육의 교의敎義와 거의 일치한다.

그는 의사표현법을 사회 지배의 도구로 간주했다. 의사표현이 청자에게 미치는 영향을 중시한 나머지, 각계각층의 청자에게 다양성 있는 표현방법을 활용해 보도록 후손들에게 종용했다. 그리고 특이한 감정을 표현하면 이에 따른 특정 반응을 초래하게 될 것이란 사실과 함께, 화자가 의도하는 효과적 반응을 획득함에 있어 윤리倫理의 중요성까지 새롭게 밝혀 주었다.

그 밖의 다른 고대 이집트인도 화법의 가치를 강조하고 나아가 화법을 한 가지 '기교技巧'로 보았다. 요컨대, 고대 이집트인은 이구동성異口同聲으로 인간의 언어는 생존경쟁의 수단이요, 화법은 물리적 투쟁보다 무서운 위력威力을 발휘한다고 입을 모았다.

1962년, 저자가 『유럽 스피치 교육사 연구』를 쓸 때, 고대 이집트 파피루스에 대한 관심이 컸고, 이 파피루스를 직접 보았으면 하는 소망이 남 모르게 싹터 왔다. 때마침 1992년, 한국언론학회가 수여한 제1회 언론상 방송 부문 공로상 수상의 부상副賞으로, POSCO 지원의 해외 문화 연수 혜택을 받아, 저자는 모처럼의 숙원을 푸는 기회로, 유럽 대륙 문화유적文化遺蹟 시찰 길에 오르게 되었다.

본인은 유럽 각국의 주요도시를 차례로 순방하며, 문화 유적지와 문화 유산 그리고 라디오와 텔레비전 방송에 집중적 관심을 기울이는 문화 연수에 참가했다. 그 중에서 가장 인상 깊고 놓칠 수 없는 부분의 하나가 바로 프랑스 파리 '루브르Louvre'박물관 연수다.

이집트관 파피루스 열람閱覽은 무엇과도 바꿀 수 없는 진귀한 체험으로 기억될 것이다. 앞에 적은 바대로 가장 오래 된 세계적 문적文籍이 파피루스란 사실을 이미 알았고, 또 그것이 프랑스 루브르 박물관에 소장되어 있으니, 그곳의 연수 일정이 본인에게 절호의 기회였음을 여기 밝히지 않을 수 없다.

이집트 고분古墳에서 발굴된 파피루스를 거의 원형 그대로 열람할 수 있던 사실은 감동 바로 그것이다. 그리고 고대 문화유산의 보존과 유지에 합리적이고 과학적인 방법을 활용, 철두철미한 대비와 배려를 하고 있는 박물관 당국의 신중하고 적극적인 조치에 본인은 긍정적인 반응을 보이지 않을 수 없다.

그 한 본보기는 미술작품 전시장에서 본 다빈치Leonardo da Vinci가 그린 〈모나리자의 미소〉이다. 다른 그림은 원화가 그대로 공개되어 있으나 〈모나리자의 미소〉만 판유리가 덮여 있다. 그리고 관람객들의 발길 또한 이 앞에만 몰려 있다.

1천 5백년경, 이탈리아 '피렌치에' 귀족 부인을 모델로 그렸다고 하는데, 이 그림은 신비로운 미소로 유명하지만, 모델이 큰 병을 앓은 뒤의 모습이므로 다빈치가 명암을 잘 살려 공간을 처리한 것이란 큐레이터curator의 설명을 들으니 또 하나의 의문이 풀린 것이다.

어릴 때 저자가 본 〈모나리자의 미소〉에서 애써 미소의 표정을 찾던 일이 새삼 머리에 떠오른다. 아무리 보아도 저자는 미소微笑가 미소로 보이지 않았다. 어딘지 근심을 띤 표정이지 미소로 보이지 않았다. 그래서 그녀의 미소에 '신비감神秘感'이 있다고 하나 보다고 덮어둔 것이다. 그런데 '루브르'에서 들은 그림 설명으로 저자 감상이 과녁에서 크게 벗어나지 않았음을 확인했다.

저자의 유럽문화 순방이 광범위하게 이루어졌으나 그 중 극히 부분만 떼어 소감의 일단을 기술記述했다. 끝으로 한국언론학회장, 회원 여러분, 그리고 포스코 제철 장학회에 감사의 뜻을 표한다.

— 전영우, 파피루스(papyrus) 열람(閱覽)의 숙원(宿願)

084

『바른 말 고운 말』 출간

1993년 3월부터 1994년 2월까지 1년간 EBS 교육방송 라디오에서 저자가 〈바른 말 고운 말〉 프로그램을 매일 5분씩 전국으로 방송한 원고 중 가려 뽑은 내용을 두툼한 한 권의 책으로 집문당 출판사가 낸 책이다. 1989년부터 우리 국어생활에 새롭게 적용 실시되고 있는 새 어문규정에 바탕을 두고 있다. 신국판 580쪽에 달하는 분량이다.

『바른 말, 고운 말』 머리말

방송국에서 아나운서 또는 실장으로 30년을 근무하다가 12년 전, 대학으로 직장을 옮겨 현재 수원대학교 인문대학 국어국문학과 교수로 국어학國語學을 가르치고 있습니다.

이번에 교육방송에서 '바른 말 고운 말'을 맡게 되었습니다. 여러분과 함께 바른 국어생활을 위한 진지한 노력을 경주해 우리 국어생활을 반성해 보고 올바른 언어생활의 길을 열어 나가는 데 일조가 되어 드리고자 합니다.

그동안 각급 학교 국어시간에 주로 문장文章에 치중하여 학생들을 가르친 까닭에 문장교육은 어느 정도 틀이 잡혔다 하겠으나 언어교육, 바꾸어 말하면 '말하기 듣기'의 생활은 비교적 등한하게 다루어져 많은 문제점問題點을 안고 있습니다.

첫째, 언어교육에서 발음發音을 철저히 가르치지 않는 실태를 우리는 국어교육에서만 찾게 됩니다.

둘째, 어휘語彙가 풍부하고 다양해야 그 뜻을 담은 그 말을 적절히 선택해 의사표현을 효과적으로 할 수 있을 텐데, 이 점 또한 문장으로 처리해 버린 탓에 언어생활 실제에 적용해 보는 학생 능력이 부족한 실정입니다.

"당신의 우리말 어휘 실력은 얼마나 되십니까?" 하는 물음에 분명하게 선뜻 대답할 수 있는 사람이 얼마나 되겠습니까? 외국어外國語 학습에 기울이는 열의만큼 우리말 학습에 진지한 노력을 기울여야 하지 않을까요?

국제화 시대를 외쳐대는 소리가 클수록 자신을 돌아보는 자주自主 의식意識을 새롭게 가늠해 보지 않을 수 없습니다. 이 지구촌에서 한국어를 갈고 닦고 아껴야 할 사람이 누구입니까? 외국어는 잘하는데 우리말을 확실히 모른다면 얼마나 부끄러운 일입니까? 문화민족文化民族의 긍지는 제 나라말과 글을 아끼고 사랑할 줄 알 때만 확실하게 드러내 놓을 수 있습니다.

또 학교 교육을 받았다면 우리 표준어와 표준발음 그리고 맞춤법에 자신이 있어야 합니다. 적어도 공적인 정황이면 표준어 구사가 상식임에도 불구하고 이 점 소홀히 하는 경우가 있습니다. 심지어 방송에 고정으로 출연하는 인사조차 예외가 아님을 볼 때 더욱 안타깝습니다.

뿐만 아니라, 분별없이 일상 대화에 쓰이는 외국어와 외래어, 그리고 비속어 卑俗語 문제는 어떻게 해야 할까요? "사회현상이 그대로 언어에 반영되니 꼭 '바른 말 고운 말'만 고집할 수 없다"고 합니다. 그러나 폐수와 오수를 어쩔 수 없는 것이라고 방치할 수 없는 것처럼 국어 순화운동醇化運動을 통해 오염된 언어를 꾸준히 우리가 정화淨化해 나가야 하겠습니다.

이 책은 1989년부터 새롭게 적용되는 '표준어규정'과 '한글맞춤법규정'에 바탕을 두었습니다.

17

방송통신대
『국어화법』교재

085

한국방송통신대학 『국어화법』 교재 출판

❧☙

방송통신대 국어과 박태상朴泰尙 교수를 만나 이야기를 들으니, 국어과 커리큘럼에 새로 화법을 포함시켜 교재 제작이 시급한 과제라며, 빠른 시일 내에 교재 출판이 필요하다고 저자에게 협력을 구해 와, 저자는 흔쾌히 이 요청을 수락 동참하기로 결정, 곧 교재 편찬에 착수하게 되었다. 그리고 동시에 방송 수업도 요청해 와 수락했다.

선진先進 여러 나라는 이미 스피치를 대학 교과과정에 포함 교육중임은 말할 것도 없다. 방통대가 새로 출범하며 국어과가 이 스피치를 채택한 것은 새로운 발전적인 양상이라 보지 않을 수 없다. 저자와 박 교수는 공동 집필로 교재 편찬에 들어갔다.

우리는 학습 지침을 결정하고 학습목표와 학습계획을 수립, 집필에 착수했다.

학습목표

인간의 모든 능력 가운데 언어를 사용하여 다른 사람과 의사소통^{意思疏通}을 하고 사고할 수 있는 능력이 가장 중요한 능력인데 이는 또한 인간만의 독특한 능력이라고 할 수 있다. 국어화법 과목은 이러한 인간만이 가진 독특한 언어능력을 효과적으로 살릴 수 있는 방안을 연구하는 학문^{學問}이다.

그런데 인간의 말하기, 듣기, 읽기, 쓰기의 네 가지 언어활동 중 인간이 일상생활에서 가장 많이 사용하는 것은 말하기, 듣기인 데 비해 실제 현장교육에서는 이를 등한시하고 있는 실정이다.

따라서 국어화법은 이러한 모순을 해소하여, 학생들에게 화법교육의 중요성을 인식시키고, 화법의 원리, 유형, 기능 등을 익히게 하며, 대화능력을 증진시킴으로써 실제 사회생활이나 직장생활에서 능동적으로 언어활동을 할 수 있는 기량을 키우는 데 그 목적이 있다.

학습계획

제1주 제1장 화법연구의 중요성 - 일상생활, 공동사회, 우리 직장
제2주 인간관계, 교육훈련
제3주 화법연수, 능변, 말하기 준비
제4주 상대방 및 시기분석
제5주 제2장 화법의 원리 - 주제선택, 이야기 화제
제6주 이야기 목적, 일반 및 특정 목적 - 아이디어의 체계화
제7주 아이디어의 전개
제8주 효과적 화법^{話法}
제9주 훌륭한 청법^{聽法}

이처럼 방대한 분량을 담은 교재를 완성하고 나니 속이 다 시원하다. 아마 우리나라 화법 대학교재는 이 책이 처음일 것이다. 교재 편찬 기회를 저자에게 준 박태상 교수에게 고마운 뜻을 표한다.

동시에 방송통신대 국어과 수업을 맡아 꼭 3년을 하고 언제인가 구미龜尾에 가서 공개 수업할 때 못 보던 학생들 얼굴을 보게 되니 반갑고 기쁘기 이루 말할 수 없다. 그 무렵 FM방송으로만 수업하던 때라 교수도 그렇고 학생도 그렇고 서로 얼굴을 모르고 수업이 진행되었다.

대상 학생들이 전국에 산재했을 경우이니 얼굴을 마주 보지 못하고 교재와 교수 음성만으로 수업이 이어졌으므로 현장감을 익힐 수 없는 아쉬움은 남아 있다. 저자 수업을 들었던 여러분에게 늦게나마 책을 통해 안부를 전한다.

방통대에 이어 서울교대와 서울대 사범대에 출강 각각 3년씩 화법 수업을 담당하니 국어교육 전공 교수로 큰 짐을 던 느낌이 없지 않다. 뿐만 아니고 행정부서는 중앙공무원교육원과 국가전문행정연수원, 각도 공무원교육연수원, 법무연수원, 사법연수원, 국회교육연수원 등과 각 기업체 연수원 그리고 특히 고려대학교 경영대학원 최고 경영자과정에 여러 해 출강했다. 이때 김동기金東基 박사의 주선이 매우 컸다.

능률협회, 생산성 본부 출강은 현, 인사관리협회 오철구吳哲求 회장의 주선이 컸다. 언론연수원 및 『조선일보』 기자 연수 출강 기회도 잊기 어렵다. 저자가 근무하던 KBS연수원 출강도 그렇고, 새마을연수원 출강 그리고 정당 정치훈련원 출강도 잊지 못한다. 일단 저자의 의사소통意思疏通 관련 스피치 지식을 나눔에 있어 최선을 다해 봉사했다고 생각한다.

그래도 미진한 부분이 남았다. 그것은 고등학교 교재를 편찬하여 고교 국어과교육에 반영해야 한다는 소신이다.

고등학교 『화법』 출판

1994년경 당시 교육부 공고가 나왔다. 앞으로 2년 뒤부터 고등학교 국어과에 선택으로 화법話法이 포함된다는 내용이다. 마침내 저자가 기다리던 공고이니만큼 우선 기쁘다. 그런데 아직 문제가 남아있다. 선택이 아닌 필수과목으로 넣어야 마땅하다는 생각이다. 하지만 나타난 상황에서 여유를 가지고 문제를 풀어가자는 입장 정리를 했다.

허용된 시간이 많지 않으므로 단독 집필보다 공동 집필 쪽으로 의견을 정하고 필자 물색에 나섰다. 먼저 국어교육 분야에서 이론 면이나 교육 경력 면으로 보아 무게 있는 인사를 찾던 중, 당시 서울여자대학교 교무처장과 인문대학장을 거친 이인섭李仁燮 교수를 섭외 대상에 놓고 접촉을 시도한 바, 흔쾌하게 이쪽 뜻을 받아 줘 다음 인선에 나섰다.

아무리 화법이라 해도 문학文學을 소홀히 다룰 수 없을 것이란 생각으로 문학 분야 인사를 찾던 중 수원대 국문과 교수 홍신선洪申善 박사를 만나 협의

하니 곧 긍정해 줘 저자는 천군만마千軍萬馬를 얻은 느낌이 들었다.

나머지 한 분은 고등학교 교사 가운데 대학원 재학중인 분을 찾기로 하였다. 마침 김영인 선생이 이 조건에 부합되므로 만나 상의하니 선뜻 응해 주어 일단 인선을 끝내고, 저자까지 넷이 모여 집필에 앞서 기획 방침과 편찬 내용, 집필 분담, 그리고 교육부 교과서 심사 기준 등 문제를 광범위하게 토의하고, 집필과 동시에 정기 모임을 갖기로 하고 1차 모임을 마쳤다.

백지장도 맞들면 낫다 하지 않는가? 예정대로 순풍에 돛 단 듯이 잘 진행되어 가는 중 이따금 집필자 대우문제가 튀어 나와 저자 자신도 몹시 피곤함을 느꼈다. 그럴 때마다 저자는 출판사와 계약할 때 모든 사항을 상식선에서 해결하기로 약정되어 있다고 해명해도 그 중 한 분은 계속 저자에게 다짐을 받으려 해 신경전을 벌일 때도 없지 않았다. 저자나 그분이나 다 일리 있는 주장이지만 결국 불신 풍조에서 빚어진 결과라고 이해하고, 저자를 믿어 달라고 해도 여전히 한 분은 고개를 가로저었다.

그래도 설득해 이 일은 저자를 믿어 달라고 수 없이 양해를 구해 마침내 교육부 최종심사에 고등학교 화법 교과서 안을 제출하고, 얼마 동안 심사 결과를 기다린 끝에 드디어 심사 통과의 기쁨을 맛보았다.

물론 보충지시도 적지 않게 나오고 우리 고민도 만만치 않은 것이지만, 출판사도 집필진들이 겪는 문제를 모르는 형편은 아니다. 일단 수정 지시 등 세부 지적 사항을 거의 모두 완벽하게 보완하고 OK를 받았다. 이때의 기쁨은 아무도 모른다.

집필자 대우 문제도 저자를 뺀 나머지 세 분에게 골고루 합리적으로 혜택이 돌아가도록 세심하게 배려하고 저자는 아예 마음을 비웠다. 그 후 한 분이 저자에게 얼마쯤 마음을 나누어 줘 그 따뜻한 정을 못내 그리워할 뿐이다.

1995년 9월 30일자 교육부 검정을 거쳐, 이듬해 3월 1일 공동 집필 4인의 저자 이름으로 고등학교 『화법』 교과서가 ㈜교학사에서 발행되었다. 그리고 희망 신청을 받아 전국 고등학교로 교재가 배송되니 저자 및 공동 집필자 기쁨은 더 말할 나위가 없다.

기획 단계에서 교학사 양철우 사장을 만나게 주선해준 분은 바로 저자와 오래도록 친분관계를 유지해 오는 출판계 원로 창조사 최덕교崔德教 사장이다. 이 분과 의논하니 직접 둘이 함께 가자 해서 함께 양 사장을 교학사로 찾아가 만날 수 있었다. 우선 저자가 자기소개를 간단히 하고 교학사에서 화법 교과서를 내고 싶다고 하니 기꺼이 뜻을 받아준다.

우리 사회가 이따금 '막말' 논쟁으로 시끄러운 장면이 연출되는 불행한 사태를 목격할 때마다 왜? 교육당국은 국어화법교육을 등한시 또는 도외시 하느냐고 묻지 않을 수 없다. 그 원인은 국어교육이 문장교육으로만 편중되고 말하기 듣기의 화법교육을 강화하지 않는 데서 오는 결과다. 그것은 또 인성교육과도 무관하지 않다.

그러나 언제인가 교육당국에 현명한 관료가 등장, 국어교육이 반드시 화법교육 중시의 방향으로 전환될 날이 꼭 오리라 확신한다.

화법이 새 교과로 인정되자 다른 데 몰두하던 사람들이 갑자기 화법을 전공으로 전환하다가 또 자기 자리로 돌아가는 사람도 없지 않다. 무엇이든 소신을 가지고 꾸준히 연구하고 정진해야지 철새처럼 이리 갔다 저리 갔다 한다면 공연히 교육풍토만 어지럽힐 뿐 그것은 누구에게도 도움되지 않을 것이다.

교학사판 『고등학교 화법』 머리말을 소개함으로써 이 책의 목표와 저작 의도를 진지하게 음미해 보기 바란다.

고등학교 『화법』 머리말

학생 여러분과 직접 만나지는 못해도 이렇게 책을 통해서나마 만나게 됨을 기쁘게 생각합니다. 우리의 만남이 좋은 결과를 얻을 수 있기를 바라는 마음 간절합니다.

사람은 말을 하면서 살아갑니다. 말로 의사를 소통하고, 말로 사고를 하며, 말로 지시하고 요청합니다. 그뿐 아니라, 자연이나 사물을 상대로 말하기도 하고, 자기 자신을 상대로 말하기도 합니다. 그러므로 언어구사 없는 사람이란 상상하기도 어렵습니다. 언어의 본질을 인간 활동이라고 하는 까닭도 이런 사실에 근거한 것입니다.

올바른 언어생활을 하려면, 화법을 배우고 익혀야 합니다. 자신의 사상과 감정을 올바로 표현하고, 남의 사상과 감정을 올바로 이해하는 것이 화법의 중추적 기능이기 때문입니다.

우리는 이 화법의 기능을 체계적으로 학습하여 다양한 의사소통 상황에 능동적으로 대처함으로써 성공적인 삶을 영위하여야 합니다.

이 교과서의 내용 체계는 「화법의 본질」, 「화법의 원리」, 「화법의 실제」로 구성하였습니다. 「화법의 본질」에서는 의사소통이 이루어지는 상황과 화법에 대한 일반적 이해가 학습의 중심 내용이고, 「화법의 원리」에서는 의사소통이 이루어지는 상황과 관련하여 자신의 의사를 표현하는 과정과 남의 말을 이해하는 과정이 학습의 중심 내용입니다. 「화법의 실제」에서는 화법의 본질과 원리를 바탕으로 다양한 의사소통 상황에서 실제로 표현하고 이해하는 활동을 전개하도록 학습의 중심 활동을 꾸몄습니다.

이 교과서는 학습 활동에 중심을 두고 편찬했습니다. 화법 학습에서는 원리의 이해보다도 그 원리에 근거한 실제적인 훈련을 철저히 해야 하기 때문입니다. 지식과 정보가 가치를 발휘하려면 늘 응용되고 적용되어야 합니다. 응용하고 적용할 수 없는 지식은 산 지식이 될 수 없습니다.

이 교과서를 사용하는 학생들은 먼저 '준비 학습'을 정성 들여 한 다음에, 본문을 스스로 읽고 거기에 제시된 이론과 예를 음미하고 나서 '학습 활동'을 실제로 전개해 주기 바랍니다.

학습 활동이 어렵고 힘들어도 꾸준한 자기 개발開發에 노력하면, 말하기와 듣기 능력이 서서히 향상됨을 실감할 수 있을 것입니다. 우리 교육이 목표로 하고 있는 자주적自主的인 사람, 창의적創意的인 사람의 양성은 학습자 개개인이 성취成就동기動機를 가지고 스스로 노력하는 데에서 이루어지는 것입니다.

아무쪼록 학생 여러분이 꾸준한 노력 끝에 좋은 화자話者, 좋은 청자聽者가 될 수 있기를 바랍니다.

087

창조사 최덕교 사장과의 만남

동아방송 조동화趙東華 선생 소개로 처음 최덕교 사장을 만났다. 『꽃말사전』과 『이솝 우화』 등 저서를 낸 조 선생이 출판계 인사를 잘 알 것이라 생각했지만 과연 두 분은 잘 아는 사이라 곧 최 사장과 저자가 자연스럽게 가까워졌다. 이때 저자가 삼중당三中堂 출판 관계로 신문 광고를 타자, 최 사장도 출판인 입장에서 새 아이템을 찾던 중이라 만나고 싶었던 모양이다.

예상대로 『교양인의 대화술對話術』 집필을 제의해 와 저자도 이에 곧 응했다. 평소 준비된 원고 및 자료가 더러 있기에 원고 작성 역시 순조로웠다. 아무래도 책은 알려져야 팔리기 때문에 당연 광고 문제가 자연스럽게 대두된다. 출판 이력이 많은 최 사장도 광고廣告는 그때마다 필요하다고 저자 의견과 일치하였다.

첫 번째 책이 나왔다. 아담한 사이즈로 표지도 산뜻한 인상이다. 저자 책이지만 목차와 내용도 매우 짜임새가 있다. 책은 아무래도 많이 만들어본 경험이 중요하다고 생각한다. 저자와 발행자의 호흡도 맞는 느낌이다. 『교양인의 대화술』 첫 책을, 발행자發行者가 캐치프레이즈로 독자讀者를 향해 호소했다. "말은 그 사람의 지식과 교양을 그대로 드러낸다. 초면의 인사에서 재치 있는 사교社交 화술까지."

두 번째 책 『비즈니스의 화술』이 새로 선보였다. 이번 책의 캐치프레이즈는 "현대기업의 성패는 판매기술, 그 판매기술의 첫 스타트는 화술이다. 사장 및 임원에서 세일즈맨까지의 실용實用화술". 곧이어,

세 번째 책 『오늘을 사는 화술』이 또 나오자, 발행인의 캐치프레이즈는 "오늘을 사는 능력 중에서 슬기로운 언어생활만큼 중요한 부분도 없을 것이다. 능숙한 스피치, 세련된 매너, 다양하고 풍부한 예화例話". 그리고,

네 번째 책 『현대연설現代演說의 화술』이 뒤를 잇자, 새 캐치프레이즈는 "현대 연설은 레토릭에 치우친 과거시대 연설과 다르다. 새 시대에 맞는 새로운 연설의 길을 찾는다"로 일단 매듭짓고, 저자 소개를 새 방식으로 표현했다. "아름다운 우리말 화법의 지성知性 전영우全英雨, 그 역저力著! 71년 '서울시문화상'에 이어, 77년 "우리말 화법의 체계화와 그 보급의 공로"로, '외솔상' 수상! 젊은이여! 새 시대에 맞는 화법을 배워라!"

삼중당 『유쾌한 응접실』 이후 신문지상을 통해 이처럼 본격적이고 적극적인 책 광고는 저자 역시 놀라운 일이 아닌가? 사실 광고 자체가 설명이고 설득인 것만은 틀림없는 사실이다. 시간이 지나자 『젊은 여성의 화술』도 후속타로 이어졌다. 화술의 대가 일본의 도꾸가와 무세이德川夢聲도 이 같은 광고 피아르 효과를 누리지 못한 것으로 안다. 고마울 뿐이다.

발행인 최덕교 사장이 1993년 가을 출판계 동료 두 분과 함께 가까운 강화도江華島를 찾아 하루 낚시를 즐긴 일이 있다. 이 일을 한 편 시詩로 남겼기에

저자가 여기에 붙여본다.

망월수로望月水路

최덕교

강도江都 서녘 망월리望月里

아늑한 수로水路

꾼은 하나 둘 셋이 앉았네

달이야 있든 없든

늘 보름달

붕어도 달붕어 나올 법하이

마음 턱 풀어놓고

한 대를 펴니

어느 태고太古처럼 넉넉하구나

이쪽은 바다인데

저 멀리는 마니산摩尼山

시절은 풍년이라 고기도 살쪘으리

짙은 가을날

세상일 다 버리고

오랜만에 안아보는 푸른 하늘

장지莊子가 나비 되고
나비 또한 장자 되듯
나도 붕어 되어 수궁水宮에 들어가네

최덕교 선생이 시 끝에 몇 줄 글을 단 것이 있어 이를 붙인다.

"낚시는 혼자서 하면 삼매三昧는 되지마는 무료無聊하기 마련이고, 둘이 가면 심심은 없지마는 농弄이 빠져 재미없다. 그래서 3인행行이라야 장단이 맞는다고 한다.

팔순옹 현암玄嵒선생을 모시고 낚시의 법사인 우당백友堂伯과 셋이서 그야말로 하늘과 땅 사이에서 하루를 청유淸遊했다. 때는 1992년 늦가을 상강霜降이 지났는데도 따삽고 맑은 날이었다."

088

하연 최덕교 선생을 그리며

　故 하연何然 최덕교崔德教 선생 1주기週忌에 부쳐 2009년『출판문화』에 「출
판계에 남긴 큰 발자취」라는 제목으로 기고한 글을 소개한다.

출판계에 남긴 큰 발자취

　하연何然 최덕교崔德教 선생이 작년 8월 작고하셨으니 벌써 한 해가 지나갔습
니다. 그동안 출판계 여러 어른이 타계할 때마다 꼭 선생이 조사弔辭를 쓰시곤
하였습니다. 현암사 조상원 님, 통문관 이겸로 님, 을유문화사 정진숙 님 등이
돌아가셨을 때 그렇게 하였습니다.

　선생은 누구보다 출판계 원로 및 선배에 대하여 예의를 갖추고 그분들을 극
진하게 모신 분이셨습니다. 잡지와의 인연은 1952년 대구에서『학원學園』잡지
가 시작될 무렵부터입니다. 한평생 잡지와 출판으로 올곧게 살아오신 선생이
『한국잡지백년』전3권을 집필 완성하셨습니다. 2004년 현암사 발행입니다.

우리나라 잡지계의 빛나는 금자탑이 우뚝 세워진 것입니다. 그것은 1997~2004년까지 7년이란 세월 동안 이어진 작업이었습니다. 그것도 고희의 연세에 시작한 일입니다. 아무도 안 하는 일을 이루어냈습니다. 원고지 8천매 분량입니다.

잡지 수집가 김근수님과 백순재님의 자료를 찾고 또 찾아 마침내 강태영의 『아단雅丹문고』에서 실마리를 풀었습니다. 1896년에 나온 『대조선독립협회보』(안경수)를 비롯하여 1954년까지 나온 7백 종의 잡지 가운데 반 이상을 찾아 384종을 분석 정리한 내용입니다.

선생이 낮엔 주로 자료 수집과 원본 복사에 시간을 쪼개고, 새벽시간 집필에 몰두한 끝에 이루어 낸 결실입니다. 과연 하연 선생은 우리나라 잡지의 거장답게 새 생명을 불어넣어 잡지가 대중문화 매체로서 자리를 확고하게 차지할 수 있게 부각시켰고, 서지학書誌學적 가치까지 창출해 냈습니다. 이 작업이 선생 혼자만의 힘으로 된 것은 아니고, 평생의 반려, 부인 백금순님의 적극적이고 정성어린 내조로 빛을 보았습니다.

1924년에 창간된 종합잡지로, 72호까지 속간된 『개벽開闢』은 천도교의 재정적 배경 밑에 있었으나 그 종교적 배후에 상관없이 근세 민족사상가 이돈화李敦化의 지혜로 편집이 이루어진 사실을 선생이 밝히셨습니다.

종합잡지이지만 문학작품이 상당수 게재되었는데 당시 개벽지를 통해 작품 활동을 활발히 한 작가는 박영희, 김기진, 현진건, 김동인, 이상화, 염상섭, 최서해, 김동환, 나도향, 박종화 등을 손꼽을 수 있다고 하였습니다.

72호를 끝으로 일제日帝에 의해 강제 폐간된 『개벽』을 대충 100호 이상 출간한 것으로 어림짐작한 종전 학계의 주장을 뒤집고, 72호라고 확실한 근거를 제시한 것을 비롯하여, 『한글』, 『성서조선』 등 수많은 잡지에서 종래 밝혀지지 않았던 새 사실을 찾고 또 잘못을 수정하여, 잡지의 가치를 하연 선생이 한층 격상格上시켰습니다. 이 일로 선생이 '한국출판학회상'을 수상한 것은 너무나 당연한 일입니다. 이보다 앞서 선생은 정부로부터 '옥관 문화훈장文化勳章'도 수여 받았습니다.

학원사 『대백과사전』은 김익달金益達 사장의 주도로 이루어졌지만, 이때 주간主幹으로 막중한 역할을 담당한 분이 바로 하연 최덕교 선생임을 새삼 상기하지 않을 수 없습니다. 1955년 착수하여 천여 일 동안 4백여 명의 쟁쟁한 권위자의 집필과, 50여 명 능숙한 편집진의 집중적인 노력으로, 10만 장의 원고와 만오천 장의 사진 도판을 완성하여, 전7권으로 제작해 내니, 이 사전의 사회적 평가와 문화적 의의는 자못 큰 것으로 압니다.

창조사創造社를 설립하여 출판 사업에 본격적으로 역량을 기울여 나갈 때 거두어들인 수확이, 우리나라 258 성씨를 망라해 만든 『한국성씨대관』의 출판입니다. 원고지 만 매 분량인데 7천 매는 하연 선생이 맡아 집필한 것이고, 3천 매는 이승우 선생이 힘을 보탠 것입니다. 1971년 8월 15일 초판이 나오고, 이어, 1973년 8월 15일 재판이 발행된 간기刊記를 보면, 이 책 또한 세인의 관심과 주목을 받은 문화재적 문헌으로 간주됩니다.

"독자가 읽고 싶은 책, 필자가 쓰고 싶은 책"이란 캐치프레이즈를 내걸고 기획된, 『백과신서百科新書』 시리즈 간행은 교양신서로 당시 베스트셀러이기보다 스테디셀러로 각광을 받은 것으로 압니다. '로버트박'의 영어회화 독본은 이 방면 학습서의 효시嚆矢이자, 베스트셀러의 입지를 한 단계 높이는 계기가 되었습니다.

잡지와 출판계에서 지도적인 발자취를 남기고 홀홀히 떠나신 하연 최덕교 선생의 서거逝去 1주기週忌를 맞으니 만감이 교차하는 심정을 억누르지 못합니다.

저자는 1973년 창조사에서 『교양인의 대화술』을 출간하게 됨으로써 선생과는 저자著者와 발행자發行者의 관계로 첫 상면이 이루어져, 35년간 친교를 유지해 오던 터입니다. 잡지와 출판의 해박한 지식과 군자적인 인품과 식견에 저자는 늘 압도되는 느낌을 가졌습니다. 저자가 최 선생에게 종교를 가지고 있으신가 물으니, 이름 글자대로 '덕교德教'가 종교라 하였습니다.

자주 만나지 않았어도 틈이 나면 저자에게 전화를 걸어 형편을 알아본 다음 좋은 날을 잡아 점심 초대를 해 주셨습니다. 장소는 대개 세종로 문화회관 옆 일식 '부산'일 때가 많았습니다. 청주를 반주飯酒하며 시간 가는 줄 모르고 선생과 환담을 나누던 일이 어제인 듯합니다.

부인의 도움말에 따라, 큰따님 최서래 교수가 자매를 대표하여, '밀알, 학원' 장학재단에 서울 신문로 창조사 사옥을 쾌척快擲하니, 시가時價가 15억에 달합니다.

생전에 선생은 장서藏書 기증寄贈의 뜻을 세우고, 저자와 상의하여, 2005~2007년간 5차에 나누어, 『백과사전』 및 『특수전문사전』을 중심으로 총계 1,688권의 장서를 수원대학교 중앙도서관에 정식으로 기증하였습니다. 후에 선생의 아호雅號를 따서 이 장서를 '하연문고何然文庫'라고 이름 붙였습니다.

선생은 학원사 편집장으로 시작하여 대백과사전 주간을 거쳐 동사 부사장에 오르고, 뒤에 도서출판 창조사創造社를 설립하고 회장을 지내셨습니다.

저자 개인으로 못내 아쉬운 점은 와병중臥病中이다가 별세하셨다는 소식을 뒤늦게 알아, 사람의 도리를 다하지 못한 점입니다. 하연 최덕교 선생 1주기에 즈음하여, 나름대로 추념문追念文을 적어 영전에 올립니다. 부디 영면永眠하소서.

089

『오늘의 화술』, 우수학술도서 선정

저자가 창조사에서 낸 책이 여러 권 되는 가운데 『오늘의 화술』이 1976
년 문화공보부 추천 우수학술도서로 선정되어 저자는 물론 최덕교 사장의
기쁨은 매우 컸다. 저자의 창조사 책 출간은 주로 최 사장이 아이디어를 창안
해 저자에게 오더를 주면 그때부터 글 쓰는 작업을 시작하게 되니 말하자면
방송의 제작 시스템과 거의 대동소이하다. 그 후 책 이름을 『오늘의 화법』으
로 바꿔 출판하자, 1990년 11월 20일자 『조선일보』가 최구식崔球植 기자 취
재 기사로 아래와 같이 보도했다.

『오늘의 화법』 펴낸 전영우 교수

명아나운서 출신 국어학자 전영우 교수가 『오늘의 화법』이라는 제목으로 책
을 펴냈다. 현재, 우리 사회에서 쓰이고 있는 말과 화법에 대해 포괄적으로 다룬

책이다. 전 교수는 이런 제목의 책 저자로는 가장 적임자로 꼽힌다. 26년 동안 방송 일선에서 아나운서로 명성을 떨쳤던 현장 경험과, 서울대 사범대 국어과 출신으로 화법론에 정통한 문학박사라는 탄탄한 이론을 겸비했기 때문.

특히 모국어에 대한 그의 애착과 정열은 타의 추종을 불허한다.

"한국어보다 우수한 언어가 없다고들 하는데 그 우수성에는 아름다움까지 포함됩니다. 프랑스어가 아름답다지만 들어보면 우리말도 전혀 뒤지지 않습니다. 그런데 어찌된 셈인지 요즘에는 자신 있게 그 말을 할 수가 없게 된 것 같습니다. 아름다운 말들이 없어지고 대신 이즈러지고 더러는 때가 묻은 말들이 판치고 있습니다. 안타깝기 그지없는 현실입니다."

이 책은 이러한 현실에 대한 전씨의 외로운 대응의 소산이다. 그나마 자신들의 시대만 해도 남아있던 우리말의 원형이 시간이 지나면서 점차 사라지고, 잘못하다가는 영영 멸실될지도 모른다는 절박한 위기감마저 느껴 책을 펴내게 됐다는 전씨의 설명이다.

외국어, 외래어가 우리말을 대체하고 영어식 일본식 어법이 판치고, 저속어가 판치고 있는 우리의 언어현실을 보면 전씨의 우려가 기우가 아님을 알 수 있다.

"이에 대한 책임은 국어교육에 있습니다. 언어교육의 순서는 화법, 독법, 문법, 작법으로 이어집니다. 영어교육은 비교적 이 순서를 잘 지키고 있습니다. 그러나 우리말을 어떻게 가르치는지 생각해 보십시오."

글과 문장교육만 있을 뿐, 말과 언어는 가르치지 않고 그것도 입시를 위한 일면만 암기식으로 주입시키는, 현 교육체재로는 올바른 국어교육은 기대할 수 없다고 전씨는 강조했다.

일제 침략으로 시작된 근현대사의 왜곡도 한국어 파괴에 큰 역할을 했다. 특히 일제 말기의 우리말 말살정책은 연면히 이어져 내려온 언어교육의 근본을 해

체시켰고, 그 공백기는 해방 후 극심한 이념갈등과 이어지는 정치적 격동 때문에 원래 모습으로 복원되지 못하게 되었다.

부드럽고 순한 말은 거칠고 공격적인 것으로 대체되었다. 강한 말이 하도 많다 보니 사람들의 귀마저 면역이 생겨 더욱 공격적인 용어를 양산해 냈다. '범죄와의 전쟁' 등도 그 한 예에 속한다. "말은 기술이 아니라 인격입니다. 제가 화술이라는 용어 대신 화법을 쓰라고 주장하는 것도 '말의 인격성'때문입니다."

정치가 등 말을 양산하는 입장에 있는 사람들의 거짓말하는 '습관'도 적지 않은 책임이 있다는 논리이다.

34년 서울 종로구 효자동 출생으로, 54년 대학 재학중 KBS에 아나운서로 입사한 전씨는 동아방송 개국과 함께 자리를 옮겼다가 통폐합 후 다시 KBS에 복귀, 아나운서 실장을 지냈으며 지난 83년부터 수원대에서 교수로 강의를 맡고 있다.

동아방송 시절에는 개국부터 폐국때까지 18년 동안 계속된 최장수 프로그램 〈유쾌한 응접실〉의 명사회자로 이름을 날렸었다. 『국어화법론』, 『신국어화법론』, 『표준 한국어 발음 사전』 등의 저서를 가지고 있다.

18

일찍이 길이
없는 곳에

090

문겸 전영우 교수 화갑기념 논문집

수원대 교수로 부임한 지 11년 만에 61회갑回甲을 맞으니 감회가 남다르다. 30년 아나운서 생활에 종지부를 찍고, 일찍 정한 두 번째 목표인 대학교수직을 수행하니 그 위에 더한 기쁨이 없다.

저자보다 1년 먼저 수원대 교수로 부임한 천소영千素英 교수가 논문집 간행위원장을 맡아 일체 작업을 추진 완성했다. 경기고에서 함께 근무했던 수원대 강길운姜吉云 교수가 저자보다 9년 위인데도 여건이 허락되지 않아 우리 후학이 회갑기념 논문집을 해 드리지 못한 아쉬움이 있는 터에, 저자부터 이 축복을 받게 된 것이니 한편 송구스럽고 한편 고맙기 이루 말할 수 없다.

놀랍게도 857쪽이나 되는 방대한 부피의 논문집을 간행했으니, 천 교수님의 노고가 얼마나 큰가는 불문가지不問可知의 사실이다. 또 편집과 교정 작업 등 어려운 일을 기꺼이 감당해준 국어국문학과 졸업생들, 박성모, 황인원, 김영조, 정종만, 성윤석, 손혜선 등의 노고가 컸음은 물론이다. 이 지면을 빌려 고마운 뜻을 적는다.

구중서具仲書, 이종건李鍾建, 홍신선洪申善, 김미란金美蘭, 장혜전章惠典 국어국문학과 교수님들의 물심양면의 크나큰 도움이 없었던들 논문집 완성은 이루어질 수 없었을 것이다. 동료 교수들의 따뜻한 후원과 정성에 고마운 뜻을 드린다.

우전禹田 맹관영孟寬永 선생과 광산廣山 구중서具仲書 선생의 귀한 글씨와 이선우李宣雨 선생의 귀한 그림, 전주의 서예가요 수필작가 최난주崔欄周 선생의 한글 서예작품 등이 눈길을 끈다.

하서賀序를 주신 분은 수원대 설립자이며 명예총장 이종욱李鍾郁 박사, 수원대 총장 최영박崔榮博 박사, 서울대 명예교수 이응백李應百 박사, 성균관장 최근덕崔根德 박사, 국어국문학회장 구인환丘仁煥 박사 등이다.

축시를 세 분이 주셨는데, 시인 홍신선洪申善 박사, 졸업생 시인 황인원黃仁源 박사, 졸업생 시인 마병진馬柄進 님 등이다.

| 축시 |

일찍이 길이 없는 곳에

홍신선(전 동국대 예술대학원장)

일찍이 길이 없는 곳에 길을 내고
교량 없는 험지에는 교량을 놓기
어언 일주갑
돌볼 이 없던 황무한 한 필지, 국어화법을
갈고 또 갈아뉘여

수많은 제자와 후학을 길러내시고
큰 개울 월천越川하듯
그렇게 반세기 시간을
묵묵히 업어 건네시다

북악이나 삼각의 기슭에는
두 어깨로 소슬한 채반에 드높은 천심을 받쳐든,
조선 소나무 중 그중 푸르고 정정한
조선 소나무 한 그루 살고들 있으리니

한양에서 나고 자란 서울신사 중의 서울신사,
젊어 한참 당년當年에는
당대 제일의 방송인,
오늘은 우리말 화법話法에 있어
외홀로 이론과 실천을 겸하신
도남陶南이 아호雅號한 그대로
문겸文兼 선생님!

이제
화갑華甲의 이 따뜻한 날에
명성은 더욱 누리에 쟁쟁하시고
끼치신 학덕學德은
그 조선 소나무처럼 남달리 외외巍巍하시도다

영원한 빛이 되소서

황인원(수원대 졸업, 시인)

빛입니다

흙의 머리를 지나 앙가슴을 흘러
천길 뿌리의
나무들 숨소리만이 들어갈 수 있는
깊디 깊은 곳에 꼭꼭 숨어 살던 노래

그 빛깔 그대로
티끌 한 점 묻지 않은 순수 그대로
문득 세상에 달려나와
우리의 가슴으로 쏟아붓는
아늑한 가을 엽서

맑디 맑은 공기를 만나
말문이 트인 새처럼 노래처럼
끝없이 하늘을 우러르는 젊음에게로

어둠을 벗기고

밝음을 입히기 위하여
화법론 강의 속에 감춰진
학문 탐구의 방법론
금지옥엽 삶의 방법론

그것은 바다입니다
희망으로 출렁이게 하는
은혜의 나라입니다

오늘도 부끄럽게
꽃망울을 터뜨리는 피부에 앉아
한겹씩 옷을 입혀 주시며
육십갑자 또 한 생애를
시작하시는 빛이여

학문의 역사로
영원하소서
하늘 같은 스승이시여

돌 봉우리에 흙이 고이듯

마병진(수원대 졸업, 시인)

돌 봉우리 비탈에 얼마나 흙이 고여 있겠는가
그래도 아슬하게 풀이 자라고 바람을 맞고
키 작은 나무들이 꽃을 피우고
먼 아래 계곡으로 풀씨들 열매들 떨구어
시간을 헤아릴 즈음 만산홍엽滿山紅葉이야!

산에 오르며 가벼운 마음으로 잊어버릴 감탄을,
산을 내리며 자청한 수고로움을 헐뜯는 사람들
이제 그네들을 따라 산을 오르내리지 않겠다.
산이 주는 애처로운 생명에의 집착
머언 발치 숨막히는 세월을 누구나 알지 못하리
보이는 것만을 고집하며 살아가는 세상에
산을 느끼지도,
볼 수 있었던 그 사소한 경이까지도 모르고
청맹과니로 지냈음을
산 속에 묻혀 있었음을

산을 바라보는 마음이야 사뭇 다르겠지만

기암 어우러진 절경보다는

울울한 계곡의 숲이며 물이며

눈에 좋고 귀에 즐거운 그런 풍광보다는

돌 봉우리 비탈에 풀씨 품고 새를 부르는

흙 한 줌의 수고로움을 이제 알겠네

1994년 12월 1일 오후 1시 노보텔앰배서더호텔에서 수원대 동료 교수, 졸업생, 재학생 그리고 2백여 명 하객이 모인 자리에서 저자를 위한 '전영우 교수 화갑기념 학술논문집 『국어국문학논총』 증정식'이 성대하게 베풀어져 우리 내외는 감격하고 감동한 나머지 눈시울을 적셨다.

논총論叢간행위원장 천소영 교수 사회로 시작된 식은 먼저 국창 안숙선 명인이 〈춘향가〉 중 〈사랑가〉를 불러 식장 분위기를 띄우더니 곧이어 경과보고에 이어 저자소개를 자세히 하고, 기념논문집 증정이 있어, 천소영 교수가 홍색 보자기로 싼 논문집을 주기에 우리 내외는 자리에서 일어나 공손하게 받고 하객 여러분의 박수갈채를 받았다.

고운 이종욱 이사장은 축하인사를 한 다음 공식 약속 때문에 먼저 자리를 뜨고, 최영박 총장이 축사를 하고, 아나운서클럽을 대표해 임택근 회장이 바통을 받았다. 한국어교육학회장 서울대 명예교수 이응백 박사와 성균관장 최근덕 박사, 국어국문학회 회장 구인환 박사 순으로 축사가 이어졌다.

그리고 남광우 박사, 한영환 박사, 배윤덕 박사 등 학계와 방송 언론계 인사가 다수 참석한 중에 동아일보사 전 회장 김상기金相璂 선생의 참석에 저자는 감격함을 잊지 못한다. 이때 저자가 이종욱 선생을 김 회장에게 소개하자 두 분이 다 크게 반가워하는 모습이 인상적이었다. 이 자리에서 저자는 내자를 자리에서 일어나게 하고 하객을 향해 답례하는 인사를 정중히 했다.

답사

지난 9월 초, 문화체육부에서 걸려 온 전화를 받았습니다. 10월 9일 한글날 기념식 때 유공 표창을 받게 되었다는 사실과 명함판 사진 마흔다섯 장을 이튿날까지 제출해 달라는 내용입니다. 그래서 본인이 다시 물어 봤습니다. "몇 장이요?" 하자, 여전히 마흔 다섯 장이라고 대답합니다. 그리고 그것은 각 언론사에 배포하기 때문이라고 합니다.

그날 오후 동네 사진관에 가면서 혼자 생각해 봤습니다. 지금껏 찍힌 저의 사진을 보면, 표정이 대체로 "이 세상 고통을 혼자 짊어진 것 같은 인상"인데 이번만은 조금 웃는 낯으로 찍혔으면 하는 생각이 들었습니다.

사진관 주인에게 명함판 사진이 마흔다섯 장 필요하다니까 저보고 선거에 입후보 하느냐고 묻습니다. 스튜디오 들어가며 사진 찍을 때 조금 웃겨줄 수 없느냐니까, 그가 아무 대답을 안 합니다. 조명 장치를 움직이고 사진기를 옮기고 제가 앉을 의자 위치를 바꿔 놓는 등 준비에만 신경을 씁니다. 마침내 그가 사진기에 필름을 끼워 넣더니 제게 묻더군요.

"지금 뭐라고 하셨죠?"

"사진 찍을 때 조금 웃겨 달라고 했습니다."

"제가 코미디언입니까?"

순간 제가 웃음을 못 참았습니다. 바로 그때 사진사가 셔터를 누르더군요. 참으로 능숙한 사진사였습니다.

이튿날 사진 찾으러 갔더니 제 사진을 내주더군요. 그러면서 한 마디 덧붙이기를, 다음 사진 찍힐 때 웃는 낯은 좋지만 입은 벌리지 말라는 거에요. 입을 벌리면 약간 바보스럽다는 거지요.

올해 한글날 기념식이 문화회관 대강당에서 거행되었는데 제가 유공자로 대통령 표창을 받았습니다. 밝혀진 공적 사항은 바로 국어화법 연구였습니다. 40년 남짓 국어화법을 연구해온 사람으로 이때 크게 고무된 것은 두말할 필요가 없습니다.

한편, 또 오늘 이 자리에서, 저의 회갑기념 논문집 『국어국문학논총』을 받으니 저의 기쁨은 물론, 저의 집안의 큰 영광이 아닐 수 없습니다. 지금 사회를 맡아 의식을 진행하는 천소영 박사가 얼마 전, 저서 『부끄러운 아리랑』 출판 기념회를 가질 때 제가 그의 약력소개를 했는데, 오늘은 천 선생이 저를 위해 기념식 진행은 물론 논문집 간행위원장을 맡아 훌륭한 논총을 상재해 주니 더 없이 고마울 뿐입니다.

수원대 국어국문학과 교수님들과 졸업생 및 재학생 일동이 뜻을 하나로 모아 천 위원장에게 적극 협력한 것으로 알고 있습니다. 제가 오늘 이 자리에 서기까지 저를 가르쳐 주신 여러 은사님들과 저를 앞에서 이끌고 뒤에서 밀어주신 각계각층 선배 동학 여러분에게 이 자리를 빌려 심심한 감사의 말씀을 올립니다.

그리고 특히 제가 대학 강단에 서도록 허락해 주신 고운皐雲 이종욱李鍾郁 박사님에게 감사합니다. 바쁘신 일정에 교통사정마저 어려운 형편에, 이곳까지 찾아 오셔서 저를 축하해 주신 하객賀客 여러분께서는 이 순간 저에게 무한한 감격과 감동을 안겨주고 계십니다. 경건히 머리 숙여 여러분께 감사의 뜻을 표합니다.

『국어국문학논총』에 귀한 논문을 보내주신 필자 선생님, 하서賀序를 써 주신 이종욱李鍾郁 박사, 이응백李應百 박사, 성균관 최근덕崔根德 관장, 국어국문학회

구인환丘仁煥 대표이사, 축하 그림과 글씨를 주신 구중서具仲書 교수, 이선우李宣雨 교수, 맹관영孟寬永 선생, 최난주崔欄周 선생, 방금 축사를 해주신 임택근任宅根 사무총장, 기념품을 주신 황우겸黃祐兼 회장, 차석기車錫基 박사, 김광식金光植 회장 그리고 기념품을 정성들여 조각해 주신 서울대 미술대 최만린崔滿麟 학장님 감사합니다.

수원대 국어국문학과 동문회 김남석金南錫 회장, 와우출판사 남정식南正植 사장에게 고마운 뜻을 표합니다. 여러분이 저에게 베풀어주신 은혜에 보답하는 길은 학문에 더욱 정진하여 국어학계에서 올곧은 학자의 반열에 오르는 일이라 생각합니다. 앞으로 논문 쓰기에 더한층 분발하겠습니다. 여러분 가정에 건강과 행복이 가득하기를 바랍니다. 끝으로 저는 신의 은총과 조상 선대의 음덕에 감사할 뿐입니다.

091

집문당 임경환 사장과 임형식 전무

　두 분이 서울에서 수원대학까지 먼 길을 내려왔다. 저자도 볼 겸 대학도 구경할 겸 내려왔다. 임형식林亨植 전무는 '곰' 산악회 회장을 지낸 오랜 친구로 45년이 넘는 우정을 이어 온다. 출판계 들어온 경력이 만만하지 않은 터에 새로 집문당에서 일하게 되면서 새 아이템을 찾는 임경환林京煥 사장과 함께 왔다.

　여러 가지 이야기하는 중 '대화對話' 책을 하나 내고 싶다는 임사장 말에 저자 생각이 문득 떠올라 왔다는 임전무 방문 목적을 듣고, 일단 써 보겠다고 뜻을 내비치니 좋아한다. 저자는 그동안 창조사 최덕교 사장과 출판 거래를 이어온 형편인데, 또 다른 새 출판사를 트게 되니 조심스럽기도 하다.

　그러나 한 군데쯤 더 출판 거래를 여는 일도 나쁘지 않다는 생각이 든다. 약속하고 저자는 외부 출강 때 쓰던 원고를 정리해 보니, 다행하게도 책 한 권 분량이 나온다. 기획하고 편집에 들어갔다. 얼마 되지 않아 한 책이 깔끔하게 마무리 되었다. 문제는 책의 표제이다.

『대화의 에티켓』이라 타이틀을 붙이고 집문당集文堂에 의사를 타진하니 별로라는 반응이다. 한 일주일 지나서 재차 저자가 출판사에 의사를 물어 보자, 그대로 하겠다는 응답을 듣게 되었다. 내용이 문제인데 그것은 각 기업체에 출강해 다루어 오는 교재가 중심이므로 그다지 어렵지 않았다.

기실 저자 역시 사원용 교재가 필요하기도 했다. 각 기업체 연수원에 나가면 커뮤니케이션 문제가 많이 논의 대상이 된다. 그런데 막상 사원 교양 또는 직무 교재로 마땅한 책이 서점에 안 보인다. 그 이유는 책을 수박 겉 핥기로, 실질보다 형식에만 비중을 두고, 아마추어 처지에서 전문성을 상실한 저자들이 쉽게 책을 써 내기 때문이다.

어느 분야도 그렇지만 특히 책의 저술은 전문성이 살아야 한다. 국어를 다루는데 최소 국어과 교사 수준을 유지해야 허점이 드러나지 않을 수 있다. 국어 어문규정이 새로 선보인 지 오래되었음에도 불구하고 국어를 상식 수준에서 적당히 소화하고 책을 써낸 경우도 없지 않다. 저자의 양식이 의심스럽다.

직업이나 전문성은 누구라도 생애를 걸고 한 문제를 집중적으로 다루는 것임에도 불구하고 안이한 생각과 방식으로 단 시일 안에 완성해 내는 경우를 이따금 보아 오다 보니 책 저술을 가볍게 생각할 수 없다. 이 경우도 마찬가지다.

어떤 책도 그렇지만 모든 책은 「들어가기」가 매우 중요하다. 『대화의 에티켓』에서 보기를 꺼내본다.

말은 곧 인격

1. 진실해야 설득력이

대화의 광장, 대화 있는 인간관계, 그것은 모두 호의 어린 설득과 효과적인 커뮤니케이션을 바탕으로 한 인간의 심리적 자극 반응의 관계를 시사한다. 일상생활에서 우리가 직면하는 복잡 미묘한 관계를 효과적으로 해결해 나가는 힘, 즉 남과 잘 교섭하고 사람을 잘 움직이는 힘은 누구에게나 절실하게 필요한 것이다.

"사람은 잘못을 말할 것이 아니다. 그리고 진실을 침묵해서 안 된다."

우리 생활 주변에 교언영색巧言令色이나 감언이설甘言利說 또는 미사여구美辭麗句로 대화에 임하는 사람이 없지 않으나, 이것은 오늘날 우리의 생활 윤리에 걸맞지 않는 농도 짙은 화장술化粧術이다. 부자연스럽기 때문이다. 자연스러워야 한다. 자연스러워야 진실하기 때문이다.

대화에 임해, 모름지기 설득력說得力을 구사하려면, 진실과 성실을 바탕으로 해야 한다. 품격과 교양을 지녀야 한다. 훈훈한 인간미를 풍겨야 한다. 그리고 대화의 매너와 에티켓을 마음과 몸에 잘 간직해야 한다. 인간의 행동과학行動科學에서 가장 소중한 교양, 대화의 이모저모를 알아야 한다. 다소나마 이 내용이 독자의 일상 언어생활言語生活에 도움이 될 것이다.

영국신사는 영어발음이 정확하고 화제 또한 풍부한데, 그것은 교육 받은 부인과 자주 대화 기회를 갖는 것으로 대화가 세련되어지기 때문이다. 또 부인은 교양 있는 신사와 대화하는 것으로 대화의 세련미를 가꾸어 간다.

이성異性 간의 대화는 누구나 주의하고 특별한 관심을 갖는 것이다. 특히 부인은 아름다움을 좋아하는 열정이 대단하므로 부인과 대화하면 알지 못하는 사이 미美 의식意識이 새겨진다. 전부터 이름 있는 좌담에서 여성의 영향을 받지 않는 경우가 없다. 그것은 여성의 말과 이야기 속에 가꾸어진 미가 있고 세련된 교양이 있기 때문이다.

영화映畵 〈상류사회 부인〉은 이렇게 시작된다. 때는 1900년대 초기, 영국 런던, 궂은비가 멈추지 않는 어느 날, 한 상류사회 연회가 끝난다. 파티에 참석한 모든 신사 숙녀가 각기 흩어져 집으로 돌아간다. 거리에 마차馬車가 이따금 지나갈 뿐, 마차 잡기가 수월치 않다.

이때, 어느 신사 한 사람이 마차를 잡으려고 비 오는 거리를 이리 뛰고 저리 뛴다. 그러다 그만 꽃 파는 소녀의 꽃바구니를 툭 건드린다. 그러자, 꽃바구니에 소담하게 담겨 있던 갖가지 아름다운 꽃송이들이, 거리 흙탕물에 아무렇게 나뒹굴어 흩어진다.

꽃 파는 소녀, 때를 놓칠세라 신사를 향하여 마구 욕지거리다. 차마 입에 담지 못할 욕설을 함부로 내뱉는다. 여기까지 구경하던 극장 관객이 일시에 폭소를 터뜨린다. 한데, 그 소녀가 미모의 여주인공, 오드리 헵번이 아닌가?

다시 화면畵面에서, 예例의 신사가 가볍게 멈칫하며 사뭇 놀란다. 그렇게 아름다운 얼굴에서 욕설이 마구 튀어 나오니, 어이가 없던 모양이다. 신사는 바로 '스피치' 선생이다. 신사는 관심을 소녀에게 쏟는다. 그렇게 아름다운 용모를 지녔는데, 앞으로 스피치를 배워 상류사회에 나가지 않겠느냐는 충고를 보낸다. 소녀는 막무가내다. 그래도 아깝게 느낀 신사가 그의 집 주소와 이름이 적힌 명함을 소녀에게 건네준다. 화면은 다시 바뀌고, 신사의 집 정문이다.

꽃 파는 소녀가 그 집 초인종을 조심스럽게 누른다. 신사와 상면, 영어 스피치를 배우겠다는 결심을 말한다. 선생은 즉석에서 응낙한다. 수업이 시작된다. 영어발음부터 배운다. 어느 단계에 도달한다. 비로소 화법話法을 익히는데, 먼저

'날씨'를 화제로 하는 인사말이다.

"오늘 날씨는 매우 청명淸明합니다. 스페인 평야의 맑은 날씨와 같고" 그 무렵, 신사 어머니가 호스티스가 되는 상류사회 파티가 열린다. 신사는 소녀를 데리고 그 모임에 참석, 어머니에게 소녀를 소개한다. 연회에 처음 참석하는 터라, 소녀는 수줍은 모습이다. 신사는 어머니에게 귀엣말로 이 소녀가 날씨에 대한 화제話題 외에 아직 배운 게 없으니, 다른 사람과 대화할 때 각별한 주의가 필요하다고 말하고, 꼭 동석同席할 것을 요구한 뒤 그 자리를 떠난다.

소녀 역役의 오드리 헵번은 한 테이블에 자리를 잡는다. 그냥 보면 매우 청순하고 요염한 자태이다. 바로 이때, 저만치 약삭빠른 인상의 젊은 신사 한 사람이 이쪽으로 다가온다. 소녀에게 정중히 인사를 건네고, 한 테이블에 앉는다. 신사가 화제를 꺼낸다.

"오늘 날씨가 매우 좋습니다."

"네, 오늘 날씨는 매우 청명합니다. 스페인 평야의 맑은 날씨와 같고."

일순간 신사는 크게 놀라는 표정이다. 아름다운 용모에 구슬 구르는 듯한 맑은 목소리, 그리고 여기에 교양미敎養美 넘치는 인사말, 신사는 소녀에게 크게 매료魅了되고 만다. 마침내 신사가 화제를 바꾼다.

"그런데 또 환절기換節期가 되면."

"네, 환절기가 되면 감기가 유행하죠. 그렇잖아도 지난번 환절기 때 내 작은 엄마가 돼졌어요."

순간 신사는 두 번째로 크게 놀란다. 이때 어리둥절한 표정이다. 교양미와 몰상식沒常識이 한꺼번에 교차한 때문이다. 마침 그 자리에 호스티스, 스피치 선생 어머니가 자리를 지키지 못했다. 영화를 통하여 이 장면을 보던 극장 관객은 물론 일시에 폭소爆笑를 터뜨렸다.

2. 대화의 '7하원칙7何原則'

말은 인격人格의 표현이다. 훌륭한 인격을 바탕에 깔면 훌륭한 말이 기대되나, 그렇지 않을 때 기대할 것이 없다. 인격과 소양素養이 고루 갖추어져야, 우리는 바람직한 대화를 나눌 수 있다.

그러므로 대화對話는 인격의 만남이요, 인격의 교류交流이다. 입이 말하는 것 같으나 입이 말하지 아니하고, 귀가 이야기를 듣는 것 같으나 귀가 이야기를 듣는 것이 아니다. 그러면 입은 무엇이고 귀는 무엇인가? 입은 말하는 신체 기관이요, 도구요, 수단이다. 그리고, 귀 또한 듣는 신체 기관이요, 도구요, 수단일 뿐이다. 말하고 듣는 것은 무엇일까? 그것은 바로 인격인 것이다. 인격이 말하고 인격이 듣는 것이다. 그러므로 대화를 인격의 교류交流라고 말한다.

일찍이, 도산島山 안창호安昌浩는 "진리眞理는 반드시 따르는 자가 있고, 정의正義는 반드시 이루는 날이 있다. 죽더라도 거짓이 없어라" 하는 뜻있는 일깨움을 주었다. 이 말은 도산의 입이 말한 것이 아니고, 그분의 인격이 한 말이다.

대화의 이상理想을 우리는 허심탄회虛心坦懷한, 격의隔意 없는, 흉금胸襟을 터놓은 대화로 표현한다. 과연 일상 대화에서 우리가 이런 유형의 대화를 나누고 있는지 솔직히 반성해 보고 싶다.

끝으로 고려할 것이, '7하원칙'이다. 언제, 어디서, 누가, 누구에게, 무엇을, 왜, 어떻게 말할 것인가? 어느 정황情況에서도 남에게 말할 때, 꼭 염두에 둬야 할 것이, 바로 이 '7하원칙'이다. 그리고 말이 아름다워야 한다.

"사랑스런 예쁜 꽃이 색깔도 곱고 향기도 있듯, 아름다운 말을 바르게 행하면, 반드시 그 결과 복이 있나니, 청산은 나를 보고 말없이 살라 하고, 창공은 나를 보고 티 없이 살라 하네, 탐욕도 벗어놓은 채 성냄도 벗어놓은 채 물같이 바람같이 살다 가라 하네."

　동학사東鶴寺 문턱 아치에 써있던 나옹선사懶翁禪師의 시구詩句가 문득 머리에 떠오른다.

　집문당集文堂 간행,『대화의 에티켓』이 1988년 1월, 초판初版 1쇄刷를 낸 지 6개월 만에 재판再版을 찍고, 10년간 모두 14쇄를 발매했다. 저자도 놀라고 출판사도 놀랐다. 저자도 처음 경험하는 베스트셀러가 아닌가? 여기서 격려되어 대학교재를 준비했다.

　그것이『국어화법론』이다. 차례 가운데 11, 12, 13장만 소개함으로써 이 책의 특색을 살펴보기로 한다.

　제11장 스피치 평가

　　　1. 청각 수용聽覺受容 2. 청법 구성聽法構成 3. 교육적 비평批評

　제12장 화법의 연구

　　　1. 스피치 행위行爲 2. 사고思考와 감정感情 3. 학적學的 근거根據

　　　4. 수사학修辭學의 영향 5. 스피치 연구

　제13장 유럽 스피치 비평批評 체계體系

　　　1. 스피치 교육의 변천變遷 2. 스피치 비평의 여러 학설學說

　1987년 5월 집문당에서 출판한『국어화법론』이 1997년 8월 10년 만에 5쇄 밖에 못 찍은 것을 보면 별로 인기를 끌지 못한 교재敎材 같지만, '스피치'를 새 교과목에 포함한 대학大學으로 한정되었으므로 저간這間의 사정을 이해할 수 있다.

092

『토의 토론과 회의』

'일반화법'의 토대를 잡았으므로 각론으로 들어가 토의 토론이 급하므로 이 방면 저서를 기획하게 된다. 그것이『토의 토론과 회의』다. 이 책은 기업체와 교육계에서 당장 필요로 하는 분야이므로 서둘러 집필에 착수했다.

1996년 3월 15일, 저자의 신간『토의 토론과 회의』가 '학교에서, 직장에서, 사회에서'라는 부제를 달고 집문당에서 나왔다. 그 해 전라북도 교육청 산하 교원연수원 장학사로부터 전화가 걸려 왔다.

서점에 나온 저자의 책을 보았다 하며 교원 연수 교재로 쓰고 싶고, 또 연수원이 전북 익산시 금마에 있는데 출강이 가능한가 하는 두 가지 문제를 물어와 모두 가능하다 하니 크게 반가워한다. 그 후 그곳에 내려가 여러 차례 출장 강연을 한 적이 있다.

덧붙이면, 그 무렵 군산대 허소라 교수의 대학원 출강 요청이 있어 군산도 다녀온 일이 있다. 허소라 교수는『숨기고 싶은 이야기들』이란 산문집을 내어 독자의 관심을 크게 끈 일이 있고, 저자 역시 그 책을 구입해 읽은 독자이므로, 허 교수의 초청이 그때 얼마나 반가웠는지 모른다. 뿐만 아니다. 호남선 익산역에 도착하면 역 앞에 있는 태백식당에 들러 맛집으로 소문난 그 집에서 따끈한 국수 한 그릇 맛있게 먹고 연수원 가는 일이 저자 일정에 포함된 중요 행사였다. 요즈음도 가끔 생각이 난다. 『토의 토론과 회의』 머리말을 소개함으로써 이 책의 특징과 성격을 말하려 한다.

『토의 토론과 회의』 머리말

오늘처럼 우리에게 논리적 사고와 논리적 표현이 고도로 요구된 적도 없다. 대학 수험생의 논술고시論述考查가 바로 이 점을 뒷받침한다고 보겠다.

그러나 그것이 글에만 머물러 있는 느낌이다. 글과 함께 말을 통한 논리적 표현이 아쉬울 뿐이다. 때마침 1996년부터 고교 국어과 과정에 '화법'이 포함되면서 이에 대한 일반의 관심이 어느 때보다 고조되고 있다. 이렇듯 우리 일상 언어생활에서 대화, 연설, 토의, 토론, 회의 등에 대한 새로운 인식이 최근에 와서 크게 확산되는 추세이다.

앞으로 고교와 대학수업은 물론 일반 기업체와 공공 단체 직원 연수에 '화법'이 새 과목으로 각광을 받게 될 것이 분명하다. 이와 같은 관점에 따라 가장 이해하기 힘든 부분 '토의와 토론'을 중심으로 이론과 실제를 알기 쉽게 서술해 보았다. 그리고 독자의 편의를 위해 고교생과 대학생의 학습을 도와주는 「기초학습」과 일반 직장인 연수에 도움을 주는 「실제응용」의 두 편으로 나누어 내용을 편성했다.

인간은 언어를 매개로 의논을 통해 남과의 관계를 유지하고, 사회생활을 영위한다. 의논행위는 인간관계의 기본 형식이요, 사회생활의 현장이다. 의논에는 대화와 회의의 두 유형이 있다. 대화와 회의를 통해 우리는 사람다운 삶을 누리며 오늘의 문화를 창조해 온 것이다.

조직 내에서 업무를 추진해 나가는 데 회의가 필요 불가결하다. 문제는 다만 회의의 능률성을 어떻게 높여 갈 수 있느냐에 있다. 기업 경영의 한 가지 유형에 집단 경영이 있거니와 이때에 현장 사원까지 소집단 활동을 벌이며 경영관리에 참여하게 된다. 요컨대, 커뮤니케이션을 수단으로 조직의 활성을 찾기 위해 전체 사원이 회합會合에 의존하는 것이다.

이 경우에 알찬 집단토의集團討議가 바람직한 것은 물론이다. 따라서 회합을 통한 집단토의 방법과 중지衆智를 모아 의사를 결정하는 토론방법을 회의 기능의 두 축으로 보게 된다.

토의discussion는 두 사람 이상이 모여 주어진 문제를 놓고 해결안解決案을 모색하는 것이고, 토론debate은 이미 나온 해결안을 놓고 두 팀이 긍정 혹은 부정 측으로 갈리어 각각 자기 입장을 주장하고 상대 주장을 논박하는 의논행위다.

토론이 이 땅에 처음 소개된 것은 지금부터 꼭 백 년 전(1896년)의 일이다. 그럼에도 불구하고 지금껏 토론이 보편화되지 않고 있다.

토론은 논리 능력을 키우기 위한 가장 좋은 방편이다. 논리 능력은 논리적 사고 능력과 논리적 표현 능력을 포괄한다. 이 두 가지 능력이 대체로 우리에게 부족하다고 본다. 논리적 사고 능력은 사물에 대하여 이치를 따져 분석적으로 사고하는 능력이고, 논리적 표현 능력은 그것을 알기 쉽게 표현하는 능력일 것이다.

논리는 고대 그리스 시대 이래 서구의 전통문화에서 찾아볼 수 있다. 서양인은 언어를 중요시하고 논리를 존중한다. 이에 비하여 동양인은 정서적 커뮤니케이션에 중심을 두는 경향이 아닌가 한다. 우리가 '침묵은 금'이라는 가치관을 가진 데 비하여 그들은 '침묵은 바보의 미덕'이라는 가치관을 견지한 셈이라고 본다.

이렇게 볼 때, '로고스logos'의 서양인에게 현재 우리의 '파토스pathos'가 쉽게 통할 리가 없을 것이다. 세계화 과정의 마당에서 이따금 경제 대국이 일으키는 경제 마찰을 보면 이 점을 쉽게 이해할 수 있다.

논리를 연마하기 위해 실시하는 토론은 사물의 실상과 사실을 토대로 정의와 진리를 추구한다. 그러므로 토론은 우리에게 논리적 사고와 논리적 표현 능력을 키워 주게 된다. 논리 없이 인간이 사물을 바르게 사고할 수 없지 않은가. 논리는 과학적 진리 탐구의 전제가 된다. 따라서 논리적 사고를 과학적 사고라 말해도 좋을 것이다.

그러므로 논리를 외면한 풍토에서 과학이 발달할 까닭이 없다. 우리 토론 학습은 이제 겨우 시작 단계에 와 있다. 학교 수업은 물론 기업체 연수에 특히 토론의 도입이 시급히 요구된다고 본다.

고교생과 대학생의 화법 학습을 위한 보충교재로, 일반 직장인의 연수교재로 이 책이 폭넓게 활용되기를 바란다. 1962년, 미국 스피치 교재를 번역하여 우리나라에 처음 '화법'을 소개한 저자가 오늘 다시 『토의 토론과 회의』를 상재 上梓하니 그 감회가 새롭다.

093

『토론의 실태와 방법』

이 책이 나오기 한 달 앞서, 정부에서 문화체육부 주관으로, '바람직한 토론문화'가 나왔다. 여기 저자가 『토론의 실태와 방법』의 소론小論을 적어 게재한 바 그 전문全文을 소개한다.

『토론의 실태와 방법』 머리말

1896년의 협성회協成會 토론이 우리나라에서 실시된 유럽식 토론의 기원起源이 되므로, 1995년은 토론문화가 유입된 지 꼭 백 년이 되는 해이기도 하다.

기원전 9백 년의 사람 호메로스Homeros는 이미 서사시敍事詩「일리아드」와「오디세이」를 통해 효과적인 토론을 터득하고 있음을 보여준다. 분명히 호메로스는 토론이 사회를 지배하는 하나의 방도라 생각했고, 토론자와 청중의 상호 연관에도 비상한 관심을 가졌다.

기원전 5백 년경, 프로타고라스Protagoras, 고르기아스Gorgias, 그리고 이소크라테스Isocrates 등은 토론법의 효과를 깊이 인식하고 이를 옹호했다. 토론교육을 통해 이들은 레토릭rhetoric 훈련과 시민 정신 고취에 역점을 두었다.

기원후, 1천 4백 년에 영국 옥스포드Oxford와 케임브리지Cambridge대학 사이 공식토론公式討論이 벌어졌고, 1800년, 미국에서 대학 간 토론이, 그리고 1877년, 일본에서 대학 간 토론이 실시되었다.

한국은 1896년, '국문과 한문을 섞어 씀이 가함'의 논제論題를 가지고 벌인 협성회協成會 토론이 첫 공식 기록이다. 그런데 오늘날 우리 사회 각계각층에서 벌이고 있는 소위 토론의 실태는 어떤가?

첫째, 공식 토론보다 비공식 토론이 일상화되고 있다.

둘째, 이른 바 토론회가 문제 해결안의 결말을 보지 못하고 끝나는 경우가 많다.

셋째, 논제論題에 대한 찬반贊反, 긍부정肯否定, 가부可否, 적부適否, 선부善否 등 토론자 입장 표명이 불분명하다.

넷째, 증거證據와 논거論據의 뒷받침으로 자신의 주장을 펴야 함에도 불구하고, 토론 참가자에게 논리적 사고와 논리적 표현이 부족하다.

다섯째, 논제 설정에 부적절한 부분이 있다. 사실事實, 가치價値, 정책政策 등 논제 유형을 한정해야 하는데 이 부분이 불확실하다.

여섯째, 상대편 주장을 경청傾聽하고 반론反論을 제기함이 미숙하다.

일곱째, 의사소통에서 기본 교양이 부족하다.

여덟째, 토론 참가자에게 격한 감정은 보이고, 냉철한 이성은 미흡해 보인다.

아홉째, 토론 참가자의 사전事前 준비가 철저하지 못하다.

열째, 공적公的 경우는 물론, 사적私的 경우도 토론자의 설명說明, 설득說得 방법이 세련되어 있지 않다.

열한째, 전문용어專門用語 '토의討議'와 '토론討論'을 혼동해 사용하는 경우가 많다.

1. 토의討議, discussion에 대하여

1) 토의란 무엇인가?

두 사람 이상이 모여 공동 문제를 앞에 놓고, 가장 좋은 해결책解決策 모색을 논의하는 화법이다. 참가자들이 공통의 관심사에 대하여 적절한 결론을 얻기 위한 목적으로 의견, 경험, 사실, 지식, 정보 등을 교환하는 것이다.

주로 문제해결을 목적으로 하지만, 앞에 놓인 문제를 함께 논의해 나감으로써 참가자 전원이 문제에 대한 이해와 인식을 좀더 깊이 할 수 있으며, 이 과정을 통해 문제 의미와 가치를 파악하게 된다.

토의는 공동이해를 기반으로 각기 다른 의견교류를 통해 공정한 해결에 도달하려는 노력이므로, 종다수從多數 원칙이나 상대 주장 논파에 의존하지 않는다.

따라서 소수 의견도 존중되고 발언의 기회가 공정하게 돌아가며, 가능한 한 모든 안이 고루 검토된다. 토의는 집단 구성원 개개인의 지혜와 능력을 모두 드러내고 이를 정리해, 집단 역량이 최대한 발휘되도록 하는 집단 사고 과정이다.

토의는 조직과 집단에서 협조적으로 문제를 해결하는 매우 효과적인 수단이며, 비록 참가자들이 문제해결에서 완전한 의사 일치를 보지 못해도 문제점에 함께 접근하고 해결책 모색을 위해 함께 노력한다는 점에서 그 뜻이 매우 크다.

2) 토의 유형

① **원탁 토의**round table discussion

탁자 주위에 모일 수 있는 10명 안팎의 소규모 집단이 공동 관심사에 대한 문제를 의논하는 토의다. 서열에 상관없이 참가자들은 되도록 둥글게 앉는 것이 좋지만, 반드시 원탁이어야 할 필요는 없다.

원탁에 둘러앉은 소집단은 대개 비공식적이어서 사회자가 없는 것이 보통이지만 필요하면 정할 수 있다. 원탁 토의는 규모가 작고 비공식적이기 때문에 운영이 쉽고, 참가자 모두에게 발언 기회가 자주 돌아가므로 자유롭게 활발한 의사교환이 이루어지며, 집단 의사가 쉽게 결정된다는 기능이 장점이다.

그러나 이 토의는 규모 큰 집단에 부적합하고, 참가자가 토의에 익숙지 못하면 분위기가 산만해지기 쉽고, 시간 낭비를 가져 올 염려도 있다. 원탁토의는 결론 도출을 목적으로 모이기 때문에 문제해결 토의로 알려져 있다.

문제해결법 단계는 첫째, 문제제기, 둘째, 가능한 모든 해결책의 강구, 셋째, 가장 적절한 해결책의 선택, 넷째, 해결책 실시에 따른 구체적 방안 모색 등이다.

② **패널 토의**panel discussion

배심토의陪審討議라고도 한다. 특정문제 해결 또는 해명 목적에 적합하다.

선정된 4~6명의 배심원panelist들이 공중公衆 앞에서 각 자의 경험, 지식, 견문, 정보 등을 발표하고, 각 자 의견을 제시해 협력적으로 문제해법을 모색하는 공동토의다.

사회자moderator는 토의 진행 중 각 배심원에게 공정하고 균등하게 발언 기회를 주고, 필요하면 남의 발언 내용을 요약하거나 쉽게 풀이하며, 문제를 분명히 드러내기 위해 질문 또는 확인 절차를 밟는다.

배심원은 주제를 잘 파악하고 자신의 의견을 정확하게 전달해야 한다. 공중이 질문하면 주의 깊게 경청하고 짧은 시간 내 명확하게 답변한다. 공중도 주제를 정확하게 파악하고 있어야 하며, 사회자 승인을 받아 질문하거나 의견을 말한다.

공중의 발언은 한 사람 1회에 한하며 짧은 시간 내 명료하게 말하게 해, 여러 사람에게 발언 기회가 돌아가도록 한다.

패널은 이견異見 조정 수단으로 활용되며, 의제는 찬반이 분명하게 갈리는 경우보다 여러 각도로 결론이 날 수 있는 경우가 적합하다.

③ 심포지엄symposium

심포지엄은 특정 주제를 놓고 각각 다른 방면 전문가 3~6명이 자기 의견을 발표한 다음 공중으로부터 질의를 받아 응답하는 토의 형식이다. 전문가와 권위자가 공통의 주제에 대해 각각의 입장에서 여러 각도로 의견을 발표하는 토의이므로 공중은 한 가지 주제에 대해 몇 가지 체계적이고 권위 있는 발표를 들을 수 있다.

각 발표자에게 같은 시간이 배분되며, 발표자 사이의 의견 교환은 이루어지지 않는다. 발표자는 일정 순서에 따라 일정 시간 내에 의견을 발표해야 하며, 자기에게 배정된 시간 내 발언에 어떤 방해도 받지 않는다.

사회자는 토의 주제를 소개하고 그 배경과 중요성을 설명한다. 또 연사를 소개하고 각 연사 발언을 요약하며, 각 연사의 발언에 대해 상호 연관과 현재 상황을 밝혀 공중이 쉽게 이해할 수 있도록 정리한다.

연사는 발언시간을 꼭 지켜야 하며 전체 토의 시간의 반 정도는 공중을 위해 남겨 놓는다. 공중의 질문은 되도록 짧아야 하며, 사회자는 자기 나름대로 공중 질문을 수용 공중이 쉽게 이해할 수 있게 풀어서 설명한다.

토의를 마칠 때, 사회자는 토의 요점을 간략히 정리하고 토의 의의를 재차 확인한 다음, 토의를 끝맺는다. 심포지엄은 참가자가 논쟁에 휘말리지 않고 토의를 진행할 수 있으나 한편, 전문가 의견 발표로 끝내 버릴 염려가 있다.

④ 포럼forum

포럼은 원래 고대古代 로마 때, 공공公共 집회가 열리던 광장廣場을 의미했으나, 그 후 공공 광장에서 공공 문제에 대해 공개 토의하는 것을 의미하게 되었다. 패널은 배심원 토의가 끝난 후 공중의 질의응답이 뒤 따르고, 심포지엄은 연사들 발표가 끝난 후 공중의 질의응답이 있는 데 비해, 포럼은 처음부터 공중 참여로 이루어지는 토의다. 포럼은 발표나 연설이 없다.

공중이 질문할 때 어떤 격식에 구애 받지 않으나, 질문이 긴 연설이 되지 않게 해야 하고, 질문 요지를 분명히 드러내야 하며, 한 사람에게 질문이 독점되는 일은 없어야 한다. 사회자는 공중에게 질의응답 규정을 미리 잘 설명하고, 공중 질문을 해당 발언자에게 돌리기 앞서 재차 반복해 들려주며, 질문 시간을 조정한다.

또 사회자는 폐회 또는 산회 시간을 넘기지 말 것이며, 폐회 시간이 되지 않아도 포럼에 대한 공중 관심이 떨어지면 곧 폐회한다. 포럼 성공 여부는 주제에 대한 공중의 관심 정도에 달려 있으며, 사회자 능력도 매우 중요하다.

사회자는 특히 질문에 대한 답변을 간단명료하게 정리하고, 토의가 주제를 벗어나지 않게 진행해야 하며, 논쟁에 휘말리지 않아야 한다.

2. 토론討論, debate에 대하여

1) 토론이란 무엇인가?

문제해결을 위한 논의에 참가한 사람들이 문제를 둘러싸고 여러 가지 의견을 교환하고 좋은 결론을 찾으려는 화법 형식이 토의요, 사리의 본질을 따지되 상호 간에 극단까지 논의를 이어가는 화법이 토론이다.

이와 같은 개념을 놓고 보면, 화법의 두 가지 형식을 분별하기가 매우 모호하다. 사실 토의와 토론이 본래 유사한 개념으로 인식되어 왔던 것이다.

그러다가 논의에 참가한 사람들이 각자 가지고 있는 경험, 상식, 지식, 사실, 정보, 아이디어 등을 공유共有해 문제해결 방안을 모색하는 방편으로 '토의' 형식을 이해하게 되고, 해결방안解決方案을 결정하는 방편으로 '토론' 형식을 이해하게 되었다.

토의는 문제에 대한 해결안의 모색을 시도하고, 토론은 이미 나와 있는 해결안에 대한 찬반 혹은 가부의 결정을 시도한다. 그러므로 회의진행 과정에서 앞에 놓인 현안懸案에 대해 회의 참가자가 난상爛商 토의를 거쳐 해결안을 모색하고, 다시 해결안을 놓고 가부간 진지한 토론을 벌여 최종안을 확정

짓는 것이 관행慣行이다.

토론을 토의에 견주어 설명하면, 토의는 문제의 해답을 얻으려는 시도이고 자유스러운 논의이며 토론의 전단계前段階인 데 비하여, 토론은 해결안을 상대측에 설득說得해 납득시키는 시도이고 규칙에 의거하는 논의이며 토의의 후단계後段階라 할 수 있다.

요컨대, 토론은 한 가지 논제를 놓고 대립하는 두 팀 사이에 실시하되, 인원수, 발언시간, 진행방법, 심사방법 등 토론규칙을 준수하고, 논의는 단정斷定이 아니라 반드시 입증立證된 것이어야 한다. 그리고 토론이 끝나면 두 팀의 우열優劣을 가리는 심사위원의 판정判定이 따른다. 토론 목적은 궁극적으로 문제해결, 의사결정, 진리탐구 등에 있다.

2) 토론의 유형

토론에는 사회토론과 교육토론이 있다. 사회토론은 토론 영향이 사회적으로 파급되는 효과가 있을 때를 가리키고, 교육토론은 토론의 영향이 다만 교육적인 효과로 한정될 때를 가리킨다.

① 사회토론

특별토론, 특별한 정황에서 특별규칙에 따라 실시되는 공식토론이다. 1960년과 1980년의 미국 대통령 선거시 유세遊說의 일환으로, 존 케네디 대 리차드 닉슨, 지미 카터 대 로날드 레이건 후보 간에 각각 실시된 텔레비전 토론이 이 경우에 해당한다.

공식토론, 법정토론이 이에 해당한다. 법령에 따라 진실을 추구하는 사선

심리와 법률심리가 진행된다. 한 논제(소송)를 놓고, 양 당사자(원고와 피고) 간에 규칙(소송법규)에 따라 검증(심리)에 기초를 두고 승부 판정(판결)을 내린다.

비공식토론, 규칙의 격식을 갖추지 않고 일반사회와 방송매체에서 이루어지는 토론이 이에 속한다.

의회토론, 의회 의사규칙議事規則에 따라 행한다. 의안議案 또는 동의動議에 대한 가결, 수정, 부결 등을 목적으로 실시한다.

② **교육토론**

전통형, 긍정肯定측과 부정否定측 각 2인제가 원칙이고, 양측 발언시간이 균등해야 하며 처음과 끝에 반드시 긍정측이 발언한다. 이 점은 심문審問형 역시 동일하다.

'전통형'

(입론)

긍정측 첫 번째 입론 10분, 부정측 첫 번째 입론 10분

긍정측 두 번째 입론 10분, 부정측 두 번째 입론 10분

(반론)

부정측 첫 번째 반론 5분, 긍정측 첫 번째 반론 5분

부정측 두 번째 반론 5분, 긍정측 두 번째 반론 5분

'심문형'

(입론)

긍정측 첫 번째 입론 10분, 부정측 심문 3분

부정측 첫 번째 입론 10분, 긍정측 심문 3분

긍정측 두 번째 입론 10분, 부정측 심문 3분

부정측 두 번째 입론 10분, 긍정측 심문 3분

(반론)

부정측 첫 번째 반론 5분

긍정측 첫 번째 반론 5분

부정측 두 번째 반론 5분

긍정측 두 번째 반론 5분

③ 토론의 논제論題

토론의 논제는 사실事實에 관한 것, 가치價値에 관한 것, 정책政策에 관한 것 등이 있다. 어떤 유형의 논제를 선택하든 반드시 다음 조건이 충족되어야 한다.

첫째, 긍정 또는 부정의 양론兩論이 성립되는 것, 이미 결과가 확정된 것은 대상이 아니다.

둘째, 논제는 하나다.

셋째, 논제 표현이 객관적客觀的이어야 한다.

넷째, 내용은 구체적具體的이고 분명해야 한다.

다섯째, 토론자가 자기주장을 입증立證할 수 있어야 한다. 토론자는 자기 주장을 입증할 책임이 있다.

3. 한국 토론의 여명黎明기

1890년대 후반, 독립협회獨立協會와 만민공동회萬民共同會로 이어지는 역사적 소용돌이의 중심에 배재학당培材學堂이 있다. 1896년 1월, 서재필徐載弼은 미국서 귀국하자 곧 배재학당에서 수업을 맡았고, 동 2월부터 매주 토요일 강연회를 가졌다.

강연과 교과목으로 수업하는 회의법會議法이 학생들에게 새 사상을 심어주는 구실을 했다. 학생단체 협성회協成會는 이 같은 기초 위에 태동되었다. 배재학당에서 그는 역사, 지리, 경제, 정치, 종교 등을 수업授業했는데 여기서 학생들은 큰 감화를 받았다.

한편, 그는 일상적 문제를 다루는 토론회를 지도했다. 아펜젤러 학당장 초청으로 1주일 2시간 수업했으며 학생들에게 개화정신과 독립정신을 배양해 주었다. 서재필의 학생지도 가운데 특기할 자료는 '만국회의 통상규칙'이다. 그리고 당시 그는 우리나라에 장차 국회를 두어 헌법을 공포해 입헌정치立憲政治를 하려는 포부와 기대를 가지고 있었다.

그는 학생회學生會를 조직케 한 바 그것이 협성회다. 1896년 협성회를 발기시키고, 여기서 '회의진행법'을 가르쳤다. 동의動議, 재청再請, 개의改議 등 회의용어會議用語가 이때 번역되었으며 오늘날 우리가 사용하는 회의용어의 기원이 되었다. 그 전에는 조직적이며 체계적인 현대 회의법이 거의 없고 조직화된 회의형태를 찾아볼 수 없었다.

장차 국회를 두려는 사전 제도로 정부에서 '중추원中樞院'을 구성했는데 장차 활동할 대의원代議員을 양성하려는 의도에서 협성회를 조직한 것이다. 배재학당 학생이면 누구나 회원 자격이 되고, 관리들의 입회도 가능했다. 일반시민도 입회가 허용되어 가입된 전체 회원 수는 6백여 명을 헤아리게 되었다.

그 중 학생은 2백 명 내외에 지나지 않았다. 여기서 1부는 독립협회에 가입하고, 나머지는 협성회에 그대로 남아 활동했다. 협성회는 독자적으로 '의회규칙議會規則' 적용을 위한 실질 훈련을 쌓아 나갔다.

당시 독립협회는 기관지로『독립신문』을 매주 토요일 발행하고,『만국회의 통상규칙』을 발간 보급함으로써 집회와 결사가 있을 때마다 이를 활용하게 했다.

서재필은 협성회 주최로 매주 1회 정도 공식 토론회를 열고 변론법辯論法을 지도했으며, 구변口辯 훈련을 정기적으로 실시해 그들이 연설을 통해 민중계몽의 일익을 담당하게 했다. 초기에 다루어진 토론 논제는 거의 일상적인 국민의 당면 문제로 국한된다. 배재학당에서 발행한『협성회 회보』2호에 게재된 1897년 토론 논제는 아래와 같다.

국문과 한문을 섞어 씀에 대하여, 학생들은 양복을 입음에 대하여, 아내와 자매와 딸을 각종 학문으로 교육함에 대하여, 학원學員들은 매일 운동함에 대하여, 여인들을 내외시키는 데 대하여, 국중의 도로를 수선함에 대하여, 우리나라 종교를 예수교로 함에 대하여, 노비를 속량贖良함에 대하여, 우리나라에 철도를 놓는 데 대하여, 우리 회원들은 국민을 위하여 가로街路 연설을 함에 대하여 등이다.

서재필의 지도로 토론회가 열리고, 여기서 국민의 일상 문제가 활발히 논의되면서 토론 참가자는 물론, 방청자에게까지 개화開化 계몽사상이 폭넓게 삼투滲透되어 들어갔다.

토론회는 협성회 규칙(1896년 11월)에 따라 실시되었는데 협성회 규칙에 의하면, 회원은 초기 배재학당 학원으로 한정되어 있고, 임원의 정수는 회장

1인, 부회장 1인, 서기 2인, 회계 2인, 사찰査察 2인, 사적司籍 2인, 제의提議 3인, 정연의正演議 2인, 좌연의佐演議 2인이다.

정연의는 개회시 회장 지휘를 받아 맡은 문제로 연설하되 가부 양편이 반대로 변론하고, 그 뒤에 좌연의와 다른 회원이 연설을 마치면 다시 정연의 두 사람이 연설하는 것으로 끝을 맺는다. 좌연의는 임무가 정연의와 동일하되 다만 정연의가 연설을 끝낸 뒤 정연의 연설을 보조해 연설한다.

후에, 회장이 양변兩邊 의사의 가부可否를 질문하면 옳다고 생각하는 이는 고성으로 말하기를 '가!'라 하고, 불가하다고 생각하는 이는 고성으로 말하기를 '부!'라 하여 가부 다수로 의사를 결정하되, 만일 가부 다수가 미상未詳하면 회장이 가타 하는 이를 기립하라 해 그 수를 세고 앉힌 후, 부타 하는 이를 또 기립하라 해 그 수를 센 다음 다수를 좇아 결정하고, 만일 양변 가부 수가 같으면 회장의 가부를 인하여 결정한다.

그리고 의사를 결정한 후, 양변 연설의 선부善否를 회장이 회중會衆에 물어 가부 다수로 판정한다.

창립 당시 간부진을 살펴보면, 회장 양홍묵, 부회장 노병선, 서기 이승만, 김연근, 회계 윤창열, 김혁수, 사찰 이익채, 임인호, 사적 주상호 등이다.

우리나라 최초의 학생단체인 협성회가 조직된 후 다방면에 걸쳐 활발한 계몽운동을 전개했다. 그 중에서 토론회 개최, 기관지 발행이 가장 대표적이다. 윤치호가 협성회를 토론회라 부른 점을 보면, 협성회 토론은 매우 특징적인 활동이었다.

협성회 공식토론은 모두 50회를 기록하는 한편, 독립협회는 공식토론 35회를 기록하고 있다. 독립협회가 창립된 이듬해 1897년 8월 토론규칙이 마련되면서 동시에 공식토론을 전개했다.

1897년 11월 1일 실시한 독립협회 공식토론회 진행 절차를 항목으로 살펴본다.

회원의 참석 여부를 확인하는 호명呼名이 있었고, 지난번 토론회 경과에 대한 기록 확인이 있었으며, 내빈과 신입회원을 회중會衆에 소개한 뒤에, 회장이 토론 논제를 선언했다. 논제는 "동포 형제간에 남녀를 팔고 사는 것이 의리상 대단히 불가하다"였다.

우의右議 2인이 가편 토론자로 나오고, 좌의左議 2인이 부편 토론자로 나와 각각 양변兩邊에서 찬반토론을 벌인 다음, 회중에서 토론자가 나와 자유롭게 토론했는데, 반대 토론자가 "용역 서비스는 필요한 제도요, 노비奴婢 제도가 바로 용역"이라고 주장했다.

윤치호와 서재필이 지도적 입장에서 노비 제도가 갖는 비인간성의 구체적 사례를 지적했다.

논제에 대한 회중 의견을 투표에 부친 결과 논제 찬성이 의결되었으며, 논제에 찬성한 사람이 자기 소유 노비奴婢를 모두 해방하자는 동의動議를 내고 이것이 가결됨으로써 토론회를 끝냈다.

협성회규칙과 독립협회 토론회 규칙은 윤치호가 초역한 '의회통용규칙'에 준거한 것이요, 의회통용규칙은 헨리 로버트의 『의회규칙편람』을 근거로 초역한 것이다. 독립협회 토론회 논제를 보면 다음과 같다.

조선의 급선무는 인민의 교육, 도로 수정하는 것이 위생의 제일 방책, 나라를 부강케 하는 방책은 상무(商務)가 제일, 도저을 금하는 데는 길가에 밤이면 등불을 켜는 것이 긴요함, 부녀를 교육하는 것이 의리상과 경제상에 마땅함, 국문을 한문보다 더 쓰는 것이 인민교육을 성대케 하는 데 유조(有助)하다, 국중에 상무를 흥케 하고 자주권을 견고케 하는 데 경편하고 실로 보배로운 화폐를 그 나라에서 쓰는 것이 긴요하다, 동포형제간에 남녀를 팔고 사는 것이 의리상 대단히 불가하다, 대한이 세계각국과 비견해 제일 상등국이 되려면 근일 새 법과 새 학문을 배우지 말고 한당(汗黨) 풍속과 예절을 본받는 것이 마땅하다, 벙어리와 판수들을 정부에서 재예(才藝)로 교육하는 것이 마땅하다 등이다.

4. 마무리

토론은 어떤 문제나 제안에 대해 서로 대립되는 의견을 가진 사람들이 각각 논거論據를 발표하고, 상대 논거가 부당함을 입증立證하는 동시에 자신의 주장이 정당함을 밝혀 나가는 화법의 한 유형이다.

따라서 토론은 양방이 각각 자신이 긍정하는 사실, 정책, 가치 등에 대한 구체적인 주장을 펴고 상대 주장을 논파論破하려는 의도로 실시한다. 그러므로 토론은 설득說得을 목적으로 하되 이성에 호소하는 논리적인 것이어야 한다.

오늘날 우리 사회에 토론교육 필요성이 절실히 요구되는 것은 한 쪽의 주장만으로 일방적 의사결정意思決定을 내리기보다 토론에 의존하는 것이 보다 합리적이기 때문이다.

또 토론을 통해 민주시민의 자질을 함양할 수 있고, 공공문제와 시사문제에 대해 관심을 확대할 수 있으며 앞에 놓인 문제를 면밀하게 검토하고 명료하게 사고하며 자신의 의견을 정확하게 제시하고 남의 의견도 존중하는 태도를 기를 수 있기 때문이다.

　　요컨대, 토론의 메리트^{merit}를 어디서 찾을까?

　　첫째, 토론자는 비판적 사고^{思考}를 배양한다.

　　둘째, 토론자는 비판적 경청력^{傾聽力}을 신장한다.

　　셋째, 토론자는 발표능력을 향상한다.

　　넷째, 토론자는 논제분석과 자료조사 능력을 향상한다.

　　다섯째, 이견^{異見} 조정과 교섭능력이 증대한다.

　　여섯째, 민주시민의 자질^{資質}을 함양한다.

　　일곱째, 의사소통^{意思疏通} 능력을 세계화^{世界化}할 수 있다.

19

『신국어화법론』
우수학술도서 선정

094

『신국어화법론』 문화관광부 우수학술도서 선정

◦⋆❀⋆◦

　수원대학교 교수 정년停年을 몇 년 앞두고, 저자는 직접 쓴 전공분야 학술 논문집學術論文集을 한 권 책으로 묶어내야 하겠다는 뜻을 세운 뒤, 자료를 정리해보니 우선 560쪽짜리 분량이 나온다. 성균관대 대학원 석사논문과 성신여대 대학원 박사논문을 포함 대학교수 재직 중 작성한 논문을 한데 모아보니 오히려 예상보다 넉넉한 편이다.

　태학사太學社(사장 지현구)가 출판을 해주는데, 수원대 국문과 졸업생 박성모 당시 동사 편집부장이 제작 책임을 맡았다. 찬찬하고 꼼꼼하게 작업을 진행해 흠결을 찾을 수 없을 정도다. 모두 17편의 논문이 실렸다. 책의 타이틀은 『신국어화법론』이다. 게재된 논문의 논제만 소개해 본다.

　① 국어화법의 논저論著 해제解題
　② 유럽 화법교육의 역사

③ 동고東皐 이준경李浚慶(1499~1572)의 화법

④ 월남月南 이상재李商在(1850~1927)의 유머

⑤ 월남月南 이상재李商在(1850~1927)의 사회司會

⑥ 송재松齋 서재필徐載弼(1864~1951)의 토론 지도

⑦ 좌옹佐翁 윤치호尹致昊(1865~1946)의 토론 지도

⑧ 우남雩南 이승만李承晚(1875~1965)의 연설

⑨ 도산島山 안창호安昌浩(1878~1938)의 연설

⑩ 협성회協成會(1896~1898)의 토론

⑪ 독립협회獨立協會(1897~1898)의 토론

⑫ 학습상의 '낭독'朗讀 문제

⑬ '듣기 능력' 향상 방법

⑭ '구두표현어口頭表現語'의 조사調査 방법

⑮ '조선朝鮮말 화술'에 대하여

⑯ '방송언어放送言語'의 순화醇化방안

⑰ '방송언어放送言語'의 발음發音실현과 음성音聲표현

태학사太學社 발간 전영우의 『신국어화법론』은 1998년 8월 6일 문화관광부장관 명의 해당 연도 우수학술도서로 선정되었다. 이 공고 있기 한 달 전 『조선일보』가 동년 7월 16일자 신문에 아래 기사를 실었다.

국어학자國語學者 전영우全英雨 수원대水原大 교수가 『신국어화법론』(태학사)을 펴냈다. 동아방송 아나운서 시절, '유쾌한 응접실'의 명사회자로서 우리말을 다루다가 국어학자로 전신轉身한 전씨가 화법話法 연구를 집대성集大成한 책이다.

그는 이 책에 실린 논문 「근대 토론문화의 성립」을 통해 한국근대사 초기에야 체계화된 화법교육話法敎育이 도입되었고, 이는 근대적 토론문화의 개화라고 지적했다. 이 책의 제2장 「근대화법의 인물론」에서는 이상재의 유머, 서재필의 토론 지도 등 개화기 선각자들의 화법도 분석했다. 책의 뒷부분은 우리말을 보다 정확하게 발음하는 방법을 안내한다.

095

북한 리상벽,『조선말 화술』,
『화술 통론』의 해설 씀

『조선말 화술』은 북한에서 나온 책이다. 리상벽이 저술한 저서로 1975 년 북한 사회과학출판사가 발행한 것을 서울의 탑출판사가 북한어학자료총 서 404로 1989년 12월 30일 재발행했다.

출판사측 요청(서울대 고영근 교수 제의)으로 저자가 두 쪽 분량 해설解說을 썼다. 저자 리상벽은 경기도 출생으로 중학교를 졸업하고, 1930년 경성방송 국 제2방송 아나운서로 있다가, 1948년 평양방송 방송원을 지냈으며, 후에 조선중앙방송 연출가를 지냈다(『북한인명사전』, 동서문제연구소, 1990).

이보다 11년 앞서 1964년, 조선문학예술총동맹출판사 발행 어학자료총 서 401로 역시 리상벽이 지은『화술 통론』이 있다. 저자가 쓴 짤막한 해설을 붙인다.

리상벽의 『화술 통론』 해설解說

라디오 방송원, 연극·영화배우, 연사, 교원, 그리고 유선방송 방송원들을 위해 리상벽이 쓴 『화술 통론』은 1964년, 조선문학예술총동맹 출판사에서 간행한 것이다. 1편에서, 화술의 기초를 이루는 일반적 제 요소들을 이론적으로 종합했고, 2편에서, 실무적 문제와 방송화술 형상과의 상호 관계를 서술한 내용이다.

저자는 문법적으로 다듬어지고 예술적으로 형상된 입말이 화술이라 주장하고, 화술 전문가들은 표준어, 표준 발음법 등 규범적인 사회적 약속에 의한 '화술'로써 사람을 감동시킬 엄격한 의무를 지니고 있다고 그들의 책임을 강조했다.

그리고 이른 바 인민적 화술을 다음과 같이 규정했다.

① 노동자 농민들이 알아들을 수 있는 쉬운 말.

② 표준화된 말.

③ 인민들 감정에 맞는 억양.

④ 인민들의 시대적 감정에 맞게 말함.

⑤ 혁명적 군중 관점에 확고히 입각함 등이다.

한편, '방송화술'에 대해 "화술은 인민의 일상 언어에 기초하면서 그것을 표준적이며 예술적으로 다듬어 표현하는 말이다. 그러므로 화술 자체에는 특수성이 없다. 그러나 방송화술은 일련의 특성이 있다. ㉠ 원고에 의해 언어행위가 진행됨, ㉡ 듣는 대상이 보이지 않음, ㉢ 마이크 장치를 통해 말함, ㉣ 기본적으로 일대 일의 감정으로 담화, 낭독이 진행됨, ㉤ 언어의 제 규범에 철저히 입각하고 있음"이라고 그 개념을 규정했다.

요컨대, 일반화술과 방송화술의 차이를 설명한 부분이다. 저자는 이에 덧붙여 우리말을 생활과 접근시키며 풍부한 정서와 음성적 기교로 사람들을 감동시키는 것이 궁극의 목적임을 천명하고 있다. 적어도 이같은 저자의 견해는 세계 어느 나라 방송화술에도 적용되는 일반적 원칙이다.

그런데, 북한의 화술 창조 요건 중에서 가장 주목할 조건이 화술 전문가가 '맑스 레닌주의' 세계관으로 무장하고 당 정책의 적극적인 옹호자이며 지지자여야 한다는 점이다.

저자는 1편 화술의 기초를 7개 장으로 기술記述했다. 화술의 일반적 개념, 호흡과 발성, 발음, 원고와 말법, 입말의 음률, 심리적 형상의 필수적 요소, 화술 형상에서의 음성기교 등이다. 2편 방송과 화술은 6개 장으로 기술했는데, 담화의 능력과 능률, 각종 방송의 화술상 특징, 낭독, 실황방송, 사회司會, 방송언어의 몇 가지 문제를 각각 거론했다.

차례에서 알 수 있듯이 이 책은 조음調音과 발음 그리고 음성표현법에 기술記述의 중점이 가해지고, 이것이 방송화술에 적용되는 세부적 용례를 자세히 설명한 '방송화술'의 전문서다.

우리 국어학계에서 '화법'으로 통칭되는 개념의 용어가 북한에서 '화술'로 통용되고 있다. 좁은 뜻의 화법은 말하기, 듣기에 대한 연구 분야이고, 넓은 뜻의 화법은 대화, 연설, 토의, 토론, 회의, 연극, 방송, 언어교정 등을 연구 대상으로 하는 한 분야 학문의 명칭이다.

그렇다면 『화술통론』은 방송의 말하기 일반으로 국한된다. 그러므로 북한의 일반화법 및 방송화법을 연구함에 있어 이 책이 좋은 참고가 될 것이다. 그 후 1975년, 북한 사회과학출판사에서 간행한 리상벽의 『조선말 화술』은 이보다 일층 진전된 체재를 갖추고 있다. 『화술 통론』은 북한에서 출간된 비교적 초기의 화술 전문서다.

096

집문당이『국어발음사전』발간 후 민지사가 집대성

첫째, 1962년 KBS텔레비전 근무 시 프린트본이지만 문제 표제어 5천 개를 IPA 국제음성기호國際音聲記號로 발음 표기한『표준 한국어 발음 사전』을 우리나라 '최초'로, 정부기관 공보부에서 발간했는데, 이것이 저자의 첫 번째 저서다.

둘째, KBS 민방民放통합 후 1983년 12월 KBS 방송사업단에서 표제어 8천 5백 개를 역시 IPA 국제음성기호로 발음 표기한『표준 한국어 발음 사전』을 출간했는데, 이것이 저자의 두 번째 저서다.

셋째, 1992년 10월 9일 집문당集文堂에서 표제어 1만萬 개를 국제음성기호로 표기한『표준 한국어 발음 사전』을 출간했는데, 이것이 저자의 세 번째 저서다.

지금까지 소규모, 소형으로 발음사전을 내서 발음사전發音辭典에 대한 일반 인식을 넓혀 가자는 의도로 판을 짜다가, 뜻을 바꿔 대규모 중형으로 새

판을 짜기로 결심, 본격적으로 새 체재 발음사전을 기획하기에 이르렀다. 우선 6만 5천 개 표제어로, 수록收錄 표제어標題語 수를 대폭 늘리기로 결정하고 작업에 들어갔다.

작업을 완성하고 출판을 서두르는데 마땅한 출판사가 나오지 않아 망설일 때, 김봉군金奉郡 교수가 좋은 출판사 민지사民知社를 소개해 줘 크게 다행이다. 이태승李泰承 사장이 전화로 연락을 줘 받아보니, 민지사에서 하겠다 하기에, 저자 역시 자신을 얻게 되었다. 한편, 조선일보사 방일영 문화재단에서 언론인 출판 지원을 신청하라는 공고가 나와 일단 응모한 형편이라 모든 사정이 순조롭게 풀렸다.

마침내 1천 2백 쪽 규모의『표준 한국어 발음 사전』이 세상에 나와 세인의 관심을 크게 끌었다. 구매한 독자가 사전을 오래 간직하려면 아무래도 제본製本이 튼튼해야 할 것이라 판단, 성경처럼 커버를 가죽으로 해야 했다. 물론 띠도 두르고 케이스도 필요했다. 저자의 이런 주문注文을 민지사 이태승 사장이 그대로 잘 수용해 줘, 저자 뜻에 맞게 네 번째 책인『국어 발음 사전國語發音辭典』이 세상에 선을 보였다.

2001년 10월 9일, 신판新版 1쇄를 민지사民知社가 펴냈는데, 같은 날짜『동아일보』문화면에 김수경 기자의 아래 기사가 실렸다.

『한국어 발음사전』 펴낸 전영우 교수

"서울시내 교통보다 더 복잡한 게 한글의 발음체계입니다. 올바른 '말하기' 교육을 위해서는 우선 발음發音부터 정리해 주는 게 시급해요. 그러나 아직도 학교에서는 체계적으로 발음을 가르치지 않습니다."

30년간 방송생활에서 익힌 실전實戰 노하우와, 17년간 교단에서 연구한 자료들을 집대성集大成해, 『표준 한국어 발음 사전』(민지사)을 펴낸 전영우 교수(수원대 국어학). 그는 한글이 소리 나는 대로 적는 표음문자表音文字이지만, 어느 언어보다도 표기법과 발음법이 일치하지 않는 경우가 많기 때문에, 국어사전에 발음기호發音記號를 함께 적어 주는 것이 필수라고 강조했다.

그러나 어느 『국어사전』에도 발음기호를 병기倂記하는 경우는 찾아보기 힘들다.

이 사전의 강점은 단어單語뿐만 아니라 그 단어에 연결되는 어절語節과 어구語句에 따라 달라지는 발음까지도 포함한 것. 가령, '고향'이라는 단어의 경우 '고향 가는', '고향 땅에', '고향 떠난', '고향 잃은' 등의 항목을 함께 실었다.

발음기호는 국제음성기호IPA로 표기해 국제적 통일성統一性을 기했다. 수록된 표제어의 양도 풍부해서 1962년 정부에서 첫 판을 낼 당시만 해도 수록 표제어標題語는 5천 개에 불과했으나 4번의 개정증보增補를 거쳐 6만 5천 개 표제어를 수록했다.

전 교수는 특히 '말하기' 국어교육이 미흡한 점을 안타까워했다. "민주시민이 갖춰야 할 가장 기본적 소양은 화법語法, 화법의 기본은 발음發音입니다. 역으로, 발음을 제대로 알아야 원활한 토론과 논의도 가능하고 결국 성숙된 민주사회를 건설할 수 있는 것이지요. 서양에서는 '말하기'를 지도자指導者의 핵심 역량力量으로 평가하며 초등학교 때부터 중점적으로 가르칩니다. 우리나라에서는 불과 몇 년 전부터 고등학교 교과에 선택選擇과목으로 자리 잡고 있을 뿐이지요."

이듬해 2002년 8월 8일, 정부의 문화관광부 장관이 학술 출판 진흥을 위한 우수학술도서 선정 결과를 발표했다. 여기에 저자의 『표준 한국어 발음 사전』

민지사(이태승 사장)판이 당당히 포함되니, 저자와 출판사 사장의 기쁨은 얼마나 크겠는가?

그리고 방일영方一榮문화재단에서도 출판 지원이 결정되자, 저자 의기가 크게 고양되는 기쁨을 맛보았다. 1년 만에 2쇄를 찍고, 5년 만에 최신 증보판을 내니 모두 증보增補 5판 1쇄가 되었다. 보람 있고 자랑스럽다.

『표준 한국어 발음 사전』 머리말

오직 한 가지 일에만 전념한 것은 아니나 발음사전 편찬에 착수한 지 40년 만에 이제 6만 5천의 표제어標題語를 수록한 신판新版을 새로 상재上梓하게 되니 저자로서 매우 기쁘다.

언어의 발음은 시대 흐름에 따라 끊임없이 변화變化하는 것이므로 발음사전의 편찬編纂이 결코 쉬운 일은 아니다. 비록 표음문자라 하더라도 철자가 실제 발음을 정확히 반영하지 못하는 경우가 있으므로 국어사전은 마땅히 표제어에 국제음성기호IPA로 발음기호發音記號를 병기倂記해야 하나 국어사전이 발음표기보다 의미와 용례用例 기술記述에 일층 더 비중을 두는 실정이다.

이 점을 보완補完해 발음사전이 편찬된 지 40년을 헤아린다.

1962년 저자著者의 사전을 비롯해 1984년 남광우 외, 1992년 이은정, 1993년 한국방송공사, 1998년 이주행 외의 발음사전 등이 차례로 간행되었다.

21세기에 접어들었으나 아직도 여전히 모국어母國語 정도는 누구나 쉽게 할 수 있다는 일부의 안이한 자세에 주의를 환기하고, 동시에 국어의 음성언어音聲言語 순화에 박차를 가하기 위해 신판新版을 선보인다.

영어英語가 이미 지구상에서 국제 공용어公用語로 자리매김한 지 이미 오래이고, 영어 사용국使用國을 뺀 세계 각국이 자국민自國民의 영어 학습에 경쟁적으로 힘을 기울이고 있는 것이 작금의 추세趨勢다. 그만큼 영어가 국제적으로 우리에게 중요한 생존 수단이 되고 있으나, 이에 못지않게 관심을 기울여야 할 언어 수단이 바로 한국어韓國語다.

1933년 '한글맞춤법통일안', 1936년 '사정査定한 조선어 표준말 모음'을 조선어학회에서 결정해 발표한 바 있고, 광복 후 1957년 한글학회가 『우리말 큰사전』을 완간完刊해 우리말 생활의 새로운 준거準據가 되게 했으며, 1988년 마침내 국립국어원國立國語院이 그동안의 숙원이던 『한글맞춤법』, 『표준어규정』(표준어 사정 원칙, 표준 발음법)을 공표하자, 정부 고시로 1989년 3월부터 우리말 생활이 새 규정을 적용 받기에 이르렀다. 아울러 2000년 7월 정부가 발표한 '새 로마자 표기법'으로 인해 우리말 발음 표기에도 새로운 기준이 서게 되었다.

말하기와 듣기 생활에서 핵심 되는 부분이 바로 발음법發音法임에도 불구하고 이 점이 종전 국어교육에서 소홀히 다루어져 일상의 우리말 발음이 난맥상亂脈相을 드러내 보이니, 신세대 언어에 모음의 고저高低는 거의 자취를 감추고, 장단長短마저 잘 지켜지지 않는 현상이 나타나고 있다.

일상의 우리말 생활에서 빚어지는 일반의 발음 오용誤用 실태와 기존의 발음사전이 가지고 있는 문제점을 상세히 검토해 보면, 저자는 몇 가지 새로운 사실에 직면直面하게 된다.

일부 시민市民이

- 맞춤법 표기表記를 실제 발음發音으로 알고 있다.
- 외국어 발음과 외래어外來語 발음을 구분하지 않는다.

- 비표준어 발음과 표준어 발음을 구분하지 않는다.

- 로마자 표기와 발음 표기를 혼동한다.

- 표준 발음법 규정을 모르는 경우가 있다.

다른 한편:

- 정서법正書法과 발음법發音法이 정확하게 대응對應하지 않는 경우가 있다.

- 발음 사전이 표제어 의미를 제대로 밝히지 않아 일반의 표제어 의미 파악에 걸림돌이 된다.

- 발음사전이 음성 표기에 정밀精密 기호를 사용하는 경우가 있어 일반이 이를 쉽게 이해할 수 없다.

- 연접連接 현상으로 인해 합성어合成語 실제 발음에 복수複數 현상이 나타난다.

- 같은 한자漢字라도 환경環境에 따라 장단음長短音에 차이가 생긴다.

- 같은 한자라도 관행慣行에 따라 발음에 차이가 생긴다.

- 된소리를 인정하느냐 여부로 사전마다 차이가 있다.

이 같은 문제를 심사숙고深思熟考한 끝에 저자는 발음사전 신판新版 편찬의 기준을 세웠다.

① 한자음 표기에 세심하게 주의한다. 한자 및 한자어의 발음 표기에서 의미와 관용慣用에 따라 같은 한자가 다르게 발음되는 현상에 주목하고 정확한 고증考證을 거쳐 이를 반영한다.

② 파열음破裂音 'ㄱ, ㄷ, ㅂ'을 [g, d, b]로 표기하는 것을 기본으로 하되, 자음 앞이나 어말語末에서는 [k, t, p]로 표기한다.

③ 전통성傳統性을 고려해 발음 표기에 고설화高舌化 표시를 한다.

④ 온전한 장음長音만 표시하고 반장음半長音은 표시하지 않는다.

⑤ '표준 발음법' 규정을 기준으로 하되 명문明文 규정이 없는 사항은 언어 현실現實에 비중을 둔다.

⑥ 표제어의 의미가 분명해야 독자에게 발음 표기가 정확히 인식되므로 표제어 의미 표현에 특히 유의留意한다.

⑦ 연접連接, juncture 현상으로 인해 부득이 발생하는 합성어의 복수複數 발음은 허용하는 범위 내에서 하나를 선택한다.

음성언어音聲言語가 시민 사이에 널리 인식되는 시기가 바로 방송 발전과 무관하지 않다고 생각한다. 바야흐로 방송에도 디지털 시대가 열리면서 방송이 참으로 눈부신 발전을 거듭하고 있다. 컴퓨터 역시 기술 발전이 괄목刮目해 컴퓨터의 언어 대량 처리가 일층 용이해졌다.

새 천년의 시작과 더불어 언어 연구 성과에 시민 관심이 집중되고, 이와 동시에 음성언어 변화 추이推移에도 비상한 관심이 모아지고 있다. 언어는 항상 변화한다. 따라서 언어의 변화에 생성과 소멸이 따르는 것은 당연한 일이다. 그러나 한 시대의 표준을 정해야 한다. 그것이 바로 표준 발음법發音法이다. 앞으로 남은 문제는 언어에 대한 시민의 인식이다. 온 국민이 언어에 대해 깊은 통찰을 가질 때 언어 순화醇化에 속도가 붙게 될 것이다.

일상으로 쓰이는 언어 가운데 사용 빈도頻度가 잦은 말, 생명력이 강한 말, 세련되고 순화된 말 등에 새 규정을 적용해 발음현상을 IPA로 표기한 것이 이 사전이다. 음성언어의 본래 모습, 음성언어의 현상 추구를 시도할 뿐, 단순하게 언어의 이상적理想的 기술記述에 급급하지 않았다. 발음 표기에 있어 표준발음법의 제정 기준인 현실성現實性, 전통성傳統性, 합리성合理性에 충실하고자 노력했다. 언어에 대한 시민의 인식이 좀더 깊어지고, 마침내 그것이 언어에 대한 이상과 현실의 조화로 접근이 가능해진다면 저자의 발음사전 편찬 의도가 보다 분명해질 것이다. 네 번째로 새 판을 짠 『표준 한국어 발음 사전』의 편찬 경과를 간략히 덧붙인다. (…후략…)

『표준 한국어 발음 사전』 최신 증보판 머리말

방송을 시청한 뒤, 방송 어문문제 한두 가지는 누구나 쉽게 지적하지만 이에 대해 전체적으로 완벽하게 해명할 수 있는 전문가가 의외로 드물다. 언어는 항상 변하는 속성을 지니기 때문이다.

2001년, 민지사民知社판 『표준 한국어 발음 사전』 출간 이후, 외래어 표기와 그 실제 발음에 괴리乖離 현상이 보여 이를 현실에 맞게 바로잡아 추가追加하는 한편, 일부 방송인이 표기와 발음의 차이를 인식하지 못하고 표기대로 발음하는 극히 자연스럽지 못한 현상이 발견되어 이를 여기에 정확히 반영反映했다.

한편, 사용빈도가 떨어지는 일부 표제어를 빼고 대신 신어新語 천여 개 항목을 보충해 최신 증보판增補版을 짰다. 한글은 로마자와 함께 소리글이지만 소리 나는 것을 소리 나는 대로 옮겨 적기란 그렇게 용이한 일이 아니다. 소리는 구체적이고 다양하나 글자는 본래 추상적抽象的이고 개념적概念的이기 때문이다. 국제 음성기호가 창안된 배경도 실은 여기에 있다. 그러나 음성기호音聲記號라 해 말소리를 그대로 정확히 옮겨 적기란 매우 힘들다.

이처럼 실제 음성을 문자 내지 기호로 표기하는 데 한계가 있음을 인식하지 않을 수 없다. 한글은 말소리를 비교적 그대로 옮겨 적지만 모든 말소리를 다 그대로 옮겨 적지 못한다. 그러므로 만약 표기대로 읽는다면 아무래도 무리가 따른다.

따라서 '발음문제'를 논의할 때 기본적으로 발음이 표가와 궤도軌道를 달리한다는 점에 주목할 필요가 있다. 표준 발음법이 제정 공표된 이유가 여기에 있기도 하다.

일반 국어사전이 의미와 용례用例를 소상히 밝힌 반면, 발음 표시는 필요한 경우로 한정하고 있어, 별도로 국어 발음사전을 편찬해 독자 요구에 부응副應하게 되는 것이다.

이 사전은 발음상 문제 있는 핵심 표제어만 뽑아 발음 실현實現을 정확히 표시하는 데 정성을 기울였다. 발음사전 편찬에 착수한 지 45년 만에 개정 증보 5판을 내게 되니 저자로서 자못 감회가 새롭다. 강호 제현의 기탄없는 질정叱正을 기대한다.

이에 앞서, 2000년 7월 한국어문교육연구회 발행, 『어문연구』106호 학술지에 게재된 저자의 국어학 논문 「발음사전 편찬에 대하여」 가운데 머리말, 차례, 마무리를 아래에 붙인다.

「발음사전 편찬에 대하여」 머리말

1957년, 한글학회 『우리말 큰사전』 이후, 1999년, 국립국어원 『표준국어대사전』이 나오기까지 앞서거니 뒤서거니 해 그동안 많은 국어사전이 우리 국어생활에 훌륭한 길잡이 구실을 다해 왔다.

1936년, 조신어학회가 '표준이'를 제정해 문지생활의 구심점이 되게 하고,

또 이것이 광복 후 민족교육 재건에 큰 힘이 되었음은 물론, 우리나라에서 표준어에 의한 교육이 정착되는 데 밑거름이 되었음은 말할 것도 없다. 문자언어의 표준화에 그칠 일이 아니라, 이제는 음성언어의 표준화가 그 어느 때보다 절실히 요청되는 시점이다.

지방색을 돋보이게 하는 사투리 발음으로 인해 지역 간에 위화감違和感이 생겨 국민 화합에 큰 걸림돌이 되고 있음이 현실이다.

표기가 발음을 정밀하게 반영하지 못하는 경우가 많아 일반 국어사전은 마땅히 표제어標題語에 발음을 IPA 또는 한글로 명확히 병기倂記해야 한다. 그러나 일부 사전은 정확성과 일관성에서 이 점 소루疎漏한 경우가 없지 않다.

발음사전이 이 부분을 보완해 등장한 지 벌써 40년을 헤아린다. 1962년 저자의 발음사전을 비롯해, 1984년 남광우 외의 사전, 1992년 이은정의 사전, 1993년 KBS의 사전 등이 차례로 출간되었다.

20세기를 넘기고 21세기 문턱에 들어서며, 모국어母國語 정도는 누구나 별 불편 없이 쉽게 할 수 있다는 무관심과 나태 현상을 깨끗이 불식拂拭하고, 나아가 국어 음성언어 표준화 및 순화에 박차를 가하기 위해 발음사전 편찬에 따른 소고小考를 착수하게 되었다.

차례
머리말
본문
㉠ 발음사전의 태동胎動 ㉡'한국어 표준발음사전' ㉢'우리말 발음사전'과 '표준 한국어 발음 대사전' ㉣ 발음의 오용誤用과 사전 편찬編纂 ㉤ 음소音素 표기와 음성音聲 표기

남광우 외 『한국어표준발음사전』은 '표준 발음법 규정'이 확정 공표되기 전에 나온 것인 만큼 새롭게 수정 보완할 부분이 있을 것이고, 『KBS 표준 한국어 발음 대사전』은 '한국어 로마자 표기법' 개정안이 나오기 전에 출판된 것이라 이른 바 IPA 표기법을 채택, 병기하는 편이 발음사전 성격상 부합되는 조건條件이 되리라 판단한다.

따라서 앞으로 나올 새 사전은 기존의 발음사전이 갖는 결함을 제거 수정하는 바탕 위에서 편찬하되, 어디까지나 '표준어규정'과 '표준발음법규정'에 준거準據해, 한국 표준어 발음 사전의 특질特質을 갖춘 체재體裁가 되게 해야 할 것이다.

『표준 한국어 발음 소사전』 개정판 머리말

기록記錄언어와 음성音聲언어는 특성에 있어 동일하지 않다. 발음사전 편찬 동기도 여기 있다. 1992년, 집문당에서 펴낸 저자의 『표준 한국어 발음 사전』에 한자음漢字音 표기상 약간 오류가 있어 이를 새롭게 바로잡고, 외래어外來語 표기와 발음에 괴리乖離 현상이 있어 이를 현실에 맞게 바로잡았다.

그리고 일부 방송인이 표기와 발음 차이를 인식하지 못한 채 표기대로 발음하는 자연스럽지 않은 현상이 있어 이 사전에 반영했다. 1988년 공표된 표준어 규정 및 표준 발음 규정을 염두에 두고 발음 사정査定 기본 원칙, 현실성, 전통성, 합리성 등에 입각해 발음 표기에 신중을 기했다.

한글은 알파벳과 함께 소리글이지만 소리 나는 말을 그대로 옮겨 적기가 용이한 일이 아니다. 말소리는 구체적이고 다양하나 글자는 본래 추상적抽象的이고 개념적概念的이기 때문이다. 국제음성기호國際音聲記號가 창안된 배경도 실은 여기에 있다.

그러나 음성기호라 하여 말소리를 정확하게 옮겨 적지 못한다. 실제 말소리를 글자 내지 기호로 표기하는 데 한계성限界性이 있음을 드러내는 이유이다. 따라서 발음현상을 논의할 때 발음이 표기와 궤도를 달리한다는 데 주목할 필요가 있다.

그러므로 표기는 '한글맞춤법'이, 발음은 '표준발음법'이 우리 언어생활을 규제規制하게 된다. 한편, 언어는 시간의 흐름에 따라 부단히 변화變化하는 속성屬性이 있음을 간과할 수 없다. 이때 발음이 우선 바뀌고, 표기가 뒤를 따라 바뀌기 마련이다.

일반 국어사전이 의미와 용례用例 기술記述에 중점을 두는 까닭에 발음에 비중을 두는 별도의 국어발음사전을 편찬編纂 독자 요구에 부응副應하게 된다. 이 사전은 발음상 문제 있는 핵심核心 표제어만 뽑아 발음 실현實現을 정확히 표기한 것이므로 발음문제에 일상으로 고심하는 방송 종사자와 각급 학교 국어과 교사와 종교계 및 정계 지도자들에게 필수 사전이 될 것이다.

097

『화법개설』 학술원 우수학술도서 선정

 1955년 대학 재학 중 '스피치' 연구에 관심을 가지고 국내외 서적을 탐독하던 과정에서 미국 퍼듀Purdue대학 스피치 교수 먼로Monroe가 지은 『스피치 원리와 형태』를 국내에서 구매 입수, 이 책으로 인해 스피치 학문의 대강을 파악한 저자가 몇 차례 번역서 또는 저서를 출간해 오다가 방송통신대放送通信通大 교재 『국어화법』을 공저共著로 출간했다.

 후에 이를 크게 손질해 집문당集文堂에서 『국어화법론國語話法論』을 출판, 그리고 또 이 책에서 한자어漢字語를 대거 배제해 새로 역락亦樂에서 『화법개설』을 출판했다. 그런데 이 책이 2004년 10월 11일 학술원學術院이 발표한 당해 연도 기초분야 우수학술도서로 선정되어 우선 놀라고 크게 기뻤다. 그리고 '스피치' 연구에 착수하고 거의 50년 만에 『화법개설』이 우리나라 학술원이 추천한 기초학문분야 우수학술도서로 인정받게 되니, 저자는 그 감격과 감동을 벅찬 영광으로 받아들일 뿐이다.

『화법개설話法槪說』 머리말

오늘날 화법이 전에 없이 교육계와 학계에서 비상한 관심을 모으고 있다. 화법이 인간발달과 함께 사회 공동체 상호 교류에 결여될 수 없는 능력일 뿐 아니라, 정보 공유와 조직의 팀워크를 위해 절실히 필요한 새 학문 체계이기 때문이다.

저자가 1954년, 방송 연구를 위한 체계적 방법을 탐색하던 중 스피치Speech 분야를 찾아내고, 여기에 전념해 온 지 벌써 50년을 바라본다. 저자는 1962년 국제스피치학회SAA에 회원으로 정식 가입하고 본격적인 연구를 시작했다.

『스피치개론』(문학사, 1962)을 선보인 뒤, 『화법원리』(교육출판사, 1967)를 출간해, 우리나라 화법 연구의 효시嚆矢를 만들었다. 그러나 『화술의 지식』(을유문화사, 1962)을 먼저 간행해 저서에 앞서 역서譯書를 냈다.

초기에 '스피치'라는 용어用語를 그대로 사용하다가 '화술話術'로 옮기고 다시 '화법話法'으로 바꾸었다. 저자에게 화법을 개척해 온 긍지가 없지 않으나 동시에 시행착오施行錯誤의 자괴自愧도 없지 않다. 그럼에도 불구하고 화법의 저술 활동을 계속해 왔다.

『고등학교화법』(교학사, 1995)과 『국어화법』(방송통신대학교, 1985)을 새로 상재上梓해 고등학교와 대학교 화법 교육의 초석을 놓고, 『느낌이 좋은 대화 방법』(집문당, 2003), 『짜임새 있는 연설』(민지사, 2002), 『토의 토론과 회의』(집문당, 1996), 『토론을 잘하는 법』(거름, 2003), 『설득說得의 화법』(민지사, 2003) 등을 잇달아 출간함으로써 민주사회 시민교육의 토대를 마련했다.

더욱이 착수한 지 40년 만에 65,000개 표제어를 수록한 『표준 한국어 발음 사전』(민지사, 2001)을 완성해 놓아 매우 기쁘다. 2002년 문화관광부 선정 우수 학술도서이기도 하다. 학술논문을 한데 모은 『신국어화법론』(태학사, 1998) 역시 1998년 문화관광부 추천 우수학술도서로 선정되었다.

국어국문학, 영어영문학, 언론정보학, 교육학, 연극영화학, 경영학, 법학, 정치학, 행정학, 국제관계학 등 대학과 대학원 전공 및 교양 선택 과목으로 화법話法이 뿌리를 내려가는 중에 마땅한 텍스트가 없음을 알고 이번에『화법개설』을 펴내게 된 것이다.

유럽 중심으로 볼 때 화법 연구의 역사적 흐름은 고대 이집트에서 발원發源해 고대 그리스와 고대 로마를 거쳐 현재 영국과 미국에서 무게 있는 연구가 지속持續되고 있다.

화법은 대화, 연설, 토의, 토론, 회의, 방송, 연극, 낭독 등으로 연구 영역이 확대 세분되는 추세趨勢이나 대체로 아트Art와 사이언스Science로 요약할 수 있다. 이 같은 시류時流에 맞추어 뜻을 같이 하는 전공專攻 교수들이 학술 정보의 교류와 공동 연구를 목적으로 1998년 '한국화법학회'를 창립創立한 것은 매우 뜻깊은 일이다.

자연을 사랑하는 사람들이 아름답게 숲을 가꾸어 오듯이, 저자는 화법 저서를 꾸준히 키워 왔다.『스피치개론』,『화법원리』,『국어화법론』등의 사례가 그것이다. 1988년 새 어문규정이 공표되고『표준 발음법』이 첫선을 보이자, 이 부분에 대한 대폭적인 수정修正이 불가피하게 되었다.

종전의 '국어발음'을 '방송언어의 발음실현發音實現'으로 바꿔 놓은 것이 '화법개설話法概說'이 갖는 특징이기도 하다. "생각은 어질게 말은 쉽게 하라"는 아리스토텔레스 말에서 힌트를 얻어, 본 저서의 기술記述을 쉽게 했다. 이 저서에 대한 동학 여러분의 성의 있는 검토와 합리적 평가評價를 기대한다. 아울러 도서출판 역락의 이대현 사장에게 감사의 뜻을 덧붙인다.

098

『기전어문학』 12, 13 합병호

2000년 2월 29일 수원대학교 국어국문학회 발행 『기전어문학』 12, 13 합병호는 '문겸 전영우 박사 정년 퇴임 기념호'로 발간되었다. 저자의 정년 퇴임을 기념하는 저자를 위한 특집호인 셈이다.

420쪽 분량의 학술 논문집이다. 책장을 열면 곧 홍신선洪申善 교수의 송시頌詩가 나온다. 홍신선 교수는 수원대 교수로 중앙도서관장을 지냈다.

| 송시 |

정정한 참죽나무송頌

　　　　　　　　　　　　문겸선생님 정년에 즈음하여 홍신선

이 나라 황무한 말밭을 갈아엎어

큰 뜻 뿌리고 싶어

한 시절은 방송의 일선에서
한 시절은 학구와 봉사의 교수생활로
오직 한 그루
우리말 화법만을 교목(喬木)으로 가꾸고 다듬어 온

그리하여 이제는
인근의 젊고 어린 풀싹들이
양손으로 그의 두 발을 받들어 올리는
우람 정정한
참죽나무같은

저 물골 기슭의
문겸(文兼) 선생님
어허, 정년으로 수십 년 한 나이테로 묶고
다시 새 출발의
새 도정을 시작하신다네
부디
노익장하소서

당시, 수원대학교 인문대학 국어국문학과장 이종건李鍾建 박사가 간행사 刑行辭를 썼다.

간행의 말씀

문겸 전영우 교수님께서 어언 20여 성상을 수원대학교에서 후진을 교육 양성하시고 지금 퇴임하시게 되었습니다. 먼저 건강히 정년을 맞으시게 된 것을 송축 드립니다.

선생님께서는 그동안 학교에서 중요한 보직은 모두 지내셨습니다. 교무처, 학생처, 홍보처의 최고 책임을 수행하시는 동안 사회의 변혁이 심하여 고뇌도 많이 하셨습니다.

그러나 선생님께서 맡으신 분야는 무사히 견뎌낼 수 있었으니 이는 선생님의 인품을 잘 대변해 주고 있다고 할 수 있을 것입니다.

한국 사회에서 선생님을 모르는 사람이 없을 정도로 선생님께서는 유명한 아나운서셨습니다. 1960년대 동아방송에서 〈유쾌한 응접실〉을 진행하신 일은 저도 기억을 하고 있습니다.

선생님을 수원대학교에서 처음 뵙게 되었을 때 이런 유명한 분과 한 대학에서 일한다는 것이 여간 자랑스럽지 않았습니다. 그랬던 일이 엊그제 같은데 벌써 정년을 맞으시다니, 세월은 정말로 쏘아놓은 화살과 같다는 말이 실감납니다.

선생님의 학문은 우뚝한 히말라야의 정상과도 같아서 후학들이 감히 넘보지 못할 정도입니다. '화법'이라는 학문 분야를 개척하시어 씨를 뿌리고 가꾸시어 지금은 어엿한 나무로 성장해서 자리잡고 있습니다. 국립도서관에는 선생님의 저서가 30여 책이나 장서되어 있습니다.

화법에 대한 이론 서적과 중고등학교 교과서에 이르기까지 화법과 관계되는 학문 분야에서 선생님의 저서를 대하기는 쉬운 일입니다. 선생님의 연구 저서가 아니라면 우리나라에서 화법이라는 학문 분야가 성립되지 못할 것입니다. 정년을 맞으시면서 발음사전을 손보시어 개정증보판을 내셨습니다. 연세가 드셨지만 더욱 학문에 대한 열기는 더해 가심을 알 수 있습니다.

이와 같은 선생님을 그저 떠나시게 할 수 없음을 수원대학교에서도 익히 알아서 다시 교수로 임용해서 계속 대학에서 강의를 하시게 했습니다. 이는 수원대학교의 기쁨이자 국어국문학과의 자랑입니다.

선생님의 정년이라는 시점을 기리려는 생각으로 수원대학교 국어국문학과에서는 교수들과 졸업생 그리고 대학원생, 재학생들이 힘을 모아 작은 정표로 이 논문집을 만들어 삼가 올립니다. 특히 와우출판사의 남정식 사장이 자담하여 책을 묶었습니다.

보잘것없는 것이오나 저희들의 정성이 들어있는 것이오니 가납하여 주시면 감사하겠습니다. 끝으로 선생님의 학문이 더욱 발전 성숙하심을 빌고, 아울러 선생님의 건강하심과 가내의 행운을 축원하오며, 주님의 가호를 기도드립니다.

2000년 2월 29일
수원대학교 인문대학 국어국문학과장 이종건

전영우 교수 약력

학력

1953.2 경복(景福)고등학교 졸업

1957.2 서울대학교 사범대학 국어교육과 졸업

1959.2 서울신문(新聞)학원 졸업

1962.8 성균관(成均館)대학교 대학원 '석사과정' 국어학전공 문학석사(文學碩士)

1967. 2 중앙(中央)대학교 대학원 '박사과정' 국어학전공 수료

1989. 8 문학박사(文學博士, 성신여자대학교 대학원 남녀공학)

경력

1954.11 서울중앙방송국 아나운서

1957.11 공군사관학교 교수부 국어교관

1959.4 서울중앙방송국 아나운서 복직

1961.8 경기(京畿)고등학교 국어과 교사

1961.12 서울중앙방송국 아나운서 복직

1962.4 서울텔레비전방송국 방송관(放送官) 승진

1963.2 동아일보사 방송국 아나운서실장, 부국장(副局長), 해설위원(解說委員)

1980.12 한국방송공사 아나운서 실장

1983.3 수원(水原)대학교 국어국문학과 조교수

1984.3 교학(敎學)처장

1985.3 학생처장, 국어국문학과장

1988.8 수원대 산학(産學)교육원장, 서울대학교 사범(師範)대학 강사

1989.4 부교수(副敎授) 승진

1993.2 인문(人文)대학장, 어학원장

1994.4 교수(敎授) 승진

1995.2 인문대학장, 어학원장

1997.3 기전(畿甸)문화연구소장

1997.10 홍보(弘報)처장

1999.2 임기 만료(滿了)

2000.2 교수 법정(法定) 임기 만료

2000.3 수원대학교 명예교수(名譽教授)

2003.2 임기(任期) 만료

상훈

1967.4 공로 표창(동아일보사장)

1968.4 동랑 유치진 연극상(演劇賞)(한국연극연구소장)

1968.9 감사패(서울특별시장)

1970.7 감사패(대한체육회장)

1971.4 서울특별시 문화상(文化賞) 언론(言論)부문(서울특별 시장)

1973.1 공로 표창(동아일보사장)

1973.4 10년 근속 표창(동아일보사장)

1976.10 공로 표창(방송윤리위원회)

1977.3 외솔상 실천 부문(재단법인 외솔회)

1978.4 공로패(국제라이온스협회)

1980.9 공로 표창(국무총리)

1982.9 국민훈장(國民勳章) 목련장(총무처)

1991.5 언론(言論)상 방송(放送) 부문(한국언론학회장)

1993.9 10년 근속 표창(수원대학교 총장)

1994.10 대통령(大統領) 표창(대통령)

2000.2 문교부장관 표창(문교부)

2007.11 천원(天園)교육상 학술(學術)연구 부문(천원 오천석, 吳天錫, 기념회)

위원촉員

1961.12 방송언어심의위원(방송윤리위원회)

1969.1 방송언어심의위원(문화공보부)

1970.3 국어조사(調査)연구회 표준어(標準語) 사정위원(문교부)

1978.3 국어순화(醇化)운동 추진(推進)위원(문교부)

1980.7 중학교 국어과 교육과정 심의(審議)위원(문교부)

1981.7 중학교 국어과 교육과정 심의(審議)위원(문교부)

1982.12 KBS 한국어(韓國語)연구회장

1987.5 중학교 국어과 편찬(編纂)심의위원(문교부)

1989.12 방송심의위원(SBS 서울방송)

1991.3 시청자위원(SBS 서울방송)

1991.7 심의규정 개정(改定)위원(방송위원회)

1991.8 방송심의위원(방송위원회)

1991.11 경기도문화상 심사위원(경기도)

1993.3 시청자위원(SBS 서울방송)

1993.11 서울특별시문화상 심사위원(서울특별시)

1996.3 시청자위원회 부위원장(SBS 서울방송)

1996.6 방송언어특별위원(방송위원회)

1997.4 제7차 국어과 교육과정 개정 연구(研究)위원(한국교육개발원)

1998.8 한국화법(話法)학회 학회장

『기전어문학』 12, 13 합병호 문겸文兼 전영우全英雨 박사 정년퇴임 기념호에 실린 저자의 자기소개서를 본다.

자기소개自己紹介

저는 서울대학교 사범대학 국어교육과를 졸업한 뒤, 서울신문학원을 거쳐 성균관대학교 대학원 국어국문학 석사과정을, 중앙대학교 대학원 국어학 박사과정을 모두 수료했습니다. 그러나 지도교수님 유고로 박사학위를 받지 못하게 되자 다시 성신여자대학교 대학원 국어학 박사과정을 재차 이수한 뒤, 한글학회 대표 허웅 교수님 등의 심사를 받고, 논문 「근대 국어토론에 관한 사적史的 연구」로 1988학년도 문학박사학위를 받았습니다.

저는 우리나라 '국어교육'에서 '화법話法' 분야를 처음 개척했습니다. 1962년, 미국 '스피치'학회에 정회원으로 가입한 뒤 현재까지 40년 가까이 오로지 화법 연구에만 전념해 왔습니다. '화법'이란 'Speech'를 옮긴 학술용어로 대화, 연설, 토의, 토론, 회의 등을 심도 있게 연구하는 학문의 체계입니다. 노드 웨스턴 대학을 비롯한 미국 내 각 대학에선 오래 전부터 전공 학과는 물론, 전공 대학을 설치하고 있는 실정입니다.

1983년 유엔이 당해 연도를 '커뮤니케이션의 해'로 설정한 사실만 미루어 보더라도 국제사회에서 의사소통 문제가 매우 중요시 되고 있는 것이 사실입니다.

21세기를 맞으며, 세계화世界化에 열을 올리고 있는 작금의 내외 정세를 볼 때, 신세대 교육에서 '발표능력Presentation'과 '의사소통능력Communication'을 배양 신장하는 '토론교육' 이야말로 영어 및 컴퓨터 교육 못지않게 큰 비중을 차지한다고 봅니다.

저는 『고등학교 화법』(교학사, 1996)과 『국어화법』(방송통신대학교 출판부, 1985) 그리고 『신국어화법론』(태학사, 1998) 등 저서를 이미 출간해 고교생, 대학생, 대학원생 화법 교재를 상재한 바 있는데, 『신국어화법론』은 1998년 문화관광부 우수학술도서로 선정되기도 했습니다.

중앙공무원교육원 고위과정을 비롯한 각급 공무원 교육기관은 물론, 서울대 사대 국어과 일정교사 연수 과정과 교육대학원 고위 과정 등에 출강해, '국어화법론', '연설과 대화', '토의 토론과 회의', '조직 내 인간관계와 화법', '프레젠테이션과 커뮤니케이션', '회의진행법' 등을 강의하고 있습니다.

덧붙여, 경기고와 서울교대, 공사교와 서울대에 그리고 사법연수원에 교사 또는 강사로 출강한 적이 있습니다. 한편, 동아일보사 동아방송국 부국장 겸 뉴스해설위원, 한국방송공사 뉴스 앵커 겸 아나운서실장을 역임한 일이 있습니다.

화법 강사 40년, 방송경력 30년, 교수직 경력 20여 년을 쌓아오며, 2000년 2월, 수원대학교 국어국문학과 교수직 정년을 맞고 명예교수가 되었습니다. 현재 한국화법학회 학회장이기도 합니다.

향후 『표준 한국어 발음 사전』 신증보판을 발간하고, 『대학화법』 교재와 『교양화법』 교재를 새로 출간할 예정입니다. 가능하면, 그리스 철인 아리스토텔레스의 『레토릭』을 국문으로 옮겨볼 계획을 세워놓고 있습니다.

2000년 3월 23일, 수원대 교수 정년의 날, 기념강연 전영우

20

국립국어원 출강

099

국립국어원 국어문화학교 출강

저자가 61세 회갑回甲을 맞던 1994년 10월 9일 한글날 기념식 때 정부로 부터 '대통령 표창'을 받았다. 고맙기도 하려니와 기쁘기도 하다. 하여 누구 추천을 받아 수훈受勳하게 되었는가 하고 당국에 알아보니 국립국어원 안병희安秉禧 원장 추천이라 해 당시 덕수궁 국어원國語院으로 안 원장을 찾아 고맙다 는 인사와 함께 저자가 지은 집문당 간 『국어화법론』을 증정했다.

1995년 7월 6일 목요일 오후 2시 경복궁내 민속박물관 대회의실에서, 문화체육부와 국립국어원이 공동으로 주관하는 '언어생활과 토론문화' 주 제의 세미나가 개최되었다. 이때, '토론의 실태와 방법'을 저자가 맡아 발표 했다.

발표 내용은 이미 앞에 소개한 바 있다. 정부政府 주관으로 '토론문화'에 대한 세미나를 가진 일은 아마 이 행사가 처음일 것이다. 이때는 국립국어원 장이 국민대 송민宋敏 교수였다. 이어 서울대 심재기沈在箕 교수가 원장일 때 문화학교 교수로 출강해 '화법의 이론과 실제'를 담당 전국에서 온 각급 공무원과 중고등 교사 대상으로 강의를 맡아 했다.

그 프로그램이 차기 남기심南基心 원장 때까지 이어져 5년여에 걸쳐 출강 기회를 가졌다. 수원대 명예교수로서 담당 과목은 화법의 이론과 실제, 연설 과 대화, 토의와 토론 등이었다. 저자로서는 매우 뜻깊은 시간이었다. 한편, 현장에서 직접 느끼는 청중 반응이 좋아 교수 처지에서 볼 때 매우 신명나는 강연이 이어져 갔다. 2003년 8월 저자 고희古稀연 때, 남기심 원장이 직접 참석, 축사祝辭를 해주니 매우 뜻깊은 시간이 되었다.

후에, 서울대 민현식閔賢植 교수가 원장에 취임, '국어화법' 특강을 요청해 기꺼이 나갔다. 여전히 이 분야에 대한 관심이 커 앞으로도 기회가 오면 출강 기회를 가졌으면 좋을 텐데 기회가 올지 모르겠다.

특히 방학 기간, 중고등 일선 국어과 교사들의 특강에 들어가면, 수강자 들의 관심이 매우 뜨겁고 예민했다. 지금까지의 국어과 수업이 단순히 상급 학교 입시 준비를 위한 문장文章 중심 교육인 데 비해 실질적이고 새롭게 듣 는 내용이 많으므로 강의장 분위기는 그때마다 생동감이 넘쳤다.

국립국어원(전. 국립국어연구소)이 생기기 전부터 이 같은 기관이 설립되어 전문 인력이 많이 배출되고 새로운 국어연구가 활발히 진전되기를 바랐다. 기대한 대로 안병희 전 원장은 조선일보사와 협력체재를 구축 화법話法 표준 화 안案도 만들어 내고『우리말의 예절』이란 국어 예절 지침서도 내놓았다.

1990년 10월부터 1년 2개월에 걸친 기간, 화법의 표준화標準化 안을 마련 하기 위해 12명 자문위원이 선정 위촉되는 등 '화법 표준화' 작업이 착실하 게 진행되어 한 개 결실을 이룬 일도 있다.

일주일에 한 차례씩 조선일보사 회의실에 자문위원, 국어원과『조선일 보』편집국 관계자가 모여 올라온 화법 문제를 앞에 놓고 진지하게 이따금 열띠게 토론, 해결안을 내 놓고 안도하며 땀을 닦던 일이 새롭게 떠오른다.

국립국어원과 조선일보사가 공동으로 화법 표준화 사업을 성공적으로 잘 수행해『우리말의 예절』이 조선일보사와 국립국어원 공동 저작으로 1991년 12월 조선일보사에서 발행되었다.

자문위원은 모두 열두 사람인데 박갑수, 박중훈, 서정수, 송민, 심재기, 안병희, 원윤수, 이응백, 이익섭, 전영우, 전택부, 정양완 교수 등이다. 박중훈 전 성균관장과 전택부 YMCA 명예총무 외는 모두 대학교수다.

다루어진 주제는 27개 항목이다. 항목만 소개하면 아래와 같다.

남편에 대한 호칭·지칭어, 아내에 대한 호칭·지칭어, 시부모와 며느리 사이의 호칭·지칭어, 처부모와 사위 사이의 호칭·지칭어, 송년과 신년 인사말, 건배할 때의 말, 전화 예절, 생일 축하 인사말, 만나고 헤어질 때의 인사말, 축하와 위로의 인사말, 가정에서의 경어법, 직장과 사회에서의 경어법, 자기를 가리키는 말, 부모와 자녀의 호칭·지칭어 등이다.

화법 표준화 사업을 시작하면서 "경어부터 바로 잡아야 한다"는 캐치프레이즈를 내걸고 좌담을 가졌는데, 좌담 참석자는 안병희 국립국어원장, 이어령 문화부장관, 이응백 서울대 교수, 전영우 수원대 교수, 전택부 YMCA 명예총무 등 다섯 사람이다. 1990년 10월 24일 조선일보사 회의실에서 모임을 가졌다.

국어 교육 문제 심각

이어령李御寧 먼저 날로 혼탁해 가는 우리 언어 현실을 바로 잡는 데 조선일보사가 흔쾌히 발 벗고 나선 데 대해 감사를 드립니다. 현재의 국어 혼란은 어떻게 보면 서울 시내의 교통 혼잡보다 더 풀기 어려운 심각한 상태라고 할 수 있습니다. 따라서 교통법규를 만들듯이 올바른 의사소통을 위한 언어규범의 필요성이 절실히 제기되어 왔습니다.

제 자신 이젠 정부에 몸 담고 있긴 하지만, 특히 이 같은 언어의 문제는 국가 권력이나 행정조직이 주도해서는 성공한 예가 없었다는 점에서 민간 언론기관인 조선일보사의 사업 착수를 더욱 환영합니다.

전영우全英雨 조선일보사의 화법 표준화 사업이 만시지탄晩時之歎이 있는 화급한 일이라는 데 전적으로 동감입니다. 저는 국어학, 그 중에서도 화법을 전공하는 입장에서 우리의 언어생활이나 교육 문제에 대해 늘 몇 가지 불만을 가지고 있었습니다.

첫째는, 현재 각급 학교의 국어 교육이 진학을 위한 문장 중심으로만 이루어지고 있어, 일상의 언어생활과는 거리가 있다는 점입니다. 국어 교육이 생활과 직결되어야지 입학시험의 희생물이 돼서는 곤란하지 않겠습니까?

또 하나는 같은 언어인데 영어, 독일어, 불어 등 외국어는 발음하는 법을 배우면서 우리말을 배울 때는 왜 발음법을 도외시하느냐는 점입니다. 소리가 정확해야 뜻이 명확하게 전달될 것은 자명한 일입니다. 그래서 화법과 관련된 언어생활의 규범을 정하는 일이 시급한 것입니다.

추진 방식 새로워 기대

안병희安秉禧 동양 여러 나라의 과거를 돌이켜 볼 때, 처음 나라가 서면 정음正音 정책부터 펴는 것이 가장 중요한 일 중 하나였습니다. 조선 초의 훈민정음이나 중국 명나라 초의 홍무정운洪武正韻 등은 발음과 글자에 대한 규범을 마련함으로써 건국의 기틀을 세운 대표적인 예입니다. 지금의 우리도 대한민국을 건국한 지 반 세기 가까운 세월이 흘렀으므로 우리의 언어 실정에 맞는 새로운 규범을 마련해야 할 시기라고 봅니다. 특히 일제 때의 맞춤법 통일안 등이 『조선일보』와 같은 언론의 뒷받침이 없었으면 실효를 거두지 못했을 것이라고 생각할 때, 이번 화법 표준화 사업은 조선일보사가 펼칠 만한 또 하나의 민족적 대사업이라고 할 수 있겠습니다.

전택부全澤鳧 저는 전문학자는 아니지만 오래 전부터 국어순화위원회 같은 기구에 참여한 경험이 있습니다. 당시 참여한 학자나 사회 인사들이 나름대로 성심껏 일을 했고, 정부의 고위 관리들이 관여를 했는데도 그 일이 실효를 못 거둔 것을 보면 뭔가 절차나 방식에 문제가 있지 않았나 생각합니다. 그런 점에서 이번 조선일보사의 화법 표준화 사업은 추진 방식이 상당히 새롭다는 인상을 받고 있습니다.

이어령李御寧 언어 정책이란 것은 다양한 특성의 언중言衆을 상대로 한 것이기 때문에 그들 간의 동의, 그들의 자발적 노력이 없이는 성공할 수 없는 것입니다. 따라서 문교부로부터 처음 어문 정책을 이관 받은 주무부처의 장관으로서 어문 정책의 입안은 민간 주도에 의해 이루어지도록 해야겠다는 것이 제 평소의 생각이었습니다.

단 그 정책의 시행 및 계도는 정부가 맡아서 한다는 거지요. 이번 사업은 화법 표준화에 대한 기초 조사 및 국민 여론을 수집하는 일을 민간 조선일보사가 맡아서 하고, 정부는 국어심의위원회의 심의를 거쳐 이를 추인, 공적으로 어문 정책에 반영하는 절차를 밟는다는 점에서 새로운 어문 정책의 효시라고 할 수 있을 것입니다.

조선일보사가 작성한 표준 화법안은 국어심의회의 심의를 거쳐 정부의 공식 표준 화법으로 채택, 각급 학교 교과서나 사전 등에 수록될 것입니다.

인사말, 호칭 등에 국한局限

이응백李應百 흔히 '화법'이란 말을 광의로 쓸 때는 발음이나 표준어 문제를 포함하는 개념으로 쓰기도 합니다. 그런데 이번 사업에서 말하는 '화법'은 인사말이나 호칭어, 지칭어, 경어 등에 국한해 사용되고 있는 것으로 보입니다. 이는 아마 화법 중에서도 특히 이 세 분야가 극심한 혼란을 겪고 있기 때문에 보다 선명한 목표를 정하자는 취지에서 비롯된 것으로 보입니다.

안병희安秉禧 그렇지요. 이 사업에서 말하는 '화법'이 다소 오해의 소지가 있어 그 개념을 분명히 정의하고 시작하는 게 좋을 것 같습니다. 여기서 말하는 화법은 사전적·학문적 풀이와는 거리가 있는, 대체로 '언어예절'과 같은 뜻이라고 볼 수 있죠. 다만 그 내용을 인사말, 호칭어, 지칭어, 경어의 문제로 국한하자는 것이지요.

이어령李御寧 일각에서는 사람마다 각자 자연스럽게 쓰는 화법을 굳이 표준화할 필요가 있겠느냐는 이견異見도 있는 것 같습니다. 그러나 개성이나 다양성을 내세우기엔 우리의 언어, 화법생활이 너무나 난맥을 이루고 있다는 데 문제가 있는 게 아닐까요? 예를 들어 아침 인사말만 하더라도 과거 우리에겐 좋은 말들이 여럿 있었는데, 이걸 갈고 닦을 생각은 안하고, 텔레비전 연속극에 나오는 젊은이들은 버젓이 '좋은 아침'이라는 말을 주고받습니다. 이것이 영어의 '굿모닝'과도 다른, 국적 불명의 말인 것은 물론입니다. 또 술자리에서 다 같이 술잔을 들 때 북한에선 '축배', 일본에선 '건배'하지만 우리에겐 적합한 말이 없어 우물쭈물하기 일쑤입니다. 어느 곳에선 '위하여'라고 하는가 하면, 또 어느 자리에선 '곤드레만드레'라 하기도 합니다. 만약 누가 외국에 나갔을 때 "너희 나라에선 아침 인사말을 어떻게 하느냐, 술잔을 들고선 뭐라고 하느냐?"고 물으면 어떤 대답을 할 수 있겠습니까? 따라서 다양한 것도 좋지만 화법에 관한 최소한의 규범이 있어야 되겠다는 얘기지요.

전영우全英雨 화법 표준화 사업이 성공하기 위해선 되도록 구체적인 것, 생활 주변에서 흔히 맞부딪치는 사례들을 찾아 문제점을 지적하고 대안을 제시해야 할 것입니다. 과거엔 각 가정의 밥상머리에서 주고받는 부모 자식 간의 대화가 언어 예절 교육에 중요한 역할을 했습니다. 그러나 핵가족화하고 저마다 바빠져 버린 지금은 그런 기회가 적습니다. 입시 위주의 학교 교육에서 언어생활 교육을 기대하기란 어렵습니다. 사회 환경 중에서도 국민의 언어생활에 중대한 영향을 끼치는 텔레비전 등 전파 매체에 나오는 드라마나 코미디를 보면 오히려 악영향을 줄 것들이 많습니다. 화법 표준화 사업이 그래서 만시지탄이 있다는 거지요.

전택부全澤鳧 화법의 표준화는 세대 간, 지역 간, 계층 간의 문화적 단절을 극복한다는 점에서도 바람직하리라고 봅니다. 젊은 부부들이 상대방을 부를 때 '자기'라고 하는 말을 흔히 듣습니다. 제가 한동안 '둘이서 한 마음'이란 방송 프로그램에 출연한 적이 있습니다. 그때 보니까 출연자들이 자기 아내를 '내 부인', 또는 '우리 와이프'라고 지칭하기 일쑤더군요. 이처럼 화법의 골이 깊으면 깊을수록 문화적 동질감을 갖기란 어려워지게 되지 않을까 생각합니다. 민간 차원의 운동이 물론 중요하긴 하지만 정부도 경제 계획만 자꾸 세울 게 아니라 강한 의지를 갖고 언어생활을 바로 잡는 일을 지원해야 할 것입니다.

호칭 갈수록 난맥상亂脈相

이응백李應百 저도 전 선생님과 같은 경험을 많이 갖고 있습니다. KBS 라디오 프로그램에 나갔을 때입니다. 어느 젊은 부부와 시어머니, 시동생이 함께 출연했었습니다.

그런데 그들 사이 호칭이 가관이더군요. 예컨대, 시동생은 형수를 '누님'이라 부르고, 아내는 남편 보고 '오빠'라 하더란 말입니다. 제가 하도 이상해서 "어째 그렇게들 부르십니까?" 하고 물었더니, 연애하던 시절의 호칭이 그대로 굳어져 결혼 후에도 그렇게 부르고 있노라고 대답하더군요. 집에서 자기들끼리 그런 식으로 호칭한다고 해도 보통 문제가 아닌데 라디오 같은 공적公的인 자리에서 그런 얘기들을 나누고 있으니 화법에 대한 젊은 세대들의 무감각이 참으로 심각하구나 느꼈습니다.

사실 이런 예는 비일비재非一非再합니다. 시동생을 '삼촌'이라 하고, 시누이를 '고모'라고 부른다든가, 대학시절 하던 것처럼 시부모 앞에서도 남편을 '형'이라 부르는 일들이 허다하지 않습니까?

어느 기관에서 여직원을 '아씨'라고 부르는 것을 보았습니다. '아가씨'라고 하긴 뭣하고 '미스 아무개'라고 하기도 어색해 '아씨'라고 부르는 것 같은데 이것 역시 크게 잘못된 겁니다. '아씨'란 원래 젊은 상전을 부를 때 쓰는 말인데 결혼도 안 한 처녀를 그렇게 불러서 되겠습니까?

전영우全英雨 최근 어느 집안으로부터 조상의 묘에 비석을 세우려고 하는데 비문을 좀 지어달라는 요청을 받은 일이 있습니다. 현대 사회에 걸맞게 순수 한글 비문을 지어달라는 주문이었어요. 그래서 제 딴에는 그 조상분을 아주 높이는 말로 '당신'이라고 지칭했더니 후손들이 화를 내는 거예요. '선생'이라 불러야지 '당신'이 뭐냐는 거였습니다. '당신'이 3인칭의 아주 높임말이라고 아무리 설명을 해도 납득을 안 해 애를 먹었습니다.

안병희安秉禧 조상에 대한 지칭과 관련해서는 저도 몇 가지 일화가 있습니다. 얼마 전 대학 입학 면접시험에 들어갔을 때의 일입니다. 같이 들어간 선생님이 수험생에게 할아버지 함자를 물어보자 그 수험생이 "○자 ○자입니다"라고 대답하는 것이었습니다. 그런데 그 선생님은 틀렸다는 표정을 지으며 학생을 막 꾸짖는 것이었습니다. 제가 보기엔 그 학생의 답이 맞는 것 같아 나중에 그 선생님에게 까닭을 물으니 당신의 고향인 함경도에선 그렇게 안하고 그냥 "○○○입니다" 하고, 이어서 부른다는 것이었습니다. 이처럼 같은 호칭(지칭)이라도 지역에 따라 차이를 보이는 것들도 많아 화법 표준화 사업이 구체적으로 진척되면 적지 않은 어려움이 예상되기도 합니다.

경칭敬稱 남발 부작용도

이어령李御寧 화법이란 것이 바르게 정착되려면 발신자나 수신자가 공통의 문화 기반을 갖고 있어야 하는데, 우리 사회는 급격한 산업화 과정에서 이걸 상실했습니다. 화법 문제의 어려움이 바로 여기에 있다고 봅니다.

화법의 혼란상에서 특히 두드러진 것 중 하나가 경칭의 남발 현상입니다. 예컨대 전에는 그냥 운전사라고 지칭하던 것이 어느 순간 '기사님' '기사 선생'이란 말도 어렵지 않게 듣게 됐습니다. 이렇게 '님'자가 남용되다 보니 '님'자가 들어가면 오히려 격榕이 낮아 보이는 현상까지 생겨나는 실정입니다. 심지어는 스승이 출세한 제자에게 '님'자를 붙이는 예를 보았으니까요.

또 다른 예로 자기가 자신을 높여 부르는 일도 허다합니다. 전화에다 대고 '나 ○○○ 교수입니다'라든가 '나 ○○○ 선생'이라고 스스로를 지칭하는 행위입니다. 또 아버지가 자기 아들을 '○○○ 사장', '○○○ 장군'이라 부르는 것도 보았습니다. 이런 일들은 스스로 품위를 떨어뜨리고 대접을 못 받게 하는 행위입니다.

전택부全澤鳧 과거와 비교해 볼 때 존칭 인플레 현상이 심각한 것은 사실입니다. 제가 1906년에 나온 '부부 십계명'이란 책을 입수해 해설을 덧붙여 최근 재출판한 일이 있는데 거기 보면 존칭이 그렇게 많이 나오지 않아요. 예컨대 '아내 되는 이 남편이 부족한 일 있어도 결단코 군소리 마시오' 하는 식입니다.

안병희安秉禧 경칭敬稱의 남용 현상은 6·25와 산업화 과정을 겪으면서 상하관계가 허물어지고, 되도록 상대방을 존중해 주자는 의식이 싹트면서 비롯되었다고 봅니다. 그런데 호칭, 지칭, 경어 사용에 따른 최소한의 규범이나 합의가 없다는 것이 문제지요. 2차대전 이후 비슷한 현상을 겪은 일본日本은 1952년, '지금부터의 경어'라는 소책자를 만들어 화법의 규범으로 삼았습니다. 그것을 보면, 우리의 화법 표준화 사업이 얼마나 뒤늦은 것인가를 알 수 있지요. 무분별한 경칭 사용을 비롯하여 인사말 호칭어 등이 정착된다면 그만큼 우리의 사회생활이 제자리를 찾고 원활하게 돌아갈 것입니다.

이어령李御寧 문화부 '까치소리' 전화를 통해 들어오는 국민들의 요구를 보면, 80% 이상이 우리의 말과 글을 갈고 닦는 문제에 관한 것들입니다. 전화를 주는 분들도 청소년부터 할아버지, 할머니에 이르기까지 다양합니다. 이는 바꾸어 말하면, 조선일보사가 시작할 화법 표준화 사업에 거는 국민의 기대가 그만큼 크다는 것을 말하는 것입니다.

최적어最適語 선택해야

전영우全英雨 어쨌든 이번 사업은 그 대상이나 실천 방식 등을 볼 때 지금까지 있어온 국어순화운동과 다르다는 점에서 기대를 갖게 합니다. 언어 문제에 관해서는 전문가가 따로 없는 법입니다. 되도록 졸속을 피하며 충분한 시간을 갖고 여론을 수집, 토의해 최대 다수의 언중言衆이 납득할 수 있는 표준 화법안話法案을 만들었으면 합니다.

조선일보사는 한국인의 올바른 언어문화 정립을 위해 문화부, 국어연구소(지금의 국립국어원)와 공동으로 '화법표준화특집'을 시작했다. 우리의 일상 언어에 새 바람을 불어넣을 특집의 출발을 앞두고 이상과 같은 좌담을 가졌는데, 이어령 문화부장관을 비롯해 이응백 서울대 교수, 전택부 YMCA명예총무, 전영우 수원대 교수, 안병희 국어연구소장 등이 표준화법에 대한 좌담회를 가졌고, 이 좌담 기사를 1990년 10월 24일자 동『조선일보』에「올바른 언어예절」제하 특집 기사로 한 면에 걸쳐 크게 실었다.

한편, 앞에서도 말했지만, 조선일보사는 이듬해『우리말의 예절』책을 조선일보사, 국립국어연구원 공동으로 저작 발행했다.

◀ 100 ▶
사법연수원 출강

1996년 사법연수원 편람에 의하면, 교양강사 명단에 저자가 나온다. 간단히 약력이 소개되고 담당 과목이 '대인對人 화법'으로 나와 있다. 이때 원장이 가재환 씨다.

이 분은 이전에 대법원장 비서실 실장을 지낸 분인데 저자가 KBS 아나운서실장 할 때 3·1절 기념식 실황 중계방송 시 중계 담당 아나운서가 3부 요인을 소개하며 신임 유태흥 대법원장 대신 전임 대법원장을 소개하는 잘못이 있어서 이 문제를 제기해 저자가 즉시 달려가 실장은 물론 대법원장에게도 사과를 한 일이 있다.

마침 유 대법원장이 경복고 선배인 점을 알게 되어 반가웠고 그런 일을 가지고 뭐 직접 찾아와 사과까지 하느냐고 하기에 몸 둘 바를 몰랐다. 그러나 어떻든 가재환 당시 실장의 지적은 옳았고 저자 역시 직접 가서 사과할 수 있어 좋았다고 생각한다. 그리고 그 후 사법연수원에 나가 원장을 만나니 반가울 수밖에 없다.

사실 사법연수원 출강은 이때가 처음은 아니다. 1977년 김인섭金仁燮 판사가 연수원 교수일 때 처음 섭외를 받고 출강했다. 저자로서는 동아방송 재직 중이고 당시 '스피치' 특강特講으로 한창 바쁜 시기에 해당한다. 이 과목이 연수원생에게도 절실히 필요하다는 의견이 연수원 당국에서 모아져 김인섭 교수 주선으로 강의를 맡은 것이다.

정확한 날짜는 기억이 안 나지만 서초동 때 연수원 출강하니 담당 직원이 교수 명단을 가리키며 아는 분이 있느냐 묻기에 박준서 판사를 한번 인사한 적이 있다고 하니 그럼 오신 김에 박 판사 만나시고 차도 함께 하라기에 그렇게 한 일이 있다. 후에 그분은 대법관大法官을 지냈다.

≪ 101 ≫
『짜임새있는 연설』 출판

화법 일반의 저술에서 벗어나 저자는 연설 분야 출판을 서둘렀다. 우리나라는 좌옹佐翁 윤치호尹致昊가 처음 '연설'이란 말을 쓰기 시작했지만 딱히 연설 관련 기초 교양서가 보이지 않자 저자가 연설 책을 쓰기로 작정 계획을 세워 쓰기 시작했다.

350쪽 분량으로 민지사民知社에서 나온 『짜임새 있는 연설』 머리말을 소개함으로써 이 책 특성特性을 말하고자 한다.

『짜임새 있는 연설』 머리말

사회가 복잡해지면서 사람들과 접촉할 기회가 많아지고 그에 따라 음성언어의 비중이 점점 커지고 있다. 개인적인 대화나 일상생활 인사뿐 아니라, 공중 앞에서 연설할 기회도 있고 중요한 의사결정을 위해 회의에 참석하거나 학문적 연구 결과를 발표하는 자리에 연사와 청중으로 참가하는 등 연설의 필요성을 절감할 기회가 많다.

연설은 연사가 많은 공중公衆을 상대로 자신의 평소 지론持論이나 견해 등을 말하는 화법이다. 연설은 그 성격에 따라 의사당 연설, 선거 유세, 시민대회 연설, 종교 집회 연설 등으로 나눌 수 있고, 목적에 따라 보고 연설, 설득 연설, 환담 연설 등으로 나눌 수 있다. 또 준비에 따라 원고 연설, 메모 연설, 암기 연설, 즉석 연설 등으로 분류하기도 한다. 그 밖에 법정의 검사 논고와 변호사 변론 등도 연설의 일종이다.

연설이라 하면 웅변술을 연상하기 쉽다. 웅변술은 과장된 음성으로 수사적 표현에 치중하는 경향이 있어, 내용이 공허한 경우가 없지 않다. 연사가 무책임한 내용으로 연설하는 경우에 선동 연설 또는 궤변詭辯이 되기 쉽다.

그러나 최근에 고성능 확성 장치가 발달해 큰 소리로 절규絶叫하듯 말할 필요가 없고, 대화하듯이 자연스럽게 얼마든 연설할 수 있다. 연설은 언제나 진실하고 가치 있는 내용을 자유롭고 짜임새 있게 말해야 청중의 호응呼應을 얻을 수 있다.

오늘날 연설은 자신의 주장이나 신념을 많은 사람들에게 전달하는 화법이므로, 민주주의 사회에서 없어서는 안 될 중요한 의사 전달 구실을 한다. 더 나아가, 훌륭한 지도자의 진실하고 충정衷情 어린 명연설名演說은 국가와 민족의 운명에 큰 영향을 끼치기도 하는데, 이러한 예는 인류 역사 가운데서 얼마든지 찾아볼 수 있다. 따라서 우리가 민주사회 지도자가 되기 위해 훌륭한 연사의 능력을 키우는 것이 무엇보다 중요하다.

이 같은 취지에 따라 이 책을 저술하게 된 것이다. 저자는 1962년 국제스피치학회에 정식 회원으로 가입한 이후, 스피치로 문학박사학위를 취득했다. 출판은 1962년『화술의 지식』을 을유문화사에서 번역서로 내고, 1964년『스피치개론』을 문학사에서 출판, 세상에 선보이자 독자의 관심이 크게 집중되었다.

이어 1967년『화법원리』를 교육출판사에서 발행해 냄으로써 유럽의 스피치를 우리나라에 처음 소개했다. 이때 저자는 스피치를 화술話術로 다시 화술을 화법話法으로 학술용어를 바꿔 놓았다. 그리고 학계學界의 인정을 받았다.

대학교재『국어화법』이 1985년 방송통신대에서 공저共著로 출판되고, 고등학교『화법』이 교학사敎學社에서 출판됨으로써 명실공히 제도권 교재를 완성했다. 이 방면 일반의 교양서로『오늘의 화법』과『교양인의 화법』이 70년대 창조사創造社에서 나오고,『대화의 에티켓』이 80년대 집문당集文堂에서 나왔다.『바른 말 고운 말』,『토의 토론과 회의』,『대화의 미학』등이 90년대 집문당에서 나왔다.

이 분야의 학술도서學術圖書는 1991년 일지사一志社 간행『한국 근대토론의 사적 연구』가 있고, 1998년 태학사太學社 간행『신국어화법론』이 있다. 2001년 한글날에 즈음하여 40년 만에 완성된 민지사民知社 발행『표준 한국어 발음 사전』은 표제어標題語가 모두 65,000개 항목으로 표준발음의 기준 체계를 세운 매우 뜻깊은 작업이었다.

이 가운데『오늘의 화법』과『신국어화법론』그리고『표준 한국어 발음 사전』이 정부 문화관광부에 의해 우수학술도서로 선정되었다. 여기 특기特記할 사실은 역락에서 나온『화법개설』또한 학술원學術院에서 우수학술도서로 선정되었다. 전공 분야에서 4책이나 정부 선정 우수학술도서로 선정 받은 일이 얼마나 고마운 일인가?

이에 덧붙여, 저자는 새로『짜임새 있는 연설演說』을 다시 상재上梓하기로 했다. 모름지기 연설은 누가 하더라도 짤막하고 짜임새가 있어야 하며 청중聽衆에게 감동을 줄 수 있는 것이어야 하며 동시에 여운餘韻을 남겨야 한다고 하는 전제하에 이 책의 체재를 편성했다.

연설자는 보통 누구에게, 무엇을, 어떻게 말해야 하는가의 '3하원칙'에 입각해 말하게 된다. 따라서 이 책은 첫째, 청자 및 청중 분석에 비중을 두되, 연설자 이야기가 진실인가 허위虛僞인가, 진실인가 과장誇張인가, 진실인가 가식假飾인가 하는 청중의 여과장치濾過裝置적 반응을 포함하고, 둘째, 내용구성은 주제 및 화제 선택과 함께 아우트라인 작성법에 중심을 두었으며, 셋째, 언어와 동작의 표현은 발음 및 음성실현音聲實現과 함께 제스처에 비중을 두어 기술했다.

『짤막한 연설』은 Ryu Morohoshi의 저술에서, 『짜임새 있는 연설』은 Harold Zelko의 저술에서 많은 아이디어와 아이템을 얻었다.

말만 풍성하게 늘어놓고 행동과 실천이 따르지 않을 때 "말보다 실천!"이 설득력說得力을 갖는 것이 사실이지만, 오늘에 와서 이 구호는 오히려 시대조류時代潮流에 걸맞지 않는 경구警句로 변모했다. 남과 더불어 빈번히 상의하고 활발히 협력해 나가야 비로소 우리는 세계화의 새 조류를 타고 일상의 삶을 영위할 수 있기 때문이다.

그러므로 우리는 언행일치言行一致, 지행합일知行合一의 자세를 견지할 필요가 있고, "백지장도 맞들면 낫다"는 속담을 새로 음미해볼 필요가 있다. 유엔이 1983년을 세계적으로 '커뮤니케이션의 해'라고 공식 선포한 이유도 바로 여기 있다고 본다.

어려운 것을 어렵게 말하기는 쉬워도 어려운 것을 쉽게 말하기는 어려운 법이다. 연설자演說者의 이야기는 첫째, 알아듣기 쉽고, 둘째, 흥미 있고, 셋째, 유익한 것이어야 하며, 넷째, 이따금 감동을 주고, 다섯째, 청중에게 무엇인가 여운餘韻을 남겨야 한다. 이 같은 기본 원리가 연설의 중심을 잡으면 연설 효과는 배가 될 것이다.

전문직 연설자가 따로 없다. 오늘을 살아가는 모든 시민이 뜻만 세우면 연설자가 될 수 있다. 뜻이 서면 자신의 능력 개발에 착수해야 한다. 자기 표현능력 향상이 절실히 필요하다고 자각하는 사람이 곧 연설자의 자질資質을 갖춘 사람이다.

이 책을 읽는 독자는 연설, 강연, 식사, 발표 등 현장에서 필요한 많은 아이디어를 이 책에서 확실히 제공 받을 것이다. 남녀노소 가릴 것 없이 프레젠테이션과 커뮤니케이션에 관심 있고 자기 능력 개발을 바란다면 이 책이 훌륭한 반려伴侶가 될 것임을 확신한다.

102

에세이 「도산공원의 아침」

『현대수필』 통권 제81호(2012 봄호)에 실린 에세이 「도산공원의 아침」을 소개한다.

도산공원의 아침

아직 가로등이 켜진 시간이라 바로 등불 밑이 아니면 서로 얼굴 식별이 어렵다. 그래도 대충 복장과 걸음걸이로써 상대를 알아보고 인사를 건네면 즉시 응답이 온다. 산책로가 4백 미터 트랙인데 열 바퀴쯤 돌아야 십리 턱이 된다. 70대 초반까지는 이 목표를 이루어내지만, 벌써 80대쯤 되면 대여섯 바퀴로 마감하고 운동틀 코너로 들어가 2부 운동을 시작한다.

큰 신박의 기를 잡은 선장처럼 양팔을 넓게 벌려 왼쪽 오른쪽 번갈아 핸들을 돌리며 팔, 어깨, 가슴, 상체운동을 하면 자고 난 몸의 근육이 유연하게 풀린다. 운동기구가 여러 개 설치돼 있어 신체 각 부위의 근육 운동하기에 안성맞춤이다. 양팔을 고정하고 온몸을 좌우로 흔들어대는 '파도타기'와 또 '공중걷기', '노 젓기' 그리고 '몸체 돌리기' 운동을 하고 나면 등판이 온통 땀으로 흠뻑 젖는다.

이번에는 가슴까지 닿는 철봉을 두 손으로 꽉 잡고 몸을 앞과 뒤로 움직이면 벌써 마음에 여유가 생긴다. 스트레칭을 하러 코너에 들어오는 다른 동호인에게 아침인사를 보낸다. 이때 나이 차이가 있어 성명 대신 호를 부른다. 호산! 송정! 백강! 반천! 등. 나는 문겸이거니와 나에게 호를 불러주는 사람이 오면 반갑고 그와의 심리적 거리감도 그만큼 좁혀진다.

매일 아침 이른 시각에 집을 나와 공원에서 규칙적으로 운동한다는 일이 이제는 몸에 배어 거르면 오히려 허전하다. 그야말로 비가 오나 눈이 오나 바람이 부나 한결같이 운동하는 재미가 쏠쏠하다.

아침 행사는 이에 그치지 않는다. 몇몇이 모여 탑골공원처럼 초면 구면 할 것 없이 화제를 나눈다. 쉽게 접근할 수 있는 화제는 날씨, 계절, 건강이지만 정치, 사회, 종교 등 시국 정담으로 화제가 바뀌면 가벼운 신경전이 벌어지기 일쑤다. 그러므로 친목을 도모하자면 피차 유익하지 않은 화제는 각자 묵언하는 편이 낫다. 화제의 빈곤을 느끼면 이른 새벽, 잠에서 깨나자마자 조간신문부터 대강 훑어보고 혹은 인터넷 신문도 보고 나와 뉴스 앵커처럼 목청을 돋우는 사람이 있다. 이 이야기를 얼마쯤 듣고 있다가 TV채널 돌리듯이 순식간에 화제를 자기중심으로 바꾸는 사람까지 있다.

얼마 전, 유행성 감기를 앓다가 증세 악화로 입원하였는데 폐렴 진단을 받고 곧 숨지고 말았다는 어느 명사 이야기가 나오자 노인들을 종내 죽음에 이르게 하는 병증이 바로 폐렴이라는 사실을 확인한 뒤 무엇보다 폐렴 예방주사를 꼭 맞아야 하겠다는 인식이 노인층에 곧바로 확산되기도 하였다.

기온이 영하인데 바람까지 세차게 불어 체감 온도가 더 떨어지면 아예 외출을 삼가고 해 뜬 뒤에야 집 밖에 나오는 노인들도 없지 않다.

지금 겨울이면 봄이 멀었을까만 잎이 떨어져 앙상한 나목들이 공원 안 정경을 쓸쓸하게 만든다. 80대 중반 김 씨 노인 부부가 구부정한 몸을 휘어진 나무지팡이에 의지한 채 정답게 산책로를 돌다가 운동 마치고 귀가할 때면 자동차에 나란히 앉아 공원 앞을 출발하던 영상이 아직 내 머리에 클로즈업 된다. 얼마 전 할아버지가 타계하자 할머니도 베터 하프를 잃고 그 뒤 공원을 찾는 일이 없어졌다. 한 세대는 가고 한 세대는 오는 것인가?

운동을 해도 가고, 운동을 안 해도 가는 경우가 있지만 그래도 한 번밖에 없는 소중한 생명, 건강하게 살다 가야 할 것이 아닌가. 그러나 어디 그것이 사람 뜻대로 될까만 계속하는 것이 노력이니 노력하면 어느 정도 수명을 연장할 수 있지 않을까?

장수학자 '히노하라 시게아키' 의사가 한 말이 떠오른다. 첫째, 일생을 현역으로 살 일, 둘째, 어떻든 몸을 자주 움직일 일, 셋째, 가능한 한 웃기를 잘 할 일이라 하였다. 일리가 있다.

도산 안창호 선생의 애국정신을 온 국민이 귀감 삼게 하라는 윗선의 분부로 1970년 강남구 신사동 한 켠 자리 좋은 곳에 약 3만 3천 평방 미터의 토지를 확보, 1973년 도산 내외분 유해를 합장하고 도산공원을 조성한 지 벌써 40년쯤 지났는데, 그때 심어놓은 갖가지 나무들과 풀들이 한창 무성할 때는 설악산 한 귀퉁이를 옮겨 놓은 듯하다.

봄이면 연초록이 뿌려지고, 어느 사이 신록을 이루는가 하면, 금새 짙푸른 장원이 연출된다. 이때 누가 "저 꽃 좀 보라!" 하여 그 쪽을 쳐다보니 나팔꽃 같은 주황색 꽃이 삐죽이 나와 있다. 싱그럽다. 꽃 이름이 '능소화'라 하던가, 바다에만 온난화 현상이 생기는 줄 알았더니 땅에도 아열대성 식물이 새롭게 등장한다. 날씨가 덥더라도 나는 여름은 참을 만한데 추위가 심한 겨울은 한기가 싫어 딱 질색이다.

지금은 크리스마스가 멀지 않다. 대관령에는 눈이 온다고 기상 캐스터가 호들갑을 떨며, 서울과 중부지방은 그러나 비가 오리라는 예보를 내어 놓는다. 겨울이므로 두툼한 파카에 장갑을 끼고 마스크도 한 채 밖에 나간다. 공원에 들어서 산책로를 돌 때 대부분의 사람이 오른쪽으로 걷는데 간혹 몇 사람은 왼 쪽으로 걷는다. 자주 본 적이 있는 사람은 아니다. 걷기의 1부 순서를 마치고 운동틀 코너에 들어가면 서로 인사를 나눈다. 말을 건네며 악수를 청한다. 동성끼리 하지만 이성 간에도 악수할 때가 있다. 헐겁게 낀 장갑이 아니라서 장갑을 손에서 뺄 때 약간 거추장스럽다.

"우리 서로 낀 채로 악수합시다" 하면 좋을 것을 "우리 벗고 할까요? 끼고 할까요?" 할 때 주위에서 웃음이 터진다. 악수 인사를 한 번 했는데도 워낙 사람이 많아 또 하게 되면 상대가 "아까 했는데 또 해요?" 이때도 웃음이 터진다.

병자년(1936)이면 손기정 선수가 베를린 올림픽 마라톤 대회에서 우승을 거머쥔 해인데, 그 해 도산 안창호 선생이 잡지사 '삼천리'를 위하여 써 준 글이 공원 한 켠에 새겨 있다.

"만일 사회를 개조하려면 먼저 스스로 자기 자신의 부족함을 개조하여야 할 것이다."

103

한국능률협회 오철구 선생

능률협회 오철구 선생의 내방을 받고 새로운 세계를 알게 되었다. 앞에 나왔지만 화법이란 분야를 개척하고 이 방면 각종 서적을 저술하고 있는 저자를 주목하고, 비즈니스 특히 세일즈맨 교육에 스피치가 매우 중요하니 이 분야를 담당해 줬으면 어떻겠느냐는 제의를 해왔다. 이 방면의 스피치 교육이 있음은 저자도 이미 알고 있던 터이다.

그도 그럴 것이 저자의 저술 초기 『화술의 지식』 번역서를 쓸 때 '세일즈맨' 파트가 나오는 사실을 알았기 때문이다. 뿐만 아니라 미국에서 나온 스피치 분야 저서에 꼭 조금이라도 『판매화법』이 다루어지고 있음을 알고 일찍 방송통신대학 교재 집필 당시에도 판매화법 분야를 포함하게 되었던 것이다.

지금 그분이 한국인사관리협회를 이끌어 오며 비즈니스 월간 간행물 『인사관리人事管理』도 발행해 온다. 과거 이 분은 능률협회는 물론 생산성본부에도 한때 몸담아 임원으로 많은 업적을 쌓아 온 분이다.

오철구 선생의 내방은 저자에게 인생행로의 한 전기轉機를 여는 데 큰 모멘트가 되었다. 아마 이 무렵부터 이른 바 '산업훈련産業訓練'이라는 이름으로 비즈니스맨 또는 세일즈맨 교육이 본격적으로 가동되었다고 말할 수 있을 것이다. 동시에 산업훈련 기관 역시 우후죽순처럼 난립하는 현상을 보이기 시작했다고 해도 지나치지 않다.

산업화 사회에서 생산된 제품을 알리고 판매하는 영업부서의 기능 강화 방침이 이 무렵 각 기업체별로 확산되는 추세를 보인 것은 두말 할 필요가 없다.

지금도 기억나지만 서울 시내 을지로 입구와 명동 입구 부근이 그야말로 서울의 번화가로 알려지던 시절, 그 중심에 미도파백화점이 자리잡고 있을 때, 이곳에서 한국능률협회 주관 영업사원 또는 간부사원 교육이 막을 올리며 대기업과 우리나라 중소기업의 관심이 여기에 집중되었다. 저자의 담당 분야가 바로『판매화법』이었다.

이때 창조사 최덕교 사장이 저자에게 사장부터 세일즈맨까지의 화법『비즈니스의 화법』을 새로 쓸 것을 종용해 착수하여 전영우 화법이 비즈니스 세계로 입지를 넓혀나가는 전기轉機가 마련된 것이다.

1974년 초판이 나오고 판을 거듭하다가, 1982년 드디어 이를 대폭 수정한 새 증보판이 나왔다. 말하자면 비즈니스맨과 세일즈맨을 위한 화법교재인 셈이다. 그 후 이를 또 대폭 손질해 출판사 역락이 2003년『설득의 비즈니스』로 책 제호를 바꿔 출판하니 여전히 사계斯界의 관심이 지속되는 추세를 유지하고 있다.『설득의 비즈니스』의 머리말을 소개한다.

『설득의 비즈니스』 머리말

사람을 움직이는 요체要諦는 무엇인가? 근대 경제학의 창시자로 일컬어지는 아담 스미스는 영국 글래스고 대학에서 윤리학을 강의하면서 "인간은 이기적 동물이어서 항상 이익을 추구한다. 인간행동의 원칙도 사회의 질서도 이처럼 인간이 이익을 추구하는 동물이라는 의미 속에 함축된다"고 말했다.

사람을 움직이려면 호감을 사되, 상대방 이익을 중심으로 해야 한다는 것이 결국 요체가 된다. 인간행동의 동기가 욕구에 있다면, 따라서 우리가 사람을 움직이고자 할 때, 이 같은 욕구를 잘 이해하고 활용하는 것이 보다 효과적일 것이다. 확실히 인간이 움직이는 동기가 '욕구'에 있음을 간과할 수 없다.

그러나 사람이 욕구를 자극 받으면 즉각 행동을 일으킨다고 할 수 없다. 보통 상식을 갖춘 사람이면 행동을 시작하기 전에 먼저 양심과 이성을 움직인다. 법률, 도덕, 의리, 인정에 어긋나지 않을까, 금전적인 손실이나 명예의 훼손은 일어나지 않을까, 곧 실행해야 할까 아니면 잠시 시기를 기다려 보는 게 좋을까 등을 고려한다. 장면과 분위기를 감안하고 상대방 기분을 파악한 뒤 바람직한 태도와 자세를 설득에 포함 접촉을 시도한다.

"사람을 보고 법을 설한다"는 금언에 따라 비즈니스에 임하는 것이 효과적인 자세이다. 한편, "봉사를 주로 하는 사업은 번영하고, 이득을 주로 하는 사업은 쇠퇴한다"는 미국 자동차 왕 헨리 포드의 말은 음미할 가치가 있는 명언名言이다. 이 말은 한 번의 세일로 모든 비즈니스의 승부를 걸어버리는 세속적인 세일즈맨에게는 더더욱 가치 있는 경구가 될 것이다. 상도의와 상도덕은 신용을 바탕으로 하는 것인데, 신용을 상실하면 상도의와 상도덕을 어디서 찾겠는가?

'신용'이라는 두 글자로 사업을 크게 일으킨 비즈니스맨이 우리나라에도 많은 것으로 안다. 신용은 봉사와도 통한다. 고객에 대한 봉사에 성실을 다하는 일이 신용이라면, 봉사야말로 사업을 번영으로 이끄는 미래 지향의 탄탄대로라고 생각한다.

포드가 한 경영자로서의 실감이 담긴 앞의 말에서 '사업'이란 용어를 '세일'로 바꿔 놓아도 이 명언은 참된 것이다. 현대 세일의 근본적인 통념은 '고객顧客 제일주의', 즉 소비자를 첫째로 보자는 견해이다. 이 말은 손님의 이익을 최우선으로 고려한다는 뜻으로 이해된다. 자기 이익도 물론 중요한 것이지만 고객의 이익을 우선 고려하라는 것, 이것이 현대 세일의 기본 패턴이다.

세일즈맨에게 화법은 필수 요건이다. 확실히 세일즈맨의 실적을 좌우하는 것이 화법임에 틀림없다. 그러나 그 화법이 중요하다는 것이지, 화법만이 능사라는 뜻은 물론 아니다. 상품의 효용을 납득시킨다 해도 상대방의 이해가 수반되어야 한다. 상대방의 이해는 세일즈맨의 설명에 의존한다. 이것은 매우 당연한 이치다.

그러나 상품을 사는 쪽은 고객이다. 고객이 지금 어떤 점을 알고자 하는가? 고객이 필요로 하는 것, 또 요구하는 것은 무엇인가? 실은 이 같은 문제를 먼저 파악하고 있지 않으면 상대를 납득시킬 수 있는 바람직한 화법을 전개할 수 없다.

그러므로 단순히 일방적으로 말 잘하는 세일즈맨보다 고객의 말을 정성껏 들어주면서 동시에 말 잘하는 세일즈맨, 환언하면 고객의 처지를 치밀하게 분석 검토하고 고객의 처지에서 말할 수 있는 능력을 갖춘 세일즈맨이 가장 모범적인 세일즈맨일 것이다.

이 책에서는 앞의 모든 요건을 전제로, 즉각 세일 실무에 적용할 수 있도록 세일화법과 비즈니스화법의 원리 및 실제를 기술記述해 놓았다. 또한 인간관계의 바탕을 이루는 효율적 대화법對話法을 모색하고 있다는 측면에서 세일과 비즈니스 이외의 분야, 특히 선의의 인간관계 구축을 희망하는 여러 방면의 독자讀者들에게도 이 책이 많은 관심과 흥미를 끌 것으로 믿는다.

21

고대 경영대학원
출강

104

고려대학교 경영대학원장 김동기 박사

김동기 박사가 고대 경영대학원장일 때 저자에게 최고과정 출강을 요청해 와 흔쾌히 수락하고 자주 나가 특강을 맡아 했다. 저자에게 맡겨진 과목은 대체로 부부 합동으로 수강하는 '느낌이 좋은 대화방법' 등이다. 장소는 우이동 숲속에 있는 그린파크호텔일 경우가 많았다. 아니면 안암동 교사경영관일 경우가 대부분이다.

외국 유학으로 경제학 및 경영학 학위를 마치고 돌아온 교수 중에 특별히 커뮤니케이션을 전공한 분이 거의 없어 저자를 초청한다고 김동기 교수가 자주 사정을 말씀해 주었다. 한번 출강하고 반응이 어떤지 궁금했는데 당시 최고과정이 6개월 코스이고 대개 한 과정에 1회 정도 출강했던 기억이 지금 새롭다.

김동기 원장이 경영대학원장 보직에서 새로 설립된 국제대학원장 보직으로 자리를 옮긴 후에도 계속 특강이 마련되어 얼마나 고마웠는지 모른다.

주말일 경우는 그린파크이지만 평일 야간 수업 때는 경영관일 경우가 많았다. 하루는 야간 강의에 앞서 교수실에서 막 도시락을 먹고 있을 즈음, 어윤대 교수가 들어와 저자에게 인사하며 경기고 59회라고 할 때, 얼마나 반갑고 기뻤는지 모른다.

경영대학원 및 국제대학원 최고과정 출강을 한 8년쯤 한 것으로 기억하지만 기회를 준 김동기 박사에게 지금도 고마움을 잊지 못한다. 김동기 박사는 현재 학술원學術院 회원이다.

김동기 박사는 일찍 고려대학교 상학과를 졸업하고 미국에 유학 뉴욕에 있는 NYU를 나와 경영학 석사학위를 받고 그 후 모교 대학원 박사과정을 졸업하고, 1984년 경제학박사학위를 고대에서 받았으며 석좌교수를 지냈다.

최덕교 창조사 사장이 언제인가 '학원學園' 출신 명사들의 청소년 시절 시詩 작품집을 출판, 저자에게도 한 권 증정해 주어 고맙게 받았는데, '시의 고향'을 보다가 안동고등학교 학생시절 김동기 박사의 시 '깃발'을 보고 무척 반가웠던 일이 있다.

105

대화에서 '듣기'의 중요성

우리는 평소 대화에서 듣기가 매우 서투르다. 들을 줄 모르고 말할 줄도 모른다. 커뮤니케이션이 오늘을 사는 우리에게 매우 중요하다 하면서 말하기와 듣기가 모두 서투르다. 그리고 학교 수업에서 이 부분이 전혀 다루어지지 않고 있다. 우리는 이 문제를 어떻게 처리할 수 있을까?

저자는 이 점에 착안해 2005년 민지사에서 『귀담아듣는 언어생활』이란 책자를 출간한 바 있다. 우리 공동체 사회에서 커뮤니케이션만 강조하지 구체적인 대안 모색에 아무도 손대지 않고 있다. 그래도 일부 기업체 연수과정에 '적극적 경청법'이라 해서 이 분야 과목을 넣고 있다. 그나마 다행인 것은 누구도 이 사실을 부정하지 않는다는 점이다.

『귀담아듣는 언어생활』의 머리말을 읽어 본다.

『귀담아듣는 언어생활』 머리말

사람의 인격은 말로 평가 받는다. 귀담아듣기는 말하기와 함께 언어행위의 양면이다. 카네기$^{Dale Carnegie}$는 「호감을 사는 인간관계(『*How to win friends and influence people*』)」(1936)에 귀담아듣기를 포함하고, 코비$^{Stephen Covey}$도 『성공한 사람들의 7가지 습관』에 이를 포함했다.

메시지 수용은 읽기보다 듣는 것이 더 빠르다. 듣기가 현재의 '속도화 시대'에 걸맞는 중요한 언어 기능임에 틀림없다.

국가가 중대한 상황에 직면할 때 대통령은 방송매체를 통해 메시지를 발표한다. 이때 온 국민이 그의 방송에 귀를 기울인다. 비즈니스 세계에서 문제를 시급히 해결해야 할 때 일일이 손대야 하는 서류와 문건 대신 쉽게 전화를 이용하는 경우가 많다.

각급 학교 학생이 학교에서 학습하는 것은 대개 교사 및 교수의 수업을 일방적으로 듣는 일이다. 그리고 국내외적으로 중요한 의안議案은 모두 회의석상에서 토론 후 표결된다. 회의 진행 중에 한 사람이 발언하면 나머지 참석자들은 그것을 경청傾聽하게 된다.

글로 적어주기보다 말로 하는 편이 훨씬 설득력說得力이 있다. 이유는 청자가 독자보다 감수성이 예민하다는 데 있다. 의류, 식음료, 의약품, 생활 집기류, 자동차, 주택, 아파트, 선거시 투표권 행사, 우리 신념과 신조 등은 듣기에 의해 영향을 받는다.

우수한 세일즈맨은 글로 적은 광고물에 의존하지 않는다. 가능한 대로 듣지만 말로 설명하고 말로 설득할 뿐이다. 선전 및 광고 전문가들은 정보情報가 입소문으로 퍼질 때 가장 큰 효과를 발휘한다고 확신하고 있다. 전자를 이용한 현대

매스 미디어가 사업상 괄목할 만큼 성공을 거둔 것은 음성언어音聲言語의 강력한 침투력 때문이다.

커뮤니케이션 관점에서 현재의 교과과정을 살펴보면, 오로지 읽기와 쓰기가 중시되고 화법에 약간 관심이 돌려질 뿐, 듣기에 전혀 관심을 보이지 않는 실정이다. 학교에서 눈을 중시하되 귀를 경시해 조금 무리하면 귀의 기능이 급속도로 저하된다.

한 조사에 따르면, 사람은 평균 25% 밖에 착실하게 듣지 않는다. 입을 통한 정보 제공이 전체 커뮤니케이션의 상당 부분을 차지하는 오늘날 이 같은 상황은 하루 속히 불식되어야 한다. 이 현실을 모두 직시할 필요가 있다.

'귀담아듣기'도 엄연히 한 가지 언어생활이다. 읽기, 쓰기, 말하기와 함께 교육 및 훈련을 통해 얼마든지 개선 향상시킬 수 있다. 이 책은 독자에게 듣기의 중요성을 이해시키고 매사 귀담아듣는 결정적 방법을 제시하는 데 목적을 두고 있다.

세간에서 흔히 "소리 없는 소리를 들어라聽無聲", "듣기를 잘하는 사람이 말을 잘한다"고 이야기한다. 그러나 실제 문제로 남이 하는 말을 우리는 어느 정도나 착실히 듣고 있을까? 귀담아듣기가 얼마나 많은 이익을 가져다주는지, 또 사회 생활 중에 멋진 장면을 얼마나 연출하는지, 이를 잘 모르고 지내는 것이 우리 현실이다.

하루 생활 중에 우리는 거의 45%를 듣기에, 30%를 말하기에, 16%를 읽기에, 9%를 쓰기에 시간을 소비한다. 그럼에도 불구하고 말하기, 읽기, 쓰기에 치중하고 듣기를 등한히 하는 것은 무엇 때문인가?

우리는 먼저 듣기를 잘해야 하는 당위성當爲性을 인식한 다음, 어떻게 해야 듣기 능수能手가 될 수 있을지, 이론적 토대를 쌓아가며 구체적 방법을 모색할 필요가 있다.

청자의 듣기에 따라 화자가 바뀐다. 또 청자가 듣기 능수라야 가치 있는 정보를 많이 입수하게 된다. 눈으로 읽은 정보보다 귀로 들은 정보가 더 신뢰를 받는다. 사람은 마음에 들면 듣지만, 마음에 들지 않으면 남의 이야기를 듣지 않는다.

창의력이나 팀워크의 능력 개발도 모두 듣기 능력에 의해 좌우된다. 가령, 아무리 독창력 있는 사람도 하나에서 열까지 스스로 생각해 내는 일은 드물다. 남이 한 이야기에서 힌트를 얻어 새 아이디어를 싹틔우고, 연쇄적으로 남의 그것과 조합할 때, 놀라운 아이디어가 창출되는 것이다.

상대가 격의 없이 말할 수 있게 대화 분위기를 만드는 사람이면, 많은 아이디어를 상대로부터 끌어낼 수 있고, 창의적 활동을 하는 데도 더없이 유리할 것이다.

사람이 듣기를 잘하면 일상생활에서 생기는 속 태우기와 스트레스도 크게 감소되고 좀더 행복해지지 않겠는가? 이 같은 의미에서 저자는 본서를 경영층 및 노조 간부, 세일즈맨, 비즈니스맨, 교사 및 교수, 학생 및 연수생, 병의원 의사 및 간호사, 각종 상담원, 각급 공직자, 백화점 점원, 은행 창구 직원, 남녀 연인, 언론인, 방송 종사자, 군인, 정치인, 법조인, 외교관, 경제계 인사, 종교계 지도자들에게 일독을 권한다.

'귀담아듣는 언어생활'이 일상 화법에서 중요한 위치를 차지함은 더 말할 나위가 없다. 말하기는 듣기를, 듣기는 말하기를 전제로 하기 때문이다. 말하기와 듣기는 한 가지 의사소통意思疏通의 양면이다. 누구나 귀담아듣기로 커뮤니케이션 기능을 강화할 필요가 있다. 개인만 아니라 조직사회에도 이 기능이 절대로 필요하다.

커뮤니케이션이 원만해야 인간관계가 원만하고, 인간관계가 원만해야 팀워크가 원만할 수 있기 때문이다.

'귀담아듣는 언어생활'에 5가지 메리트가 있는데, 첫째, 좋은 인간관계로 친교 및 사교 범위를 넓히고 팀워크에 기여하게 된다. 둘째, 뉴스, 정보, 아이디어, 상식, 지혜, 지식, 남의 경험 등의 폭넓은 수용이 가능하다. 셋째, 매사 비판적 안목이 생겨 일상 토론에서 이니시어티브를 장악하게 된다. 넷째, 좋은 화법을 익히고 좋은 화자가 될 수 있는 토대 구축이 가능하다. 다섯째, 리더십 확보와 상담능력 향상에 도움이 된다.

106

『토론을 잘하는 법』 출판

출판사 한 직원이 전화로 만나기를 요청해 와 만나보니 '거름'이라는 기획 출판사이다. 토론 책을 기획하는 과정이라며 가능하면 함께 토론 책을 만들어 보자고 제의하기에 수락하고 바로 집필에 들어갔다. 책 제목이 바로 『토론을 잘하는 법』이다.

2003년 5월 출간한 이 책의 머리말을 소개한다.

| 『토론을 잘하는 법』 머리말 |

토론의 진수, 기본부터 차근차근 배워보길

"인간은 사회적 동물이다"는 고전적 명제를 굳이 떠올리지 않더라도 우리가 주변에서 일어나는 모든 문제를 혼자 힘으로 해결할 수 없음은 자명한 이치이다. 우리는 대부분의 문제를 남들과 정보를 공유하고 아이디어를 교환하는 등 상호 협력을 통해 해결한다.

이렇게 다른 사람과의 협력을 통해 문제를 해결하고자 할 때 교류의 기본 수단으로 가장 빈번하게 사용하는 것이 바로 '토론討論'이다. 사회가 고도로 발전하면서 인간관계가 한층 복잡해진 21세기에는 의사소통과 문제해결 수단으로 토론의 역할과 중요성이 더욱 커지고 있다.

토론은 문제해결 및 의사결정 수단으로서 뿐만 아니라 진리 탐구를 위한 지름길이 되기도 한다. 평소 우리는 토론을 함으로써 논리적 사고력과 논리적 표현력을 향상시킬 수 있을 뿐 아니라 효과적인 자료조사 및 분석방법도 배울 수 있다. 또한 토론은 대상을 정확히 판단할 수 있는 비판적 사고력을 기를 수 있게 해준다.

학교나 기업과 같은 조직에서 워크숍 등을 통해 토론회를 자주 갖는 것은 토론이 가진 교육적 효과 때문이다. 최근 우리 사회에서 각종 토론회가 성행하고 있으나, 제대로 격식을 갖춘 생산성 있는 토론을 찾아볼 수 없다는 것이 일반적 견해다.

"어떤 문제에 대해 여러 사람이 각자의 의견을 내세워 정당성을 주장하는 논의"가 토론이라 할 때, 우리는 아직 토론의 진수眞髓를 경험하지 못하고 있는 실정이다.

다수 의견을 수렴해 바람직한 합의를 이끌어내 보겠다고 기껏 마련한 토론회장에서 참가자들이 억지 주장을 앞세우며 상호 비방을 서슴지 않는가 하면, 현란한 말재주를 뽐내느라 알맹이도 없는 변론만 길게 늘어놓는다.

특히 의사소통의 기본 소양조차 갖추지 못한 참가자들이 이성보다 감정을 앞세워 말싸움 벌이는 모습은 토론을 지켜보는 사람들의 눈살을 찌푸리게 한다.

토론은 한 가지 논제를 놓고 서로 주장이 상반되는 양자 또는 양측 사이에서 벌어진다. 참가 인원, 진행 절차 등 일정한 규칙에 토대를 두되, 주관적 단정이 아닌 입증된 사실을 놓고 해야 한다. 그리고 최종 단계에서 심판의 판정을 받는다. 토론을 고난도의 커뮤니케이션이라 하는 이유는 바로 이런 엄격한 규칙과 형식 때문이기도 하다.

토론의 기술이 핵심 경쟁력으로 작용하는 만큼 이제는 누구나 토론을 배우고 익혀야 한다. 화법에 관한 책들이 난무하는 요즈음이지만, 토론에 대해 기본부터 차근차근 가르쳐주는 책은 그다지 많지 않다. 이는 아직까지 많은 사람들이 토론의 중요성을 인식하지 못하고 있으며, 그 결과 우리 사회에 성숙한 토론문화討論文化가 정착하지 못하고 있는 데서 그 원인을 찾을 수 있다.

이 책은 토론에 대해 전혀 모르는 사람들도 기꺼이 토론과 친해짐으로써 토론을 잘할 수 있게 도움을 주기 위해 씌어졌다. 또한 더 나아가 이 책이 현재 우리 사회 토론문화를 개선하고 질적 향상을 꾀하는 데 작은 밀알이라도 되었으면 하는 바람이다.

이 책을 읽은 독자들이 토론의 메리트를 충분히 이해한 후 토론의 다양한 기술과 방법들을 실전에서 십분 응용하고 실천할 수 있다면 저자로서 더 없는 다행이겠다.

이 책이 거의 완결完結되어 세상에 나오기 바로 직전에 출판사에서 연락이 왔다. 우리 사회 유명 인사의 코멘트를 뒷표지에 게재하면 좋겠다는 의견이다. 단, 기준은 유명 기업체장, 유명 언론인, 명문대 총장, 유명 변호사면 좋겠다는 제안을 덧붙인다.

당시 강호문 삼성전기사장, 봉두완 원로 언론인, 어윤대 고려대학교 총장, 한승헌 전 감사원장(변호사) 등 네 분을 신중히 선정하고 교섭에 들어갔다. 대부분 호의어린 수락을 받아내 다행인데 다만 어윤대 총장만 바쁜 일정이라 통화가 잘 안되던 차에 어느 날 아침 댁으로 전화했더니 부인과 통화가 가능했다. 다행이다. 아침 대학에 출근 후라서 본인과 통화는 안 되어도, 부인이 아침 회의가 끝나면 총장이 수원대로 직접 전화하도록 하겠다 해 고맙게 생각되었다.

저자 수업시간이 겹쳐 우선 수강 학생들에게 양해를 구했다. 앞서 총장 부인에게 11시 10분이 좋겠다고 약속했는데 수업 진행 중 약속시간에 맞춰 전화가 걸려 왔다. 바로 어윤 총장이다. 수강 학생들은 조용히 듣고 있다.

"여보세요? 어 총장이세요? 사실은 내가 토론 책을 내는데 마침 출판사에서 총장 추천이 있으면 좋겠다 해 뒤표지에 어총장 코멘트 받기를 원해 결례인 줄 알면서 부탁을 하는 겁니다."

"선생님! 그것을 가지고 뭐 그렇게 어렵게 생각하십니까? 하세요! 그리고 출판사가 직접 저한테 전화하라고 하세요."

"고맙습니다. 그러면 그렇게 하겠습니다."

통화가 끝나자 수업 듣던 학생들이 일제히 박수와 함께 환성을 터뜨린다.

책 뒤표지에 "대화와 타협의 시대, 토론에 강한 자가 성공한다!"라 하고 추천사를 붙였다.

토론은 경영의 핵심 요소인 전략적 사고를 향상시키기 위한 최고의 교육 수단이다. 많은 기업에서 인재 채용 시 사고력 수준을 알아보기 위해 토론을 실시하고 있으며, 연수 프로그램에도 반드시 토론을 포함시키고 있다. 이 책은 각 기업에서 토론의 교육 교재로 활용하기에 부족함이 없으며, 경쟁력 있는 조직인이 되고자 하는 사람들을 위한 자기 계발서로도 더할 나위 없이 훌륭하다. 특히 다양한 문제해결 능력을 필요로 하는 조직의 리더들에게 이 책의 일독을 권한다.

—강호문(삼성전기 사장)

요즘엔 많은 사람들이 자기 목소리를 내는 데 전혀 주저하지 않는다. 인터넷이라는 도구를 통해 각자의 생각과 느낌을 자유롭게 드러내는 데 익숙해진 것이다. 최근 토론이 유행하고 있는 이유도 그런 맥락에서 파악할 수 있을 것이다. 이 책은 누구나 당당하게 자기 생각을 갖고 사회활동에 참여하는 데 꼭 필요한 토론의 기술을 다루고 있다. 그런 점에서 학생, 직장인, 조직의 리더, 정치인 등 모든 사람이 읽어야 할 책이라고 생각한다.

—봉두완(원로 언론인)

오늘날의 지도자가 가져야 할 가장 중요한 덕목은 지식에 기반을 둔 의사결정 능력이다. 토론은 중요한 결정을 내리고, 결정된 내용을 남에게 설득력 있게 전달하는 수단이다. 또한 토론은 지식을 확대 재생산하고, 잘못된 의사결정의 가능성을 줄이는 역할을 한다. 의사소통을 원활하게 하는 기술이 있을 때 자기의 뜻을 전달하고, 자기의 생각과 다른 사람들을 설득할 수 있게 된다. 이 책에서는 지식의 확대 재생산에 절실한 토론의 기본을 제시하고 있다.

—어윤대(고려대학교 총장)

새 정부의 '토론공화국' 표방을 계기로 토론에 대한 관심이 한층 더 높아지고 있다. 그러나 우리 사회에서 토론다운 토론을 찾아보기 어렵다. 지금 우리에게 필요한 것은 자기 생각을 소리 높여 외치는 '웅변'이 아니라 자신의 견해와 다르더라도 타인의 의견을 끝까지 경청하면서 논리적인 반론을 통해 자기주장의 우월함을 드러내는 '토론의 룰'이다. 이 책은 토론의 시대가 요구하는 비판적 사고력과 논리적 분석력을 길러주는 훌륭한 길잡이가 될 것이다.

— 한승헌(전 감사원장)

22
학술연구상
수상

107

제17회 천원교육상 학술연구 부문 수상

　중앙대학교 전 대학원장 정재철鄭在哲 박사는 일찍이 한국교육학회 학회장을 지낸 우리나라 유수의 교육학자이다. 특히 교육사 및 교육철학 전공 교수이다. 정 박사의 주요저서 『일제시대의 한국교육사』가 2014년 4월 19일 일본 호성사晧星社 간행으로 일문판日文版이 일본에서 출판되었다.

　이 책이야말로 식민지교육사의 기념비적 노작勞作이다. 식민지 지배라는 과거의 역사를 말살하려 하는 현대 일본, 교육법령과 수업시수 통계 등 150여 점이나 되는 자료를 기축基軸으로 일본의 식민지교육정책을 명백히 밝힌 무게 있는 저술로 이웃 일본 학계에서도 학문적 관심이 비등하고 있다.

　서울대학교 대학원 교육학과에 유학 후, 교육학박사학위를 받은 일본인 교수 사노 미찌오가 일문으로 번역한 이 책은 '일제의 대한국식민지교육정책사'라는 부제를 달고 있다.

　그런데 우리 교육학계에서는 이 같은 사실조차 모르는 실정인 것 같아 대단히 안타까운 바 있다. 정재철 박사는 한국교육학회 논문상, 중앙대학교 교원학술상, 한국교육학회 학술상, 천원교육상 학술연구부문상을 받았다. 정 박사 주저인 『일제의 대한국식민지교육정책사』 국문판은 일찍 1985년, 서울 일지사一志社(사장 김성재)에서 발행된 바 있다. 온원溫源 정재철鄭在哲 박사는 현재 중앙대학교 명예교수이다.

존경하는 외우畏友 정재철 박사가 저자를 추천해 천원 오천석 교육상을 그것도 학술연구부문상을 받았다. 얼마나 영광인가?

독자도 앞에서 저자가 중앙대학교 대학원에서 국어학 박사과정을 이수한 사실을 알고 있을 것이다. 거의 1주일에 한 번 또 곰산악회에서 자주 만나 담화를 나누고 피차 돈독히 우의를 다져오는 터이다.

2007년 11월 12일 여의도 사학연금관리공단 세미나실에서 제17회 천원교육상 학술연구부문을 받으니 더 없는 기쁨이다. 사실 염치없지만 방송 아나운서로 30년, 대학교수로 30년 이력履歷을 쌓아오며 개인보다는 저자가 개척해 온 '스피치', 즉 '화법'이 학계의 인정을 받을 수 있을까 조용히 마음 졸여온 것인데, 정 박사로 인해 학술연구부문 천원교육상을 받게 되었으니 얼마나 영광인가? 이 자리에서 다시 한번 온원 정재철 박사에게 뜨거운 감사를 드린다.

앞서 『조선일보』 기사를 통해서도 알았지만, 평범한 아나운서실장으로서 어떻게 '국어학자'로 지칭될 수 있나 하고 돌이켜 볼 때, 이런 저런 도움이 있었기에 가능했다고 생각한다.

이 자리를 빌려 천원교육상을 저자에게 주신 사단법인 천원 오천석 기념회 정원식鄭元植 이사장님과 김선양金善陽 심사위원장에게 감사의 말씀을 드린다.

『표준 한국어 발음 사전』과 『한국근대토론사연구』 저술로 이 상을 수상할 수 있었던 만큼, 여기서 힘을 받아 다루기 힘들다는 『회의를 잘하는 법』 저술에 착수했다.

『회의를 잘하는 법』출판

2010년 6월 10일 저자의 저서를 계속 발행해 주는 민지사 이태승 사장이 "성공하는 사람은 회의會議를 잘한다"는 캐치프레이즈를 내걸고 저자가 쓴 『회의를 잘하는 법』을 출판했다. 사실 회의라 하면 우리는 여기서 대화, 연설, 토의, 토론 등은 물론 화법 기능인 설명, 설득, 보고 등을 함께 경험할 수 있으므로 회의 하나로 많은 내용을 배울 수 있다. 이 책 가운데 머리말 격인 「머리에 부쳐」를 소개함으로써 이 책의 특성을 말할까 한다.

『회의를 잘하는 법』머리말

오늘날 뮤지컬쇼가 무대 종합 예술인 것처럼 회의법會議法은 토털 스피치이다. 대화, 연설, 토의, 토론이 포함되고, 보고, 설명, 설득, 유머가 회의법에 작용하기 때문이다.

해가 뜨고 해가 져도 회의 없는 날이 없다. 회의로 인해 우리가 얼마나 많은 시간을 보내는지 조용히 생각해 본 적이 있는지? 회의에 사용하는 시간과 회의에 소모하는 정력과 경비가 엄청난 것임에도 불구하고 번번이 회의에 성과가 오르지 않는다는 데 심각한 의문이 남는다.

형식 위주의 회의가 있고, 비능률적 회의가 많아 기업 운영에 많은 지장을 가져오는 실정이다. 따라서 세간에 회의 무용론을 말하는 사람이 있고, 심지어 회의 무익론을 말하는 사람까지 있다. 현재 우리는 '회의시대'에 살고 있다. 일상생활을 둘러보면 기업회의, 단체회의, 직장회의, 주민회의 등이 있고, 따로 가족회의도 있다. 회의 참가 경험은 우리에게 셀 수 없이 많다.

그런데 관심 없는 회의, 보람 없는 회의가 대부분이고, 멋진 생산성 있는 회의는 좀처럼 찾기 어렵다. 그 이유는 무엇일까? 회의 소집자 및 주최자도 참석자도 회의 진행 방법을 잘 모르고 동시에 회의 준비가 불충분한 데 있지 않을까?

회의 빈도가 잦고 규모가 커지는 현상으로 보아도, 조직이 맡겨진 과업을 수행해 나갈 때, 회의 자체를 부정하기는 현시점에서 거의 불가능하다. 바로 여기서 파생하는 문제가 어떻게 해야 회의가 생산성을 높일 수 있을까 하는 점이다. 간부든 신인이든 직장에서 회의에 참가하지 않는 사람은 없다. 참가자 누구라도 회의를 효율적으로 전개하는 방법을 몸에 익힐 수 있다면 기업 경영에서 회의는 가장 유용한 방편이 될 것이다.

기업 능률 향상 시책의 일환으로 기업 관리의 필요성이 강조되는데, 회의 능률 향상도 이 사고 방식이 적용된다. 계획, 준비, 실시, 검토 등 관리 사이클의 충실한 운용이 그대로 능률 향상에 기여한다고 본다.

기왕 회의를 연다고 하면 소집자도 만족하고 참석자도 유익한 회의가 되어야 할 것이다. 국어교육에서 회의 지도 목표는 회의로 신장되는 능력과 기능 발달에 중점을 두는 것이다.

상대 의견을 정확히 수용할 수 있다.
논점이 불확실한 의견에 즉각 질문을 던질 수 있다.
남과 협력해 공통 이해 및 공통 결론을 도출할 수 있다.
예의와 호의를 전제로 반대 의견을 말할 수 있고, 반대 의견을 들을 수 있다.
요점 중심의 자기주장을 다수 청중 앞에서 정확히 발표할 수 있다.

만약 우리가 회의 출석을 요구 받았을 때, 회의를 소집해야 할 때, 리더 역할을 맡았을 때, 우리에게 즉각 도움을 줄 수 있는 것이 바로 이 책이다. 이 책이 회의에 자신을 가지게 하고, 회의에서 이니시아티브를 쥐게 하는 데 큰 도움을 주리라 확신한다.

회의를 나누면 '일상적 회의'와 '의사법 회의'가 있다. 우리나라 의사법 회의의 효시는 '협성회'와 '독립협회'에서 찾을 수 있다. 지도자는 송재 서재필과 좌옹 윤치호다. 서재필은 협성회와 독립협회 조직에 중추적 역할을 다했고, 윤치호는 헨리 로버트의 『의회규칙 편람』(1894)을 초역해 『의회 통용규칙』(1898)을 배포 보급한 공로가 크다.

1896년, '협성회 규칙'과 1897년, '독립협회 토론회 규칙'이 각각 이 영향을 받았다.

이 책의 뒷면에, "회의법은 대화, 연설, 토의, 토론이 모두 작용하는 토털 스피치다!" 하는 캐치프레이즈를 걸고 이 책을 추천하는 다음 네 분 저명인사의 추천사를 실었다. 추천사를 소개한다.

기술고시에 합격한 후 건설 분야 기술사 자격을 취득하고, 경부고속도로 건설계획 수립과 서울지하철 건설공사 그리고 석탄개발 산업선 '황지선' 철도 선로 개설공사 현장에서 수많은 기술자와 근로자들을 지휘 감독할 때, 무수한 업무회의를 거듭, 중지衆智를 짜내던 일이 어제 같다. 이후에도 삼성그룹에서 비서실 고문으로 토목과 건설 분야를 자문한 일도 있다. 서울 영동지역 개발사업에 초석을 놓을 때, 현장 책임자로서 지도 감독하는 의사소통방식이 바로 '회의會議'였지만 이때도 우리나라 기술 근로자들의 회의 참여의식이 중요함을 알게 되었다.

— 김명년, 전 한국기술사회장, 서울시 부시장, 초대 지하철 건설본부장

밴더빌트 대학에 들렀을 때, 그 학교 당국자가 내게 혹시 윤치호를 아는가 하기에, 대한제국 학부협판學部協辦을 지낸 분이라 하니까, 그가 이곳에서 기독교 종교학을 연구했고『의사법회의』에도 큰 관심을 보였다고 한다. 후에 알고 보니 그분이 헨리 로버트의『룰즈 오브 오더』를 초역해『의회통용규칙』을 출판했다. 로버트 의회규칙은 전 세계적으로 알려진 회의법의 명저名著다. 장관長官 재직 시 본인도 이 점에 착안,『의사법회의』를 문교부에서 제작, 일선 교육행정기관에 배포, 교육자료로 활용케 한 일이 있다.

— 김영식(철학박사, 전 문교부장관)

아리스토텔레스가『레토릭』에서 말한 '변론법'의 정의는 오늘에 와서도 우리 관심을 끈다. 그는 '변론법'이 어떤 정황에서도 적용할 수 있는 설득방법을 창출해 내는 능력이라 설명하고, 비기술에 증인, 자백, 증거가 있고, 기술에 논자의 인품 에토스, 청중을 일정 방향으로 이끌어가는 정서 환기 파토스, 그리고

지적知的 논리 전개 로고스가 있다고 했다. 또 그가 고대 그리스 사회 법정변론法廷辯論에 큰 영향을 끼쳤음은 말할 것도 없다. '회의법'연구에서 참고할 만하다고 생각한다.

─박승서(변호사, 전 대한변호사협회장)

국회國會 회기 중은 연일 회의 일정이 잡혀 있어 회의에 혼신의 힘을 경주하고 있다. 의정활동에서 의원들의 연설, 토의, 토론, 회의가 중요한 의사소통형식으로 부각된다. 한편, 보고, 설명, 설득의 말하기 기능에 크게 관심을 갖고 있다. 『의사법회의』와 '통상회의'를 평소 익혀두는 일이 민주주의 시민의 자질 함양에 부합하는 조건임은 물론이다. 일찍 방송 아나운서로 다년간 근무할 때 익힌 언어표현言語表現 능력이 정계政界에 몸담은 오늘에 와서도 크게 도움 되고 있다. '회의법'은 이론과 실전이 겸비되어야 할 것이다.

─변웅전(18대국회 보건복지 가족 상임위원장)

『설득의 화법』 출판

　화법 기능 가운데 '설명'과 '설득'이 무엇보다 중요하다. 설명은 남이 모르는 것을 자세히 알려주는 것인데 되도록 상대가 알기 쉽게 말하는 화법이다. 그래서 생각은 어질게 말은 쉽게 하라는 도움말을 준 사람도 있다.

　설명 방법은 구체적으로 말하는 것이고, 예를 들어 말하는 것이고, 숫자와 통계를 쓰기도 하고, 비교와 대조를 써서 말하기도 하고, 비유로 말하기도 한다. 그런가 하면 남의 말을 인용하는 방식으로 자기주장을 말하기도 한다. 청자나 청중 입장이면 어떤 '스토리'가 듣기 좋을 때가 있다. 어떻든 남이 알기 쉽게 말하는 것이 설명이다.

　설득은 남의 마음을 움직여 생각을 바꾸게 하는 것이고, 남이 호감을 가지고 나에게 적극 협력하게 하는 것이며, 어떻든 남의 의지, 신념, 태도, 행동 등에 변화를 일으켜 주는 것이다. 그러니 설득은 어려울 수밖에 없다.

　사람의 행동은 욕구 추구에서 시작되는 것이므로 화자는 욕구에 호소하든가 욕구 불만을 자극하는 데 초점을 맞추든가 해야 할 것이다. 감정에 호소하고, 이성에 호소하고, 화자 인격으로 호소하는 방법을 그때마다 잘 활용할 필요가 있을 것이다. 어떻든 사실을 토대로 진실에 입각해 남을 설득해야 남의 변화를 볼 수 있을 것이다.

1973년 세계적인 미국의 전도사 빌리 그레이엄 목사가 우리나라에 와 백만 명 가까운 청중이 구름처럼 모인 여의도 광장에서 '하느님을 믿으라!'는 부흥강연復興講演을 한 적이 있다. 이 모임은 하루만이 아니고 연 사흘 동안 계속되었다. 그리고 청중의 반응은 거의 선풍적이었다.

이 모임이 있기 바로 전, 준비를 위한 선발대가 먼저 우리나라에 도착해 여러 가지 준비를 하는 중, 첫째로 당시 한경직韓景職 목사를 찾아 빌리 그레이엄 목사 부흥강연을 통역할 분으로 한경직 목사를 지목하고 부탁할 때, 한 목사가 사양하고 대신 훌륭한 목사를 소개한다고 해 소개된 분이 바로 그 유명한 김장환金章煥 목사였다.

저자는 관심을 갖고 라디오 중계방송을 통해 빌리 그레이엄 목사 부흥강연을 들으며 또 김장환 목사의 통역을 들었다. 열정으로 말하면, 두 분 다 거의 똑같았다. 자웅을 가릴 수 없을 만큼 열화와 같은 명 설교요 명 통변이었다.

'예수를 믿으라'는 설교 강연인데 그 가운데 놓칠 수 없는 레토릭이 나와 저자는 감동을 오래 이어 왔다.

"낙하산병이 비행기에서 낙하하는 순간, 그는 죽음을 향하여 돌진하는 것과 같지만, 일정 고도까지 강하해 자기 등에 장착裝着된 낙하산을 펴고, 펴진 낙하산에 자기 몸이 의지될 때, 비로소 생명의 구원을 받는 것과 똑같이, 이 순간 여러분은 예수그리스도를 통하여 하나님을 믿고, 하나님을 믿음으로써 여러분 영혼의 영원한 구제를 받지 않겠습니까?"

지금도 이 구절은 잊히지 않는다. 그 전에도 김장환 목사의 명성은 높았지만 이 일이 있은 후 한층 더 높아졌을 것으로 안다.

전국에 퍼져있는 각종 '표어'를 보면 문구마다 설득력이 포함되어 있다. 언제인가 저자가 강화도 마니산 갔을 때 본 두 개의 표어는 아직도 여전히 기억 속에 남아 있다. 등산로 입구 안내소에 들러 안내원에게 물어보았다. 마니산 오르는 길이 '참성단' 길인 줄 아는데 이 길은 돌계단으로 오르내릴 때 무릎이 아파 그러는데 새 코스를 가리켜 달라 하자 즉시 '마니산' 길을 일러 준다. 이 길은 흙산 길이다.

마니산 길을 타기 앞서 등산로 입구에 막 들어서니 큰 현수막이 걸려 있어 눈길을 끈다. "모든 쓰레기는 배낭 속에, 아름다운 추억은 가슴 속에" 하고, '인천광역시'라 쓰여 있다. 저자는 즉시 메모지를 꺼내 이 표어를 옮겨 적었다.

작지만 감동이 채 가시기도 전인데, 저자가 입구를 지나 마니산 길에 접어들어 막 산에 오를 즈음, 수종樹種을 모르겠는데 한 10년쯤 되었을 나무가 있고, 그 나뭇가지에 보기 좋은 크기로 표찰標札이 걸려 있다. 그 속에 적힌 표어를 보니 "꺾는 데 1초, 키우는 데 10년"이란 문구가 보인다. 이 표어는 또 영림서營林署가 준비한 표어다. 역시 설득력說得力을 포함하고 있다.

모든 '캠페인'에 표어가 따른다. 그리고 이때 표어는 모두 설득력을 포함한다. 따라서 표어는 설득력을 갖고 있다고 보게 된다.

최근 보건 당국이 금연禁煙을 내건 표어를 보이고 있지만, 여기도 예외 없이 설득력이 담겨 있다. 금연 표어에 이르기를, "흡연은 질병 치료는 금연" 이처럼 긴단한 표이지만 표이를 보는 사람에게 마음의 변화를 일으킬 표어가 또 있겠는가? 표어는 사람에게 행동의 변화를 요구하는 점으로 보아 설득과 같다.

저자는 그동안 설득을 다룬 교양서를 몇 권 세상에 내놓았는데 그 첫 출판이 1973년 한국교육공사(사장 맹은재 전 의원)가 발행한 『설득력개발』이요, 둘째가 1993년 도서출판 와우(사장 남정식)가 발행한 『말길을 트고 마음의 문을 열자』이고, 셋째가 2003년 민지사(사장 이태승)가 발행한 『설득의 화법』이다. 이 책 머리말을 소개한다.

『설득의 화법』 머리말

"생각은 어질게 말은 쉽게". 한 표어이지만 설득력이 담긴 말이다. 설득은 나의 의도대로 남을 움직이는 것, 상대방이 호의를 가지고 나에게 적극 협력하게 하는 것, 그리고 남의 의지 신념 태도 행동 등에 변화를 주는 것이다.

설득만큼 요긴한 언어수단이 없다. 가정, 학교, 직장, 사회에서 다양한 인간관계를 효과적으로 발전시키고 싶은 것이 누구에게나 요구되는 공통의 사회적 욕구라면 아마 수평관계, 수직관계, 남녀관계에서 상대의 호의와 호감을 외면해도 좋다고 생각하는 사람은 아무도 없을 것이다. 지적知的 만족 못지않게 정적情的 만족과 인간적人間的 만족이 충족되어야 사람이 움직이고 바뀌기 때문이다.

원만한 인간관계는 효과적인 커뮤니케이션을 전제로 한다. 이때 화법과 설득을 염두에 두지 않고 인간관계를 논의하기는 조금 부적절하다. 이 두 요소는 불가분의 관계이며 인간관계의 교량이요, 실제 언어생활의 현장이기 때문이다. 시의時宜 적절하게 경영학 분야가 현재 산학협동 체계 구축에 기여하고 있는 것같이 '스피치' 역시 공동체 생활의 질적 향상에 버팀목이 되어야 할 것이라 생각한다.

이 같은 저자의 주장을 적극 지지해 주기라도 하듯이 대학 및 대학원, 각급 사회단체 특강에, 각급 공무원 연수와 기업체 사원 연수에, 종교단체 지도자 세미나에 '화법과 인간관계'가 자주 등장하는 것이 최근 경향이요, 추세이다.

공동체생활에서 효과적인 화법과 호의어린 인간관계만큼 중요한 덕목이 또 있을까? 이 점에 착안해 저술에 착수한 것이다. 가능한 대로 예화와 일화 등을 많이 인용하는 것으로 독자의 이해와 흥미에 도움이 되게 하고자 했으며, 문장 표현 역시 가급적 쉽고 간결하게 하려고 주의를 기울였다.

책 쓰기의 초점을 어디까지나 언어생활의 일상에 맞춘 것이므로, 이 책이 독자의 화법과 인간관계에 많은 편익便益을 제공할 것이라 믿는다. 인화와 협동은 원만한 인간관계 구축에서 이루어지는데 이에 전제되는 것이 바로 화법話法과 설득說得이란 사실을 강조하고 싶다.

도산島山 안창호安昌浩의 말은 의미가 심장하다. "진리는 반드시 따르는 자가 있고 정의는 반드시 이루는 날이 있다. 죽더라도 거짓이 없어라." 참에 사는 인격, 이처럼 설득은 화자 인격人格에 바탕을 두어야 할 것이다.

110

『문학나무』지에 실린 시 한 편

하얀 신사 전영우 아나운서

유자효

이 눈 속에는
그의 목소리가 묻어난다
희고 투명한 그의 목소리

광화문에 살 때는 광화문의 신사
여의도에 살 때는 여의도의 신사
수원에 살 때는 수원의 신사
이 땅의 신사를 보고 싶거든
칠순의 그를 보라

그는 희고 투명한

이 땅의 신사

보는 이를 행복하게 하는

우리의 신사

이 눈 속에는

그의 목소리가 묻어난다

희고 투명한 그의 목소리

유자효 시인은 1947년 부산 출생으로 부산고 및 서울대 사대 외국어교육과를 졸업 후, KBS 파리특파원을 거쳐 SBS 정치부장, 논설위원실장, 이사를 지내고, 한국방송기자클럽 회장을 역임했다.

시인은 1968년 『신아일보』 신춘문예에 시가 입선되고 동년 『불교신문』에 시가 당선되었다. 시집 14권이 있고, 정지용문학상을 수상하였다.

『수필춘추』로 문단에 등단한 수필작가이자 전 동아방송 아나운서 황유성黃裕性 박사가 그의 수필집 『저녁 놀 푸른 꿈』에 실은 그의 에세이 '문겸 전영우 선배'를 소개한다.

111

「문겸 전영우 선배」

문겸 전영우 선배

좋은 숲을 찾으면 편히 쉴 수 있고 훌륭한 스승을 만나면 학덕이 높아진다는 말이 있다. 그러나 어디 학덕뿐이랴. 훌륭한 스승은 희망과 용기를 북돋아 주고 인생관, 사회관, 세계관에 결정적인 영향을 미친다.

훌륭한 스승은 부모와 마찬가지다. 군사부일체君師父一體라는 말도 그래서 나왔을 것이다. 믿고 의지할 친구가 있으면 가슴이 충만해진다. 선배나 스승도 마찬가지다. 존경할 수 있는 선배와 스승을 지닌 사람은 절로 행복감을 느낀다.

바삐 돌아가는 세상에 어찌 자주 만남을 바랄 수 있으랴만, 믿고 의지하며 존경하는 선배나 스승이 그곳에 있다는 사실만으로도 우리는 적잖은 위로를 받는 것이다. 나에게도 그런 선배이자 스승이 계시다. 바로 문겸 전영우 교수이다.

나는 1962년 겨울에 그분을 처음 만났다. 대학교 2학년 때였다. KRS 텔레비전 프로그램인 〈홈런 퀴즈〉에 출연하면서 당시 사회자인 전영우 아나운서를 만난 것이다. 넉넉한 체수에 수더분한 인상이 마음씨 좋은 동네 아저씨를 대하는 느낌이었다.

아나운서란 으레 스마트한 용모에 날렵하고 깔끔한 몸가짐을 지닌 '별 같은 존재'로만 알고 있던 나로서는 뜻밖이었다. 게다가 인상적인 것은 방송이 끝날 때마다 "오늘 방송 어땠어? 혹시 내 실수는 없었나?" 하고 출연자에게 묻는 점이었다. 그분이 그때 왜 그런 질문을 했는지를 알게 된 것은 그로부터 6년이 지나 내가 아나운서가 되고부터였다.

1968년 12월, 나는 동아방송의 입사시험에 아나운서로 응모하여 운 좋게 합격의 영예를 안았다. 그런데 입사하고 보니 그분이 아나운서실장으로 와 계신 것이 아닌가. 1963년 『동아일보』 자매 미디어인 동아방송이 개국하면서 뉴스 캐스터로서 군계일학群鷄一鶴이었던 그분을 스카우트한 것이라고 주변에서 귀띔을 해 주는 것이었다.

그분의 뉴스방송은 그야말로 호쾌하고 장려壯麗하여 거칠 것이 없었다. 마치나 깊은 산골물이 시원스럽게 흘러내리는 모습이랄까? 또랑또랑한 발음, 억양의 높낮음, 낭독의 속도, 그리고 적절한 포즈pause는 물론, 기사 내용에 따른 멜로디 톤tone의 고저와 완급조절 등 어느 한 군데 나무랄 데가 없었다. 햇병아리 아나운서에게는 그분의 뉴스 캐스팅이 마치 신기神技만큼이나 놀랍게 느껴졌다.

그러나 정작 놀랄 일은 따로 있었다. 천의무봉天衣無縫같이 매끈한 뉴스를 마치고 스튜디오를 나온 분이 녹음된 자신의 뉴스를 다시 들어보는 게 아닌가? 이른바 모니터링이었다. 혹시 뉴스방송에 자신도 모르는 결점이 있었는지를 녹음을 통해 스스로 점검하기 위해서였던 것이다. 그리고 보니 그 옛날 〈홈런 퀴즈〉를 진행한 뒤 출연자들에게 "내 방송에 무슨 결점이 없더냐"고 묻곤 하시던 일이 생각났다.

선배님들, 특히 전영우 실장님의 방송에 대한 열정과 노력을 보니 나는 그만 기가 꺾여 오히려 방송에 주눅이 드는 것이었다. 시키기만 하면 뉴스든 교양이든 오락이든 다 할 수 있을 듯싶더니 웬걸 마이크가 점점 무섭게 느껴졌다. 방송을 하려 할 때 침은 왜 바짝 마르고 가슴은 무엇 때문에 콱콱 막혀오는 것일까? 또 목소리는 왜 그리 떨리기만 하는지?

안 되겠다 싶어 하루는 선배님을 찾아가 하소연을 했다. 가만히 듣고 계시더니 이윽고 한 말씀 하신다. "아, 마이크 프라이트mike fright(마이크 공포증)가 있는 모양이군. 걱정할 것 없어. 난 예전에 방송국 안테나만 봐도 떨려서 오금을 못 폈어. 아무 염려 마" 하며 격려해 주시는 것이었다.

선배님은 아나운서에 대한 긍지와 자부심이 남다른 분이셨다. 특히 기자나 프로듀서가 조금이라도 아나운서를 경시하는 듯한 언행을 보이면 분노를 참지 못하셨다. 아나운서실에 〈우리말 교실〉이나 〈본 대로 들은 대로〉 등 몇 개 프로그램의 제작기능이 맡겨진 것도 실장님의 그러한 자긍심과 반발, 그리고 요구가 받아들여진 결과였던 것 같다. 아나운서는 '읽는 기계'라는 일부 그릇된 인식에 질타를 가하고 항거하기를 서슴지 않았던 그분의 노력은 헛되지 않았다. 위의 프로그램은 청취자들로부터 폭발적인 반응을 보인 데다가 내가 맡아서 제작한 〈우리말 교실〉은 제4회 방송 프로그램 콘테스트 방송대상의 수상작으로 선정되었음이 이를 반증한다.

선배님은 뉴스의 핵이라 할 수 있는 낮 12시 종합 뉴스를 고정으로 담당한 외에 축구경기의 실황 중계를 맡으셨다. 보조 아나운서로 따라간 내가 할 일은 선수들의 명단과 동정, 관람석의 분위기, 그 날의 날씨 등을 챙기며 선배님에게 전달하는 것이었다.

그런데 선배님의 새로운 점을 발견하게 되었다. 중계석에서 선배님 어조는 몇 옥타브 올라 있었고, 음성은 생동감과 활력에 넘쳐 있었다. 그리고 선수들의 일거수일투족을 빠뜨리지 않고 치밀하고 정교하게 묘사하는 것이었다. 특징이 또 있었다. 그의 중계는 피라미드와 같이 핵심 부분을 먼저 얘기하고 설명을 뒤에 붙이는 식이었다. 슛 동작 후의 묘사가 특히 그랬다. 슛 후에는 즉시 그 결과를 청취자에게 알려주고 슛 동작 이전의 상황은 해설자와의 대담 식으로 전하는 것이었다. 절제된 표현, 그리고 청취자와 시청자의 입장을 먼저 배려해야 한다는 선배님의 방송철학放送哲學을 중계방송 현장에서 배울 수 있었다.

선배님은 동아방송 개국 프로그램인 〈유쾌한 응접실〉의 명사회로서도 널리 알려져 있다. 이서구, 양주동, 김두희 씨 등 한국 최고의 석학과 지성인들이 출연하여 해박한 전문 지식과 세련된 유머로 공개방송의 질을 크게 높인 이 프로그램에서 선배님은 특유의 해학과 재치로 동아방송의 간판격인 이 프로그램을 깔끔하게 이끌어 가셨다. 그러니 1968년 제1회 방송문화대상에서 〈유쾌한 응접실〉이 최우수상으로 뽑힌 것은 당연한 결과였다.

선배님은 항상 공부하는 아나운서임을 내세우셨다. 그리고 무엇보다도 자신이 앞장서 모범을 보이셨다.

1968년 내가 입사할 당시 선배님은 주디스 윌러가 쓴 '제5부 라디오 방송'을 번역 중이셨다. 선배님은 그때 이미 『스피치개론』과 『화법원리』, 『유쾌한 응접실』 등 여러 권의 단행본을 출간해 내신 후였다. 때로 번역이 잘 안 될 때에는 나를 불러 물으셨다. 그러나 어떤 때는 내 번역에 이의를 제기하시며 당신의 번역이 옳다고 고집을 부리시는 것이었다. 그러나 나도 호락호락 물러서지 않았다. 상사라 해서 무턱대고 수긍한다면 그게 무슨 학문하는 자세이랴?

번역을 놓고 서로의 의견이 맞설 경우 선배님을 꺾는 유일한 방법이 있었다.

그것은 '상관접속사'가 어떻고 '관계절의 비제한적 용법'이 어떠니 하면서 까다로운 문법용어로 마구 들이대는 것이었다. 그러면 선배님은 마지못해 고개를 끄덕이셨다.

한 번은 이런 일이 있었다. 번역하다가 갑자기 나를 부르시는 것이었다.

"국회가 영어로 National Assembly 맞지?"

"예, 그렇습니다."

"미국에서는 국회를 뭐라고 부르지?"

"Congress죠."

"영국에서도 그렇게 부르나?"

"영국이나 캐나다에선 Parliament라고 합니다."

"그럼 일본은?"

"Diet라고 하죠. 디 아이 이 티"

"좋았어!"

이 일이 있고부터 선배님은 내 영어 실력을 신뢰하게 되었다. 그러나 이제 와서 솔직히 고백하건대 각 나라마다 의회를 달리 부르고 있음은 며칠 전 책에서 우연히 내가 주워들은 것에 불과할 뿐이었다.

어쨌든 선배님은 당신 표현대로 '쉬지 않고 꿈틀거리는' 분이셨다. 그분과의 밉지 않은 입씨름 끝에 완역된 주디스 월러의 책은 얼마 후 『방송개설』이라는 이름으로 햇빛을 보게 되었다.

그 뒤에도 선배님은 집필을 계속한 결과 자그마치 27권의 학술 서적을 발간해 내셨다. 아나운서 출신으로서 전대미문의 대업적이었다.

『신국어화법론』은 1998년 문화관광부로부터, 『화법개설』은 2004년 학술원에 의해 각각 우수학술도서로 선정되어 그 성가를 높이기도 했다. 특히 우리가 주목할 저서는 『표준 한국어 발음 사전』이다. 우리나라 방송사상 금자탑으로 기록될 이 책은 1960년 국어순화운동의 하나로 편찬에 착수한 이래 지금까지 다섯 번이나 고치고 다듬어 출간을 계속해 왔다. 그러니까 선배님은 반 세기 동안이나 이 책에 매달려 심혈을 쏟아온 셈이다. 이 저서 또한 문화부는 2002년 우수학술도서로 선정했다.

출판된 대부분의 서적이 말하기와 화법에 관련된 것은 그분이 바로 이 나라 스피치의 효시이자, '말하기'를 화법으로까지 비약 발전시킨 국어학자임을 웅변으로 말해 준다. 서울대 사대 국어과를 졸업하고 서울신문학원을 거쳐 석사·박사학위를 따냈으며 현재 한국화법학회 회장이라는 경력 또한 '전영우가 곧 화법'이라는 등식等式을 보여주기에 족하다.

수상경력 역시 만만치 않다. 서울시 문화상과 외솔 최현배상을 받았고, 최근에는 천원 오천석 교육상을 수상하셨다. 국무총리와 대통령 표창까지 합한다면 상훈에 관한 한 더 이상 붙일 말이 없을 듯하다.

1954년 약관 20세 나이로 서울중앙방송국 아나운서가 된 선배님은 방송생활 30년이 되던 1984년 홀연 마이크를 떠난다. 대학교수가 되어 강단에 서신 것이다. 하지만 이런 전직轉職은 '홀연'이 아니라 오래 전부터 설정한 목표를 이룬 것에 다름 아니다. 선진 외국에서 보듯 '화법'을 학문으로 끌어올림으로써 후학들을 체계적으로 지도하려는 의지의 실현 때문이었던 것이다.

대학에서도 선배님은 국어국문학과장, 교무처장, 학생처장, 인문대학장, 등의 중책을 맡아 올바른 우리말의 듣기, 말하기, 쓰기 교육에 헌신하셨다.

지금까지 나는 서너 차례 교수님 댁을 방문한 적이 있다. 안내 받은 대청에는 책만 가득히 쌓여 있을 뿐 그 흔한 도자기 한 점, 그림 한 폭 눈에 띄지 않았다. 담백하고 순수한 선배님의 또 다른 모습이었다.

후배의 방문에 대한 답례에서였을까? 선배님도 몇 번 내 누옥陋屋을 찾으셨다. 그러나 그때마다 이것저것 너저분한 잡동사니를 보셨을 테니 속으로 얼마나 나를 속물로 여기셨을까?

엄사출고도嚴師出高徒라는 말이 있다. 훌륭한 스승 아래 훌륭한 제자가 있다는 뜻이다. 그러나 선배님 같이 훌륭한 스승을 가졌으면서도 출람지재出藍之材가 못 됐으니 부끄럽고 송구하기 그지없다. 굳이 해낸 것을 찾는다면 선배님의 권에 떠밀려 때늦은 박사학위를 딴 정도일까? 후회와 자책이 덧없는 세월 위에 물안개같이 피어오른다.

듣자니 선배님께서는 조만간 아리스토텔레스의 레토릭을 국문으로 옮기려는 작업에 착수하실 모양이다. 시재현상矢在弦上 불가불발不可不發이라 했던가? 화살이 시위에 놓인 이상, 그분 성격에 쏘지 않고는 배겨내지 못할 것이다. 많은 사람들도 선배님의 역작을 기다릴 것이 분명하다. 그러나 희수가 가까운 고령이 아니신가? 부디 건강에 유념해 주시기를 당부 드린다.

이 시간 전영우 선배님을 생각하며 회억回憶을 더듬자니 문득 당신께서 작사하시고 길옥윤 씨가 곡을 붙인 패티 김의 〈사랑의 계절〉이 떠오른다. 패티 김의 노래도 뛰어나지만 선배님의 가사 내용을 곰곰이 살피면 쉽고 아름다운 우리말의 모습이 살포시 드러난다. 그리고 이제는 옛 추억이 되어버린 소박하고 투명했던 젊었을 적의 그리움이 잡힐 듯하다.

실명 전영우가 아닌 가명假名으로 작사하신 이 노래의 1절은 이렇다.

들에는 들국화 소소로이 피고
길에는 코스모스 수런수런 피었네
높푸른 하늘에 흰구름 떠가면

그 얼굴 그리워라 보고 싶어라

아아 가을인가 음음 사랑의 계절

— 2008년 4월, 황유성(黃裕性)

「도산 안창호의 연설」

도산 안창호의 연설

지금까지 기록으로 남은 도산의 연설은 모두 34회에 이른다. 그것도 연설 전 문全文이 아니라 연설 요지要旨가 대부분이다. 짐작하건대 한 가지 내용을 가지고 한 차례만 연설한 것이 아닐 것이므로 연설 횟수를 딱히 몇 차례라고 한정해 말할 수 없을 것이다.

알려진 최초의 연설은 1898년, 평양에서 한 쾌재정快哉亭 연설이다.

"쾌재정, 쾌재정 하기에 무엇이 쾌한가 했더니 오늘 이 자리야 말로 쾌재를 부를 자리올시다. 오늘은 황제폐하의 탄신일인데 우리 백성들이 이렇게 한데 모여 축하를 올리는 것은 전에 없이 첫 번 보는 일이니 임금과 백성이 함께 즐기는 '군민동락君民同樂'의 날이라 어찌 쾌재가 아니고 무엇인가?

감사 이하 높은 관원들이 이 축하식에 우리들과 자리를 같이 하였으니 '관민

동락官民同樂'이라 또한 쾌재가 아닐 수 없도다. 남녀노소 구별 없이 한데 모였으니 '만민동락萬民同樂'이라 더욱 쾌재라고 하리니 이것이 오늘 쾌재정의 삼쾌三快라 하는 바로다."

쾌재정 정자 이름을 놓고 쾌재를 연발하였으니 연설 도입에서 청중의 주의를 끌기에 충분한 수사修辭라고 보인다. 1898년 독립협회 관서지부가 설치되고 지부 주최로 평양에서 만민공동회萬民共同會가 열린 날, 이 날은 바로 고종의 탄신일인 음력 7월 25일이고 정자 이름은 쾌재정이다.

정자 위에는 평안감사를 위시하여 다른 고관들이 벌여 앉았고 정자 옆에 따로 설비한 연단에는 관서지부장 이하 간부들이 열석列席하였다. 이 자리의 연사는 약관弱冠의 도산 안창호이다.

그는 세계의 대세를 말하고 우리의 국제적 지위가 얼마나 빈약하고 위태하여 흥망이 목전에 있는지를 경고한다. 또 그럼에도 정부 당국자는 얼마나 부패한지, 국민은 얼마나 무기력한지를 개탄하고 나아가 우리 민족의 결함을 지적하는 데 사정을 두지 않았다. 지금에 깨달아 스스로 고치고 스스로 힘쓰지 아니하면 망국을 뉘 있어 막으랴 하고 눈물과 소리가 섞여 흐를 때는 만장滿場의 청중이 흐느껴 울었다.

그러나 그는 뒤이어 우리 민족 고유의 우미성優美性과 선인의 공적을 찬양하며 우리가 하려고만 하면 반드시 우리나라를 태산 반석 위에 세우고 문화와 부강이 구비한 조국을 이룰 수 있다는 것으로 만장한 청중으로 하여금 서슴지 않고 대한독립만세를 고창하게 하였다. 문제해법問題解法의 논리적 사고이다.

바로 이 쾌재정 연설로 도산의 명성은 당시 관서 일대에 떨쳐진 것이다.

도산의 음성은 그리 높지 않고 그리 낮지 않은 중간 음계로 깊이가 있고 부드러우며 약간 비장의 어조를 띤다고 전한다. 언어표현은 미사여구를 택하지 않고 쉽고 간결하면서도 독창적인 기법을 구사한 것으로 알려진다. 그러므로 듣는 사람이 장시간임에도 지루해하지 않았다. 순탄한 듯하면서도 마치 큰 바다의 파도처럼 알지 못하는 사이에 감정이 고조하여 청중이 가쁜 호흡과 함께 주먹을 불끈 쥐며 만세를 저절로 고창하게 만든다고 후일담後日談을 전한다.

연설의 첫 머리에 "친애하는 동포 여러분!" 하는 것을 돈호법頓呼法이라 하는데, 도산은 "대한의 남자야 여자야 묻노니 너는 네 나라를 위하여 무엇을 하고 있느냐?" 하고 독특한 수사修辭를 썼다.

주요한朱耀翰의 회고담에 의하면, 도산의 연설은 호소도 아니요, 선동도 아니요, 비분도 아닌 장엄한 애무에 가깝다고 하였다. 연설의 형식은 그러려니와 연사의 관점전환觀点轉換은 가히 세인의 주목을 끈다.

"어찌 매국노가 이완용 하나요?" 관점이 특이한 이 같은 도산의 주장은 1919년, 중국 상하이 북경로 예배당 연설에 보인다. 당시 2천만 우리 동포가 을사늑약乙巳勒約의 책임을 이완용에게만 떠맡기고 있었기 때문이다.

반복법, 돈호법, 관점전환 등의 수사법으로 도산 연설의 특징을 지적해 보았다.

—『도산회보』, 2003.11

113

『조선일보』 독자 투고

2012년 우리나라 대통령 선거 당시, 대체로 각 후보자들이 선거유세 음성 표출에 격앙된 양상이 드러나 이를 약간이라도 진정시키는 것이 바람직하다고 느껴 저자 소회의 일단을 적어 『조선일보』에 독자의견으로 투고했는데, 독자 서비스센터에서 이 의견을 채택 게재해 줌으로써 일반 독자의 관심을 다소 환기한 바 이 글을 소개한다. 2012년 9월 24일 월요일 조간 A37 '발언대' 저자 주장을 옮긴다.

정치계政治界 연사들은 톤을 더 낮추라

정치인들이 목을 많이 쓰는 선거철이 돌아왔다. 케네디 대통령도 후보시절 미국 각지를 돌며 유세를 하면서 과도하게 목을 쓴 탓에 목이 쉬었다. 목청을 마음껏 돋우고 자기주장과 의견을 목이 터져라 외쳐대야 성이 풀리는 연사가 많은 걸 보면 무슨 교통사고 현장처럼 목소리가 굵고 커야 남을 압도하고 제압하는 줄 아는 모양이다. 그러나 꼭 그렇지는 않다.

정치와 스피치는 불가분의 관계임이 틀림없다. 하지만 좀더 감성을 갖춘 연사라면 오히려 톤을 낮추고 차근차근 강약의 조화로 설득 효과를 높일 일이다.

고대 그리스 변론가 데모스테네스는 발성 연습을 위해 바닷가에 서서 입속에 자갈을 물고 목소리를 뽑아냈다고 전한다. 당시는 육성을 힘껏 자아내는 연습이 기본 단계요, 필수 과정이었을 것이다. 그러나 오늘은 고성능 확성장치를 이용해 얼마든지 자기 육성을 확대할 수 있다. 게다가 청음기관이 발달한 요즈음 젊은이는 고음보다 저음을 선호한다.

고성능 오디오 장치로 보컬을 듣는 음악 애호가들도 저음에서 더 정서적 매력을 느낄 때가 많다고 한다. 그런데 경험이 일천한 일부 정계인사들이 자기 소신을 강력히 주장하려 할 때 무조건 큰 발성에만 의존하려는 경향을 보인다. 이 때문에 빈번히 연설에 나서면 목이 과로하게 되고 마침내 쉬기도 한다. 그렇다고 낮고 여린 발성만 고집해도 청중은 싫증을 내고 곧 등을 돌리기 십상이다.

그렇다면 청중이 듣기 편한 음성표현법은 없을까? 감성이 실린 방송인의 오묘한 목소리는 미묘한 뉘앙스마저 살려낸다. 라디오 방송 아나운서가 뉴스를 방송할 때 보통 기사를 '읽는다'고 말하는데, 미국 음성학자인 헨너케는 '연주한다'는 색다른 표현을 썼다. 음악 연주자가 악보를 보며 연주하듯 강약, 고저, 장단, 속도, 포즈pause 등 발성 및 발음 기교를 통하여 뉴스 기사를 연주演奏한다는 뜻이다. 대선大選에 나서는 주자走者들에게 클래식 연주와 같은 캠페인 스피치를 기대하는 것은 지나친 꿈일까?

24
아리스토텔레스,
『레토릭』

114

『아리스토텔레스의 레토릭』 번역 출판

역자의 말

1950년대 미국 스피치Speech 연구에 관심을 가지면서 우선 해롤드 젤코 Harold P. Zelko의 저서 *How to become a successful speaker*를 우리말로 옮겨, 1962년 을유문화사에서 구미신서 42집 『화술의 지식』으로 출판하고, 같은 해 대학원에서 「유럽 스피치 교육사 연구」로 석사를, 1989년 「한국 근대 토론사討論史 연구」로 박사학위를 취득하고, 1998년 한국화법학회를 창립, 학계에서 동학을 규합했다. 회원들의 연구 열의는 대단하나 내용을 살펴볼 때 스피치 원전原典에 대한 연구가 소홀함을 깨닫고 아리스토텔레스의 『레토릭』을 번역하기로 결심했다.

이 분야가 우리나라에서 단지 '수사학修辭學'으로 알려져 오지만 사실상 '변론법'의 의미가 보다 더 강하다고 생각한다. 변론가, 웅변가, 연설가 등의 교재로 오랫동안 각광을 받아온 원전이 바로 『레토릭』이기 때문이다. 오늘날 '스피치 커뮤니케이션' 연구에 관심을 갖는 학계와 교육계 인사는 물론, 법조계, 정계, 종교계 인사들이 참고해야 할 고전 필독서必讀書이기에 흔연히『레토릭』번역에 착수한 것이다.

역자가 참고한 원서는 이미 일차로 번역된 영문판과 일문판이므로 이 번역은 중역이 된다. 그는 변론법을 "어떤 경우에도 각각의 사례에 적응 가능한 설득 방법을 창출創出해 내는 능력"이라 정의하고, 플라톤의 경험에 의한 '능숙함'이라는 종래의 변론법도 그 성공의 원인을 관찰 방법화해『레토릭』을 '기술'로 성립시켰다. 바로 이 책이 후세 '변론법', '수사학'에 크나큰 영향을 미친 그리스 변론법의 정수精髓라 보겠다.

옛 현자의 원전原典을 찾아 음미吟味 저작咀嚼 반추反芻하는 일이 곧 미래 지향적인 학구 태도라는 데 의견을 같이 한다면, 이 레토릭은 벌써 그 만큼 무게와 가치를 더한다. 일부 장절章節이 수사법이라 해서 전체를 수사학이라 명칭 붙이는 일은 성급한 일이다. 오히려 변론법辯論法이라 이름 붙이는 편이 합리적이고 타당하기 때문이다. 이 문제는 일단 원전을 읽고 난 다음에 재논의再論議해도 늦지 않을 것이다.

역자譯者의 무딘 붓끝이 행여 원저자 아리스토텔레스의 본래 의도에 유리遊離되거나 왜곡歪曲되는 일이 있다고 하면 그것은 전적으로 역자의 허물이 될 것이다. 역자에게 외국 서적의 번역은 '화술의 지식'과 '방송 개설'에 이어『레토릭』이 3번째임을 밝힘과 동시에 역자에게 많은 도움을 준 양국의 1차 번역자들에게 고마운 뜻을 표한다.

아리스토텔레스의 '레토리케'가 원제명이지만 그리스어 '레토리케'를 영어『레토릭』으로 바꾸었다. 그리고 부제로 '설득의 변론 기술'을 덧붙였다. 말하자면 이 책은 변론과 설득의 지혜를 우리에게 가르쳐 줄 것이기 때문이다.

2012년 8월 『자유마당』지는 새 책 코너에서 아래와 같이 서평書評을 써 냈다.

'수사학'이란 진심으로 상대를 설득說得하는 학문이다.

우리나라에서 '수사학'이란 이름으로 많이 알려진 아리스토텔레스의 명저 『레토릭』이 '설득의 변론 기술'이란 부제副題를 달고 나왔다. 역자는 우리나라에서 화법 교육의 이론적 토대를 세우고 한국화법학회韓國話法學會를 창립한 전영우 교수. 전 교수는 KBS 아나운서 실장을 역임한 전문專門 방송인 출신으로 커뮤니케이션과 설득의 방식에 대해 관심을 갖고 오랫동안 연구해 왔다.

전 교수가 익숙한 '수사학' 대신 『레토릭』이란 원제原題를 살리고 '설득의 변론 기술'이라는 부제를 단 것은 "어떤 경우에도 각각의 사례에 적용 가능한 설득 방법을 창출해 내는 능력이 곧 레토릭"이라고 한 아리스토텔레스의 정의定義를 최대한 살리고 싶었기 때문인 듯하다. '수사학'이란 책 이름이 "말이나 글을 통해 본질 이상으로 화려하게 꾸미는 기술"이라는 인상을 불러일으키는 것이 사실이기 때문이다.

레토릭 역사는 기원전 2천 년, 지금의 중동 지역에 번성했던 메소포타미아 문명까지 거슬러 올라간다. 겉모습 저 너머에 있는 불변의 진실眞實을 묻는 학문, 즉 그리스 철학의 계보系譜는 소크라테스, 플라톤, 아리스토텔레스로 이어진다. 이 계보에서 플라톤은 레토릭을 대놓고 무시했다. "수사학은 겉만 번지르르하게 만드는 것"이라는 오늘날의 인식에도 그의 논거論據가 큰 역할을 했다.

변화무쌍한 현상을 넘어 영원히 변하지 않는 본질을 추구했던 플라톤은 레토릭이 "실재reality보다 외양外樣에 만족하는 것이며, 지식보다 여론與論을 전달하려 하며, 말을 교묘히 사용해 권력을 쟁취하려는 정치적 도구"라고 공격했다.

플라톤이 지적한 약점은 그가 봤을 때 오히려 강점이 된다. 아리스토텔레스가 말한 설득은 3개 항의 요소로 요약된다. 첫 번째 요소인 로고스는 논의 내용의 진실성眞實性과 논리의 타당성妥當性이다. 두 번째는 에토스로 신뢰할 수 있는 인물임을 청중에게 인식시켜 주는 논자論者의 성공적인 노력을 의미한다. 세 번째는 파토스, 이는 청중과 일치하는 미래 지향적이고 실천 가능한 견해를 수용하도록 논자가 청중을 자각시킬 수 있는 정서情緖이다.

생각해 보면, 청중이 없는 연설, 상대가 없는 레토릭을 상상할 수 없다. 아리스토텔레스는 청중에게서 긍정肯定 반응을 얻어 내려면 연설자가 자신의 능력과 상대방 청중을 깊이 이해하고, 또 연설 내용의 조직 방법과 청중을 감동시키는 방법까지 파악하고 있어야 한다고 했다.

결국 연설자의 화법이 청중의 호흡과 맞아야 한다고 주장한 것이다. 청중은 연설자의 인격에 감명을 받으며(에토스), 또 연설자가 환기하는 감정(파토스)과 연설자가 주장하는 논리(로고스)에 크게 좌우된다.

레토릭 학자들은 그의 정의가 다소 확대된 것임에도 불구하고 오늘날에도 이 3개 항의 설득 방법과 청중 장악 방식을 고스란히 사용하고 있다. 고대 그리스 시대에 쓴 이론서지만 중세나 고대보다 현대에 그의 레토릭이 재발견再發見되어 팬들을 불러 모으는 것도 흥미로운 현상이다.

정치의 계절이 다가온다. 어느 때보다 고난도의 정치적 레토릭이 난무할 것으로 보인다. 뛰어난 레토릭이란 대중을 먼저 깊이 이해하고, 대중과 호흡을 맞춰야 하며, 대중의 감정에 공감共感할 수 있는 것이어야 한다는 아리스토텔레스의 『레토릭』을 다시 한 번 읽어봐야 할 때다.

한편, 『동아일보』 사우회 회지 『동우회보』 2009년 6월 30일자 새 책 서평란書評欄은 아래와 같은 정출도丁出道 편집위원의 논평을 실었다.

　　토론(스피치) 방법론의 학술적 연구에서 국내 최고 권위를 인정받고 있는 전 동우東玗는 관련 저서를 이미 30여 권이나 발간한 바 있는데 지난 5월 『레토릭』의 대고전인 『아리스토텔레스의 레토릭』을 또 번역 출간한 것이다.

　　알렉산더 대왕의 가정교사家庭教師이기도 했던 아리스토텔레스의 『레토릭』은 제1권 『설득의 공중연설』, 제2권 『인격에 의한 설득』, 『정서적 호소에 의한 설득』, 이에 수반하는 『논리의 전개』, 제3권 『표현 방법과 배열』이라는 큰 제목 아래 60개의 중간 제목으로 나누어 변론법을 상술詳述하고 있다.

　　예컨대 몇 가지 중간 제목을 보면, 설득의 특성과 정서의 영향, 성냄, 온화함, 우애와 증오, 불안감과 자신감, 동정심, 의분義憤, 질투, 경쟁심, 청년의 특성, 노년의 특성, 명문가名門家의 특성, 재산가의 특성, 권력가의 특성 등이다.

　　지금부터 2300여 년 전의 저작著作이라고 믿을 수 없을 만큼 현대적인 내용들이다.

25

『레토릭』비판

115

플라톤 대화편 『고르기아스』

플라톤 대화편 『고르기아스』(소크라테스의 스피치 철학哲學 – 상)를 2011년 민지사에서 출판했다. 저자가 쓴 머리말을 추려 보면 다음과 같다.

석가모니釋迦牟尼, 기원전 560?~480?가 한 말을 기록한 불교佛敎 경전經典은 지은 이가 여시아문如是我聞, 내가 들은 내용은 이와 같은 것이라 했고, 공자孔子, 기원전 552~479가 한 말을 기록한 유교儒敎 경전은 자왈子曰, 공자가 말하기를 하고 제자 또는 후세 사람이 그가 한 언행言行을 적었다. 플라톤의 다이얼로그 역시 소크라 테스 이름을 명기銘記하고 언행을 기록했다.

플라톤의 다이얼로그를 번역함에 있어 당시 대화 참여자 양측은 나이, 경험, 경륜, 지혜 등에 개인차個人差가 고려되어야 하므로 우리말 경어법敬語法을 적용할 때 많이 망설였으나 누구를 막론하고 일률적으로 '하오체'를 썼다. 물론 이제 '하오체'는 현대 국어 구어체口語體에서 거의 사용하지 않지만 이 책이 유럽 고전

古典인 만큼 대화 양측을 예사로 높이는 수준을 역자는 염두에 두었다.

문장 부호 사용은 온점, 물음표, 반점, 큰따옴표, 작은따옴표, 소괄호 등으로 국한하고, 여기 특기할 사항은 반점을 비교적 많이 썼다는 사실이다. 이것은 독자讀者가 내용 파악을 쉽게 하기 바라는 역자譯者 의도임을 밝히고 미국, 일본의 1차 번역자 영향이 컸음을 이곳에 분명히 함과 동시에 그들에게 감사의 뜻을 표한다.

들어가기

플라톤이 쓴 『고르기아스』는 '법률'과 '국가'에 이은 세 번째 대화편이다. 『고르기아스』는 특히 당시 주요 변론가 고르기아스와 폴러스 등 아테네 소피스트들이 전해준 '변론교육辯論敎育'의 중요성을 초기에 입증立證해 보인 내용이다.

고르기아스는 젊은 정치가 칼리클레스의 집에 머물고 있었는데 대중의 리더들에게 화제話題가 실제적 문제로 옮겨졌을 때 그 끝 부분에서 그는 신경 과민의 양상을 보이고 있다.

또 다른 화자話者인 카이레폰은 소크라테스와 가까운 친구요, 고르기아스와도 친분이 있는 사이다. 그는 약간 불유쾌한 상태이지만, 아테네에서 크게 존경받는 사람이었다. 소크라테스도 '변명'에서 그에 대해 언급하지만, 그는 델포이 신전神殿에서 상담역相談役을 맡았다. 그는 또 소크라테스를 가리켜 살아 있는 최상의 현자賢者라고 말한 바 있다.

소크라테스가 변론의 유력자 두 사람, 정치가 한 사람을 상대한 이유 때문에, 의론에 패하지 않는 독점적 기술, 레토릭에 대한 논의가 대화상 장황한 국면을 맞는다.

대화가 결정적 결과를 가져오지 못하게 되자, 플라톤은 파이드로스, 레토릭으로 화제의 방향을 돌리게 된다.

결국 소크라테스와 3인의 대화는 '변론 기법'이 입신 영달의 방편이 되는 현실과 젊은 사람의 실리주의적 도덕의식 등을 차례대로 분명하게 지적한다. 플라톤은 현실 정치에 통렬痛烈한 비판을 가한다. 다음 표에서 등장인물을 간략히 만들어 제시한다.

나오는 인물	생몰연대	설명
칼리클레스(Callicles)	기원전 5세기 말	아테네 출생. 플라톤의 대화편 '고르기아스'에 나오는 플라톤의 제자.
소크라테스(Socrates)	기원전 469~399	그리스 철학자, 아내는 크산디페(Xanthippe). 그는 시민의 무지를 자각시켜 애지(愛知)의 길로 나아가도록 하는 것이 신이 자신에게 부여한 사명이라 생각하고, 주로 덕의 본질을 사람들에게 물었으며 문답법에 의해 참다운 지식에 이르도록 노력했다. 그러나 그의 활동은 당시 사람들에게 반감을 사게 되어, "청년을 부패시키고, 국가가 믿는 신을 믿지 않는 자"라는 죄명으로 고소를 당해 사형 선고를 받게 되자 독배를 마시고 생애를 마쳤다. 그는 한 권의 저서도 남기지 않았으나, 그의 사상과 모습은 플라톤의 여러 대화편에 잘 나타나 있다.
카이레폰(Chaerephon)	기원전 470~403	소크라테스의 충실한 친구이자 추종자(追從者)다.
고르기아스(Gorgias)	기원전 480~380	그리스의 소피스트. 기원 전 423년, 아테네 및 그리스 각지를 돌며 변론법을 가르침, 제논(Zenon, 기원전 490~430)의 영향을 받고 "아무것도 존재하지 않는다, 존재해도 알려지지 않는다, 알려져도 전해지지 않는다"고 해 확실한 지식의 불가능성을 설명했음. 변론에 의한 설득을 주장함.
폴러스(Polus)	기원전 5세기 경	유명한 웅변가 고르기아스의 제자, 아크라가스에서 변론 선생을 했음.

『고르기아스』해설

플라톤의 모든 저작을 그의 생애 주요 분기에 따라 초기, 중기, 후기의 세 시기로 나눌 때, 이 대화편『고르기아스』는 초기 작품에 속하고, 그 중에서 비교적 늦게 쓴 사실을 오늘날 대체로 수긍하고 있다.

대화편 제1막은 소크라테스가 변론 기술의 대가인 고르기아스를 상대로 해, 평소처럼 질문자로서 변론 기술이 어떤 것인가를 집요하게 질문하고, 그 정확한 정의定義를 요구, 고르기아스의 주장에 자기 모순矛盾이 있음을 명백히 밝히는 것만으로 만족한 결론에 이르지 못한 채 대화를 마친다. 이 같은 소크라테스의 방식은 많은 초기 대화편처럼 우리에게 친숙한 것이다.

하지만, 이 대화편 제2막에서, 소크라테스가 고르기아스의 젊은 제자 폴러스와 신인 정치가政治家 칼리클레스를 상대로 말하는 경우, 그는 벌써 단지 질문자 입장에 머무는 일 없이, 자진 응답자應答者 역할을 맡아, 더욱 확신에 찬 단호한 어조로 자기 자신의 견해를 적극적으로 표명表明하기에 이른다.

그리고 이 같은 경우 소크라테스는 때로 설교자說敎者처럼 느껴지기도 한다. 그 위에 그 일에 관련한 그의 화법에 뚜렷한 변화가 일어난다. 결국, 그는 대화를 시작함에 있어, 평소처럼 일문일답一問一答에 의한 짧은 화법을 제안하고, 상대방이 늘어놓는 장광설長廣舌을 봉쇄하면서, 한편, 그 자신은 후에 더욱 장황한 연설에 빠지고 말아, 이 때문에 그가 가두街頭 연설가라고 비난받을 처지다. 그러나이 같은 일은 초기『소크라테스적 대화편』에 보이지 않던 부분이다.

이 대화편에 또, 뒤의 작품에서 잘 보이는 것처럼, 소크라테스만이 주된 화자가 되고, 상대방은 단지, '네', '아니오'라 대답할 뿐인, 형식적 대화자에 머물러 있는 것은 아니다. 아니, 소크라테스와 그의 문답 상대자들은 상호 간에 질문자가 되기도 하고 응답자가 되기도 하면서 대화를 나누고 있고, 그래서 양자의 도전挑戰과 응수應酬에 의한 긴장이 이 대화편을 하나의 탁월한 극작품劇作品으로 만들어내는 것이다.

이 점으로 볼 때 플라톤의 수많은 대화편 중에, 아마 이『고르기아스』만큼 참된 의미로 대화편의 이름에 값하는 작품은 달리 없다 해도 좋을 것이다. 따라서 또, 이 대화편은 등장인물의 직접대화만으로 충분히 하나의 극을 만들어낼 수 있기 때문에, 예를 들어『프로타고라스』에서 보이는 대화 장면 설정, 정황 묘사 등은 극의 본 줄거리와 관련이 없는 사항으로, 모두 커트해 버린 형편이다.

그것은 어떻든 이 대화편에서 소크라테스 이미지의 변화는 지금 말한 화법의 부분뿐만 아니라, 이야기 내용에서도 인정된다. 즉 이 대화편 중에, 역사적으로 소크라테스에게 돌려지는 명제命題, 예를 들면 "덕은 지식이다", "사람은 누구든 자진해 악한 일을 하는 일은 없다" 등의 명제 외에, 아마 플라톤 자신의 사상 발전을 보인다는 사정에 따라, 중기 작품 속에 분명히 정식화된 새로운 사고 방식이 맹아萌芽 형태이기는 하나, 소크라테스 입을 통해 말하고 있다는 점이다.

지식과 신념의 구별이든가, 모든 철인의 사상에 접근하는 사고방식 등이 바로 그것이다. 그 밖에도, 중기 작품 속에서도 중요 역할을 하게 되는 오르페우스교, 피타고라스주의의 교의敎義가 이 작품에서 처음 소개되어 있고, 본편의 마무리가 되는, 저승의 재판裁判과 상벌賞罰 이야기는『파이돈』,『국가』권말에서 말한 동종同種 이야기의 앞장을 선 것이다.

이처럼 이 대화편 후의 중기 작품에서 확립되는 플라톤 사상의 핵심 몇 가지가 맹아 형태로 포함되어 있지만, 또 순수 형이상학적形而上學的 이론은 여기 아직 무엇 하나 나와 있지 않고, 의론의 주제는 오로지 넓은 의미의 도덕道德 에티키

^{ethica} 문제로 한정하고 있어, 그 점은 '소크라테스적 대화편'의 성격에 머물고 있다.

요컨대 플라톤은 생전 소크라테스의 언행^{言行}을 생생하게 묘사함으로써, 저작활동을 시작한 것이지만, 역사상 소크라테스 이미지는 플라톤의 마음속에서 점차 성장해 서서히 변모하고 마침내 '플라톤의 소크라테스'가 되어 간다. 소크라테스의 이 같은 변모를 이 대화편이 분명하게 보여준다고 말할 수 있을 것이다.

그러나 다른 초기 작품과의 차이점에 대해 또 하나 주목할 일은 이 대화편이 단지 개인의 도덕 문제만 아니라, 국가사회의 정치문제^{政治問題}가 정면으로 다루어지고 있다는 점이다. 더욱 그것은 후에 「국가」, 「법률」에서 보이는 것처럼 불특정 국가에 대해 일반적인 정치문제가 논해지는 것이 아니라 플라톤의 조국 아테네 정치 본연의 상태가 직접 문제로 다루어지고 있다는 점이다.

그래서 이 문제에 대한 소크라테스의 말에 노하고 분개하는 속내가 포함되어 있어 드물지만 그 점이 생생한 형태로 플라톤 자신의 개인적 감정의 반영인 것처럼 보인다. 이것은 아마 플라톤이 이 대화편을 집필한 근본 동기이며 또 그 당시 그의 심경^{心境}이 크게 영향을 미치고 있기 때문일 것이다.

고르기아스 직업이 변론기술 선생임이 확인된 뒤로, 그 변론기술은 무엇에 대한 기술인가를 질문 받고, 이에 대해 언론에 대한 기술이라 응답했으나 다른 학문기술에도 각각 대상이 되는 언론관계가 있다고 하면 특히 변론기술만 다른 기술과 구별하고 이것을 언론기술이라 부를 이유가 어디 있는가 또 변론기술이 다루는 언론 대상은 도대체 무엇인가를 이어서 질문해 볼 일이다.

그리고 이 같은 추구의 결과 결국 변론기술은 법정 및 의회 등에서 사람들을 설득하는 기술이라는 것이며, 따라서 그것이 다루는 언론의 대상은 무엇보다 특히 법정에서 논의되는 행위의 정당함과 부정당함 또 국가 사회의 정책 전반에 관한 것이 분명하게 밝혀져 있다.

그리고 또 폴러스가 문답 상대로 등장하면 소크라테스는 변론기술에 대한 자기 생각을 솔직하게 말해 이것을 명확하게 "정치기술政治技術의 한 부분 그림자 같은 것"이라 하여 결국 거짓 정치기술의 하나라고 호되게 꾸짖고 있는 것이다.

변론기술이 어떤 이유로 거짓 정치기술이라 했는가는 또 후에 다루기로 하고 어떻든 앞에 보인 바대로 이 대화에서 다루어지는 변론기술은 웅변 및 수사의 변론기술이 아니고 정치기술로 이용된 변론기술임이 분명하다.

모든 인간이 시민의 자격만으로 정치에서 평등 권리를 가졌던 민주주의 사회에서는 사람이 그 속에서 두각을 나타내고 입신출세立身出世를 하기 위해 새로운 자격 결국 변론에 뛰어나야 한다는 것이 불가결한 조건이 되었던 것이다.

고르기아스가 말한 것처럼 민회民會와 그 밖의 정치 집회에서 수백 수천의 시민을 청중으로 국가 여러 정책을 "제안하고 자기 의견을 통과시키는 데 변론을 익힌 사람"이 아니면 불가능한 일이었고 다른 한편 일종 시민재판市民裁判이라 할 당시 사법제도는 변론의 능력만이 누구나 자기생명과 지위 그리고 재산을 지킬 수 있는 유일한 수단이었던 것이다.

그리고 '소피스트'라 불린 사람들은 바로 이 같은 사회변화社會變化의 새로운 요구에 응답하듯 등장한 것이다. 그들은 '덕의 선생'으로 알려졌지만 그 덕은 도덕처럼 좁은 의미로 한정되는 것이 아니라 인간의 탁월성卓越性과 유능성有能性 전반을 가리키는 말이었다.

예를 들어, '프로타고라스' 가운데서 소피스트 프로타고라스가 말하고 있는 것처럼 "집안일에 대해 가장 잘 집안 식구들을 조정하는 방법을 도모 하고 또 국가 공공의 사항에 대해 이를 실천하고 논의하는 일에도 가장 유능하고 유력한 자가 되어야 하는 길을 도모하는 일이 된다"는 것이 그들이 가르친다고 약속한

덕의 내용이다.

그런데 그렇게 하기 위해 그들이 구체적으로 어떻게 했는가 하면 "사람이 변론으로 탁월한 능력을 발휘하게 한다" 외에 다른 방법이 없었던 것이다. 그러므로 그 한도에서 소피스트라 해도 그 정체는 변론가였다는 데 불과하고 사실 소피스트라 칭하는 대부분의 사람이 모두가 공공의 과업으로 생업을 삼게 된 것이다.

실제 본론에서도 지적하고 있는 것처럼 "소피스트와 변론가는 같은 영역에서 같은 문제를 다루는 사람으로 혼동하고 있기 때문에 그들 자신도 서로 자기들을 어떻게 다루어야 할지 모르고 있고 또 일반 사람들도 그들을 어떻게 구별해야 좋을지 망설이고 있다"고 하는 것이 당시 실정이다.

본래부터 변론가는 고르기아스가 말한 것처럼 변론기술을 가지고, 예를 들면 일상생활에서도 약 먹기를 싫어하고 수술 받기를 꺼리는 병자를 만약 의사醫師가 설득할 수 없는 경우, 의사를 대신해 그 환자患者를 납득시키는 일도 가능했을 것이다.

그러나 변론기술이 가장 잘 발휘되고 빛나는 성공을 거둘 수 있던 것은 무엇보다 특히 국민의회나 정치집회에서 변론가가 국가의 중대한 정책에 대해 발언하고 자기 제안을 언론의 힘으로 통과시키는 정치변론政治辯論이 가능했기 때문일 것이다.

이것 역시 고르기아스가 예로 인용한 바 있지만 아테네를 해군海軍의 나라로 구축하기 위해 외항外港 페이라이에우스의 항만시설과 선거船渠 설비는 테미스토클레스의 제안에 의해 이루어진 일이고 또 항구와 아테네를 연결하는 대성벽大城壁의 구축은 페리클레스의 권고에 기초해 이루어진 것으로 결코 도목수都木手와 그 밖의 장인匠人들의 기술로써만 이루어진 일은 아니다.

이래서 "변론기술의 힘은 그 정도로 큰 것이고 또 그와 같은 성질의 것"이었기 때문에 사람은 이 기술을 수련함으로써 테미스토클레스와 페리클레스처럼 일국의 지배자가 되는 일도 가능한 것이고, 아니 고르기아스의 젊은 제자 폴러스에게 말하게 하면 그것은 민주제 사회에서 사람을 일종의 독재자로 만들 정도였다는 것이다. 그렇다고 하면 소피스트의 기술이 정치기술이라 말한 것과 같이 변론기술도 역시 정치기술이라 해야 할 것이다.

소크라테스가 폴러스를 상대로 나눈 권력에 대한 의론도 또 정당성 및 부정당성과 행복에 대한 토의도, 소크라테스와 칼리클레스 사이에서 나눈 방탕한 생활과 절제생활의 우열론, 그 우열을 결정하기 위한 쾌快와 선善의 구별에 대한 의론도 또 정치의 존재 방식과 인간의 생활 방식 전반에 대한 고찰도, 이것은 모두 지금 말한 의미의 변론기술을 주제로 한 주제의 변형이나 전개라고 간주할 수 있다.

혹은 오히려 이 세상에서 유능하고 유력해야 할 부분이 인간의 탁월성인 덕이고, 세속적인 성공만이 인생의 목표라고 믿는 실리적 인생관이나 또 그 같은 인생관을 지탱하는 데 쾌락이 곧 선이므로, 욕망의 충족이야말로 행복한 생활이라는 사고방식이 당시 사회 전반의 풍조였기 때문에 이를 비판하기 위한 실마리로서 변론기술이 테마로 선택된 것이라 생각하는 편이 보다 타당한 해석일 것이다.

116

플라톤 대화편
『프로타고라스』, 『파이드로스』 번역 출판

이 두 책이 '소크라테스의 스피치 철학(하)(소피스트sophist 비판)으로'라는 부제副題를 달고 세상에 나왔다.

그리스의 유수한 철학자들은 변론가들이 모든 소송을 승소勝訴로 이끌어 내기 위해 부도덕不道德한 방법을 사용한다는 이유로 스피치 교육 내지 수사학修辭學 교육을 반대했다.

플라톤도 당시 수사학이 지닌 기만성欺瞞性과 천박淺薄한 지식에 수반하는 결함 등을 신랄하게 비판했다. 플라톤은 그의 저서 고르기아스와 프로타고라스 그리고 파이드로스 등을 통해 수사학에 대한 비판적 견해를 밝혀 언어기교가 사회생활상 절대적 수단이라고 소피스트학파가 주장한 데 반해, 그는 화법교육을 바람직한 방향으로 이끌어 나가려면 도덕적 측면을 외면할 수 없다고 언어표현에 수반되는 윤리도덕倫理道德을 크게 강조했다.

기원 전 5세기경, 스피치 효과를 인식하고 이를 옹호한 자가 있는데 이들이 바로 프로타고라스, 고르기아스, 이소크라테스 등이다. 프로타고라스는 토론의 비조로 일컬어 온다. 그는 또 최초로 소피스트라 불렸으며 동시에 보수를 받고 스피치를 가르친 최초의 인사로 기록된다.

따라서 플라톤의 대화편『고르기아스』를 '소크라테스의 스피치 철학(상)(레토릭 비판)으로' 하고, 『프로타고라스』와『파이드로스』를 합본해 '소크라테스의 스피치 철학(하)(소피스트 비판)으로' 저자가 개제改題했다.

『프로타고라스』해설

당시 50~60세로 고령이던 프로타고라스에 비해 소크라테스는 36세 무렵이었다. 또 알키비아데스는 18세 정도, 크리티아스는 27세, 아가돈은 15세이다.

플라톤이 이 대화편對話篇을 쓴 것은 비교적 초기의 저작이라 생각하면 좋을 것이다. 이『프로타고라스』는 특히 탁월한 극적劇的 묘사력이 유감없이 발휘된 작품이다. 이 대화편에 '소피스트들'이라는 부제副題가 붙어 있다.

'소피스트'라는 명칭이 어떨까 생각되는 평판을 가진 것은 사실이지만 말하자면 실력實力에 의해 물리치고 아테네 청년들 사이에 절대적 인기를 얻고, 그들이 덕德을 전수傳授하는 선생의 지위를 사실상 확보했다고 할 수 있다. 그 대표격인 프로타고라스는 당대 유일한 '지자智者'로 불리고 그가 바로 지금 아테네에 와 있다는 소식만으로 사람들의 귀를 끌고 청년 히포크라테스를 열광시키는 뉴스가 되는 것이다.

우리는 이 가운데 한 사람 가장 개성적인 인물 소크라테스가 프로타고라스와 문답하는 의론 현장에 입회立會하게 된다.『소크라테스의 변명辨明』가운데 소크라테스는 먼저 자기가 고발자告發者 아뉴토스나 희극喜劇작가 아리스토파네스 같은 사람들에 의해 소피스트와 같은 부류의 인간으로 간주되어 이 사실이 고발告發 동기를 만든 것으로 지적한다. 그러나 이와 다른 몇 가지 사실을 설명한다는 방식으로 그 변명연설을 한다.

사례금謝禮金을 받고 교육을 담당한다는 것도 한 가지 예이고 이 점을 둘러싸고 본편本篇에서 그 저택邸宅이 무대가 되는 칼리아스와 나눈 문답問答이 예로 인용되고 있다. 소크라테스의 주장은 바로 이런 것이다.

애당초 마소의 교육이면 몰라도 "인간이 국가 사회의 일원으로 가져야 할 덕德"을 소피스트가 약속한 것처럼 적당한 값으로 사람을 가르친다는 사실이 가능한 일인가? 자기로서 도저히 그 같은 지혜와 재능은 없다고 본다. 대체로 자기가 가진 지혜智慧는 '인간 보통의 지혜'에 지나지 않고 이에 대해 그들 소피스트들의 지혜는 대개 '어떤 보통 이상의 지혜'일 것인가?

소크라테스가 덕의 선생임을 자처하는 소피스트 대표 프로타고라스를 직접 상대해 소박하게 의문疑問을 던지는 데서부터 공중토론公衆討論이 시작된다. '프로타고라스'는 이 같은 의미에서 청년교육자 소피스트에 대한 비판서批判書인 것이다.

독자讀者는 플라톤을 따라 칼리아스 집으로 안내되고 프로타고라스, 히피아스, 프로디코스 등 유명 소피스트들이 소크라테스와 벌이는 토론을 직접 참관參觀하게 된다.

『파이드로스』해설

이 대화편의 주제 구성의 외부적 틀은 변론기술 일반의 존재 양식樣式을 논하는 데 있다. 변론辯論기술은 기원 전 5세기 중엽 시케리아(시실리)에서 티시아스와 그 밖의 사람으로부터 법정변론法廷辯論의 테크닉 연구와 교수라는 형식으로 시작된 것이다.

변론기술은 본래 법정변론 분야에서 의회연설議會演說의 정치政治 영역으로 확대됨으로써 일약 시대 총아寵兒적 존재가 되었다.

"선善보다 쾌快를 목표로 한다"는 『고르기아스』에서 폭로된 변론가들의 실태는 말 상대의 평판評判을 첫째로 한다는 한 가지 부분을 통해, "진실眞實 그 자체보다도 진실인 것처럼 사물事物을 말한다"는 변론가들의 말은 의식적 격률格律이라 하는 주장과 확실한 연계連繫를 가질 것이다.

『파이드로스』가 주로 내세워 비판하는 대상은 변론가들의 좌우명座右銘이다. 그리고 고찰 결과 보여준 것은 진실 자체의 파악 없이 진실인 것처럼 생각하게끔 교묘하게 말하는 사실조차 본래 불가능한 것이고 따라서 변론기술이 하나의 기술로 값한다고 하면 진실眞實 그 자체를 추구하는 철학과 그 방법으로서의 디아렉티케(변증법)에 의존하지 않으면 안 된다는 것이다.

『파이드로스』는 이데아론 사상의 적극적 표현을 특색으로 하는 전기부터 중기에 이르는 저작의 끝 획을 긋고, 그것이 그의 형이상학적 표현이라 할 최후의 작품이라 할 수 있다.

파이드로스와 소크라테스의 대화對話를 통해 플라톤은 '변론기술'과 '사랑'의 두 주제主題를 하나의 철학으로 꿰뚫어 설파說破한다.

117

키케로의『연설가에 대하여』번역 출판

키케로^{Ciero Marcus Tullius, 106~43 B.C.}는 로마의 연설가, 철학자, 정치가로 로마와 아테네에서 공부하고 26세 때 정치생활을 시작, 뛰어난 연설로 이름을 떨쳤다. B.C. 63년 집정관이 되어 야심가 카타리나의 음모를 분쇄하는 등 활약이 컸으나 카에사르가 암살된 후 안토니우스의 전제를 탄핵彈劾해 미움을 사게 되어 안토니우스 부하에게 암살당했다.

그의 고상하고 품위 있는 문체는 라틴어의 모범이라 불리며 철학 및 레토릭에 관한 많은 저서와 그 밖에 7백 통이 넘는 편지가 남아 있다. 주요 저서로는『국가론』,『우정론』,『선과 악의 한계』등이 있다.

『연설가에 대하여』역자 서문

키케로의『데 오라토레』전 3권 중에서 1, 2권을 중역重譯했다. 이 작품은 키케로보다 1세대 앞선 걸출한 웅변가 크라수스와 안토니우스가 그들에게 심취한 젊은이들과 함께 당시 로마의 상류층 별장지 투수쿨룸의 크라수스 별장에서 『연설가와 변론법』에 대해 논의한 담론을 키케로가 기록한 내용이다. 담론은 등장인물들이 짤막한 대화로 엮어 간 변증법적 진행의 플라톤 방식이 아니라 주요 등장인물이 각자 견해를 길게 말한 아리스토텔레스 방식이다.

『데 오라토레』는 키케로 자신의 깊은 교양과 키케로 자신의 체험이 반영된 '발상론發想論'이고 당시 변론법에 대한 그의 신랄한 비판서이기도 하다. B.C. 55년의 저작이다.

그는 여기서 참으로 로마적 변론법 로마적 현실에서 효율적이고 동시에 보편적 변론법을 제시하고 있다. 법정변론, 의회변론, 집회변론 등에 응용할 수 있는 구체적이고 지혜로운 내용이다. 양의 동서, 시의 고금을 뛰어넘는 금과옥조金科玉條의 변론법 교재이다.

등장인물들은 안토니우스 마르쿠스Antonius Marcus, B.C. 82~30, 로마 정치가, 카에사르 가이우스 율리우스Caesar Gaius Julius, B.C. 102~44, 로마 정치가, 그 밖에 카툴루스 퀸투스 루타티우스, 크라수스 루키우스 리키니우스, 코타 가이우스 아우렐리우스, 술피키우스 루푸스 푸블리우스, 무키우스 스카에볼라 퀸투스 등 모두 7인이다.

아리스토텔레스는 변론 목표인 설득說得이 가능한 요소를 언론logos, 화자 성품ethos, 청자 감정pathos 등으로 나누되 이 가운데 언론 설득을 변론법의 본질적 중핵으로 간주하고 유일하게 필연적 진리를 도출하는 변증법(논리학)을 준용 유사 변론 추론, 생략 추론 즉 소피스트적 궤변詭辯을 낳은 거짓 엔듀메마(변론추론)와 참 엔듀메마를 분별하고 topos와 enthumema의 이론 체계를 세웠다.

아리스토텔레스의 변론법은 설득을 창출하는 성격과 감정에 대한 심리학적 고찰, 어휘선택에 대한 고찰까지 포함하여 현존하는 가장 오랜 변론법이지만 그 과학적 철학적 변론법은 향후 변론법의 기둥으로 큰 영향을 오래 미칠 것이다.

한편, 그리스 변론법으로 특기할 인물은 이소크라테스이다. 그는 고르기아스의 제자로 변론가 또는 변론 집필가Iogographos로 출발하지만 후에 변론법 선생으로 전념한다. 이소크라테스가 변론법에 새로 덧붙인 특별한 요소라 할 것은 없으나 변론가 교육과 수사적 변론법 등 두 측면에서 큰 발자취를 남겼다.

키케로가 변론가 배출로 가장 빛나는 공방工房이라고 형용한 것처럼 그 학교에서 히페리데스Hyperides, 이사이오스Isaeos, 리쿠르고스Lycurgus 그리고 키케로가 변론가의 귀감으로 삼은 그리스 최대 변론가 데모스테네스Demosthenes 같은 당시 아테네 법정과 정가에서 지도적 역할을 다한 아티카Attica 변론가와 그 밖에 역사가 테오폼포스Theopompos 같은 인물이 배출되었다.

이소크라테스는 다만 기술의 변론법을 가르친 것이 아니고 '좋은 언론'과 '좋은 덕'의 일체로 양자를 정치적 인간에게 불가결한 교양, 필로소피아를 가르치려 했으나 "언어든 행위든 지금 현재든 아무 도움이 되지 않는 것을 필로소피아라 불러야 할 리가 없다고 생각한다", "집안과 나라를 다스리는 이 학문을 위한다면 사람은 성심껏 필로소피아를 하고 실천해야 한다" 하는 실천의 배움을 중심에 두고 변론과 철학 일체성을 설명한 사상은 특히 이 책에서 말하는 키케로의 근본사상과 궤를 같이 한다.

이소크라테스의 활약에 자극받아 아리스토텔레스도 학원 리케이온Lyceum에서 변론법을 가르치기 시작한 것이지만 그 교육활동과 이소크라테스의 교육활동은 민주정의 쇠퇴와 함께 변론활동의 장場이 좁아지고 그 중요성이 떨어졌음에도 불구하고 그리스 각지의 교육기관에서 변론법을 교육의 주요과목으로 계속 채택하는 전통 형성에 크게 기여했다.

이소크라테스 변론법의 한 가지 영향은 문체론文體論적 수사적 변론법의 조류를 만든 일이다. 설득에 미치는 언어효과의 중요성을 자각하고 대구법이나 시적 표현 은유隱喩 등을 많이 사용하는 '고르기아스식' 완곡어법婉曲語法이라 일컫는 화려한 변론법으로 일세를 풍미風靡한 스승 고르기아스에게 이미 그 경향이 나타나지만 이소크라테스도 변론법의 문체와 수사의 중요성을 인식하고 스승 이상으로 산문 문체의 세련화에 힘썼다.

아리스토텔레스가 변론법을 가르치게 된 동기를 키케로는 "이소크라테스가 주장한 내용을 법정 논쟁이나 의회 정책 담화에서 문체의 우아함이라는 허술한 이야기로 전환함으로써 뛰어난 제자들을 모은 화려한 모양을 보고" 아리스토텔레스가 "이소크라테스에게 말하게 하라 그에게는 침묵이 부끄럽다"고 했다는 에피소드를 전하고 있지만 아마 어느 쪽이냐 하면 논증보다 차라리 문체와 수사에 내용보다 차라리 형식에 무게가 실린 이소크라테스의 변론법에 대한 아리스토텔레스의 반발反撥이 있던 것 같다.

어쨌든 이소크라테스와 아리스토텔레스 이후 이소크라테스적인 '문체론적 수사적 변론법'과 아리스토텔레스적인 '과학적 철학적 변론법'이라는 말하자면 서로 다른 두 계보가 생겨 변론법의 두 조류를 형성하게 되었다.

이 두 계보 융합의 필요성과 그 통일체, 키케로가 말하는 '학식 있는 변론가'야 말로 참 연설가, 참 철학자란 주장이 이 작품의 주된 골자이다. 그리스 특히 아테네와 마찬가지로 로마에서도 변론은 민주정民主政의 진전과 함께 법정, 민회, 원로원에서 '실천변론'의 발걸음을 꾸준히 이어 왔다.

『연설가에 대하여』 해설

이 책은 크라수스와 안토니우스가 젊은이 코타와 술피키우스, 카에사르, 스트라보 등의 요구에 따라 담론談論 중에서 평균적 시민이면 누구나 배운 당시 일반적 변론법 개요를 진술하면서 어떤 경우 이를 비판하고 어떤 경우 이에 수정을 가하고 변론가 본연의 자세와 변론법을 추구한다는 형식을 취하고 있다.

키케로 자신의 개괄적 변론기술관 변론가관이 간단히 서술되고 크라수스, 안토니우스, 스카에볼라의 논의를 통해 변론법은 무엇인가 변론가는 어떤 존재인가 변론법 또는 변론가가 근거로 세워야 할 학술은 무엇인가 하는 기본적 문제가 논해지는 제1권에 이어 제2권에서 주로 안토니우스가 변론법의 다섯 요소 가운데 발상發想, 배열, 기억을 제3권에서 크라수스가 언어구사와 구연口演을 논하는 것이 이 책의 개략적 구성이다.

변론 종류는 법정변론, 의회변론, 칭송稱頌변론 등이다. 변론가의 역할 또는 변론법의 요소는 발상, 배열, 언어표현, 기억, 구연 등이다. 이 같은 능력은 기술, 모방, 실천에 의해 획득된다.

발상에 연관되는 것은 변론의 구성부분 서두, 진술, 논점제시, 입증, 반박, 종결 등이다. 서두에 직접도입, 간접도입 등이 있다. 전자는 직접 분명하게 하고 후자는 간접으로 청중을 주의 깊게 하고, 호의적으로 하고, 교화하기 쉽게 하는 도입으로 사안에 따라 나누어 사용한다.

후자는 청중 심정이 이미 상대에게 기운 경우, 편견을 가진 경우 등으로 가려낼 수 있다. 진술에 사실 진술, 신용을 얻든가, 상대신용을 깎아내리는 진술, 신화, 역사, 예증적 진술 등이 있다. 다만 진술은 간단 명료 진정어리게 해야 한다.

쟁점분할, 논점제시는 논쟁 쌍방이 인정하는 사실관계, 각자 입증하고자 하는 논점 열거로 나눈다. 입증은 쟁점에 따라 전개한다. 쟁점은 사실을 놓고 다투는 추정적 쟁점, 법 해석을 놓고 다투는 법률적 쟁점, 사실을 인정한 토대 위에 정당성을 따지는 쟁점으로 나뉜다.

추정적 쟁점은 개연적蓋然的인 사실에 기초한 것, 비교에 기초한 것, 조짐에 기초한 것, 증거자료에 기초한 것, 결과에 기초한 것, 논거論據에 의한 증명에 기초한 것 등으로 분류한다.

법률적 쟁점은 문장어구와 의미 이반離反에 기초한 것, 상반되는 법률에 기초한 것, 문장어구의 모호성에 기초한 것, 정의定義에 기초한 것, 이전移轉에 기초한 것, 추론推論에 기초한 것 등으로 분류된다.

정당성正當性 쟁점爭點은 승인, 책임 전가, 죄의 전가, 비교로 분류되고, 또 승인은 운세, 무지, 부득이한 사정 등으로 분류된다. 다만 이것은 고대 변론법이 그런 것처럼 법정변론을 중심으로 한 것이므로 보다 일반적인 헤르마고라스의 이론 분류에 추론, 법률로 나누고, 추론은 다시 추정推定, 정의定義, 성질性質, 전가轉嫁로, 법률은 문장 어구의 진의眞意, 상반되는 법률, 모호성, 추론으로 하위下位 분류된다.

또 일반적 문제를 인식문제, 행위 문제로 구분한다.

이 같은 변론법의 가르침을 키케로는 결코 소홀히 하거나 무가치하고 무의미한 것으로 내치지 않았다. 그것이 "필요불가결한 것은 아니라 해도 그것을 인식하는 것은 결코 무가치한 일이 아니다"라는 것, "각각의 부분에서 무엇을 준칙準則으로 할 것인지, 또 의도한 목적에서 벗어나지 않으려면 무엇을 준수할 것인가, 변론가에게 주의를 환기하는 어떤 종류의 교훈"이라는 사실을 인정하고 있다. 그러나 어떤 면에서 "가소롭기 짝이 없음"에 대해 예리하게 비판하고 있다.

비판의 창끝이 향하는 것은 "정교하고 치밀함"과 뒤바뀐 관계가 있는 당시 변론법의 사소한 일에 구애되는 '자질구레한' 쇄말주의瑣末主義이다.

안토니우스와 크라수스가 변론법의 이른바 '가르침'을 어느 경우에는 "될 수 있는 대로 간결하게", "빠른 걸음으로", 어느 경우에는 "정의와 실례까지 빼고 단결에" 말하는 것은 그것이 주지의 사실이라는 이유이기도 하지만 알아야 할 것은 "웅변 달성을 위한 변론법의 가르침보다 더 중요한 것"이기 때문이다. '어떤 더 중요한 것'은 구체적으로 말하면 변론의 원리적인 것, 근본적인 것, 말하자면 '원천' — 보다 구체적으로 말하면 아리스토텔레스적인 '토포스(명제)' — 이고, 이념적으로 말하면 이 책에서 강조하려 하는 만반의 지식, 키케로가 말하는 "인간적 교양, 전인적 교양"에 다름 아니다.

키케로의 변론법은 이처럼 이론적 면은 주로 아리스토텔레스의 변론기술에 의거하고 있다.

이 점은 특히 '발상'이 발상론이나 헬레니우스에게 주는 수사학서修辭學書처럼 「서두」, 「진술」 등 변론의 구성 부분과 관련지어 논하지 않고, '교화 및 입증하는 것', '청중의 호의를 획득하는 것', '감동시키는 것'이라는 변론의 3요건(아리스토텔레스의 변론기술이 그 토대 위에 조직되어 있다. 아리스토텔레스가 말한 설득 창출의 3요소 '언론logos', '감정pathos', '인격ethos'에 각각 대응한다)에 관련지어 논한 점에서 분명히 엿보인다.

발상의 근본이 되는 것은 토포스이지만 이 책은 역시 발상론이나 헬레니우스에게 주는 수사학서처럼 헤르마고라스류의 이론적 가르침에 기초한 세분된 토포스, 말하자면 개별적 논쟁의 토포스를 제시하는 것도 원리적인 것에 근거를 두었다는 이 책의 기본사상에 기초한 것이다.

아마 아리스토텔레스 변론기술의 '생략 삼단논법'이 거론되지 않은 것도 모두 '일반적, 포괄적 부류로 환원된 것' 때문이고 근본원리는 똑같기 때문이다.

키케로가 비판의 창끝을 돌린 두 번째는 "실제의 경험이 없고 진상을 모르는 사람들(수사학자)"의 말하자면 탁상공론卓上空論, 그 비현실성이다. 이 현실, 실천의 중요성 강조는 아마 변론 기술서인 이 책의 주장 가운데 가장 빛나는 주장이고 또 '변론기술에 대해 말하는 변론가'로서 키케로만큼 그것을 설명한 적격자는 달리 없다.

주로 안토니우스가 그 역할을 담당한 현실, 실천 중요성의 강조는 무엇보다 당시 로마의 현실 가운데 키케로 자신이 겪은 실제 체험에서 오는 것이다. 로마에서 원로원과 민회, 정치政治 집회는 당연한 일로 하고, 부당이익 반환소송과 부정선거소송 등의 민사, 형사 재판조차 치열한 정치투쟁의 무대가 되었다. 이 점은 예증으로 인용되는 소송 대부분이 어떤 정치적 색채를 띠고 있는 사실로부터 엿볼 수 있을 것이다.

그라쿠스 형제의 개혁에 의해 족벌族閥파와 민중民衆파의 대립이 첨예화한 이후 그 치열함은 더해졌지만 실제 재판권을 둘러싼 다툼은 이 시기 가장 중요한 정치문제가 되었다. "논쟁(정치문제, 소송)이라는 다툼은 인간이 하는 일 중에서 매우 곤란한 일"이라는 안토니우스의 말은 그 같은 '로마의 현실'에 비추어 처음 그 전체적 의미가 이해된다.

로마, 특히 키케로가 생존한 시대의 로마에서 변론은 그리스보다 더 많아 '무장한 상대'와 싸우는 '전투'라는 색채를 띠는 것이다. 그 같은 로마 진실 가운데 실천변론에 관계하는 크라수스와 안토니우스 그리고 키케로에게 당시 획일적이고 교조주의적教條主義的인 변론기술과 변론교육이 어느 면에서 현실과 유리된 공론이라 생각해도 이상할 것이 없다.

현실을 모르는 자들의 공리공론空理空論, 삼리움 검투사의 투창 같은 섣보기 무기가 아니고 '실제 싸울 수 있는' 무기로서의 변론, 현실에 '힘'을 싣는 변론, 그 요청은 '로마의 현실' 속에서 더한층 절실한 것이었다.

변론의 5가지 요소에 대한 안토니우스의 논의, 또는 소크라테스 재판 때의 소크라테스 자신의 변론법을 비판하면서, 변론의 현실에 '힘'을 싣기 위한 요건으로 청중에 호감을 안겨주어 그 마음을 움직인다는 '감화시키는 일', '조작 유도하는 일'의 중요성을 의외로 역설하고, '품격'과 '평판'이라 한 아리스토텔레스와 다른 로마의 덕목과 로마의 심성心性을 거론하며 안토니우스가 분석해 보인 변론에서 심리학적心理學的 측면의 논의 — 특히 아퀼리우스와 노르바누스 소송의 예증例證 — 는 그를 위해 현실에 즉응即應하는 매우 구체적이고 실천적인 가르침이 되고 있다.

다만 이 점에 대해 말하면, 이 책에서 "훌륭하고 어진 인격의 덕을 구비하지 못한 자에게 변론의 풍부한 능력을 주든가 하면 결코 변론가를 배출하는 일이 되지 않고 그야말로 미친 자에게 칼을 쥐어주는 격이 될 것이다"는 촌평이 있을 뿐으로, 변론법을 왕왕 진실 아닌 것을 진실인 것처럼 생각하게 하고 겉만 꾸미는 기술이라 한 소크라테스와 플라톤의 저 근본적 변론법 비판 — 변론가의 윤리 문제 — 에 대한 심도 있는 논의 없이 끝나고 있다. 이 문제는 결국 키케로 윤리 철학의 총정리 '의무에 대하여'로 넘기는 일이 되고 만다.

현실로 실천의 중요성이 강조되는 더욱 중요한 이유는 키케로의 인간관과 세계관의 핵심적 사상이 관련된다는 점이다. 키케로 사상의 핵심은 인간이 공동체, 국가의 일원 — 궁극은 코스모스라는 폴리스의 일원 — 으로 태어난 것이고, 또 공동체 일원이 되어 비로소 인간은 "문화적이고 참으로 인간적인 존재"가 된다고 한다. 말하자면 공동체 지상至上의 가치관이다.

공동체 성원으로서 인간이 공공公共사업, 국정에 참여하는 일만큼 중요한 책

무는 없고, 변론은 그 공동체, 국가의 안녕을 지키고 복리福利 실현을 위해 불가
결한 수단이요, 어느 경우 '무기'인 것이다. 변론가가 수행해야 할 역할이 오직
공공사업 국정에 관계된다고 해, 이상적 변론가를 소송과 국난國難과 국정國政의
'목탁이요, 지도자'로 위치 잡아준 이유, 또 이 책의 제명이 '변론술에 대하여'가
아니고 '연설가에 대하여'라 하게 된 이유도 명백해졌다.

키케로 사상의 전체는 공공사업, 국정, 인간, 공동체 성원, 변론가라는 개념
을 중심으로 구축되는 것이고, 모든 것이 그 틀 속으로 녹아들지 않으면 안 되는
것이다. 철학도 예외는 아니다. 인식, 이론은 현실 가운데서 검증되고 실천하는
중에 살아나지 않으면 안 되고 그렇지 않으면 그것은 비현실적 탁상공론에 지나
지 않게 된다.

이 근본 사상에서부터 키케로는 위험하고 곤란한 국정에서 멀어지고 여러
신神, 경건敬虔, 협화協和, 우정友情이라는 철학적 토포스(명제)를 "방구석에서 심
심풀이로 논하고 있"으며, 철학자들은 "그 정밀함과 인간에게 무엇보다 기분 좋
은 지식 자체의 달콤함 때문에 국가에는 불이익이 될 정도로 수많은 사람들 마음
을 매료시킨다"고 말한다.

삶에 몸을 던지고 말하자면 '학문을 위한 학문'에 몰두하고 있는 철학자들,
무엇보다 철학과 변론을 해체 분리하고, 실천변론을 배척하고 실천변론 경시 풍
조를 낳은 소크라테스, 플라톤을 비판하면서 실천변론의 중요성, 실천변론 복권
復權의 긴요성을 주장한다. 그 주장은 '로마의 현실' 가운데 스스로 실천변론으
로 관계하고 또 실천변론 때문에 엎드린 사람의 주장으로 무거운 반향을 보인다.

그러나 물론 실천이 전부가 아니라는 사실은 말할 것도 없다. 오히려 키케로
는 "오직 변론만을 업으로 하고", "법정을 주거로 삼는 패거리, 개개의 논쟁이
부득이 요구하는 이상以上의 것은 아무것도 법정으로 가져오려 하지 않는 패거

리"에게 경멸적이기도 하다.

인식하는 지知, 이론의 知가 행동하는 知, 실천의 知를 아울러 포함하는 것이어야 한다는 것과 같이, 행동하는 知, 실천의 知는 인식하는 知, 이론의 知도 함께 포함하는 것이어야 하고, 양자 일체가 될 때 비로소 "영지英知, 넓은 뜻의 철학"이라 부를 수 있기 때문이다. 변론(실천)을 테제 ─ 키케로에게 어디까지나 변론이 테제이다 ─, 철학(인식)을 안티테제라고 하면 이 책이 목표하는 것은 변론과 철학의 종합이다.

여기서 키케로가 말하는 '변론법의 가르침보다 더 중요한 것' 가운데 가장 중요한 것, 가장 긴요한 요체가 도출된다. 키케로는 그것을 '만반萬般의 인식', '삼라만상 모든 사항의 지식' 또는 '인간적 교양'이라 하고 변론가의 이상상, 이념을 '학식 있는 변론가'라는 말로 표현했다.

변론기술과 변론가 역사는 당연한 일이지만 이 책에 보이는 예증과 유비類比를 위해 인용되는 문학, 역사, 법률, 회화, 조각, 의학, 천문학 등등의 지식, 무엇보다 철학에 대한 해박한 지식은 키케로 자신이 그 이념의 충실한 실천가임을 보이는 증거이지만 원리적인 것, 근본적인 것에 근거한다는 이 책의 기본 사상도 또 당시 변론기술의 쇄말주의와 비현실성에 대한 비판도 결국은 이 '만반의 인식', '인간적 교양'이라는 큰 요체要諦로 통한다.

원리적인 것, 근본적인 것을 간파하려면 실천과 이론의 폭넓은 교양, 만반의 지식이 불가결한 것이고 역으로 실천과 이론의 만반 지식이 있다면, 원리적인 것, 근본적인 것을 간파하기는 용이하다. 실천과 이론의 만반을 인식하고 근본적인 것을 파악하고 비로소 "세부적이고 매우 좁은 범위의 논의를 그치고, 전체 의의를 다양한 각도에서 논하는 의논"이 가능하기 때문이다. 이 책이 설명하는 정신은 다음 일절에 거의 집약集約되어 있다고 하겠다.

"만반의 풍부한 지식은 어휘의 풍부함을 낳고 말하는 사항에 고상함이 있다면 말은 저절로 어떤 빛이 생긴다. 말하려 하는 자, 또는 쓰려고 하는 자는 어릴 적에 자유인에 어울리는 교육과 학문을 받은 자라면 좋고, 또 정열에 불타고 천성으로 타고났으며 일반적 포괄적 주제에 관한 비한정적非限定的 문제의 논쟁 수련을 쌓고, 누구보다 문장을 공들이는 저작가, 변론가를 본보기로 선택, 자세히 알고 모방할 수 있다면 좋을 것이다.

어쨌든 그 같은 자라면 어휘를 어떻게 조립해 나가는가, 어휘에 어떻게 빛을 비추일까 하는 방법의 지식을 변론법 선생에게 우러러 배우지 않으면 안 될 이유는 결코 없을 것이다. 변론을 장식하기 위한 풍부한 만반의 지식 가운데 그것이 실천에 뒷받침될 수 있는 한 천성天性 자체가 다른 방법을 빌리지 않고 저절로 길을 개척해 나갈 수 있기 때문이다."

키케로 실천변론의 한 가지 매력인 '유머와 위트'에 관한 로마 최초의 가장 상세한 분류와 고찰, 역시 키케로 실천변론의 특질이기도 한 "시적詩的 리듬을 동반한 완전 문장"에 대한 로마 최초의 고찰, 특히 그 문장의 종결에 관한 고찰, 또는 "문장 학습이야 말로 변론의 가장 훌륭하고 가장 탁월한 창조자요 스승", "배움은 흉내" 등으로 여기저기 아로새긴 오늘에 와서도 경청할 가치가 있는 보편적이고 시사하는 바 큰 수많은 가르침 등 이 책의 특질로 직접 와 닿는 점이 무한하지만 무엇보다 최대 의의는 그것을 말하는 그 정신, 이념에서 찾아진다는 사실이다.

키케로의 공적을 말한 R. 발트의 말 "키케로는 변론법에 대해 말한 변론가였다. 이때부터 아리스토텔레스 이론의 실용화가 비롯된 것이다. 직업적 경험주의와 교양 요구의 신화적神話的 결합, 이 결합에 희망찬 앞길이 약속되고 있다"는 참으로 정곡을 찌른 평이라 하겠다.

키케로의 변론법은 헬레니즘 시기의 변론법 특히 헤르마고라스의 그것과 신아카데미아파의 변론법, 데모스테네스를 시작으로 하는 실천변론, 각자 실천에서 얻은 지식 등 그 밖에 여러 가지 요소를 포함해 성립되지만 '골격'은 아리스토텔레스로부터, '근육'은 이소크라테스로부터 획득한 것으로 알려진다.

스스로도 이 책에서 "아리스토텔레스, 이소크라테스 양자의 변론법을 끌어들인 것"이라 말했다. 이 책에서 키케로는 아리스토텔레스의 고전적 철학적 변론법으로 되돌아가 그것을 골격으로 삼고 여기 실천성을 가미해 실천적인 것으로 재구축하고, 소피스트 특히 이소크라테스에 의해 성장해 온 "시민 변론가의 개념을 명확하게 또 상세하게 설명"했다. 그러나 무엇보다 '만반의 지식', '인간적 교양'이란 이념을 정열적으로 강조하고 그것을 그리스, 로마적 변론가 이념으로 보편화하고, 그 '골격'과 '근육'에 숨을 불어넣어 후세 사람들이 숨 쉬게 한 일은 다름 아닌 키케로이다.

그 앞길은 확실히 희망찬 것이다. 이 책에서 설명한 키케로의 변론법, 변론가의 사상, 그 정신과 이념은 퀸틸리아누스라는 성실하고 훌륭한 이해자理解者에게 전수됨과 동시에 르네상스 시기 15세기경으로 뒤를 잇게 되어, 양자의 사본寫本이 재발견된 이후 유럽적 정신의 지도 이념 '휴머니즘' 형성에 결정적 영향을 미치게 된다.

'로마의 정신'을 아울러 생각해 봐도 이 책은 스스로 이념에 충실하게 살았고 여기 생을 바친 키케로는 위대한 정신의 금자탑이라 해도 지나친 표현이 아닐 것이다.

키케로 연설의 5단계

기원 전 55년, 로마 정치가 키케로는 연설가의 연설 절차를 첫째, 목표가 서면 말할 내용을 찾고, 둘째, 규칙대로 배열하지만 중요성에 대한 판단도 정확히 반영하고, 셋째, 언론으로 정확하게 표현하고, 넷째, 내용을 기억으로 저장한 뒤, 다섯째, 교양教養과 품위品位를 유지하며 구연口演하는 '5단계'라 했다.

또 토론가는 청중에게 첫째, 호의를 안겨주고, 둘째, 진실하고 간결하게 사실관계를 진술陳述, 쟁점爭點을 분할分割하고, 셋째, 논쟁점을 제시함과 함께 자기주장을 펴 증거證據와 추론推論으로 입증立證하고, 넷째, 상대측 주장을 명쾌하게 논박論駁해야 한다고 했다.

| 서평 |

기원전 담론가談論家들로부터 배우는 삶의 지혜

키케로, 「연설가에 대하여」, 『자유마당』, 2013

인문학 열풍이 거세다. 실용서의 홍수 속에서 당장 눈앞의 삶을 해결하기보다 마음을 열고 사람들 사이를 헤아려보려는 이들이 늘어났다. 대학에서는 인문학 강의가 폐강되는데 사회에서는 인문학 읽기, 인문학 강연 열기가 뜨겁다는 것은 아이러니가 아닐 수 없다. 취업에는 불리하지만 살아가려면 꼭 필요한 것이 인문학이란 역설이 씁쓸하다.

왜 인문학인가? "만 명을 먹여 살리는 한 사람"이 필요한 시대에는 창의성이 필요하고, 창의성은 인문학에서 나온다는 생각 때문이다. 이익에 민감한 기업가들이 혁신적인 사고를 끌어낼 촉매는 사람에 대한 통찰이 담긴 문사철(문학, 역사, 철학)이라고 판단해 경영에 인문학을 접목하고 있다.

스티브 잡스도 인문학적 통찰력과 엔지니어적인 상상력으로 무장했기에 스마트폰 혁명이 가능했다는 것이 사람들의 믿음이다.

인문학은 인간의 사상과 문화를 대상으로 하는 학문 영역이다. 자연과학이 객관적으로 존재하는 자연현상을 다루는 데 반하여 인문학은 인간의 가치 탐구와 표현활동을 대상으로 한다.

광범위한 학문 영역이 인문학에 포함되는데, 미국 국회법 규정에 따르면, 언어Language, 언어학Linguistics, 문학, 역사, 법률, 철학, 고고학, 예술사, 비평, 예술의 이론과 실천, 인간을 내용으로 하는 학문을 모두 아우른다. 그러나 그 기준을 설정하기가 쉽지 않아 역사와 예술이 인문학에 포함되느냐 안 되느냐에 대한 쟁론이 아직도 계속되고 있다.

인문학이라는 용어는 어디서 비롯되었을까? 이 용어는 키케로가 교육 프로그램을 작성할 때 원칙으로 삼은 라틴어 '휴마니타스Humanitas'에서 비롯되었으며, 그 후에 겔리우스가 이 용어를 일반 교양교육의 의미와 동일시해 사용했다.

인문학을 중시하는 경향은 그리스와 로마를 거쳐 근세에 이르는 동안 고전교육의 핵심이 되었고 특히 18세기의 프랑스, 19세기의 영국과 미국에서 교양교육의 기본 이념이 되었다.

인문학이라는 용어를 탄생시킨 키케로는 로마의 정치가이자 철학 저술가이다. 일찍부터 웅변으로 성공해 집정관이 되고 공화정 말기의 정쟁 속에서 일시 망명하지만 암투 속에서 암살되었다.

여러 철학 관련 저서가 있지만 자신만의 독창적인 것은 적다는 평을 받는다.

그러나 그리스 철학을 로마로 옮겨 오고 용어를 라틴어로 번역한 일은 높이 평가 받는다.

『연설가에 대하여』는 걸출한 웅변가였던 크라수스와 안토니우스가 젊은이들과 함께 연설가와 변론법에 대해 논의한 담론을 키케로가 기록한 내용이다. 담론은 주요 등장인물들이 각자의 의견을 길게 말하는 아리스토텔레스 방식으로 기술되어 있다.

등장인물들이 짤막한 대화로 엮어 간 플라톤의 변증법적 진행과 반대되는 형식이다. 아울러 이소크라테스 스타일의 문체론적 변론법도 섞여 있다. 이 책은 기원 전 55년에 기록된 것인 만큼 로마의 효율적이고 보편적인 변론법을 제시한다. 법정 변론, 의회 변론, 집회 변론 등에 응용할 수 있는 구체적이고 지혜로운 내용을 담았다.

담론 참가자 외에 이 책에 인용되는 각 방면 전문가 및 연설가는 족히 2백 명을 넘는다. 당시 그리스와 로마의 내로라하는 인물을 거의 망라한다. KBS 아나운서 실장과 수원대학교 인문대학장을 지낸 전영우 역자譯者는 '스피치'에 관한 다양한 책과 함께 아리스토텔레스의 레토릭, 플라톤 대화편 등을 우리말로 번역해 냈다.

이 가을 로마 실천 변론법으로 인문학의 향기에 취해보자. 기원전 담론가들의 연설에서 오늘의 해답을 찾을 수 있다. 해 아래 새 것은 없나니, 먼저 체득한 이들의 경험이야 말로 지금 우리에게 필요한 삶의 열쇠이다.

118

퀸틸리아누스의 『스피치 교육』 번역 출판

로마시대에는 스피치 교육을 유아기부터 시작, 좋은 품성을 기르는 한편 훌륭한 언어 구사를 위해 문법과 화법에 역점을 두고 교육했다.

'보다 희다'는 '희다'에 대립하지 않고 '보다 달다'는 '달다'에 대립하지 않는다. 이와 같이 '보다 참말 같다'는 '참말 같다'에 대립하지 않는다. 나아가 또 변론법은 말해서는 안 될 것과 말해야 할 것과 모순되는 것을 가르치는 일이 없고 모든 소송에서 말해야 할 것만 가르친다.

『스피치 교육』 역자 서문

2014년, 우리는 의사소통意思疏通의 중요성을 말하지만 유엔은 이미 1983년을 '커뮤니케이션의 해'로 선포한 바 있다. 화법話法이 국제사회의 한 가지 중요한 문화적 가치 척도임을 새삼 확인하게 된다.

아트, 사이언스, 패솔로지Pathology로 연구 영역이 세분되나 스피치는 대체로 언어생활을 망라하는 범위 내에서 연구하는 학문이다. 수사학, 논리학, 언어학, 심리학, 사회학, 교육학, 국어학, 음성학, 의미론 등이 보조 학문이다. 국어학에서 스피치를 응용국어학으로 분류하는 경우가 있다.

고대는 이집트, 그리스, 로마에서 현대는 영국과 미국에서 이 방면의 연구가 고조되고 있다. 데모스테네스, 키케로, 처칠, 케네디 등은 역사상 능변으로 손꼽히는 인물들인데, 데모스테네스는 웅변, 키케로는 화법, 처칠은 정치 연설, 케네디는 정치 토론으로 세계 스피치 문화에 기여한 것으로 볼 수 있다.

학과에 따라 우리나라 대학 및 대학원이 이미 스피치를 전공 또는 교양으로 확정한 사실은 매우 고무적인 현상이다. 연설의 의미를 가진 스피치가 이렇듯 넓은 의미로 학문學問을 가리킨다. 저자는 연구 초기에 한 때 용어를 '화술'로 옮겨 썼지만 곧 '화법'으로 바꿨다.

그리고 「스피치 교육의 사적史的 진전 소고小考」와 「근대 국어토론에 관한 사적史的 연구」로 석사·박사논문을 썼다. 어느 분야든 학문의 출발은 역사적 연구요, 학문의 종결은 철학적 연구라 할 때 '국어화법國語話法' 또한 철학적 연구를 소홀히 할 수 없어 역자는 그리스, 로마의 원전原典 번역에 순차順次로 집중하게 되었다.

아리스토텔레스의 『레토릭』을 2009년에, 플라톤의 '고르기아스'를 2011년에, 플라톤의 『프로타고라스』와 『파이드로스』를 2012년에, 그리고 로마로 옮겨 가 키케로의 『연설가에 대하여』를 2013년에 번역 출판한 뒤, 이번 퀸틸리아누스의 『변론가의 교육』을 번역하여 『스피치 교육』, 부제副題 '변론법 수업授業'으로 출간한다.

『스피치 교육』 해설

마르쿠스 파비우스 퀸틸리아누스는 35년경 스페인의 칼라구리스에서 태어났다. 그의 아버지가 변론법에 통달했던 사실을 퀸틸리아누스 자신이 말하고 있다. 그는 젊어서 로마에 갔고 문법학자 렘미우스 팔라에몬의 가르침을 받은 것 같지만 퀸틸리아누스 자신은 변론가 도미티우스 아페르를 존경한 것으로 말하고 있다.

그 후 스페인에 돌아왔는데 그때 총독總督 갈바와 알게 되고 폭군 네로의 뒤를 이어 갈바가 황제皇帝로 즉위할 때(68년) 다시 로마로 돌아왔다.

퀸틸리아누스는 로마에서 변론법 선생으로 명성을 얻었다. 황제 베스파시아누스가 국고國庫로 변론법 선생에게 급여給與를 지급할 때 바로 제1호가 퀸틸리아누스이다. 퀸틸리아누스는 20년에 걸쳐 변론법 선생으로 또 법정변론가法廷辯論家로 활약했는데 그는 자신이 관계한 4건의 재판에 대해 말하고 있다. 자신은 단순히 변론법 연구자가 아니라 변론법의 실천자였다는 사실이 그에게 중요했을 것이다.

당시 퀸틸리아누스는 유명한 성공자였다. 풍자시인諷刺詩人 마르티알리스는 그를 "변덕스러운 젊은이들의 가장 명망 높은 인도자引導者, 로마의 격조 있는 덕망가德望家"라 불렀다. 황제 도미티아누스 시대 그의 지위는 더욱 높아져 황제 질녀의 아들이요, 황제 뒤를 이을 것으로 알려진 두 어린이 교육을 담당하고 '명예 집정관執政官'의 칭호를 받았다.

그러나 퀸틸리아누스는 이 저작을 완결한 뒤에 곧 세상을 떠난 것 같으나 정확한 연대는 분명치 않다. 퀸틸리아누스는 장년기에 매우 젊은 아내를 곁에 두었는데 이 여성은 두 아들을 낳았다. 그러나 아내는 19세에 일찍 세상을 떠나고 그 둘째아들도 수개월 뒤 다섯살에 숨졌다. 그리고 얼마 있다가 퀸틸리아누스가 이 책 집필 중 큰아들마저 아홉살 나이에 세상을 떠났다.

이 책은 단지 직업적 변론가 양성에 그치지 않는다. 유아교육幼兒教育이 포함된 초등교육까지 고찰한 것은 집필을 시작한 시점에서 퀸틸리아누스가 자기 아들들의 교육을 염두에 두었을 것이라는 추측을 낳게 한다.

이 책이 고대에서 현대까지 교육 전반에 관계된 고전古典의 지위를 지켜 온 것도 그 내용이 자기 자식을 포함해 오랫동안 젊은이 교육에 관계해 온 퀸틸리아누스 자신의 경험이 뒷받침된 것으로 보인다.

퀸틸리아누스의 교육을 받은 인물로는 작은 플리니우스가 유명하다. 역사가 타키투스가 직접 퀸틸리아누스의 가르침을 받았는가의 여부는 명백하지 않지만 그가 지은 '변론가를 말하는 대화' 가운데 퀸틸리아누스를 모델로 한 것이라 생각되는 메쌀라가 등장한다. 메쌀라가 말하는 내용은 기본적으로 퀸틸리아누스를 계승하는 것이지만 한편 타키투스 자신의 의견을 대변하고 있다고 생각되는 마테르누스가 말하는 내용은 '변론의 쇠퇴衰退'다.

이 책을 완결完結한 뒤 또는 퀸틸리아누스가 세상을 떠난 뒤 황제 도미티아누스에 의해 언론 탄압이 있었다. 퀸틸리아누스가 묘사한 이상적 변론가 상像은 정치가로 활약한 키케로를 모범으로 삼은 것이지만 황제의 독재를 목격한 타키투스에게 변론가 또는 변론법에 대해 회의적懷疑的으로 생각한 것은 부득이한 일이었을 것이다.

현존하는 퀸틸리아누스 저작 가운데 참저작이라 인정되는 것은 이 책 열두 권뿐이다. 『대모의大模疑 변론집』 19편, 『소小 모의 변론집』 145편이 전해지고 있지만 퀸틸리아누스의 저작著作은 아니다.

또 『웅변 쇠퇴의 원인에 대하여』라는 저작이 있다고 하나 현존現存하지 않는다. 또 퀸틸리아누스의 수업을 수강한 학생이 독자적으로 출판한 『변론법』 두 권이 있다 하나 현존하지 않는다.

퀸틸리아누스 『스피치 교육』 12권 가운데 1~3권을 저자가 옮긴 것이지만 내용을 소개하는 뜻으로 1~3권의 차례를 소개하면 다음 표와 같다.

〈표 2〉 『스피치 교육』 1~3권 차례 소개

차례	소개
제1권	초등교육, 가정 또는 학교, 어린이 재능과 교육 방법, 언어 관찰, 언어 구사, '정서법', 읽기 지도, 문법 선생 지도의 변론 연습, 문법 외의 학과, 발성 및 동작 기술, 여러 학과의 병행 수업.
제2권	변론법을 언제 배우게 할까, 선생의 인격과 임무, 초학자에게 적절한 선생, 예비연습, 읽기 지도, 모의변론 지도법, 어떤 문장을 암기하게 할까, 개인소질에 맞춘 교육, 학생 책임, 모의변론 효용과 방법, 변론의 체계적 방법, 교양부족이 웅변이라 보이는 이유, 변론법 규칙의 효용, 변론법의 명칭과 구분, 변론법의 유용성, 변론법의 정의, 변론법은 기술인가, 변론법 기술, 소질과 교육, 변론법은 가치가 있는가, 변론의 소재(素材).
제3권	변론법의 기원, 변론법의 5개 부분, 변론의 종류, 변론법의 기타 구분, 쟁점(爭點), 칭찬과 비판 변론, 심의(審議)변론, 법정변론의 주요 부분, 법정변론의 종류, 문제, 변호(辯護) 이유, 판정점(判定点), 핵심.

2015년 3월 『자유마당』 새 책란에 나온 서평을 소개해 본다.

서양 인문교육 형성에 기여한 스피치의 고전(古典)

'스피치 교육' ─변론법 수업

제정기 로마의 '변론법'을 처음으로 집대성한 명저(名著)가 최근 우리말로 번역 출판되었다. 이 책은 변론가와 정치가를 지망하는 사람들의 필독서(必讀

書)인 동시에 인문교육 형성에 기여한 서양 스피치 고전이다. 2천년 전 마르쿠스 파비우스 퀸틸리아누스(35~95)가 저술한 '변론가의 교육' 전 12권 가운데 1~3권을 수원대 전 명예교수 전영우 박사가 번역해 '스피치 교육, 변론법 수업'으로 제명을 새로 붙여 민지사에서 출판했다.

스페인 출생으로 로마 레토릭 학교 선생이 되어 20년간 변론법을 가르친 퀸틸리아누스는 몇 가지 저서를 남겼는데 그중 가장 대표적 역작이 바로 이 책이다. 한국 교육 학계에서 특히 교육사 및 교육철학 전공 교수들 사이에 오래 전부터 그의 교육론이 널리 회자되어 왔지만 아직 번역된 그의 저서가 없었는데 이번에 처음으로 선을 보여 눈길을 끌고 있다.

한국 화법학회를 1998년 9월 창립 발기해, 초대 학회장을 지낸 전영우 교수는 「스피치 교육의 사적 진전 소고」(1962)를 석사논문으로, 「근대 국어토론에 관한 사적 연구」(1989)를 박사논문으로 작성, 신 학문 개척으로 학계의 주목을 받아 왔다. 그는 최초 유럽 스피치 교육 고전 번역에 심혈을 기울여 마침내 아리스토텔레스의 『레토릭』을 비롯해, 플라톤의 『고르기아스』, 플라톤의 프로타고라스 및 파이드로스에 이어 키케로의 『연설가에 대하여』를 우리말로 옮겨 펴내고, 이번에는 퀸틸리아누스의 『스피치 교육』을 번역 출판하는 왕성한 활동을 보이고 있다.

퀸틸리아누스의 현존하는 저작 가운데 참 저작으로 인정되는 것은 이 책 전 12권뿐이다. 그리고 이 책은 유럽 스피치 교육사에서 아리스토텔레스의 『레토릭』과 함께 스피치 교육 지침서로 쌍벽을 이룬다.

스피치 교육은 단지 직업적 변론가 양성에 머물지 않는다. 유아 교육이 포함된 초등 교육까지 고찰한 것은 집필을 시작한 시점에서 퀸틸리아누스가 자기 아들들의 교육을 염두에 두었을 것이라는 추측을 낳게 한다. 이 책이 고대에서 현대까지 교육 전반에 관련된 고전의 지위를 지켜온 것도 그 내용이 자기 자식을 포함해 오랫동안 젊은이 교육에 관계해 온 퀸틸리아누스 자신의 경험이 뒷받침된 까닭으로 보인다.

26

화법과 예절

119

『언어예절과 인간관계』 출판

우리는 예로부터 언어예절을 숭상해 온 민족이다. 바른 몸가짐, 고운 말씨를 사회생활의 가장 큰 덕목으로 삼았던 것이다. 그러기 위해 선善한 인성人性에 바탕을 둔 지혜로운 화법을 가르쳐 왔다. 어느 선인先人이 남긴 그 가르침의 한두 대목을 옮겨 본다.

"남을 이롭게 하는 말은 따뜻하기가 햇솜과 같고 남을 해치는 말은 날카롭기가 가시와 같다. 한마디 짧은 말이 귀중하여 천금의 값이 있기도 하고 한마디 말이 남을 해쳐 아프기가 칼로 베는 것과 같기도 하다. 말은 곧 남을 베는 칼이니 입을 다물어 혀를 깊이 간직하면 어느 곳에서나 굳게 지켜져 몸이 편안할 것이다."

오늘날 화법교육을 아무리 잘한다 해도 대화에서의 마음가짐을 이보다 더 명쾌하게 설명할 수 있을까? 또 말할 때 몸가짐은 어떠해야 하는지 다음과 같이 이르고 있다.

"말할 때 몸을 비틀지 말며 머리를 흔들지 말며 손을 놀리지 말며 무릎을 달싹거리지 말며 발을 떨지 말며 눈을 깜빡이지 말며 눈동자를 굴리지 말며 입술을 씰룩이지 말며 침방울이 튀게하지 말며 턱을 괴지 말며 수염을 문지르지 말며 혀를 내밀지 말며 손뼉을 치지 말며 손가락을 튀기지 말며 팔을 부르걷지 말며 얼굴을 쳐들지 말며……."

이 책은 1973년 10월 초판으로 간행된 『교양인의 대화술』을 바탕으로 하여 1982년 10월에는 이를 개정 『교양인의 대화법』으로 출간한 바 있고 또 1993년 9월 다시 많은 것을 증보增補하여 『교양인의 화법』으로 내놓았다. 책이란 10년, 20년을 두고 힘을 들여 깁고 더하는 가운데 그 내용이 보다 충실해진다는 것을 새삼 깨닫게 되었다.

저자는 이 20년을 지내오는 동안 우리나라 국어교육에서 "글은 가르치는데 왜 말을 가르치지 않는가?"라는 문제를 가지고 나름대로 '올바른 화법교육'을 주장해 왔다. 방송에서 대학에서 많은 직장을 찾아다니며 쉬지 않고 이 작업을 해 왔다. 그런데 다행히도 교육부에서 1996년부터 고등학교 국어과 교육과정에 '화법'을 정식 과목으로 채택하고 교육중이니 이 얼마나 반가운 일인가!

그동안 우리나라 각급 학교 국어교육은 글을 가르치는 교육이었을 뿐 말을 가르치는 교육은 거의 등한시해 왔다. 외국어는 단어 하나를 놓고도 그 발음을 몇 번이고 거듭 가르치면서 국어발음은 그대로 내버려두었던 것이다. 그 결과 오늘날 우리 젊은이들의 국어발음은 장단長短도 모르고 고저高低도 모르는 제멋대로의 소리를 내는 것을 많이 듣는다. 참으로 걱정이 크다.

말이란 제 혼자서 하는 것 같지만 실은 엄연한 약속과 어길 수 없는 규칙이 있다. 더구나 온 나라 사람들이 함께 쓰는 국어이고 보면 그것은 몇몇 학자나 전문가가 지배하는 것이 아니라 민족 공동의 힘으로 다듬어지고 가꾸어지는 영원한 생명체인 것이다.

수천 년을 이어져 온 우리말의 혼과 맥을 잇는다는 일 그리고 실질과 실용을 살리며 예절과 교양을 담은 새 시대에 맞는 화법을 다듬어간다는 일은 진정 가슴 뿌듯한 사명이다.

오늘날처럼 국어생활에 대한 적극적인 인식이 요구된 적은 일찍이 없었다. 나와 남과의 대화가 원만해야 개인의 발전은 물론 공동체의 번영을 도모할 수 있다. 주위 사람이 나의 언동言動을 어떻게 듣고 보는가 그들의 눈에 내가 어떻게 비추이기를 바라는가? 아니 어떻게 비추이는 것이 바람직한가를 소홀히 생각할 수 없는 것이 현대인의 생활이다.

입이 말하고 귀가 듣는 것이 아니라 입을 통해 인격이 말하고 귀를 통해 인격이 듣는 화법의 실상을 모르기 때문에 가장 질서가 지켜져야 할 의사당에서조차 욕설과 폭언이 난무하게 되는 것이다. 또 방송은 흥미에 치중함으로써 오락이 우세하고 교양이 열세로 밀리는 경향이다. 따라서 방송이 국어생활의 시범을 보이지 못하고 있음이 안타깝다.

대화기능이 예절과 교양 그리고 품격을 유지할 때 가정생활은 물론 사회생활이 윤기를 더해 갈 수 있을 것이다. 개인 가정인 직장인 세계인으로 성장 발전해 나감에 있어 이 '언어예절과 인간관계'가 좋은 반려가 되었으면 한다.

먼저 나온『스피치와 프레젠테이션』이 이 책과 자매편이 되는 내용인 만큼 함께 읽어 주기 바란다.

120

『바른 예절 좋은 화법』 출간

『바른 예절 좋은 화법』 머리말

지은이는 글로벌 시대 예절 텍스트의 원류를 유교 경전의 '예기禮記'에서 찾고 에티켓과 매너의 텍스트를 엘리너 루스벨트의 『에티켓 상식』에서 찾아 예절의 동서 융합을 시도했다.

"인간은 사회적 동물이다"고 굳이 말하지 않더라도 사회생활을 원만히 영위하기 위해 우리에게 형식적 규범이 필요하고 또 이 규범은 마땅히 존중될 가치가 충분히 있다고 생각한다.

인간으로서 모든 행위의 근본으로 삼아야 할 에티켓 기준은 '친절親切'에 앞설 것이 없다. 이 원칙이 지켜지면 인간관계에서 결코 잘못을 저지르는 일은 없을 것이다. 그러므로 형식적 규범에 따르면 불친절이 된다고 판단할 때 차라리 형식적 규범을 버리고 대신 남에게 친절 베푸는 실질을 택하면 좋을 것이다.

세계인류를 한 가족으로 보고 어깨를 겨루며 경쟁하되 인류 보편적 복지 증진을 위한 인류 공동노력이 점점 속도와 열기를 더해 가는 추세이다. 유엔을 비롯한 각종 국제적 협력기구는 환경, 인구, 식량, 재해, 인권, 생명, 분쟁, 평화 등 주제를 놓고 각국 대표가 머리를 맞대고 의사 조정과 해결에 현재 영일이 없다.

글로벌 에티켓은 그 정신적 원류를 캐면 인간 개개인이 품위와 자존심을 높이고자 하는 변함없는 현장 적응을 실효성 있게 하기 위한 노력의 일환이다. 동시에 에티켓은 바로 남에 대한 친절과 배려로 뒷받침되지 않으면 안 된다. 여기서 출발해 가정예절, 공동사회 인간관계, 직장예절, 나아가 여러 장면의 의사소통에 관해 우리가 알아야 할 사항이 매우 많다. 이 같은 내용을 이 책에 담았다.

예절규칙은 대부분 친절, 도덕, 법률이 잘 조화된 결정체結晶體라 할 수 있다. 우리가 관습적 예절에 유념하는 마음가짐이 있다면 설령 내향적 성격이라 해도 남을 만나든가 남과 교류할 때 자신과 안정과 여유 있는 자세로 바뀌 나갈 수 있다.

예절이 자연스럽게 몸에 배면 가령 우리가 생활상 난관에 봉착해도 그것이 훌륭한 해소방편으로 구실을 다할 것이다. 엄격한 관습적 예절을 일부 젊은이가 무시하거나 외면하는 경우가 있으나 익혀진 사교예절에 의지하면 우리는 당면한 장면과 정황에 순응하기 쉽고 얻는 바 또한 많을 것이다.

이 책의 구성은 주로 엘리너 루스벨트A. Eleanor Roosevelt, 1884~1962의 『에티켓 상식』 중에서 현재 우리가 필요로 하는 부분을 발췌 번역 편찬한 내용이지만 이미 있어 온 우리 예절과 에티켓 대강을 기초개념으로 망라한 번역과 편찬의 성격을 띤다. 따라서 일부 장절에서 '나'가 바로 루스벨트 여사일 경우가 있다. 글로벌 시대를 사는 우리에게 이 책이 예절 정립에 좋은 길잡이가 되기를 바랄 뿐이다.

이 책 1, 2장은 1987년 지은이가 기린원에서 펴낸 『레이디 플라자』 8집에 수록된 내용의 일부를 옮겨 적은 것이다.

보통 '마무리말'을 적지 않지만 저자는 이 책에 마무리 말을 붙였다.

『바른 예절 좋은 화법』 마무리말

현재 가정, 학교, 사회에서 인성교육人性敎育의 필요성이 전에 없이 강조되고 있다. 그런데 그것이 바로 예절이요 화법이란 사실을 아는 사람은 드물다. 나무로 치면 뿌리와 줄기가 인성이요 가지와 잎과 꽃이 예절 및 화법인 것이다.

제대로 배운 사람이면 남에게 공손하고 겸허하지만 그렇지 못하면 막말에다 방약무인傍若無人, 옆에 사람이 없는 것처럼 멋대로 행동한다. 이 작태는 우리 공동 노력으로 반드시 바로잡아야 할 심각한 사회문제의 하나다.

한편, 이따금 우리는 제 탓인 줄 모르고 남의 탓으로 모든 사태의 책임을 돌린다. 때문에 사람들의 예의禮儀와 염치廉恥가 중요시되어야 함을 이구동성異口同聲으로 말하지만 오늘 우리 사회는 구체적이고 세부적인 대증對症 처방을 아직 내어놓지 못하고 있다.

우리 사회에 사람이 살아가는 근본 도리인 윤리도덕倫理道德을 새롭게 세워나가려면, 염치를 알려주고 공손과 겸허와 친절을 가르쳐 실행케 하는 예절교육의 새 바람이 일어나야 한다.

을사늑약乙巳勒約이 1905년 치욕적으로 맺어졌을 때 당시 우리 2천만 동포는 모두 장본인 이완용과 송병준만 매국노로 매도하고 그것으로 할 일을 다한 양 손을 털었다.

이 무렵 겨레의 스승 안창호安昌浩가 광야에서 소리 높이 외쳤다.

"동포여! 2천만 동포여! 어찌 매국노가 이완용, 송병준 두 사람뿐이요? 우선 내가 매국노이고 우리 2천만 동포 모두가 매국노 아니겠소? 우리에게 힘이 있었던들 저들이 우리를 함부로 넘볼 수 있었겠소? 우리 동포에게 힘이 없어 당한 일이오. 이제라도 늦지 않으니 힘을 기르고 힘을 합해 나아갑시다."

도산島山의 외침이 오늘도 우리 가슴에 와 꽂힌다. 늦지 않다. 깨닫고 정신 차려 앞을 내다보고 나 자신부터 바로잡자. 우리 각자 인성계발이 지금 왜 필요하고 윤리도덕이 왜 필요한지 진지하게 돌이켜보자.

'민주주의' 구호만 외쳐대고 사회질서를 깨트려도 우리가 할 일을 다하는 것일까? 한 사람 한 사람이 두 눈 똑바로 뜨고 오늘의 현실을 직시하자. 그리고 윤리를 떠올려 각자 인성을 순화하자. 이 일만이 우리 앞에 서광을 비춰주고 행복과 희망을 안겨줄 것이다.

그 첫발이 바른 예절을 익히고 실천하는 일이요, 막말을 함부로 하지 않고 남을 공대하는 일이다. 나부터 달라져야 한다. 그래야 우리가 달라진다. 물질과 물욕에 치우쳐 정신문화가 메말라 간다. 우리 모두 예절을 바로 세우고 화법을 좋게 실현하여 사회질서를 바로잡자.

우리도 한번 국격國格을 튼튼히 세워보자. 다만 번다煩多한 예절과 과도한 공대恭待만은 꼭 새김질해보자.

이 책을 존경하는 나의 할아버지 능석能石 전병기全炳基 선생과 할머니 칠원 윤씨尹氏 영전靈前에 바친다.

저자의 저서 『바른 예절과 좋은 화법』의 차례를 소개하면 아래와 같다.

에티켓과 매너

예의범절의 여러 항목

역사적으로 본 예절의 가르침

집안 가족 사이의 예절

식사와 예절

공동 사회와 가족

여행과 예절

여관과 호텔 예절

직장 예절

좋은 화법과 대화 예절

결혼, 문상, 기제忌祭의 예절

121

「예절에 대하여」

예절은 예의와 범절이고 예의는 사회생활이나 인간관계에서 가져야 할 공손한 태도, 말씨, 몸가짐이고, 범절은 법도法度에 맞는 모든 질서와 절차, 곧 모든 인간행위人間行為라고 하면 예절의 뜻이 곧바로 우리 머리에 떠오르지 않는다. 그러므로 사전辭典은 개념적概念的이라 본다.

저자는 그래서 예절의 뜻을 나름대로 항목項目으로 나누어 구체적인 설명을 덧붙일까 한다.

1. 예절은 인간관계의 윤활유潤滑油이다

사람은 사회적 동물이니 남과 함께 어울려 살아가는 숙명宿命을 지니고 태어났다. '취미가 고독'이니 하는 따위의 말은 그러므로 애당초 인간 본래의 성격에서 벗어난 어떻게 보면 사치스럽고 어떻게 보면 근본을 망각한 환상적幻想的 표현이다.

가정에서 직장에서 사회에서 나의 일거일동一擧一動, 일거수일투족一擧手一投足을 남들이 어떻게 볼까? 또 어떻게 보이게 해야 할까? 우리는 잠시 한때라도 이 점을 소홀히 생각할 수 없다. 누구는 "오늘을 사는 우리가 모두 세일즈맨"이라 한 적이 있다. 그러면 무엇을 판다는 말일까? 그것은 자기 자신을 판다는 뜻이다.

그러므로 영업을 위해 뛰는 전문 세일즈맨은 고객顧客을 향해 먼저 자기 자신을 세일하고 다음에 그가 취급하는 상품을 세일한다는 뜻이다.

자기 용모로 인상印象을, 자기 복장으로 개성個性을, 자기 예절로 인품人品을, 자기 화법으로 인격人格을, 자기 인간관계로 처신處身을, 세일하고 곧이어 상품商品을 판매한다는 주장이다. 결국 그의 이미지 관리가 중요함을 강조한 표현이다.

어떻든 예절은 인간관계의 윤활유임이 분명하다. 인상 좋고 진실하고 신용 있으면 누가 그와 사귀기를 마다하겠는가? 예절 바른 사람은 인간관계가 좋을 수밖에 없지 않은가?

2. 예절은 친절親切이다

친절은 남에게 보탬을 주고 도움을 주고 기분 좋게 해주는 행위이다. 우리가 남의 친절한 대접을 받으면 그를 좋아할 뿐 아니라 그를 잊지 못한다.

사람을 대하거나 보살피거나 가르쳐 주거나 할 때 남이 고마움을 느끼게 하는 정황情況이 친절이다. 하다못해 길거리에서 만난 사람이 길을 물어 올 때 정성껏 구체적으로 길을 안내해 주거나 아니면 그가 찾는 곳까지 안내해 줄 수 있다면 물론 그것은 친절한 행위일 것이다.

내가 조금 힘들고 수고를 해야 하는 일이라도 남의 요구나 요청을 들어주고 그에게 기쁨을 안겨줄 수 있다면 그것이 친절일 것이다. 우리 생활 주변에 남을 도울 수 있는 정황이 얼마나 많은가?

"여보 저 늙은이 짐 벗어 나를 주오 나는 젊었거니 돌인들 무거울까" 하는 시조時調 한 장절에서도 젊은이의 친절을 읽을 수 있다. 갑자기 쏟아지는 소나기로 당황해 하는 거리 행인行人에게 잠깐이나마 내가 받쳐 든 우산 속으로 들어오게 해 비를 피하게 하면 친절일 것이다.

목마른 사람에게 물을 주고 배고픈 사람에게 한 끼 따뜻한 밥을 대접할 수 있다면, 또 지하철 계단 한쪽에 자리 깔고 앉아 동정同情을 구하는 사람에게 동전 몇 닢 주고 가는 일은 친절한 행위다.

'같은 말이지만 어해 다르고 아해 다르다'고 이왕 하는 말, 따뜻하게 건네면 그것이 친절일 것이다. 덧붙여 상냥하고 웃음 띤 얼굴 표정을 지어 보이면 한층 더 정성스럽다.

남이 몰라 묻는 일을 자세히 일러주고 가르쳐 주면 친절일 것이다. 남을 무뚝뚝하게 대하지 않고 상냥하게 남을 대할 수 있다면, 또 무관심하고 무표정하게 대하지 않고 어떻게 하면 남에게 도움이 될 수 있을까 하고 한때나마 고심苦心할 수 있으면 그것이 친절일 것이다.

친절을 남에게 성의껏 베풀 수 있다면 그것이 크든 작든 고품질高品質 예절일 것이다.

3. 예절은 겸손謙遜과 겸허謙虛다

'겸손'은 남을 존중하고 자기를 내세우지 않는 태도요, '겸허'는 자기를 낮추고 남을 높이는 태도다.

오늘에 와 들을 수 없지만 1950년대만 해도 시국時局 강연에 나오는 '명연사名演士'들은 한결같이 이야기 첫머리를 이렇게 장식했다.

"불초不肖 소생小生이 천학비재淺學非才한 몸으로 배운 것도 없고 아는 것도 없는 제가 오늘 이 자리 여러분 앞에 섰습니다" 하고 인사를 했다. 그때 고교 시절 저자는 즉시 "그러면 배우고 나올 일이지 그런 사람이 뭣하러 왜 나왔는가?" 하는 부정적 반응을 보였다.

그러나 냉정하게 생각하면 그것은 연사가 자기 자신을 겸손하게 보이느라 예절을 차리는 인사말이었다. 있을 법한 사례이다. 요즈음 이런 인사말이 어디 가도 들리지 않는다. 아마 지나친 공대恭待는 도리어 예절이 아니라는 '과공비례過恭非禮'나, 정도가 지나침은 미치지 못함과 같다는 '과유불급過猶不及' 때문일 것이다.

남을 높이고 나를 낮추는 자세가 화법의 말하기 듣기에도 나타난다. '나'라 할 경우에 '저'라 할 때가 있고, 시부모媤父母에게 며느리가 자기 남편을 가리켜 '아범'이라 할 때가 있다. 또 '하겠다'에 대해 '하시겠다', '먹다'에 대해 '잡수시겠다' 등을 보기로 들 수 있다.

또 '밥'에 대해 '진지', '숟갈'에 대해 '수저' 등 보기를 다 들 수 없을 정도이다. 연로年老한 어른과 대화할 때 그 노인이 젊은이에게 '경어법'에 따라 '높임말'을 쓸 경우, 젊은이가 재빠르게 "어르신 저에게 말씀 낮추십시오" 하고 겸손의 뜻을 보인다면 노인은 젊은이를 다른 젊은이와 구별해 '요즘 사람'이 아니라 하고 격찬激讚할지 모른다.

더욱이 젊은이가 노인께 "안항雁行이 몇 분이십니까?" 하고, 노인의 형제兄弟 수를 물었다면 '요즘 사람'이 아니라며 감탄感歎할 것이다.

나를 낮추고 상대를 높이는 자세와 화법은 겸손하고 겸허한 인품을 나타낸다. '예절'이 바로 겸손과 겸허다.

4. 예절은 남을 편하게 해 준다

나아가 "상의上衣 벗으시죠", "다리를 앞으로 쭉 펴시죠", "더우실텐데 이 물수건으로 땀을 좀 닦으시죠", "따끈한 녹차가 어떠시겠습니까?", "커피를 어떻게 해 드릴까요? 원두커피로 드릴까요? 아니면 믹스 커피로 드릴까요? 뜨거운 것으로 하실까요? 아니면 냉冷 커피로 하실까요? 얼음을 약간 넣어 드릴까요?" 등으로 남의 기호嗜好, 취향 등을 헤아려 상대를 편하게 해 줄 수 있다면 우리는 예절에 각별恪別한 신경을 쓰는 것이다.

어떻게 해야 남을 편하게 해 줄까? 저자는 80대 중반中盤으로 도시의 전철電鐵 찻간에서 일반석 앞에 서 있으면 자리에 앉은 젊은이가 나를 보자마자 자리에서 일어나 저자를 그 자리에 앉게 권한다. 저자는 '고맙다'는 인사말과 함께 자리에 앉지만 내심 불편한 마음을 털어버릴 수 없다. 몸은 편하나 마음은 불편하다. 그러나 자리를 양보해 저자를 편하게 해 준 그 젊은이 얼굴이 그렇게 착해 보일 수 없다.

생활 현장現場에서 힘이 부쳐 제대로 일을 수행하지 못하는 사람에게 물리적으로 힘을 보태주면 순간 그 사람은 몸과 마음이 편해지고 맡은 일을 원만히 수행할 수 있을 것이다. 약간의 도움으로 남의 일을 거들 수 있다면 그는 몸과 마음이 일층 더 편해질 것이다. 어떻게 해야 남을 편하게 해 줄 수 있을까?

5. 예절은 남에 대한 배려配慮다

관심을 가지고 남을 성의껏 도와주거나 보살펴 주는 것이 배려이지만 이 또한 예절이다. 재력財力이 넉넉해도 남을 도와주지 못하는 사람이 있는가 하면 넉넉지 못한 살림에서도 십시일반十匙一飯으로 여럿이 뜻을 모아 남을 도와주는 사람들이 있다.

특히 겨울철 크리스마스를 앞두고 '구세군救世軍' 자선慈善 냄비가 시내 곳곳에 등장하면 그대로 그곳을 지나지 못하고 몇 푼 안 되는 용돈에서 다만 얼마라도 쪼개어 냄비에 넣고 가는 어린 학생들이 적지 않다. 잘 알려지지 않은 조그마한 미담美談의 주인공들이 우리 주변에 얼마나 많은가?

맹자孟子의 '성선설性善說' 즉, "사람의 성품性品은 본디 착하다"는 주장에 절로 머리를 끄덕이게 된다. 성경聖經에도 나오지만 "한손이 베푼 선행善行을 다른 손이 모르게 하라"는 말을 실제로 실행하는 사람이 있어 쌀 같은 식량이나 아니면 많은 액수의 돈을 구호사업에 쓰도록 행정관서에 가져다 맡기고 기부자 본인 이름을 밝히지 않는 사람들이 이따금 보도의 초점이 되기도 한다.

그런가 하면 남에 대한 배려를 아랑곳하지 않고 일반식당에서 고성高聲방가放歌로 교양 없이 마구 떠들어 대는 몰상식沒常識한 사람이 없지 않다. 담배를 태우면 안 되는 '금연 구역'에서 버젓이 담배를 태워 주위 사람들의 이맛살을 찌푸리게 하는 사람들도 적지 않다.

담배를 입에 물고 길을 걸으며 사람이 뒤에 따라오는데도 남 아랑곳하지 않고 연신 담배 연기를 뿜어 뒷사람이 본의 아니게 간접 흡연吸煙하게 되는 경우도 있다. 그뿐인가? 담배꽁초를 아무데나 버리는 사람, 버리더라도 길거리 하수구 좁은 틈 사이로 버려, 담배꽁초가 수북이 쌓여 있어 청소하는 사람을 애먹이게 하는 경우는 어떤가?

껌을 씹는 것은 좋으나 씹고 남은 껌을 아무 데나 생각 없이 뱉어버려 청소하는 사람이 힘들여 바닥을 긁어 대야 하는 따위 사례는 아무래도 환경 정화에 또는 미화원에게 전혀 배려 없는 사람이다. 쓰레기를 아무 곳에 아무렇지 않게 버리고 가는 사람도 마찬가지다.

길을 걷다가 아무 데나 가래침을 퉤퉤 뱉는 사람은 어떤가? 공중公衆 화장실化粧室에서 용변한 뒤 뒤처리도 제대로 하지 않은 채 나와 버려 다음 사용자가 불쾌한 느낌을 갖게 하는 행위는 모두 남에 대한 배려를 안 하거나 못하는 경우다. 남에 대한 배려를, 또는 주위사람을 의식하는 행위가 예절 바른 행위다.

6. 염치廉恥를 알아야 한다

염치를 알고 부끄럽지 않게 행동한다. 남에게 부끄러운 일을 하면 바로 이것이 예절에 어긋나는 일이다. 평소 남에게 돈을 꿀 때 흔히 "염치없지만 돈좀 꾸어 주시오" 하고 말하는데, 불가피한 경우를 빼고 남에게 돈 꾸기는 예절에 어긋난다.

예전 상인商人들의 영업營業 방침은 첫째, 친절, 둘째, 신용, 셋째, 박리다매薄利多賣다. 경영학 이론이 크게 진전된 오늘에 와서도 이 방침을 지키는 것이 상인의 도리가 되어야 사업이 번창繁昌할 것이다.

7. 예절은 인사人事다

사람이 서로 만나거나 헤어질 때 예의로서 허리를 굽혀 절하거나 안부安否를 묻거나 '안녕'을 비는 것, 거수경례擧手敬禮나 큰절을 하는 것도 모두 넓은 의미의 인사다. 처음 만나는 사람 사이 이름을 대고 자기를 소개하는 일도 인사다. 감사하거나 축하하는 일, 궂은 일을 당한 사람에게 위로와 동정을 보내는 일 등이 모두 인사다.

제자들이 선생께 인사를 가고, 축하 인사를 받기도 하고, 인사하고 인사받는 일이 어찌 보면 우리 일상의 한 단면斷面이기도 하다. 또 분감공고分甘共苦라는 사자 성어成語가 있거니와 이 말의 뜻은 '즐거움'은 나누고 '괴로움'은 함께 한다는 뜻이다. 더불어 사는 사회에서 이처럼 명쾌明快하게 할 일을 지시해 주는 말이 또 있을까? 참으로 옳은 말이고 우리가 명심하고 실천할 말이다.

관례, 혼례, 상례, 제례의 사례四禮가 문득 머리에 떠오른다. 그 중에서 혼례와 상례가 바로 '분감공고'의 보기가 될 것이다. 나누고 함께 한다는 일우리가 평소 새김질해 볼 가르침이다.

'병문안' 인사도 그렇다. 몸져누워 있는 환자 자신은 왜 하필 나에게 이런

몹쓸 병고가 닥쳤는가 하고 한탄하며 괴로워한다. 나쁜 모든 병고는 남이나 겪는 일인 줄 알다가 막상 닥치고 보니 왜 좀더 일찍 자기 건강관리에 신경 쓰지 못했는가 하고 후회하는 경우가 얼마나 많은가?

생로병사生老病死는 누구나 겪는 일이고 보면 동병상련同病相憐, 어려운 처지에 있는 사람끼리 서로 딱하게 여기며 돕는다는 일은 너무도 당연하지만 이 점 무관심한 사람이 있다. 예절을 모르는 사람이다.

상가喪家의 '조문弔問'도 잘 챙기고 환자의 '병문안'도 잘 챙기는 까닭은 우리에게도 언제인가 닥칠 일이기 때문이다. 고통을 함께 하고 보람과 즐거움을 나눈다는 말은 매우 의미가 심장하다.

8. 예절은 공경恭敬이다

'공경'은 남을 공손히 받들어 섬기는 일이고, 삼가 예의를 표시하는 일이다. '군대 예절'에서 직속상관에 대한 경례는 '받들어 총!'이다. 최고의 예의를 갖추는 사례다.

'공손하다' 하면 어떤 사람이 삼가 예의를 갖추고 자기를 낮추는 태도를 보일 때다. 모자 벗고 '공손히 인사한다'든가 '공손한 말씨' 등에서 보기를 찾을 수 있다. 저자의 20대 대학시절 졸업을 앞두고 사범대 부속고등학교에서 '교생 실습'할 때 일이다.

앞에서도 잠깐 말했지만 학급 지도교사 실습을 마친 첫날 실습일지에 하루 일과를 상세히 적고 몇 차례 그 글을 퇴고推敲한 뒤 표지에 쓰기를, '몇 학년 몇 반 담임 교사 아무개 선생'이라 썼다. 그 이튿날 저자가 담임교사로부터 돌려받은 실습노트 겉표지를 보고 저자는 아연 실색했다.

저자가 쓴 표지 담임 교사 아무개 선생 바로 다음 빨간 잉크 글씨로 '님'이라 써놓았기 때문이다. 이때 저자는 순간 당황했고 저자의 불찰不察을 뉘우쳤다. 이후 저자는 남의 직함職銜 뒤에 꼭 '님'을 덧붙여 호칭하는 습관이 몸에 배었다.

불손不遜한 자세, 불손한 태도, 불손한 언행 등은 모두 공손하지 못하고 그것은 예의에 어긋난다. 남과 대화할 때 꼭 '공대말'을 써서 상대에게 공손한 태도를 보이는 것이 일상 예절로 꼭 지켜져야 한다. 하지만 평소 '반말'을 능사能事로 알고 쓰는 사람이 없지 않다.

특히 나이가 든 연만한 친구들 사이에서 아이 때 쓰던 말버릇으로 자기딴에는 친밀감親密感의 표시일지 모르나 반말을 예사로 쓰는 경우가 없지 않다. 가능하면 '하소체' 또는 '하게체'를 써야 할 것이다.

"언제 봤다고 반말이냐?" 할 때가 있지만 상대를 낮추는 말을 두루 이르는 '반말'은 삼갈 일이다. 이는 점잖지 못하다. "친한 사이일수록 예의를 잃지 말라"는 가르침은 뜻 있는 교훈이다.

9. 예절은 정성精誠이다

"지성至誠이면 감신感神"이란 말도 있지만 어떤 일을 정성껏 하면 좋은 결과를 꼭 맺는다는 뜻이다. 각종 고객顧客 서비스 기관에서 내건 '표어'만 봐도 "저희는 고객을 정성껏 모십니다"가 가슴에 와 닿는다.

남을 위해 봉사하고 남에게 도움을 주는 모든 봉사기관에서 가장 중요한

'고객응대' 핵심은 바로 지극한 '정성'이다. 그것은 또 '정신일도精神一到 하사불성何事不成'이라는 교훈을 떠올리게 한다. 정신 또는 정성을 집중하면 불가능한 일이 어디 있겠느냐는 뜻이다.

조상에게 제사祭祀 지낼 때 그곳에 조상이 와 계신 것 같이 하고, 신을 제사 지낼 때 그곳에 신이 와 계심과 같이 한다는 말이 있지만 경건한 마음을 가지라는 뜻이다. 제사는 형식보다 정성과 공경으로 받들어야 할 일이다.

분수에 넘치는 일, 물질에 치우치는 일, 이런 것은 모두 예의에 벗어나는 '허례虛禮'다. 의식儀式이란 자칫 한낱 형식에 치우치기 쉬우므로 그렇기 때문에 더욱 참된 예의는 마음에서 우러나오는 것이라야 한다. 예의는 사치이기보다 차라리 '검소'다. 사치를 뽐내 보이려 하지 누가 검소儉素를 뽐내 보이려 하는가? 하지만 예절이란 관점에서 사치는 거리가 멀고 검소가 가깝다.

선비가 도에 뜻을 두고도 남루한 옷과 거친 음식을 부끄럽게 생각하는 자라면 더불어 도를 논할 수 없다고 공자는 『논어論語』에서 말했다.

학문學問에 뜻을 둔 선비라면 항상 마음을 닦아야 한다. 마땅히 그래야 할 사람이 부귀富貴와 공명功名에 뜻을 둔다면 그런 사람과는 더불어 도를 말할 수 없다고도 했다. 즉, 마음이 가난한 것이 부끄러운 일이지 살림 가난한 것이 왜 부끄럽겠는가? 하는 뜻이다.

10. 예절은 남을 존중尊重하는 일이다

윌리엄 제임스William James, 1842~1910는 인간의 욕구欲求를 첫째, 건강과 장수長壽, 둘째, 인정認定 받고자 하는 욕구, 셋째, 휴식休息에 대한 욕구, 넷째,

이성異性에 대한 욕구, 다섯째가 돈에 대한 욕구라고 명쾌하게 밝혔고, 데일 카네기Dale Carnegie, 1889~1955는 인간관계에서 남의 호감을 사려면 첫째, 남에게 성실한 관심關心을 보이고, 둘째, 남을 성실하게 인정하고, 셋째, 남을 성실하게 칭찬해 주고, 넷째, 남의 이야기를 성실하게 경청傾聽해 주고, 다섯째, 남의 이름을 정확히 기억해야 한다고 충고했다.

여기서 알 수 있듯 사람은 남의 인정 받기를 매우 좋아한다. 그러므로 '인간관계'에 이 원리를 적용해 남을 성실하게 인정할 수 있다면 우리가 분명한 가지 예절의 뜻을 알고 실행하는 사람이 될 것이다. "당신이면 할 수 있다", "당신이면 된다" 하는 말들이 가식假飾이나 과장誇張이 아니고 진실眞實이라 할 때 상대를 설득說得하는 말이 되는 동시에 상대에 대한 나의 바른 예절이 될 수 있다.

참되게 인정받고 싫어할 사람은 아무도 없다. 일상생활에서도 상대를 인정해 주고 상대 이야기를 경청해 주면 상대는 인정받는 기쁨으로 대화에 일층 적극성을 띨 가능성이 있다.

그것은 자기를 존중해 주는 심리적 배려에 감사하는 의미일 수 있다. 가장 기본적으로 호의와 호감을 서로 주고받을 수 있다면 대화 분위기가 고조高潮되고 두 사람 인간관계 또한 분명 협력적인 진전進展을 보일 것이다.

자식은 부모를 공경하고 학생은 선생을 공경하며 부하는 상사를 공경한다. 반대로 부모는 자식을 존중하고 선생은 학생을 존중하며 상사는 부하를 존중한다. 서로를 존중하는 것이 예절이다. 존중은 상대를 높이고 중하게 여기는 것이므로 "인격을 존중한다", "남의 의견을 존중한다"고 말할 수 있다.

11. 예절은 '사양辭讓함' 이다

사양의 뜻은 남이 권유勸誘한 것이나 무엇 하기를 겸손한 마음으로 또는 예의를 갖추어 응하지 않거나 받아들이지 않는 것이다. "술과 음식은 얼마든 지 있으니 사양하지 말고 많이 드시오"라 할 수 있다.

오상五常에는 4가지 뜻이 있다. 첫째, 오륜五倫으로 군신유의君臣有義, 부자 유친父子有親, 부부유별夫婦有別, 붕우유신朋友有信, 장유유서長幼有序이고, 둘째, 인의예지신仁義禮智信의 5가지 덕목德目이다. 어질 인仁은 남을 측은惻隱히 생각 하는 마음이고, 옳을 의義는 자신을 부끄럽게 생각하는 마음이고, 예도 예禮 는 사양하는 마음이고, 슬기 지智는 옳고 옳지 않음을 분간하는 마음이고, 믿 을 신信은 상대에게 이익利益을 주는 마음이다.

여기서 알 수 있듯 예절은 본디 좋은 것 또는 차례를 양보讓步한다는 뜻을 갖는다. 셋째, 오전五典이다. 아버지는 의리義理로, 어머니는 자애慈愛로, 형은 우애友愛로, 아우는 공경으로, 자식은 효도로 대해야 하는 마땅한 도리다. 넷 째, 불교의 5계戒를 가리킨다. 즉, 살생하지 말 것, 훔치지 말 것, 음행淫行하지 말 것, 거짓말 하지 말 것, 술 마시지 말 것 따위를 이른다.

오늘날 도시생활에서 자동차가 범람하고 교통 혼잡이 그때마다 발생한 다. 서로 앞서 가려고 신경전神經戰을 부리는 일이 빈번하다. 따라서 '병목현 상'이 수시로 발생한다. 서로 먼저 가려다 사고도 난다.

당국은 '양보 운전'을 권장하기도 하고 '꼬리 물기' 운전을 단속 대상으로 삼기도 한다. 모두 시간에 쫓기느라 여유를 갖지 못하고, 다투어 차를 빠르게 몰고 가려고 신경전을 벌인다. 그러다 접촉사고가 나고 다중 충돌로 인한 인 명 피해도 발생한다.

도시 곳곳에 큼직한 전광판電光板을 세워놓고 오고 가는 시민에게 어제의 교통사고 기록을 알려 줌으로써 당국은 교통사고에 대한 경각심警覺心을 일깨운다. 우리가 아는 것처럼 일부 운전기사가 참지 못한 채 순간 가속加速 페달을 밟아 추돌追突로 남에게 중경상을 입히고, 때로 본인 역시 뜻밖에 희생을 당하기도 한다.

덴마크 수도 코펜하겐에서 어느 영업용 택시기사가 교통사고 방지를 위한 캠페인의 하나로 손님이 볼 수 있는 차 안에 표어標語를 써 붙였다. "80으로 달려 40으로 죽기보다 40으로 달려 80까지 살자!" 여기 풍자성諷刺性이나 과장성誇張性이 없지 않으나 표어 뜻은 일리 있어 보인다.

12. 예절은 질서秩序 지키기다

사양함도 되지만 질서 지키기에 해당하는 예화例話가 있다. 1964년 일본 도쿄 올림픽 때 예약한 호텔 방에 여장旅裝을 풀고 밖에 나가려 스포츠 캐스터가 엘리베이터 앞에 서 있다. 마침 기다리는 손님이 여럿이다. 엘리베이터가 손님을 태우려 막 문을 연다. 몇 사람이 서로 먼저 타려 하는 순간 한 외국인사가 이쪽 사람에게 "타유!" 하며 제스처로 먼저 타라는 듯 의사 표시를 한다.

순간 이쪽 사람이 의아疑訝해 했다. 내가 한국 사람인 줄 어떻게 알고, 더구나 중부지역 사람인 줄 어떻게 알았을까 생각하며 엘리베이터에 탔다. 후에 영어가 능숙한 사람에게 물어봤더니 그 외국인의 말은 "타유!"가 아니고 "먼저 타라!"는 뜻으로 쓴 영어 "after you!"였다. 듣기를 잘못 들은 것이다.

영어 쓴 사람은 엘리베이터 타는 순서를 상대에게 양보한 것이다. 이것이 예절이다. 언제던가 코미디언 두 사람이 방송에 나와 상품商品을 광고하는 장면에서 "형님 먼저!, 아우 먼저!" 하고 양보심을 보인 광고가 장안長安에 화제를 뿌린 적이 있지만 분명 이것도 사양하는 미풍양속美風良俗을 끌어들임으로써 광고 효과를 배가시킨 사례라 볼 수 있다.

이 같은 예는 모두 양보심에서 착상着想한 예절이지만 동시에 생활화한 질서 지키기라 보아 크게 틀리지 않을 것이다. '버스정류장'에서 버스를 기다리는 손님들이 줄을 지어 서 있는 것도 질서 지키기요, 성숙한 시민의식의 발로로 본다. 줄 서는 질서 지키기가 먼저 타려는 심리적 갈등葛藤을 잠재우고 오히려 편한 안정감마저 안겨 줄 것이다.

그러나 때로 건널목이 가까이 있음에도 불구하고 무단으로 위험한 차로를 횡단하다 차에 치어 목숨을 잃는 사람이 얼마나 많은가? 설령 그것이 횡단보도橫斷步道라 해도 녹색 신호로 바뀌기 무섭게 차도로 내려설 순간 미처 감속하지 못하고 횡단보도로 진입한 사람을 치는 차량은 또 어떻게 설명해야 하는가?

아무리 녹색 신호가 들어와도 일단 달려오는 차량속도를 감안해 한 템포 느리게 차도로 내려오는 행인行人은 질서도 지키고 자기 안전도 도모하는 지혜 있는 시민이다.

지금까지 '예절'을 여러 항목으로 나누어 구체적으로 설명한 이유는 개념적이고 추상적인 사전식 의미가 충분히 설명되지 않아 실행 차원에서 일부 독자가 곤란을 겪기 때문이다. 구체적으로 의미가 파악되어야 구체적인 행위가 실현되는 것이 아닐까?

앞에 말한 예절의 의미를 다만 이해하고 기억하는 데 그치지 않고, 실행하는 태도가 '무리하지 않게', '자연스럽게', '순수하게'라는 3가지 원칙原則을 지키면 누구든 예절을 지켜 나갈 수 있을 것이다.

개념적인 뜻으로 인해 이해하기 힘든 교훈이 논어論語에 나온다.

"예가 아니면 보지 말고 예가 아니면 듣지 말며 예가 아니면 말하지 말며 예가 아니면 행동하지 말라."

그런데 이와 대조적으로 '언어 예절'을 구체적으로 설명한 경우도 있다. 『명심보감明心寶鑑』은 고려 충렬왕忠烈王 때 노당露堂 추적秋適이 엮은 저서인데 제18장 「말을 조심함」에서 유회劉會가 말했다.

"한 번 한 말이 알맞지 않으면 천 번 말해도 소용이 없다."

군평君平이 말했다.

"입과 혀는 재앙災殃과 근심이 들어오는 문이요, 몸을 망치는 도끼로다."

"남을 이롭게 하는 말은 따뜻하기가 햇솜과 같고 남을 해치는 말은 날카롭기가 가시와 같다. 한 마디 짧은 말이 귀중貴重하여 천금의 값이 있기도 하고 한 마디 말이 남을 해쳐 아프기가 칼로 베는 것과 같기도 하다."

"입은 곧 남을 해치는 도끼요 말은 곧 혀를 베는 칼이니 입을 다물어 혀를 깊이 간직하면 어느 곳에서나 굳게 지켜져 몸이 편안할 것이다."

"남을 만나서 이야기를 하더라도 웬만큼 할 것이요, 지니고 있는 속마음을 전부 드러내 놓지 말며, 호랑이의 입은 몇이라도 두려워할 일이 아니다. 다만 인정人情의 두 가지 마음을 두려워할 일이다."

"술은 다정한 벗을 만나면 천 잔이라도 적을 것이요, 이야기는 할 기회에 맞지 않으면 한 마디라도 많은 것이다."

앞에 나온 유회는 어느 때 사람인지 알 수 없다. 군평君平은 중국 촉한蜀漢 사람으로 이름은 엄준嚴遵이다. 군평은 그의 자字이다. 90여 세에 숨지고, 저서에 『노자지휘老子指揮』가 있다.

조선 선조宣祖 때 율곡栗谷 이이李珥의 찬찬술述 『격몽요결擊蒙要訣』에서는, 몸가짐과 마음가짐에 아홉 가지 태도, 즉, 구용九容보다 중요한 것이 없고, 학문을 깊이 하고 지혜를 더하는 데 아홉 가지 생각, 즉, 구사九思보다 더 중요한 것이 없다고 하였다.

아홉 가지 태도는 발은 무겁게 가지고, 손은 공손하게 가지고, 눈은 바르게 가지고, 입은 신중하게 가지고, 소리는 조용하게 가지고, 머리는 똑바르게 가지고, 숨소리는 맑게 가지고, 서 있는 모습은 의젓하게 가지고, 얼굴빛은 장엄하게 가지는 것이다.

아홉 가지 생각이라는 것은 볼 때 밝게 보기를 생각하고, 들을 때 똑똑하게 듣기를 생각하고, 얼굴빛은 온화하게 가지기를 생각하고, 태도는 공손하기를 생각하고, 말은 참되기를 생각하고, 무슨 일을 할 때 공경하기를 생각하고, 의심스러울 때 묻기를 생각하고, 분할 때 곤란하게 될 것을 생각하고, 이득이 생기면 의리를 생각해야 한다는 것이다.

항상 이 아홉 가지 태도와 아홉 가지 생각을 마음에 두고 그 몸가짐을 살펴야 하며 잠깐 동안이라도 몸가짐과 마음가짐을 함부로 하지 말아야 한다.

122

서울신학대학교 신학대학원 출강

2011년, 1학기 때 당시 유석성柳錫成 총장 전화를 받았다. 인문학 강좌 1기 개강을 앞두고 저자의 출강 여부를 타진해 온 것이다. 강좌 이름은 '스피치 커뮤니케이션'이다. 저간의 사정을 들어보니 서울 신대 교사校舍가 서울 아현동에 있을 때 총학생회장이던 이 분이 저자를 초청, 교양 특강을 했을 때 청중의 호응이 좋았던 생각이 나서 출강 요청을 하는 것이라고 배경背景 설명을 들려준다.

요청을 받고 서울신대 1회 인문학人文學 강좌에 나갔다. 학교 구내 성결인聖潔人의 집 대강당에서 아래 위층 입추의 여지없는 만장한 대청중을 상대로 한 시간 가량의 길이로 스피치 주제를 가지고 교양특강을 실시했다.

이후 신학대학원생을 대상으로 '스피치 커뮤니케이션'과 '화법과 예절' 두 강좌를 맡았다. 2011학년 2학기부터 시작해 11학기 동안 출강했다. 학기마다 다르지만 과목당 수강원생 수가 평균 60명을 웃도는 규모로 보아 '스피치'에 대한 원생들의 관심이 매우 크다고 본다.

교재는 저자가 지은『스피치와 프레젠테이션』,『짜임새 있는 연설』, 그리고『바른 예절 좋은 화법』등이다. 교수는 일방적으로 수업을 해오기 때문에 현장 반응은 좋으나 원생들의 수업 반응이 어떤지 궁금하지만 대체로 좋은 것으로 알고 있다.

그도 그럴 것이 매 학기 필답고사를 치르고 학교에 성적을 일괄해 보내면 원생들이 각자 수강 소감을 말해야 그의 성적을 알려주게 되어 있어 신대원 교학과에서는 강의 과목당 교수별 원생들의 수업 평가를 모두 수합收合하고 있는 것으로 알기 때문이다.

대상 원생들은 전도사傳道師로 이미 교회에서 시무視務하는 경우가 많지만 목사牧師 안수按手 받고 성직聖職에 오르기를 목표하는 분들이라 수업 태도와 자세가 매우 진지眞摯하다. 수강 원생의 남녀 성별은 대체로 반반인 것으로 파악하고 있다. 저자가 쓰고 있는 텍스트의 하나『스피치와 프레젠테이션』머리말과 차례를 소개紹介해 본다.

『스피치와 프레젠테이션－올바른 화법話法의 이해』머리말

올바른 문장생활을 위해 작문을 배워야 하듯 올바른 언어생활을 위해서는 화법을 배우고 익혀야 한다. 인간관계를 유지하며 일상적인 업무를 추진하고 리더십을 확립하는 일 그것이 바로 화법의 기능이다. 따라서 효과적인 화법을 익히는 과업이 매우 중요하다.

뜻이 담긴 말을 택해 소리를 내는 것이 말하기이고, 소리를 듣고 뜻을 받아들이는 것이 듣기이다. 영미英美사회에서는 말하고 듣는 생활을 통틀어 일반적으로 '스피치'라고 하는데 저자가 쓰는 '화법'이란 용어도 이와 같은 개념이다.

말하기의 경우 어휘 선택의 미숙, 발음과 조음의 불명료, 상대 반응에 대한 해석 착오에서 그 효과가 감소한다. 또 듣기의 경우, 의미 수용의 부적절, 청취 상태의 불확실에서 그 효과가 감소한다. 그러나 화법의 본질은 기술이 아니다. 청자는 화자의 인격, 인간관계, 지적인 호소력에 연관되어 남의 말 또는 이야기를 듣는다. 그러므로 화법은 재주가 아니라 인격의 진솔한 표현인 것이다.

우리는 말하는 생활 속에서 여러 가지 문제에 부딪치게 된다. 효과적으로 말할 줄 모르고, 효과적으로 들을 줄 모른다.

대화를 하되 자기주장만 내세우고 상대의 말은 들으려 하지 않는다. 어떻게 하는지도 모르는 채 토론을 벌이고 있다. 연설을 하는데 과장된 음성으로 수사적 표현에만 의존하려 한다. 열심히 설명을 하는데도 도무지 내용을 이해할 수 없다.

대사가 서투르다. 알맹이가 없다. 상황 묘사를 자신 있게 하지 못한다. 예의를 지키지 못하는 말이 많고, 감정을 앞세운 거친 말이 많다. 사석에서는 말을 잘하는데, 공석에서는 말할 줄 모른다. 생각한 내용이 제대로 표현되지 않는다. 이야기가 논리적으로 전개되지 않는다. 연단에 서면 두려움이 앞선다.

그렇다면 이 같은 문제를 어떻게 풀어나갈 것인가? 우선 누구에게 무엇을 어떻게 말할 것인가를 염두에 둔다. 관심을 끌게 말한다. 흥미 있게 말한다. 뜻있게 말한다. 유익하게 말한다. 논리적으로 말한다. 사실을 토대로 진실하게 말한다. 전인격으로 말한다. 꾸며낸 음성이 아닌 자연스러운 목소리로 말한다. 가치 있는 정보를 가지고 말한다. 목적을 뚜렷이 하고 말한다. 상대방을 정확히 안 뒤에 말한다. 효과를 얻을 수 있게 말한다. 감명을 주는 내용을 가지고 말한다. 윤리적 감각으로 말한다.

화법은 현대생활의 어느 분야에서나 필수 조건이다. 말하는 생활에서 공식 연설보다 오히려 대담, 좌담, 협의, 토의, 토론, 회의 등 작은 범위에서의 발언이 큰 비중을 차지하는 경우가 더 많다.

인구가 증가하고 사회가 복잡해질수록 대인관계의 양상도 다양해진다. 생활 영역은 확장되면서 세분화·전문화되고 만나는 사람의 빈도 역시 하루가 새롭게 늘어난다. 동시에 우리의 생활은 시간의 제약을 크게 받는다.

따라서 주어진 시간 내에 의사교환을 효과적으로 적절히 수행하려는 노력이 필요한 것이다. 이를테면, 요령부득의 말보다 요령 있는 말, 횡설수설橫說竪說하기보다 줄기가 선 말, 앞뒤가 안 맞는 말보다 일관성 있는 말, 내용이 산만한 말보다 조리 있는 말, 융통성 없는 말보다 여유 있는 말, 궁지에 몰려 흥분하기보다 재치 있고 기지가 넘치는 말을 할 줄 알아야 한다.

이처럼 세련되고 예의 바른 교양화법을 착실히 익히는 것은, 자신을 보다 훌륭하게 키워나가는 지름길인 것이다.

우리나라의 말하기 교육은 사실 제대로 이루어지지 않고 있다. 다른 나라와 비교하기는 뭣하나, 영국과 미국의 중·고교에서는 국어시간에 주로 화법과 작문을 수업하며, 프랑스에서는 연극으로 화법을 익히고, 또 이탈리아에서는 성악의 기초과정으로 발성과 발음 그리고 화법을 가르친다지 않는가? 말하기 교육이란 이와 같이 어릴 때부터 그 바탕을 착실히 다져야 할 것이다.

저자는 우리말 화법의 작은 초석이나마 놓아보고자 이 책을 쓰게 되었다. 그동안 화법 연구에서 얻어진 결과를 토대로 화법의 입문적 기초를 체계 세워본 것이다.

학생에게는 '국어화법' 교재로, 선생님에게는 참고 교재로, 기업체에서는 사원 연수교재로研修教材로, 아나운서 성우 탤런트 리포터 등 전문직專門職에 계시는 분들에게는 연구교재研究教材로 널리 읽혔으면 하는 바람이다.

　　이 책은 1976년 창조사 판『오늘의 화술話術』을 일부 수정修訂해『스피치와 프레젠테이션』으로 개제改題한 것이다.

17. 설명은 어떠한 방법으로 하나

18. 설득은 어떠한 방법으로 하나

19. 충고는 잘하고 잘 받아야 한다.

20. 유머와 위트는 어떻게 해야 하나

21. 사회를 멋지게 하는 방법

22. 짤막한 연설을 잘하는 방법

23. 회의 진행을 잘하는 방법

24. 토의 토론을 잘하는 방법

25. 모든 대화는 값지게 해야 한다.

123

「스피치 연구의 원조 아나운서 1호 박사」

「스피치 연구의 원조 아나운서 1호 박사」라는 제목으로 2012년 7월 『아나운서 저널』에 실린 김성호(광운대 전 교수, KBSi 전 사장) 선생의 글을 소개한다.

전영우는 방송의 실제와 이론을 두루 겸비한 우리나라 '스피치 연구의 원조元祖 학자로 아나운서 박사 1호'이기도 하다. 그는 아나운서의 길을 가면서 늘 학구적인 자세를 견지하고 아나운싱의 전형典型을 보여주었다.

작고한 방송 원로 노정팔은 "전영우는 대학과 대학원에서 국어 및 화법을 전공한 아나운서로 발음이 정확하고 프로그램 진행이 매끄러워 늘 다른 사람의 모범이 되었을 뿐만 아니라 연구하는 아나운서로 학자 타입이라는 꼬리표를 달고 다녔다"고 평하면서 선배인 장기범, 임택근 등과 더불어 1950년대를 대표하는 뛰어난 아나운서로 회고한 적도 있다.

전영우는 1950년대 KBS에서 뉴스방송의 전형을 보이면서 〈비밀의 문〉, 〈만능 스테이지〉 등 공개방송 MC로 명성을 날렸고 60~70년대에는 동아일보 사가 창업한 DBS 동아방송에서 아나운서 책임자로 후배들을 지도하며 공개방 송 〈유쾌한 응접실〉의 명사회자로 방송계의 귀감이 되기도 했다.

또한 그는 1980년 신군부의 언론 통폐합조치로 KBS에 복귀하여 아나운서 실장으로 임명되고 TV 9시 뉴스 앵커로 활약하기도 했다. 그러나 그는 1983년 대학교수가 되어 18년간 활동한 후 65세 정년을 마친 뒤에도 3년간 명예교수名 譽敎授를 지내고 뒤에도 학자로서의 삶을 보람차게 살고 있다.

전영우가 방송계와 인연을 맺은 것은 1954년 공보처 시행 제1기 아나운서 모집 공채시험에 합격하면서부터다. 그의 동기는 이종완, 임영, 심우성 등이다. 그가 시험을 치를 당시는 관장기관이 공보처이던 것을 보면 이때부터 아나운서 선발 주관이 정부부처로 바뀐 것이라 본다.

따라서 국영방송시대는 아나운서 선발을 정부와 KBS가 상황에 따라 주관한 것으로 판단된다. 저자 입사 당시 1970년에 문공부 소관이었으나 그 후부터 KBS로 이관되었다.

전영우는 KBS 아나운서로 입사하면서부터 두각을 나타내기 시작했다. 그는 발음이 정확하고 음색이 깨끗하며 전달 속도가 적절했기 때문에 뉴스와 좌담회 사회, 해설 같은 경우 안성맞춤이었다.

특히 그는 1959년 5월 신설된 공개 퀴즈 〈비밀의 문〉과 〈만능 스테이지〉 그리 고 연예 프로그램 〈가정 오락회〉 사회를 맡아 각광을 받기도 했다. 〈가정 오락회〉 는 주말 골든아워에 편성된 와이드물로 호화 캐스팅(곽규석, 양훈, 장소팔 등 코미디 언, 후에 구민, 이혜경, 오승룡, 이창환, 윤미림 등 성우 출연)으로 빛을 더하다가 1년 후인 1960년 5월부터 '바라이어티 극장'으로 개칭 청취자들의 흥미를 돋우었다.

대본은 이서구, 최요안, 조풍연 등 저명 문사들이 집필했는데 전영우는 1961년 2월 프로그램이 폐지될 때까지 사회를 맡았다.

전영우는 KBS 재직시 공군 장교로 임관하여 공군사관학교에서 교수부 교관으로 근무, 교양학 주임도 맡았다. 후에 공군본부 공보실 파견이라는 이례적 인사 발령으로 다시 방송활동을 하기도 했는데 1959년 5월 예편한 기록이 보인다.

아울러 그는 1950년대 말 축구 중계방송 캐스터로 데뷔해 활동하기도 했는데 1958년 제39회 전국체전을 비롯해 시즌마다 축구 중계에 심혈을 기울여 일가를 이루기도 했다. 이처럼 그는 동아방송으로 옮겨 가기 전까지 KBS에서 뉴스, 공개방송 사회, 축구 중계방송 등에서 빼어난 아나운서로 입지를 굳혔다. 그가 KBS에서 맡았던 마지막 직책은 TV아나운서 계장이었으나 바로 앞서 방송관으로 한때 교양 제작 책임을 맡기도 했다.

전영우는 1963년 2월 방송국 산파역으로 방송 원로인 최창봉 주도로 개국한 동아방송 아나운서 실장으로 스카우트 되었다. 최창봉은 "전영우 아나운서는 바른 우리말을 구사하는 자타 공히 인정하는 정통파 아나운서로 곧 있을 신인 아나운서 양성을 위해서도 동아에 가장 잘 어울리리라는 확신을 갖고 그를 찾기로 했다"고 회고한 바 있다.

전영우는 아나운서 책임자로 부임하면서 아나운서 진용을 구축했는데, KBS 등에서 이규영, 한경희, 김주환, 김인권, 윤미자, 김남호, 홍기욱, 성선경, 최귀영 등을 영입하고, DBS 1기생으로 이화영, 천재영, 원창호, 우제근, 김동건, 한순옥, 최충자, 신선자 등을 수습 아나운서로 선발했다. 그는 이 후배들과 방송 일선에서 라디오 매체의 마력을 한층 높여 갔다.

전영우는 1963년 봄, 새벽의 정적을 깨고 개국 첫 인사를 방송한다. "오늘 4월 25일 여명이 멀리 동터오는 지금 동아방송의 탄생을 알리는 고고의 전파가 여러분 가정을 찾아 개국의 첫 인사를 드리게 되었습니다……." 그리고 그는 개국 1년을 갓 넘긴 1964년 5월 우리나라 방송 캠페인의 효시인 동아방송 첫 캠페인 '걸어서 가자' 가사를 3절까지 작사했다.

"(1절) 상쾌한 아침이다. 걸어서 가자 / 너도 걷고 나도 걷고 걸어서 가자 / 걸으면 건강하다. 걸어서 가자 / 상쾌한 아침이다. 걸어서 가자 (2절) 유쾌한 기분이다. 걸어서 가자 / 학교에도 일터에도 걸어서 가자 / 걸으면 건강하다. 걸어서 가자 / 유쾌한 기분이다. 걸어서 가자 (3절) 노을도 아름답다. 걸어서 가자 / 동서남북 어디라도 걸어서 가자 / 걸으면 건강하다. 걸어서 가자 / 노을도 아름답다. 걸어서 가자"

전영우의 아름답고 여운 있는 작사에 힘입어 이 캠페인송은 대성공을 거두었고 공익 캠페인의 귀감이 되기도 했다.

전영우는 동아방송이 라디오 최고 매체로 자리매김하는 데 큰 역할을 담당했는데 그 가운데 토크쇼의 진가를 보인 공개방송 〈유쾌한 응접실〉의 명사회를 꼽을 수 있을 것이다. 그는 DBS 개국 때부터 편성된 이 프로그램의 사회자로 활동했는데 단골손님 중 한 사람인 서울대 교수 김두희金斗熙는 그를 "일사분란하게 프로그램 전체를 이끌어가는 솜씨는 신기神技에 가깝다고 할 만하다"고 높이 평가하기도 했다.

전영우는 1980년 11월 신군부 언론 통폐합 조치에 따라 동아방송이 폐국되어 KBS로 흡수되면서 한국방송공사로 돌아와 아나운서 실장으로 임명된다. 그 당시 KBS아나운서실은 기존의 KBS에 DBS 동아방송, TBC동양방송, CBS 기독교 방송까지 흡수된 터라 MBC를 제외한 한국의 아나운서들이 총집결된 상황이다. 그는 아나운서실 책임자로 리더십을 발휘하는 한편 TV〈9시 뉴스〉앵커로 방송 일선에 서기도 했다.

전영우는 4년여의 KBS아나운서실장 시절 '겨레의 보람이며 문화의 표상인 우리말을 아끼고 정성어린 마음으로' 국어순화國語醇化 운동에 앞장섰다. 이 운동의 결실은 다양하게 나타나는데, 대표적으로 두 가지를 들어보면, 『KBS 한국어』 제1집 발간과 'KBS 한국어연구회韓國語硏究會' 발족이다.

전자는 1982년 11월 방송인들이 꼭 알아야 할 말만을 소형 책자로 묶어 냈으며, 후자인 연구회는 1983년 4월 KBS가 국어순화운동과 국민언어를 정화하는데 아나운서들이 주축이 되어 확산시킨다는 목적으로 발족되었다.

아나운서실장인 전영우가 회장이 되고 국어학자들이 자문위원으로, 아나운서실 간부들이 운영위원으로 참여했다. 이 KBS 한국어연구회는 발족기념 강연회, 워크숍, 순회 강연회, 논문집 발간 등 역동적으로 활동을 펼쳤으며, 이 사업은 오늘까지 계승 발전되고 있다.

전영우는 이 프로젝트에 이규항, 김상준 등 후배와 초석을 놓은 뒤 방송계를 떠나 대학교수가 된다. 그는 수원대 국문과 교수로 부임해 65세 정년까지 18년을 교육자이자 학자로서의 길을 걸었다.

대학교수로서 교학처장, 학생처장, 홍보처장, 산학교육원장, 인문대학장 등 보직을 맡았고 화법학자로서 수많은 논문과 저서를 펴냈다.

1962년 『화술의 지식』에서부터 『스피치개론』, 『화법원리』, 최근 번역 발간한 그리스, 로마 스피치 철학서까지 그의 저서는 일일이 기록해 헤아리기 어려울 정도로 많다.

전영우는 이미 학자 아나운서답게 60년대 들어서부터 전문지에 학술적인 글을 기고했는데, 1962년에는 「국어 발음 노트」, 「뉴스방송 기교」 등을 수차례 연재했고 1965년에는 '스피치, 화법'에 대한 전문적인 연구를 8회에 걸쳐 연재하기도 했다. 비록 작은 지면에 실린 글이지만 '실제와 이론'이 내재된 상징적인 의미가 컸다.

아울러『방송개설』(1970) 등의 역서譯書 발간 작업도 돋보인다. 그러나 무엇보다 그의 큰 업적은『한국어발음사전』(1962),『표준 한국어 발음 사전』(1983, 2008 최신 증보)을 펴내 한국어 표준발음을 집대성한 점이라 할 수 있을 것이다.

전영우는 1971년 서울시 문화상(언론 부문)을 수상하면서 "아나운서의 길에서 정진할 것"을 다짐한다. 그는 이 밖에도 동랑 연극상, 외솔상, 국민훈장 목련장, 한국언론학회언론상(방송부문), 천원교육상(학술부문), 대통령표창 등을 수상했으며 한국화법학회 학회장, 한국아나운서클럽 회장 등을 역임하면서 자신의 연구 영역을 심화深化해 나갔다.

전영우! 그는 한국의 위대한 아나운서였으며 '국어화법國語話法'을 체계적으로 연구한 원조元祖 학자이기도 하다. 그는 지금도 연구와 교수에 정진하면서도 방송인의 길 위에서 방송동우회 부회장, 아나운서클럽 고문으로 활동하며 후학들의 귀감龜鑑이 되고 있다.

마무리 글

36권째 저서부터 문장을 컴퓨터 자판을 눌러가며 작성 1년여에 걸려 회상기回想記를 완성하니 감회가 새롭다. 이때 아들 전인하全寅河와 손자 전주한全珠漢의 도움이 컸다.

여기 꼭 기록할 두 가지 지난날의 흔적이 있다. 8·15광복 직후 어머니 김진순金鎭淳에게 가르침을 받고 한글을 깨우쳤다는 사실이 소중한 기억이고, 또 저자의 초등학교 시절 아버지 전형욱全鎣郁이 사준 소형 칠판은 저자가 장차 교직敎職을 잡고 교단에서 2세 국민교육에 봉사하라는 함의含意로서 가슴에 와 닿는 회상回想이다.

1956년 저자 22세 때 20세 이대梨大 의예과 2년 최순철崔順澈과 결혼하여 2016년 올해 회혼回婚을 맞아 1남 3녀 아들딸의 축복을 받았다. 3녀는 은정, 은경, 은숙이고 사위는 여경호 동덕여고 교사, 이진식 아시아나항공 전 북경 지점장, 이중재 위스콘신대학 교수 겸 변호사이다. 아들 인하는 MBC부장으로 서울과기대 디자인 박사요, 며느리 안윤희는 코리아 드림TV 대표이다. 부질없는 일인지도 모르고 회상기를 적고 보니 만감이 교차한다.

초등학교 시절 청계清溪 38회 동문 김동준 원장, 김병각 학장, 김진영 원장, 나영두 사장, 안익수 사장, 이명원 사장, 주병국 대사 등이 격월로 회동, 저녁 한때 회식의 조용한 자리에 앉아 어린 시절 추억을 더듬는 일이 얼마나 아름다운가?

중·고등 시절 경복景福중·고 28회 동문 곽진태 회장, 권상하 감사, 김광식 사장, 김기완 원장, 김기정 사장, 김대수 사장, 김동준 원장, 김백규 사장, 김영 사장, 김우영 원로장로, 김철인 제독, 김택근 사장, 김형식 전 경기도의회 의원, 노양환 사장, 박경순 부회장, 박병선 전 교장, 박시우 박사, 박희석 회장, 변영달 사장, 봉두완 전 의원, 송병택 전 교장, 송완순 사장, 송종래 박사, 신상철 사장, 엄길용 사장, 염용제 사장, 오인환 연세대 전 대학원장, 원윤수 서울대 명예교수, 유재호 장군, 이규웅 원장, 이규춘 사장, 이용화 회장, 이석구 전 새마을중앙연수원 원장, 이정한 사장, 이종익 회장, 이필규 보험신보 회장, 이한동 전 총리, 이헌영 박사, 임영무 한국난협회 전 회장, 장기창 사장, 장두원 MBC 전 충주사장, 장일섭 원장, 정도영 사장, 정좌구 박사, 최재윤 박사, 한근배 박사, 한상겸 박사, 한상훈 사장, 한윤희 박사, 한정수 박사 등이 격월로 회동 회식을 나누며 북악北岳의 산록山麓 도화동 옛 이야기를 나누는 멋을 누가 뜻깊다 하지 않겠나?

대학 시절 서울대 사범대師範大 국어교육과 10회 동문 김경식 사장, 김봉곤 교장, 박정남 교장, 박창숙 선생, 서부원 선생, 설정숙 선생, 오한식 박사, 윤의순 교육장, 이재철 연세대 전 중앙도서관장, 이춘수 선생, 이현택 원로장로, 정동화 경인교육대 전 총장, 정우상 서울교육대 명예교수 등이 새 계절을 맞을 때마다 압구정狎鷗亭에 모여 뜻있는 담론을 나누니 얼마나 보람 있나?

거의 매일같이 아침만 되면 집에서 나와 도산공원島山公園으로 이동, 걷기운동과 함께 운동틀 코너에서 근력筋力운동을 함께 하는 부지런한 동아리 멤버, 압구정 노인회 신홍우 회장을 비롯해 김종주 회장, 김명년 서울시 전 부시장, 정형규 전 강동교육청 교육장, 한상진 전 조선일보 언론인, 최현렬 회장, 이한용 전 교장, 조이환 사장, 현창식 사장, 장학세 사장, 박병주 사장, 허형남 사장, 황인택 사장, 최종태 사장, 김재황 사장, 이판옥 사장, 임광재 사장, 김종태 사장, 김충진 이사, 김태린 사장, 임길원 사장, 이건문 사장, 백운학 사장, 임웅빈 전 의원, 안재선 사장, 안병소 전 의원, 백권수 장로, 임중기 사장, 이무열 사장, 신동필 사장, 변희일 사장, 김태형 전 교장, 최형출 사장, 고찰용 사장, 김동균 동장, 정석진 사장, 임정섭 사장, 설지환 사장, 은희목 사장, 이한직 선생, 맹정주 강남구 전 구청장, 정평수 사장, 정길평 사장, 김동신 선생, 강명호 사장, 최장열 사장, 정용태 사장, 정판식 사장, 양계식 사장, 하권교 사장, 님창헌 사장, 윤이근 사장, 손상일 님, 최형진 교수, 이용선 사장.

여성 회원 노라노 여사 자매, 조정옥 여사, 원남실 여사, 문전자 여사, 이복업 여사, 김춘자 여사, 최대순 여사, 임병례 여사, 강난규 여사, 최복순 여사, 이미자 여사, 최미자 여사, 오현주 교수, 노경자 여사, 백선희 여사, 김명림 여사, 이연희 여사, 이순희 여사, 정은인 여사, 김영주 여사, 현희 여사, 배명예 여사, 김점이 여사, 오복순 여사 이름을 적어 이 분들에게 저자의 따뜻한 우의友誼를 전한다.

그동안 거래해 온 출판사들이 독자들의 구매 감소로 기획 출판이나 새 분야 개척을 가급적 줄이고, 다만 출판 위탁이나 출판 대행 일을 맡아 오는 상황이므로 회고록이나 자서전류 출판을 대개 사양하는 추세인데 불구하고, 소명출판 박성모朴成模 사장에게 출판을 협의하자, 대뜸 저자의 저서 회상기回想記를 출판해 주겠다 하니 매우 기쁘다. 뿐만 아니라, 그렇지 않아도 저자의 책을 한번 내려던 참이라고 반기며 저자의 청을 즉시 수락한다. 얼마나 반가운 일인가? 비록 사제師弟 간이라도 비즈니스는 다른 것인데 선뜻 저자의 요청을 받아주니 저자는 다만 고맙기 그지없다. 그것도 저자 우대 혜택을 주니 더할 나위 없다.

이 책에 언급되었지만 박 사장은 저자의 학술논문집 『신국어화법론』(태학사, 1998)을 직접 편집해 준 일까지 있는 터이다. 이 지면으로나마 박성모 사장에게 고마운 뜻을 표한다.

끝으로, 이 책에 나오는 인사 가운데 저자의 실수나 잘못으로 행여 누를 끼치는 일이 있다고 하면 너그러운 마음으로 관용寬容해 주기 바란다.

2017년
著者 全英雨 기록하다.

인명색인

/ ㅍ /

/ ㅎ /